NOUVEAUX LUNDIS

IV

CALMANN LÉVY, ÉDITEUR

OUVRAGES
DE
C.-A. SAINTE-BEUVE
DE L'ACADÉMIE FRANÇAISE.

Format grand in-18

PREMIERS LUNDIS	3 vol.
NOUVEAUX LUNDIS.	13 —
PORTRAITS CONTEMPORAINS, nouvelle édition, revue et très augmentée.	5 —
LE CLOU D'OR. — La Pendule, avec une préface de M. Jules Troubat.	1 —
CORRESPONDANCE (1822-1869).	2 —
LETTRES A LA PRINCESSE, troisième édition. . .	1 —
P.-J. PROUDHON, SA VIE ET SA CORRESPONDANCE, cinquième édition.	1 —
CHATEAUBRIAND ET SON GROUPE LITTÉRAIRE SOUS L'EMPIRE, nouvelle édition, augmentée de notes de l'auteur.	2 —
ÉTUDE SUR VIRGILE, suivie d'une étude sur Quintus de Smyrne, nouvelle édition.	1 —
SOUVENIRS ET INDISCRÉTIONS. — Le Dîner du vendredi-saint, deuxième édition	1 —
CHRONIQUES PARISIENNES	1 —
LE GÉNÉRAL JOMINI, deuxième édition	1 —
MONSIEUR DE TALLEYRAND, deuxième édition. .	1 —
MADAME DESBORDES-VALMORE	1 —
A PROPOS DES BIBLIOTHÈQUES POPULAIRES. .	Broch.
DE LA LIBERTÉ DE L'ENSEIGNEMENT SUPÉRIEUR	—
DE LA LOI SUR LA PRESSE	—

POÉSIES COMPLÈTES
NOUVELLE ÉDITION REVUE ET TRÈS AUGMENTÉE
Deux beaux volumes in-8°

BOURLOTON. — Imprimeries réunies, B.

NOUVEAUX LUNDIS

PAR

C.-A. SAINTE-BEUVE
DE L'ACADÉMIE FRANÇAISE

TOME QUATRIÈME

PARIS
CALMANN LÉVY, ÉDITEUR
ANCIENNE MAISON MICHEL LÉVY FRÈRES
3, RUE AUBER, 3

—

1885

Droits de reproduction et de traduction réservés.

NOUVEAUX LUNDIS

Lundi 1er décembre 1862.

LA FEMME AU XVIIIᵉ SIÈCLE

PAR

MM. EDMOND ET JULES DE GONCOURT (1).

I.

LES DEUX FRÈRES.

MM. de Goncourt sont deux frères jeunes encore, qui ont débuté dans les lettres il y a une douzaine d'années; qui se sont dès le premier jour jetés en pleine eau pour être plus sûrs d'apprendre à nager; qui y ont très-bien réussi; qui ne se sont jamais séparés, qui ont étudié, écrit, vécu ensemble; qui ont mis tout en commun, y compris leur amour-propre d'auteur; que cette

(1) Un vol. in-8°, librairie Didot, rue Jacob, 56.

union si étroite et qui leur semble si facile distingue et honore ; qui ont fait chaque jour de mieux en mieux ; qui, adonnés aux arts, aux curiosités, aux collections tant de livres que d'estampes, ont acquis du xviiie siècle en particulier une connaissance intime, approfondie, secrète, aussi délicate et bien sentie que détaillée. Leur *Histoire de Marie-Antoinette* les a désignés à l'attention des lecteurs sérieux, qui aiment pourtant du nouveau dans des sujets connus. Leur roman de *Sœur Philomène* est une étude de cœur et de mœurs, qui semble prise sur la réalité. Ce sont ces aimables frères, unis ou plutôt confondus par l'amitié comme par les goûts, qui viennent aujourd'hui nous donner le résumé, la quintessence et l'esprit de leurs recherches favorites, de leur commerce prolongé avec le xviiie siècle, dans un volume où les femmes de ce temps sont montrées dans tous les rangs et dans toutes les classes, à tous les crans et à tous les moments de la société, à toutes les heures et à tous les âges. C'est une mine que ce livre-là. J'essayerais vainement d'en donner l'analyse, car c'est une analyse déjà, mais dont chaque trait est groupé, rapporté à son lieu et serré dans une trame.

On comprend en effet que les femmes du xviiie siècle, tout en ayant quelques traits communs, ne restent pas les mêmes pendant toute cette durée et se distinguent entre elles par des nuances infinies. Les jeunes femmes de la fin du règne de Louis XIV, et qui entraient dans le monde en même temps que la duchesse de Bourgogne ou un peu auparavant (comme Mme de Caylus), ne sont pas exactement les femmes de la Régence ;

celles-ci, écloses en pleine licence et comme vouées à
l'orgie (Mme de Parabère, Mme de Prie), ne sont pas tout
à fait celles dont l'avénement mondain retarde et se
rapporte à l'époque du mariage de Louis XV et à l'arrivée en France de Marie Leczinska. Mme de Pompadour amène avec elle un monde particulier et une
nuance féminine distincte. Puis il y a l'époque Louis XVI,
bien marquée et tranchée, Marie-Antoinette donnant le
ton ; aux femmes de cette nouvelle génération, à celles
qui règnent ou fleurissent pendant ces quinze premières années brillantes, et dont la duchesse de Lauzun
est le parfait modèle, succèdent les femmes de la Révolution, Mme de Staël, Mme Roland, Mme de Condorcet,
tant d'autres ; puis, l'on a les beautés du Directoire.
La femme, bien plus que l'homme, date et dépend
de son premier bal, de la première soirée où elle
obtient son premier triomphe. Cette étoile lui reste
au front et décide souvent de ses mœurs, ou tout au
moins de son ton, de son genre. On arrive ainsi aux
femmes du Consulat, celle qui sera la gracieuse reine
Hortense menant le cortége.

MM. de Goncourt n'ont pas poussé si loin leur étude,
et, en effet, c'est à 89 que s'arrêtait naturellement leur
sujet ; c'est la femme de l'ancien régime qu'ils ont tenu
à nous montrer, à la fois dans son unité et dans toutes
ses variétés sociales. Et que de variétés effectivement
alors, dans cette moitié la plus changeante et ondoyante
de l'espèce humaine ! Je viens de compter quelques-
unes des dates politiques et des événements de cour
qui font qu'à vue d'œil un salon de 1710 n'est pas un

salon de 1730, ni celui-ci un salon de 1760, ni aucun de ceux-là un salon de 1780; mais combien d'autres révolutions qui influent sur la nature des femmes, qui l'agitent et la renouvellent! Les dates littéraires y sont pour beaucoup. Le salon de Mme de Lambert se ressentait fort du genre fin mis à la mode et autorisé par La Motte et Fontenelle. Jean-Jacques, au milieu du siècle, fut comme un météore qui mit en feu la tête et le cœur des femmes et qui alluma leur imagination; il y eut, non pas une, mais plusieurs générations de ces admiratrices enthousiastes de Jean-Jacques. Rappelons-nous ce que nous-mêmes nous avons vu et observé de nos yeux, et tous ces cortéges successifs de femmes de Lamartine, de femmes de Musset, de femmes de Balzac. A la suite des Œuvres complètes de chacun de ces auteurs célèbres, il devrait y avoir un album, un recueil d'estampes représentant quelques-uns des types de ces femmes-là, à la fois celles que l'auteur a peintes dans ses livres et celles qui se sont après coup modelées sur lui, autant de prêtresses ou de dévotes vouées chacune à leur saint ou à leur dieu. Le premier auteur sensible, passionné, qu'une femme lit à quinze ans et pour lequel elle s'affole ou s'attendrit, la désigne, lui met pour toute la vie un pli au cœur, lui met parfois la cocarde à l'oreille autant et plus que son premier bal. Après les femmes de Jean-Jacques et à côté, il y eut donc sous Louis XVI comme une seconde série, un sous-genre, les femmes de Florian, les pastorales, laitières et bergères, celles de Trianon et qui en sortaient peu, et celles qui, plus naïves et pour rendre hommage à Gessner et à la nature, faisaient déjà leur pèlerinage de Suisse. Mais toutes ces divisions sont elles-mêmes incomplètes ; car il y a, à chaque moment, les différentes classes distinctes ou séparées, la Cour, la Noblesse, la Ville, et celle-ci partagée en haute finance, bourgeoisie moyenne et petite bourgeoisie, et ce qui est vrai de l'une de ces sociétés, ne l'est pas de l'autre. Les comédiennes font une classe à part, et des plus intéressantes, depuis Mlle Le Couvreur jusqu'à Mlle Contat. N'oublions pas la femme du peuple, la femme des halles alors si caractérisée, le genre poissard. Il y a enfin celles qu'il faut bien appeler par leur nom, *les filles entretenues,* une des productions singulières et développées du xviiie siècle. MM. de Goncourt savent, décrivent, exposent tout cela avec science et verve. Ils ont recours, pour suppléer aux livres qui font souvent défaut ou qui ne s'expriment qu'en termes trop vagues et trop abstraits, à ces auxiliaires que les littérateurs proprement dits, que les illustres Villemain et leurs disciples ont trop négligés, aux arts du dessin, aux tableaux ou estampes du temps ; eux, ils y sont maîtres-amateurs et connaisseurs. De là, sous leur plume, une vie, un relief, un parlant qui renouvelle à tout instant les portraits et les images. Et comment se mêler de peindre la femme, si l'on ne s'entend un peu aux paniers, aux rubans et aux mouches? MM. de Goncourt s'y entendent beaucoup.

Un peu de miroitement (car ils ont trop de talent de style, et ils ont fait trop de progrès dans leur manière pour qu'on ne leur touche pas quelque chose de leurs défauts), un peu trop de scintillement, dis-je, et de cliquetis est l'inconvénient de cette quantité de mots et de traits rapportés de toutes parts et rapprochés. On dirait par moments qu'ils sont deux à écrire, tant leur phrase est piquée, excitée, et a des redoublements de galop! on y sent comme un double coup de fouet. J'y voudrais parfois un peu plus de repos, un peu plus d'air, d'espace, le temps de souffler et de reprendre haleine. On détacherait pourtant de fort agréables pages, et qui sont bien dans le goût et le ragoût de ce qu'ils avaient à peindre. Voulez-vous, par exemple, une définition du *joli,* si cher au xviiie siècle qui y sacrifia décidément le beau? Lisez ce portrait-type de la femme telle que le siècle la dégagea après ses premières fureurs de Régence, et telle que la mit en scène et la fit parler, le premier, Marivaux :

« Mais déjà, au milieu des déités de la Régence, apparaît un type plus délicat, plus expressif. On voit poindre une beauté toute différente des beautés du Palais-Royal dans cette petite femme peinte en buste par la Rosalba et exposée au Louvre. Figure charmante de finesse, de sveltesse et de gracilité! Le teint délicat rappelle la blancheur des porcelaines de Saxe, les yeux noirs éclairent tout le visage ; le nez est mince, la bouche petite, le cou s'effile et s'allonge. Point d'appareil, point d'attributs d'Opéra : rien qu'un bouquet au corsage, rien qu'une couronne de fleurs naturelles effeuillée dans ses cheveux aux boucles folles. C'est une nouvelle grâce qui se révèle et qui semble, même avec ce petit singe grimaçant qu'elle tient contre elle de ses doigts fluets, annoncer les mines et les attraits chiffonnés dont va raffoler le siècle. Peu à peu, la beauté de la femme s'anime et se raffine. Elle n'est plus physique, matérielle, brutale. Elle se dérobe à l'absolu de la ligne ; elle sort, pour ainsi dire, du trait où elle était enfermée ; elle s'échappe et rayonne dans un éclair. Elle acquiert la légèreté, l'animation, la vie spirituelle que la pensée ou l'impression attribuent à l'air du visage. Elle trouve l'âme et le charme de la beauté moderne : la physionomie. La profondeur, la réflexion, le sourire viennent au regard, et l'œil parle. L'ironie chatouille les coins de la bouche et perle, comme une touche de lumière, sur la lèvre qu'elle entr'ouvre. L'esprit passe sur le visage, l'efface et le transfigure ; il y palpite, il y tressaille, il y respire ; et mettant en jeu toutes ces fibres invisibles qui le transforment par l'expression, l'assouplissant jusqu'à la manière, lui donnant les mille nuances du caprice, le faisant passer par les modulations les plus fines, lui attribuant toutes sortes de délicatesses, l'esprit du xviiie siècle modèle la figure de la femme sur le masque de la comédie de Marivaux, si mobile, si nuancé, si délicat et si joliment animé par toutes les coquetteries du cœur, de la grâce et du goût !... »

Et ce qui suit, car ils n'en ont pas fini encore. — Si un peu de marivaudage s'y mêle, cela est de mise et presque de rigueur dans le portrait de la femme selon Marivaux.

Mais parmi la centaine de portraits de tout genre tracés ou esquissés par MM. de Goncourt dans ce volume si plein, il en est un d'un caractère plus sérieux, plus digne, et qu'ils ont très-bien senti, celui de la femme qui peut-être résume le plus complétement en elle l'esprit et le ton du xviiie siècle *classique,* dans tout ce qui tient à l'ancien régime et qui périt avec cette société, à la veille de 89 : je veux parler de la maréchale de Luxembourg, cet arbitre souverain de l'usage et de la politesse, cette Mme de Maintenon, moins prude et moins confinée à son cercle que l'autre fée, mais qui, comme elle, tient la baguette et marque nettement la fin d'une époque. Nous allons essayer, après tant d'autres, de repasser, nous aussi, sur les traits de ce caractère et de cette figure digne de mémoire et qui mérite la gravure.

II.

LA DUCHESSE DE BOUFFLERS OU DE LUXEMBOURG.

La maréchale duchesse de Luxembourg était fille du duc de Villeroy et petite-fille du maréchal de ce nom, ami de Louis XIV. Née en 1707, elle épousa en 1721, à quatorze ans, le duc de Boufflers, mort de la petite vérole à Gênes, en 1747, à l'âge de quarante-deux ans, et elle ne fut duchesse de Luxembourg qu'en secondes noces, en 1750, M. de Luxembourg étant devenu veuf vers ce même temps. Elle l'avait pour amant déjà, depuis quelques années, et n'en faisait point mystère : on a des couplets d'elle, où elle s'en vante à la face de la première duchesse de Luxembourg, laquelle avait pour ami de son côté Pont-de-Veyle, de même que Mme du Châtelet avait Voltaire. Toutes ces passions, toutes ces libres liaisons se mêlaient, s'entre-croisaient, et à ciel découvert. Il ne faudrait pas essayer de faire l'histoire de Mme de Boufflers, dans sa jeunesse ; ses mœurs furent celles du grand monde de son temps, c'est-à-dire plus que légères. Elle fut fort avant dans les intrigues de Cour ; nommée dame du palais de la reine quelques années après le mariage du roi, on la voit dans les Mémoires de M. de Luynes, de tous les soupers, des chasses, des voyages à Choisy, à la Muette, avec les trois sœurs favorites (de Neslé). Elle eut une petite éclipse de faveur en 1743, à l'occasion de la disgrâce de M. de Belle-Isle, et elle fut assez longtemps sans souper dans les Cabinets. Elle n'était pas toujours très-bien avec Mme de Lauraguais, une des trois sœurs ; mais avec Mme de Châteauroux, elle fut dans tous les temps, de l'intimité et de l'étroite confidence. Lorsque les deux dernières sœurs reparurent à la Cour après la grande maladie du roi, Mme de Boufflers fut, avec Mme de Modène, la première personne que Mme de Châteauroux informa de son rappel par un courrier exprès. Dans la maladie qui se déclara le lendemain du retour et qui emporta si rapidement la favorite, Mme de Boufflers eut une grande conversation avec elle, la veille même de sa mort, et fut chargée de dire plusieurs choses au roi. Malgré cette grande liaison avec la maîtresse, elle n'en était pas moins bien traitée par la reine qu'elle amusait, et qui, de son côté, poussait l'amitié pour elle jusqu'à la confidence. Faut-il dire que la reine, cette sage et pieuse Marie Leczinska, avait elle-même un faible de cœur pour M. de Boufflers ? — Elle faisait quelquefois à Mme de Boufflers l'honneur d'accepter un souper particulier dans son petit appartement, espèce d'entre-sol dans les attiques du château. En envoyant à la reine chaque année, selon son usage, son cadeau d'étrennes, Mme de Boufflers y joignait volontiers un compliment en vers ; mais, si l'on en

1.

juge par ce qu'on en a, elle réussissait mieux dans l'épigramme que dans le compliment. Elle ne paraît pas avoir vécu en parfait accord avec Mme de Pompadour ; du moins on la voit brouillée avec elle en juillet 1746. On dit pourtant qu'en apprenant la nouvelle de la disgrâce de M. de Maurepas (avril 1749), son premier mouvement fut de s'écrier : « Voilà donc enfin la vie de Mme de Pompadour en sûreté ! »

A défaut de portraits gravés ou peints, on a un portrait d'elle à cette date de jeunesse encore, — de seconde jeunesse, — par Mme du Deffand :

« Mme la duchesse de Boufflers est belle sans avoir l'air de s'en douter ; sa physionomie est vive et piquante, son regard exprime tous les mouvements de son âme ; il n'est pas besoin qu'elle dise ce qu'elle pense, on le devine aisément, pour peu qu'on l'observe.

« Ses gestes ont tant de grâce, ils sont si naturels et si parfaitement d'accord avec ce qu'elle dit, qu'il est difficile de n'être pas entraîné à penser et à sentir comme elle.

« Elle domine partout où elle se trouve, et elle fait toujours la sorte d'impression qu'elle veut faire ; elle use de ces avantages presque à la manière de Dieu : elle nous laisse croire que nous avons notre libre arbitre, tandis qu'elle nous détermine... Aussi, ceux qu'elle punit de ne la point aimer pourraient lui dire : *Vous l'auriez été, si vous aviez voulu l'être* (1).

« Elle est pénétrante à faire trembler... »

Je réserve la fin du portrait pour plus tard.

(1) C'est une faute de français ou plutôt contre la grammaire ; mais dans ces styles parlés on n'y regarde pas de si près, et l'on n'en reste que mieux dans le génie de la langue.

Comme Mme du Deffand, Mme de Boufflers avait le talent ou la manie des couplets satiriques, alors en vogue; elle lardait son monde à merveille : on le lui rendait bien. M. de Tressan fit sur elle ce fameux couplet :

> Quand Boufflers parut à la Cour,
> On crut voir la mère d'Amour,
> Chacun s'empressait à lui plaire,
> Et chacun l'avait à son tour.

Quand Mme de Boufflers chantait plus tard ce couplet, elle s'arrêtait au dernier vers et disait : *J'ai oublié le reste*. Un jour elle se mit à marmotter cette chanson devant M. de Tressan lui-même, en disant : « Connaissez-vous l'auteur? elle est si jolie que non-seulement je lui pardonnerais, mais je crois que je l'embrasserais. » Tressan y fut pris comme le corbeau de la fable, et il dit : « Eh bien! c'est moi. » Elle lui appliqua deux bons soufflets.

Saint-Lambert, dans des vers à elle adressés pour accompagner un capucin en parfilage que Mme du Deffand envoyait pour étrennes à Mme de Boufflers, devenue la maréchale de Luxembourg, lui disait :

> Du Ciel vous eûtes en partage
> Un esprit doux, brillant et sage...

Cet esprit *doux*, selon la remarque du prince de Ligne, est un trait faux; elle l'avait, avant tout, piquant, des plus mordants; on la redoutait. Mais, en vieillissant, elle sut y mettre tant d'art et de mesure, tant de justesse toujours et tant d'à-propos, qu'on en passait volontiers par sa sévérité et qu'on n'y voyait qu'un jugement sans appel.

Elle avait moins d'instruction que d'esprit et que de science du monde. Un jour qu'elle avait écrit à Voltaire une longue lettre à l'occasion de sa tragédie d'*Oreste,* il paraît qu'elle avait écrit *Électre* avec deux *t,* et Voltaire, pour toutes raisons, lui aurait répondu : « Madame la duchesse, *Électre* ne s'écrit pas par deux *t.* » On a raconté diversement l'historiette, et selon d'autres, c'était le nom d'*Oreste* qui aurait été mal orthographié, et Voltaire aurait répondu : « Madame la duchesse, on n'écrit pas *Oreste* par un *h.* Je suis avec un profond respect, etc. » Tout cela ne prouverait qu'une chose, c'est que Mme de Luxembourg savait mieux le monde et le français que l'orthographe.

Ce ne fut qu'après son second mariage, quand elle eut quitté la place de dame du palais de la reine où sa belle-fille lui succéda, qu'on la voit décidée à avoir un salon à Paris. Le marquis d'Argenson a noté le fait dans ses Mémoires, avec la crudité qui lui est propre :

« 20 novembre 1750. — La nouvelle duchesse de Luxembourg a résolu de tenir une bonne maison cet hiver à Paris, et pour cela il faut des beaux esprits. Elle a persuadé Mme de La Vallière de donner son congé à Gélyotte, chanteur de l'Opéra, et de s'attacher à sa place le comte de Bissy. Pour décorer la société, il a été résolu de faire celui-ci de l'Académie française... On a exigé de Mme de Pompadour qu'elle remît la nomination de Piron à une autre fois, et la marquise a conduit ceci avec beaucoup de finesse, ne se tenant que derrière le rideau, ce qui a pleinement réussi jeudi.

« M. de Bissy a été élu tout d'une voix pour remplacer l'abbé Terrasson à l'Académie française. Ainsi l'on prétend opposer l'hôtel de Luxembourg à l'hôtel de Duras, et Bissy à Pont-de-Veyle. Nos mœurs françaises deviennent charmantes. »

Malgré le dénigrement anticipé de d'Argenson, le salon ouvert par Mme de Luxembourg vers 1750 devint en effet un des ornements et, à la longue, une des institutions du siècle.

Elle n'arriva à sa pleine et entière autorité, à son empire absolu, que graduellement. Tant que vécut son second mari, elle n'eut point toute liberté à cet égard, et ce n'est qu'après sa mort, en 1764, qu'elle entra dans la possession et l'exercice du dernier rôle qu'elle sut si bien remplir. Comme rien n'est plus difficile que de faire l'histoire d'un salon et d'une personne qui n'a pas eu d'autre règne, parce que ces annales légères ne se fixent pas, que tout le monde les sait ou croit les savoir à un moment, et qu'ensuite, une ou deux générations disparues, on ne trouve plus rien que de vague et de fuyant dans le lointain, comme devant un pastel dont la poussière s'est envolée, je crois que le mieux, pour se faire aujourd'hui une idée précise de Mme de Luxembourg, serait de la prendre dans ses relations avec Jean-Jacques à Montmorency ; puis dans ses relations avec les Choiseul et avec Mme du Deffand ; ici, du moins, on a des témoignages écrits et qui ont de la suite.

III

LA MARÉCHALE DE LUXEMBOURG. — JEAN-JACQUES. — LES CHOISEUL.

En lisant bien le Xe livre de la seconde partie des *Confessions,* dans lequel Rousseau raconte comment, après sa rupture avec Mme d'Épinay et sa sortie de l'Ermitage, il s'établit à Montmorency et s'y lia avec le maréchal et la maréchale de Luxembourg, dont le château était en ce lieu, et qui le prévinrent de mille politesses, et comment insensiblement il devint leur hôte, leur intime, on voit qu'il y faut faire la part des faits et celle des conjectures ou chimères. M. de Luxembourg est peut-être, avec le Milord Maréchal, le seul homme qui ait, à force de bonté et de bonhomie, désarmé le soupçon de Jean-Jacques, et qui lui ait inspiré une confiance sans réserve et sans retour. Quant à Mme de Luxembourg, qui peut-être, en accueillant si vivement l'ombrageux solitaire, caressait aussi l'auteur à la mode et qui put ensuite se refroidir en effet pour le pauvre méfiant attaqué de manie, on ne saurait lui voir, cependant, aucun tort sérieux, et les témoignages si redoublés que Rousseau accorde à « son cœur bienfaisant, » ne sont pas moins significatifs que ceux par lesquels il rend hommage à son goût juste et sûr. Toutes ces gracieuses et généreuses personnes, Mme de Luxembourg, son amie la comtesse de Boufflers, n'étaient après tout coupables que de vouloir faire le bonheur d'un malheureux homme de génie et de tourment, qui ne le permettait pas :

« Je craignais excessivement, nous dit Rousseau en commençant le récit de cette liaison, Mme de Luxembourg ; je savais qu'elle était aimable : je l'avais vue plusieurs fois au spectacle et chez Mme Dupin, il y avait dix ou douze ans, lorsqu'elle était duchesse de Boufflers et qu'elle brillait encore de sa première beauté ; mais elle passait pour méchante, et dans une aussi grande dame cette réputation me faisait trembler. A peine l'eus-je vue que je fus subjugué : je la trouvai charmante, de ce charme à l'épreuve du temps, le plus fait pour agir sur mon cœur. Je m'attendais à lui trouver un entretien mordant et plein d'épigrammes. Ce n'était point cela ; c'était beaucoup mieux. La conversation de Mme de Luxembourg ne pétille pas d'esprit ; ce ne sont pas des saillies, et ce n'est pas même proprement de la finesse ; mais c'est une délicatesse exquise qui ne frappe jamais et qui plaît toujours. Ses flatteries sont d'autant plus enivrantes qu'elles sont plus simples ; on dirait qu'elles lui échappent sans qu'elle y pense, et que c'est son cœur qui s'épanche, uniquement parce qu'il est trop rempli. Je crus m'apercevoir, dès la première visite, que, malgré mon air gauche et mes lourdes phrases, je ne lui déplaisais pas. Toutes les femmes de la Cour savent vous persuader cela quand elles veulent, vrai ou non ; mais toutes ne savent pas, comme Mme de Luxembourg, vous rendre cette persuasion si douce, qu'on ne s'avise plus d'en vouloir douter... »

C'est la seule page de cet admirable X^e livre, que je veuille rappeler ici, et Rousseau lui-même, dans sa plus mauvaise humeur, ne pensa jamais à la rétracter.

Dans le temps où Rousseau aigri accusait tout bas Mme de Luxembourg d'avoir changé à son égard, elle recevait de Voltaire, offensé de la protection qu'elle continuait d'accorder à son rival, une lettre jalouse. On conçoit qu'un esprit juste se soit peu à peu retiré de ces conflits dans lesquels, ayant fait son devoir, il ne restait rien d'agréable et de bon à gagner.

Avec Mme du Deffand et de la part de celle-ci, nous allons rencontrer plus d'une mauvaise humeur, plus d'une injustice également, plus d'une méchanceté même, comme les femmes du monde s'en permettent en langage envers des amies de tous les jours ; mais la suite aidera à corriger ce qui n'était que jugement hasardé, boutade, et à établir le vrai point.

Horace Walpole d'abord, cet ami de Mme du Deffand, juge un peu lestement la maréchale, et non-seulement son passé, mais son avenir. Dans une lettre écrite de Paris au poëte Gray (25 janvier 1766), lettre tout émaillée de portraits et qui fait songer à la galerie de la Fronde de Retz, ou plutôt encore aux portraits de haute société de Reynolds et de Gainsborough, après avoir peint de sa touche la plus vive la duchesse de Choiseul et sa belle-sœur, la duchesse de Grammont, et bien d'autres, il continuait ainsi :

« Je ne puis clore ma liste sans y ajouter un caractère beaucoup plus commun, mais plus complet en son genre qu'aucun des précédents, la maréchale de Luxembourg. Elle a été très-jolie, très-abandonnée et très-méchante ; sa beauté s'en est allée, ses amants s'en sont allés, et elle pense que le Diable va venir. Ce déchet l'a radoucie au point de la rendre plutôt agréable, car elle a de l'esprit et de bonnes manières ; mais vous jureriez, à voir l'agitation de sa personne et les effrois qu'elle ne peut cacher, qu'elle a signé un pacte avec le malin et qu'elle s'attend à être citée dans la huitaine, à l'écbéance. »

La sagacité de Walpole, d'ordinaire si pénétrante, semble l'avoir ici trompé, et il prête à l'activité de Mme de Luxembourg et à son goût pour les plaisirs de la société un sens plus profond qu'il n'en faut probablement chercher.

Elle aimait à être de tout, de tout ce qui était bien, de tout ce qui était mieux. Lorsque M. de Choiseul fut exilé à Chanteloup, elle y voulut aller, quoique n'étant pas en termes parfaits avec lui ni avec la duchesse de Choiseul auparavant. Ce voyage de Mme de Luxembourg à Chanteloup fit une grosse affaire dans ce monde à la mode. Mme de Choiseul, sachant son désir, l'y invitait, et dans le même temps, elle écrivait confidemment à Mme du Deffand (octobre 1771) :

« Dites-moi, je vous prie : croyez-vous de bien bonne foi à ces lettres si empressées pour attirer une certaine maréchale? Je désire qu'elle le croie; je m'efforcerai à en prendre l'air pour la recevoir; je ferai de mon mieux pour lui plaire; mais j'ai bien peur de ne pas réussir. Que tout ceci demeure entre nous; car vous savez que je crains les tracasseries autant que vous. »

On s'écrit des lettres pour être montrées, et l'on s'en écrit d'autres où l'on met sa pensée secrète.

« Mme de Luxembourg partit lundi pour Chanteloup, écrit Mme du Deffand à Walpole; elle y restera huit jours. Rien n'est plus comique et plus singulier que cette visite : c'est pour qu'elle soit placée dans ses fastes. Ce n'est pas assurément l'amitié qui en est le motif... Elle était l'ennemie des Choiseul, et comme il est du bel air, actuellement, d'être dans ce que nous appelons aussi l'*Opposition,* elle a employé toutes sortes de manéges pour se réconcilier avec eux... »

Qu'arrive-t-il pourtant de ce voyage tant commenté à l'avance et où chacun est sur le qui-vive, surtout la duchesse de Choiseul, qui connaît peu la maréchale, que Mme du Deffand a mise en garde, et qui craint toujours la griffe dont on lui a fait peur? Mme de Luxembourg les gagne, les séduit tous, comme elle a fait avec Rousseau, met à l'aise un chacun, et Mme de Choiseul écrit, à demi vaincue dès la première rencontre (citer est la seule manière de montrer Mme de Luxembourg à l'œuvre et en action) :

« La maréchale n'est point arrivée ici avec cet air de confiance que devaient lui inspirer les pressantes sollicitations qu'elle vous avait dit avoir reçues. La première soirée a été contrainte de toute part, quoiqu'elle s'efforçât d'être aimable et que nous nous efforçassions à lui plaire. Elle avait le portrait de M. de Choiseul en carton. C'était, disait-elle, sa boîte de voyage. Le lendemain, il en parut une autre superbe ; le médaillon de M. de Choiseul y était entouré de perles : c'était la boîte de gala. Elle était renfermée dans un petit sac dont on la tirait à chaque prise de tabac. M. de Choiseul se prosternait, se confondait à cette galanterie, mais sa reconnaissance était maussade ; le pauvre homme était tout honteux. Cependant la confiance s'est établie, et l'aisance avec elle... Je n'aurai pas de peine à vous en dire du bien, si sa belle humeur se soutient. Elle n'a pas encore eu l'apparence d'inégalité ; mais, malgré la patte de velours qu'elle m'a toujours montrée, je ne puis me défendre de la crainte de la griffe dont on m'a tant parlé, et cette crainte me donne une contrainte insurmontable telle qu'il ne me vient pas une idée... »

La crainte se trouve en défaut : ce premier séjour à Chanteloup, d'une semaine environ, se passe à la satisfaction de tous, et Mme de Choiseul n'a à donner que des louanges :

« L'abbé (Barthélemy) part après-demain, écrit-elle à Mme du Deffand. Vous allez lui faire bien des questions sur le voyage de la maréchale. Son amabilité s'est soutenue jusqu'à la fin. La confiance de M. de Choiseul est revenue; ils ont parlé de leur ancien temps, ils ont ri; et vous savez qu'ils sont tous deux de nature à aimer les choses et les gens qui les font rire : ainsi ils ont été parfaitement bien ensemble. Elle a plu beaucoup à Mme de Grammont, qui certainement lui aura plu de même. L'aisance a été établie entre elles du premier jour; je ne serais pas étonnée qu'il se formât une liaison solide; mais moi, je suis restée aussi gênée, aussi bête, aussi maussade. Je n'ai sûrement pas réussi, quoiqu'on ne m'ait montré que des grâces. Je crois qu'en tout elle aura été assez contente de son voyage... »

On distingue bien en tout ceci l'art, le jeu, l'amabilité naturelle, la considération, et aussi cette crainte qu'on avait de ne pas réussir auprès d'elle, même d'égale à égale. — D'autres visites et voyages à Chanteloup se passent encore mieux les années suivantes :

« La *chatte rose* est tout aussi douce et aussi aimable cette année (mai 1772) que l'année passée. »

Elle s'accorde avec tous. Mme du Deffand est la plus

difficile à conquérir et à persuader; on la dirait jalouse; elle ne peut s'accoutumer à l'idée de voir Mme de Luxembourg sur un si bon pied à Chanteloup; cette femme distinguée, cette grande dame, même par rapport à elle, cette intime de tout temps avec qui elle passe sa vie, et qui la comble de témoignages d'affection, elle la crible en arrière d'épigrammes :

« La maréchale de Luxembourg ne sait que devenir. Elle court de prince en prince. Je suis médiocrement bien avec elle; elle voudrait être importante, sentencieuse, épigrammatique, elle n'est qu'ennuyeuse. »

Et encore (30 juin 1773) :

« J'aurai demain à souper les Beauvau et la maréchale de Luxembourg. Celle-ci m'a rendu visite aujourd'hui à une heure après-midi. Il y avait plusieurs jours que je ne l'avais pas vue. Elle court les spectacles, elle se dévoue aux princes; elle ne pouvait venir chez moi l'après-dîner, parce qu'à quatre heures elle devait aller avec Mme la duchesse de Bourbon dans la petite maison du duc de Chartres. Ne trouvez-vous pas cela admirable? On peut dire : *C'est une belle jeunesse!* »

C'est ce qu'elle écrit dans les mauvais jours, quand elle se laisse aller à son humeur; mais cependant elle est obligée de convenir que cette maréchale juge très-bien les gens, qu'ils sont *démêlés* et sentis par elle à souhait, qu'elle rend toute justice particulièrement au mérite de cette charmante duchesse de Choiseul. Ce souper, tout à l'heure annoncé avec tant d'aigreur, se passe à ravir, et, le lendemain matin, Mme du Deffand fait amende honorable :

« J'eus hier la compagnie que j'attendais. La maréchale devient un vrai agneau. Réellement, elle est changée en bien, à ne la pas reconnaître. L'éducation que l'on donne en devient une pour soi-même. En voilà un exemple. »

Cette éducation est celle que Mme de Luxembourg avait donnée à sa petite-fille, Amélie de Boufflers, duchesse de Lauzun, la plus accomplie, la plus pure des jeunes femmes d'alors ; en se dévouant à elle, elle s'était elle-même améliorée, et, comme l'ont dit très-bien MM. de Goncourt, cette vieille fée de l'esprit et de la politesse ne se montrait plus qu'accompagnée de cet ange d'innocence et de pudeur, Mme de Lauzun.

Enfin, Mme du Deffand elle-même, celle qui doute le plus de ses amis et de l'amitié, est réduite à revenir sur ses préventions, et un jour que la maréchale est malade, elle écrit à l'abbé Barthélemy :

« La maréchale est mieux, mais pas assez bien pour s'établir à Auteuil... Savez-vous, l'abbé, que s'il arrivait malheur à cette maréchale, c'en serait un très-grand pour moi, et qu'elle est peut-être de mes connaissances celle qui m'aime le mieux ? C'est du moins celle dont je reçois le plus de marques d'attention. Et n'est-ce pas ce qui prouve l'amitié ? »

Et un autre jour, écrivant à Walpole, à qui elle en disait autrefois pis que pendre, 15 juin 1777 :

Mme de Luxembourg, qui est encore à Chanteloup, m'écrit aujourd'hui qu'elle sera à Paris mercredi de très-bonne heure et quelle soupera chez moi : c'est d'elle que je reçois le plus de marques d'amitié. »

Le mot est prononcé, et revient sous sa plume ;

Mme du Deffand est forcée de se rendre et d'y croire. Elle reçut de Mme de Luxembourg, dans sa dernière maladie, toutes les marques d'attachement sincère, et elle l'eut à son chevet peu d'heures avant sa mort.

Dans le joli portrait qu'elle avait tracé bien des années auparavant, du temps que la maréchale était encore Mme de Boufflers, Mme du Deffand avait dit :

« Mme de Boufflers, en général, est plus crainte qu'aimée ; elle le sait, et elle ne daigne pas désarmer ses ennemis par des ménagements qui seraient trop contraires à la vérité et à l'impétuosité de son caractère.

« Elle se console par la justice que lui rendent ceux qui la connaissent plus particulièrement, et par les sentiments qu'elle leur inspire.

« Elle a beaucoup d'esprit et de gaieté ; elle est constante dans ses engagements, fidèle à ses amis, vraie, discrète, serviable, généreuse ; enfin, si elle était moins clairvoyante, ou si les hommes étaient moins ridicules, ils la trouveraient parfaite. »

Ce qu'elle avait dit alors un peu par politesse et flatterie de société, elle fut obligée à la fin de le reconnaître exact et vrai dans la maréchale vieillie. Celle-ci, de son côté, cédait sans doute un peu moins dans ses dernières années à l'impétuosité de son caractère, à son esprit d'épigrammes, et se donnait un peu plus de peine pour persuader à ses amis qu'elle les aimait.

IV.

RÉSUMÉ SUR MADAME DE LUXEMBOURG.

Telle était la personne qui était généralement tenue pour l'oracle du goût et de l'urbanité, celle qui exerçait, on l'a dit, une espèce de police pour le ton et l'usage du monde, le censeur de la bonne compagnie durant les belles années de Louis XVI. Tous ceux qui ont parlé d'elle, les Ségur, les Lévis, le prince de Ligne, Mme de Genlis, sont unanimes à lui reconnaître cet empire absolu et sans appel sur tout ce qu'il y avait de distingué dans la jeunesse des deux sexes; elle contenait les travers, tempérait l'anglomanie, l'excès de familiarité, la rudesse, ne passait rien à personne, ni une mauvaise expression, ni un tutoiement, ni un gros rire; « la plus petite prétention, la plus légère affectation, un ton, un geste qui n'auraient pas été exactement naturels, étaient sentis et jugés par elle à la dernière rigueur; la finesse de son esprit, la délicatesse de son goût ne lui laissaient rien échapper; » attentive à ce qu'il ne passât aucun courant d'air de la mauvaise compagnie dans la bonne, elle retardait, pour tout dire, le règne des clubs et maintenait intacte l'urbanité française, à la veille du jour où tout allait se confondre et s'abîmer.

Grâce à elle et malgré les souvenirs de licencieuse jeunesse qui se rattachaient à son nom, qui se chantonnaient encore à voix basse à la cantonade, qui ne nuisaient en rien cependant à sa considération dernière, et qui peut-être, auprès de générations très-gâtées, y aidaient plutôt (car on la savait d'une expérience suprême), grâce donc à la maréchale de Luxembourg, l'ancienne société, l'ancien salon français resta jusqu'à la fin marqué d'un caractère propre et unique pour l'excellence du ton. La marquise de Rambouillet, Mme de La Fayette, Mme de Maintenon, Mme de Caylus, Mme de Luxembourg, c'est le même monde avec de simples variantes; mais il n'y avait nulle décadence, et peut-être même, à quelques égards, le dernier de ces salons était le plus parfait.

Le tour de sévérité caustique et critique que j'ai indiqué chez la maréchale était (il faut le croire, puisque tout le monde l'atteste) exempt de raideur et accompagné de tout agrément en sa personne. Sa dignité elle-même, comme l'ont dit MM. de Goncourt, était faite toute de grâce. Elle donnait l'exemple, en même temps que le précepte, de l'aisance dans la justesse. Surtout elle racontait plaisamment « et de l'air le plus détaché. » Elle n'appuyait pas.

J'avais songé à réunir quelques-uns des mots justes et concis qu'on a d'elle, et puis je me suis aperçu que de les citer trahirait peut-être mon dessein. Détachés ainsi de leur cadre, ils sembleraient faibles et pâles. C'était le ton, l'à-propos qui en faisait le prix et le poids. Un jour, par exemple, le Dauphin, fils de Louis XV, qui était un peu persifleur, la sachant très à cheval sur les hauts faits des Montmorency depuis qu'elle avait épousé un membre de la famille, lui dit pour la plaisanter : « Savez-vous, Madame, tous les exploits des Montmorency? » — « Monsieur (1), répondit-elle, je sais l'histoire de France, » indiquant par là que l'histoire de France et celle des Montmorency se confondaient. J'explique la chose, je la commente ; mais le simple mot, répondu sec et net devant une Cour maligne qui aurait joui d'un léger embarras et d'une réplique indécise, était heureux et parfait.

Elle excellait à déjouer d'un mot qui elle n'aimait pas. Elle se plaisait à tâter les esprits, à les piquer, à vous interpeller au souper, d'un bout de la table à l'autre, par quelque question provocante ; la repartie qu'on y faisait vous jugeait sur l'heure. C'est ainsi que M. de Talleyrand, très-jeune et à ses premiers débuts, assistant à un souper de Mme de Luxembourg, fut attaqué par elle d'une de ces questions qui auraient embarrassé tout autre : il répondit je ne sais quoi, mais de ce ton et de ce visage qu'on lui a connus depuis : quelque chose de bref et de juste, jeté d'un air de parfaite insouciance. Dès lors il fut classé et compté. Ce mot dit en tel lieu et répété partout avait suffi (2). La jeunesse de qualité prenait ses grades d'esprit à l'hôtel de Luxembourg.

Chaque débutant, chaque esprit encore neuf se sen-

---

(1) En parlant du Dauphin, on disait *Monseigneur* le Dauphin ; mais en parlant à lui, on disait *Monsieur*. C'était l'usage. (Voir le joli Fragment des *Mémoires* de la duchesse de Brancas.)

(2) Voici l'anecdote telle qu'un reste de tradition me la rappelle : L'abbé était à un bout de table. A quelque chose que la maréchale disait, il fit une exclamation. La maréchale lui dit : « Monsieur l'abbé de Périgord, pourquoi faites-vous *Ah !* » — « Madame la

tait en sa présence comme devant une pierre de touche qui décidait de la finesse du métal. Quelquefois ce ton, ce mordant, cet imposant étaient poussés un peu loin ; il n'est si belle qualité qui par moments n'excède et ne franchisse ses limites. Mme de Genlis a raconté qu'un jour, un dimanche, à l'Ile-Adam, comme on attendait pour la messe le prince de Conti, on était dans le salon autour d'une table sur laquelle les dames avaient posé leurs livres d'heures; la maréchale s'amusait à les feuilleter par manière d'acquit. Tout à coup, étant tombée sur deux ou trois prières particulières qui lui parurent bizarres et de mauvais goût, elle ne put s'empêcher de le dire; et comme Mme de Genlis se hasardait à lui représenter qu'en fait de prières Dieu s'attachait sans doute à l'intention plutôt qu'aux paroles et au ton : « Eh bien ! madame, repartit la maréchale de son air sérieux, ne croyez pas cela. » Mme de Luxembourg, cette grande maîtresse du bon ton et de l'usage ici-bas, croyait savoir même celui du Paradis.

Sa dévotion était, comme celle des vieilles femmes de son siècle qui prenaient ce parti, froide et sèche d'apparence, personnelle pour ainsi dire, non convertissante, mais aussi pleine de bonnes œuvres et de bienfaits positifs. Un jour, une de ses amies intimes, Mme de Mon-

---

maréchale, je n'ai pas dit *Ah!* j'ai dit *Oh!* » C'était en effet bien différent; il y avait une nuance ou de surprise ou d'admiration qui nous échappe, mais qu'indiquait l'accent et dont la finesse se fit aussitôt sentir. Il n'en fallut pas davantage; l'abbé de Périgord eut dès lors son brevet. Il avait montré qu'on n'avait pas affaire avec lui à un novice et qu'on ne le désarçonnait pas.

conseil, était à toute extrémité; la maréchale alla à sa paroisse et fit vœu, si la malade réchappait, de délivrer dix prisonniers pour dettes. Voilà de la dévotion fructueuse.

On n'a d'elle ni portrait authentique ni gravure. Cela s'explique : elle mourut à la veille du déluge. On avait bien d'autres choses à penser en janvier 1787. Les chroniqueurs eux-mêmes, tout occupés de l'ouverture de l'Assemblée des notables, oublient d'enregistrer sa mort. Elle finissait avec un ordre de choses. On n'eut pas l'idée ni le loisir de se mettre à graver son portrait. Personne même ne fit sur le temps son oraison funèbre. Mme Geoffrin, morte quelques années auparavant, avait été célébrée sur tous les tons par Thomas, l'abbé Morellet et tout le chœur des gens de lettres, ce qui faisait dire avec malignité à Mme du Deffand : « Tout cela, c'est bien du bruit pour une omelette au lard (1). » Mme de Luxembourg, cette crème du bon ton, n'eut rien; mais plus tard et dès qu'on fut rassis, on se ressouvint, et tous ceux dont le suffrage compte ont parlé. Si les Mémoires de M. de Talleyrand ne sont pas un leurre et une vaine promesse, il lui reste à parler d'elle, lui le dernier de tous, et, avec le prince de Ligne, le meilleur juge.

---

(1) C'était une allusion au mot bien connu de cet esprit fort qui faisant gras en carême et, qui pis est, un jour de Vendredi-Saint, je crois, et entendant tout à coup le tonnerre éclater dans un orage, se mit à dire entre ses dents : « Voilà bien du bruit pour une omelette au lard. » Le mot était devenu proverbial dans la bonne compagnie.

M. de Lévis, à défaut d'autres, nous l'a très-bien montrée avec sa cornette et ses coiffes, tenant à la main sa longue canne, dont la pomme faisait boîte et renfermait des pièces de monnaie, qu'elle distribuait aux malheureux tout en se promenant. Mme de Souza, l'auteur délicat d'*Eugène de Rothelin,* nous a très-bien rendu, dans cette jolie production, une Mme de Luxembourg un peu adoucie sous les traits de la maréchale d'Estouteville (1), et elle n'a pas oublié, auprès d'elle, le charmant contraste de la duchesse de Lauzun, devenue dans le roman Mme de Rieux. Mais un roman qui, de sa nature, pousse au sentiment, échappe par trop d'endroits à la vérité.

Mme de Genlis, qui avait fort connu la maréchale de Luxembourg, en a parlé avec un détail dont on lui sait gré; mais elle a montré plus que personne, en voulant fixer par écrit quelques-unes des remarques qu'elle avait recueillies de sa bouche sur les usages du grand monde et en les rédigeant dans une sorte de *Dictionnaire de l'Étiquette,* que la finesse ne se transmet pas, qu'il y a une pédanterie même dans les choses légères, et qu'on ne professe ni le tact ni la grâce. La maréchale de Luxembourg aurait désavoué une pareille élève qui, à côté de l'autorité, supprimait le charme, et qui, au lieu de plaire en avertissant, ne savait que régenter.

---

(1) Je dois dire pourtant que, dans la pensée de l'auteur, ce portrait de la maréchale d'Estouteville se rapportait bien plus en réalité à la maréchale de Beauvau; il n'est pas défendu de croire que la maréchale de Luxembourg, qu'on crut généralement y reconnaître, y était pour quelques traits.

C'est qu'aussi ce qui est fini est bien fini.

Société française, ancienne société tant regrettée, — non pas celle que je vois déplorer chaque jour dans des écrits bruyants, avec de grands *hélas!* et de longs soupirs ridicules, mais celle que les délicats, les voluptueux, les princes de Ligne, les Saint-Évremond de tous les temps, ceux qui y ont vécu ou qui étaient dignes d'y vivre ont goûtée, ont décrite, ont vainement essayé de retrouver après l'avoir perdue, j'aurais voulu, moi aussi, te traverser et te connaître, mais non pas me renfermer en toi et y mourir! Que dis-je? je l'ai connue, je l'ai vue et goûtée cette société d'autrefois en quelques-uns de ses débris exquis, de ses derniers rejetons retardés, qui se continuaient sur plus d'un point dans la société nouvelle. J'ai connu la personne (1) qui, dans un milieu, dans un cadre plus persistant et plus fixe, eût été par le goût, par l'autorité, par la concision ornée et une sorte de grâce imposante, comme une autre maréchale de Luxembourg; qui aurait réprimé, parmi la jeunesse de l'un et l'autre sexe, le système commode du *sans gêne* ou du *qué que ça fait,* s'il eût jamais pu être réprimé de nos jours; celle dont l'approbation, exprimée d'un mot, était un honneur. Et pourtant, le dirai-je? je ne voudrais pas encore une fois m'enfermer sans retour dans ces îles enchantées, dans ces cercles où tout l'homme ne saurait penser et vivre, où la femme elle-même n'était pas nécessairement

(1) Mme la comtesse de Boigne que nous possédons encore, mais que son âge et sa santé affaiblie ne laissent plus vivre tout entière que de près et pour l'intimité (1864).

plus aimable qu'on ne la rencontre, sans trop la chercher, en dehors de là : éternelle nature féminine qui recommence toujours, qui devine si tôt ce qui est bien, ce qui est mieux comme ce qui est pire, en même temps que ce qui est décent, et qui le rapprend sans enseigne et sans affiche à quiconque lui veut plaire; devant qui la passion, la verve, la poésie, le naturel aujourd'hui avec tous ses risques et tous ses avantages peuvent oser plus que jamais se déployer! Non, pour être plus affranchie de ton et de manières, pour être de moins en moins initié à ces mille et une nuances de tradition et de plus en plus élevée hors de serre, la femme décente, spirituelle et aimable n'est point perdue; la femme intelligente a plutôt gagné et gagne chaque jour. La société moderne n'est pas si déshéritée!

Lundi 8 décembre 1862.

SALAMMBO,

PAR M. GUSTAVE FLAUBERT (1).

Ce livre si attendu, et qui a occupé M. Flaubert depuis plusieurs années, paraît enfin. Nous oublierons notre liaison avec l'auteur, notre amitié même pour lui, et nous rendrons à son talent le plus grand témoignage d'estime qui se puisse accorder, celui d'un jugement attentif, impartial et dégagé de toute complaisance.

I.

L'AUTEUR.

Après le succès de *Madame Bovary,* après tout le bruit qu'avait fait ce remarquable roman et les éloges mêlés d'objections qu'il avait excités, il semblait que

---

1) Un vol. in-8°, Michel Lévy, rue Auber, 3, et boulevard des Italiens, 15.

tout le monde fût d'accord et unanime pour demander à M. Flaubert d'en recommencer aussitôt un autre, qui fît pendant au premier et en partie contraste. On aurait voulu que cette vigueur de pinceau, cette habileté à tout sonder, cette hardiesse à tout dire, il les eût transportées et appliquées à un autre sujet également actuel, également vivant, mais moins circonscrit, moins cantonné et resserré entre un petit nombre de personnages peu estimables ou peu aimables. La nature humaine n'est peut-être pas toute plate, basse ou perfide; il y a de l'honnêteté, de l'élévation, de la tendresse ou du charme en de certains caractères : pourquoi ne pas s'arranger pour en rencontrer quelques-uns, — ne fût-ce qu'un seul, — au milieu des inévitables bêtises, des méchancetés ou des ridicules? On disait cela à l'auteur de *Madame Bovary*; on le pressait de recommencer sans précisément récidiver, d'assurer son précédent succès par un autre un peu différent, mais sur ce même terrain encore de la réalité et de la vie moderne. Il avait soulevé quantité de questions et de disputes; on était en train de se combattre en son nom. Ceux qui admiraient son art et sa force sentaient pourtant quelques-uns de ses défauts, cette description trop continue, cette tension perpétuelle qui faisait que chaque objet venait saillir au premier plan et tirer le regard; on aurait voulu aussi que, sans renoncer à aucune hardiesse, à aucun droit de l'artiste sincère, il purgeât son œuvre prochaine de tout soupçon d'érotisme et de combinaison trop maligne en ce genre : l'artiste a bien des droits, y compris celui même des nudités; mais il est besoin qu'un certain sérieux, la passion, la franchise de l'intention et la force du vrai l'absolvent et l'autorisent.

Depuis que *Madame Bovary* avait paru, la question du *réalisme* revenait perpétuellement sur le tapis; on se demandait entre critiques si la vérité était tout, s'il ne fallait pas choisir, et puisqu'on ne pouvait tout montrer indistinctement, où donc il convenait de s'arrêter. De pareilles questions théoriques sont insolubles, interminables : il n'y a rien de tel que des œuvres, — et non pas les anciennes, les froides ou refroidies, mais des œuvres présentes et palpitantes, — pour apporter dans le débat leur exemple sensible à tous, un succès décisif et triomphant. On demandait à M. Flaubert une telle œuvre : le siècle a, depuis des années, besoin d'un grand artiste nouveau, il le réclame; de désespoir il se montre parfois tout prêt à l'inventer. Un écrivain de talent, mais d'un talent moindre, venu après M. Flaubert et sur ses traces, parut un moment recueillir tout cet orage de bruit et de clameurs qu'avait soulevé le premier. Il se livra autour du nom de M. Feydeau un combat très-vif qui aurait dû, plus légitimement, s'engager autour d'une œuvre nouvelle de M. Flaubert; mais, celle-ci manquant et se faisant attendre, la critique et le public excités se jetèrent, à son défaut, sur ce qui se présentait en sa place et se substituait à elle en quelque sorte. Que faisait donc pendant tout ce temps M. Flaubert? Pourquoi ne répondait-il pas à l'appel et ne paraissait-il pas au rendez-vous que lui assignait la voix générale, celle de la curiosité à la fois et de la bienveillance? On se le demandait, et bientôt on sut qu'en artiste ironique et fier, qui prétend ne pas dépendre du public ni de son propre succès, résistant à tout conseil et à toute insinuation, opiniâtre et inflexible, il laissait de côté pour un temps le roman moderne où il avait, une première fois, presque excellé, et qu'il se transportait ailleurs avec ses goûts, ses prédilections, ses ambitions secrètes; voyageur en Orient, il voulait revoir quelques-unes des contrées qu'il avait traversées et les étudier de nouveau pour les mieux peindre; antiquaire, il s'éprenait d'une civilisation perdue, anéantie, et ne visait à rien moins qu'à la ressusciter, à la recréer tout entière. Que d'autres aillent s'amuser et s'éterniser dans ces vieilles contrées usées de Rome, de la Grèce ou de Byzance, lui il était allé choisir exprès un pays de monstres et de ruines, l'Afrique, — non pas l'Égypte trop décrite déjà, trop civilisée, trop connue, mais une cité dont l'emplacement même a longtemps fait doute parmi les savants, une nation éteinte dont le langage lui-même est aboli, et dans les fastes de cette nation un événement qui ne réveille aucun souvenir illustre, et qui fait partie de la plus ingrate histoire. Voilà quel était son nouveau sujet, étrange, reculé, sauvage, hérissé, presque inaccessible; l'impossible, et pas autre chose, le tentait : on l'attendait sur le pré chez nous, quelque part en Touraine, en Picardie ou en Normandie encore : bonnes gens, vous en êtes pour vos frais, il était parti pour Carthage.

II.

LE SUJET.

Respectons la volonté de l'artiste, son caprice, et après avoir exhalé notre léger murmure, laissons-nous docilement conduire où il lui plaît de nous mener. Mais sachons du moins de quels éléments il disposait à l'origine, afin d'être à même de juger ce qu'il en a fait et ce qu'il y a ajouté de son propre fonds.

L'an de Rome 507, de Carthage 605, et avant Jésus-Christ 241, la première guerre punique étant terminée, les Carthaginois, qui avaient été contraints, par leurs dernières défaites, de signer avec les Romains un traité désavantageux, eurent à soutenir une autre guerre contre leurs propres soldats, les Mercenaires, qui avaient servi sous leurs généraux en Sicile. C'est cette guerre qui ne dura pas moins de trois ans et demi et qui fut marquée par des cruautés sans exemple, même en ces âges cruels, cruautés surpassées et couronnées elles-mêmes à la fin par une vaste scène d'anthropophagie, que l'auteur de *Salammbô* a prise pour base et pour canevas de son ouvrage, roman ou espèce de poëme en prose.

Polybe est ici notre guide principal. Il a cru devoir insister sur cette guerre atroce, que quelques-uns avaient qualifiée d'*inexpiable,* et il en a tiré une leçon politique sur les dangers qu'il y a pour un État à se servir de troupes étrangères, surtout quand elles sont comme celles-ci, confuses et ramassées de toutes parts.

Giscon, général carthaginois, gouverneur de Lilybée, chargé du commandement après la démission du général en chef Amilcar, avait prévu le danger, et, pour le conjurer, il n'avait renvoyé de Sicile en Afrique les troupes étrangères, qu'on allait licencier, que partie à partie et par détachements; mais les Carthaginois, au lieu de payer ces nouveaux arrivants au fur et à mesure, et de les éloigner avant qu'ils fussent en nombre, avaient retardé le paiement de la solde sous plusieurs prétextes; et bientôt ces étrangers, se trouvant concentrés dans Carthage, y commirent des désordres qui forcèrent de prendre un parti. C'est alors qu'après un léger à-compte payé, on obtint de leurs officiers de les emmener à Sicca, à quelques journées de marche dans l'intérieur; mais, au lieu de garder à Carthage même, comme d'ailleurs les Mercenaires le demandaient, leurs femmes, leurs enfants et leur butin, ce qui eût pu servir ensuite de garanties et d'otages, on expulsa du même coup et on leur fit emporter tout ce qui leur appartenait. Il y eut par suite à Sicca un rassemblement inusité, qui ressemblait à une halte de tout un ramas de peuples en voyage. Se voyant de loisir et complétement livrés à eux-mêmes, comptant leurs forces et sentant croître leurs besoins, ils s'exaltèrent dans leurs prétentions; la masse fermenta, des chefs ambitieux soufflèrent l'esprit de sédition, et lorsque Hannon, qui commandait pour les Carthaginois en Afrique, se fut rendu à Sicca et qu'au lieu de payer la totalité de la solde promise, il parla de réductions et de sacrifier partie de la dette, on peut imaginer comme il fut reçu. Les propositions mêmes d'Hannon, si peu faites déjà pour satisfaire les intéressés, étaient encore dénaturées par des truchements infidèles qui les rapportaient en toutes sortes de langues à cette multitude bigarrée, composée d'Espagnols, de Gaulois, de Liguriens, de Baléares, de Grecs de la pire espèce, et surtout d'Africains : c'était bien là le cas de dire que la plupart de ceux qui traduisaient, trahissaient. Dans le mouvement de fureur dont ils furent saisis en entendant ces propositions d'Hannon, ainsi frauduleusement transmises, les Mercenaires se mirent en marche au nombre de vingt mille, et, pour appuyer leurs menaces, ils vinrent camper au rivage de Tunis en vue de Carthage, à une lieue environ. Les Carthaginois effrayés leur envoyèrent des vivres ; le Sénat leur dépêchait chaque jour de nouveaux parlementaires et cédait en détail à toutes leurs demandes : pour régler le gros de l'affaire, on convint de s'en remettre à Giscon, ce même général qui avait commandé les étrangers en Sicile, qui savait, aussi bien qu'Amilcar, leurs services et leurs exploits, et qui avait plus de prise sur eux qu'Hannon général de l'intérieur.

Giscon était près de réussir dans la composition qui se négociait, lorsque deux hommes dont l'histoire a conservé les noms se jetèrent à la traverse : un certain Campanien nommé Spendius, autrefois esclave chez les Romains, homme fort et hardi jusqu'à la témérité, et qui craignait, si les affaires s'arrangeaient, d'être rendu à son maître comme fugitif; et un certain Mathos, Africain, qui, engagé dans la première sédition, avait tout intérêt à pousser les choses à l'extrémité. Ces deux hommes s'opposent à l'accommodement et agitent en tous sens les foules. Les officiers sont impuissants à maintenir l'ordre ; plusieurs y périssent : dans ces cohues d'étrangers de toute nation, il n'y avait, nous dit Polybe, que le mot *frappe* qui fût entendu de tous indistinctement et qui semblât de toute langue, parce qu'il était sans cesse en usage et pratiqué. Giscon se voit arrêté au milieu de ses opérations d'arbitre ; son trésor est pillé, et lui-même avec ceux de sa suite jeté en prison, après toutes sortes de traitements indignes. La guerre commence, la plus abominable des guerres.

Les Mercenaires, tout étrangers qu'ils étaient à Carthage, renfermaient dans leurs rangs beaucoup d'Africains ; ils trouvèrent moyen d'intéresser les provinces d'Afrique à leur ressentiment. On entrevoit très-bien, par la facilité qu'ils eurent de faire soulever des villes et des provinces entières, que les Carthaginois proprement dits étaient des colons conquérants qui s'étaient établis principalement sur les côtes, mais qui ne s'étaient pas fondus avec les populations autochthones, qui les dominaient, les pressuraient au besoin, et qui n'étaient pas bien vus d'elles. Aussi eurent-ils là, comme les Romains, leur guerre *sociale,* et en partie leur guerre *servile.*

Cette guerre interne, ainsi menée traîtreusement contre Carthage par Mathos et Spendius, un Africain et un esclave, fut marquée par toutes sortes de vicissitudes. Hannon, général carthaginois peu capable et qui n'eût été bon qu'à être un munitionnaire, mit les choses à deux doigts de leur perte. On nomma à sa place Amilcar Barca, le père d'Annibal, aussi habile capitaine qu'homme d'État ferme et vigoureux. Il eut une première victoire brillante, gagnée à la faveur d'une marche imprévue et hardie à travers l'embouchure d'un fleuve, le Macar, qui n'était ensablé et guéable que par de certains vents : Amilcar, qui avait remarqué cette circonstance singulière, en usa pour tourner et surprendre l'ennemi. Sa réputation, la haute estime qu'il inspirait, lui attirèrent l'alliance d'un certain chef numide nommé Naravase, qui était d'abord avec les révoltés, mais qui, faisant subitement défection, vint s'offrir à lui avec ses cavaliers. Amilcar, voyant l'enthousiasme et l'ingénuité de ce jeune homme, promit de lui donner sa fille en mariage, à la condition qu'il demeurerait fidèle aux Carthaginois.

Malgré ses premiers succès, Amilcar, s'étant joint avec Hannon, puis avec le général qui succédait à ce dernier, reperdit ses avantages et la supériorité qu'il avait d'abord acquise sur les ennemis. Les deux villes restées jusqu'alors fidèles à Carthage, Utique et Hippone-Zaryte, se livrèrent aux étrangers. Carthage elle-même se vit assiégée, serrée de près. Cependant Amilcar, sans qu'on s'explique trop comment, reprit encore une fois le dessus, et, après une suite de marches et d'actions habilement ménagées, il fit si bien qu'il enferma les étrangers dans un lieu, dans une espèce de champ clos appelé *La Hache,* parce que le terrain offrait assez la forme de cet instrument; il les y réduisit d'abord à une telle famine qu'ils se virent contraints de se dévorer les uns les autres ; et finalement, après s'être saisi de la personne de leurs chefs, qui étaient venus parlementer auprès de lui, il écrasa avec ses éléphants ou tailla en pièces toute cette armée, dont pas un soldat ne réchappa : elle n'était pas moindre que de quarante mille hommes.

Mathos n'était pas avec cette armée ; on l'alla assiéger dans Tunis, et, pour l'avertir du sort qui l'attendait, on mit en croix Spendius et les autres chefs captifs à la vue des assiégés. Mathos eut là encore un retour de fortune; il battit dans une sortie le collègue d'Amilcar, et, l'ayant pris, lui fit subir le même supplice qu'on avait infligé à Spendius, en l'attachant ignominieusement à la même croix. Amilcar cependant eut raison, une dernière fois, de Mathos qui s'était remis en campagne, et, l'ayant fait prisonnier, il le livra à la fureur des Carthaginois, qui, le jour du triomphe, assouvirent sur lui leur vengeance par mille cruautés.

Telle fut en résumé cette guerre horrible entre toutes les autres, et de laquelle Polybe a dit qu'il n'en savait aucune où l'on eût porté plus loin la barbarie et l'impiété.

C'est celle que M. Flaubert a choisie pour fond et pour sujet de son récit, et qu'il a voulu peindre dans tout le détail de ses atrocités, l'offrant comme une espèce de type de la guerre chez les Anciens ou du moins chez les peuples d'Afrique. On pourrait croire que les raffinements de cruauté qui s'y exercèrent l'ont tenté, et qu'il y a vu une suite de scènes appétissantes pour un pinceau que la réalité, quelle qu'elle soit, attire, mais qui, tout en cherchant, en poursuivant partout le vrai, paraît l'aimer surtout et le choyer s'il le rencontre affreux et dur.

III.

ANALYSE DU LIVRE.

Cependant il fallait animer, entourer, motiver tout cela : il y fallait mettre un couronnement, une flamme, un prestige. C'est ici que la tentative de M. Flaubert se dessine nettement à nous. Tout en aimant la réalité, il n'avait pour base et pour texte authentique qu'un récit de quelques pages ; il lui fallait inventer ou retrouver tous les détails, tous les accessoires. Il y vit une occasion toute naturelle et nécessaire de ressusciter Carthage et ses ruines si abattues depuis le temps de Marius. L'archéologie est à la mode ; elle est devenue non plus une auxiliaire, mais, si l'on n'y prend garde, une maîtresse de l'histoire. Elle s'impose. Une médaille, une inscription, un pan de mur découvert, une poterie quelconque, sont choses désormais respectables et presque sacrées : des savants ingénieux sont arrivés à tirer de ces fragments, en apparence si mutilés et si secs, des conséquences de tout genre et d'un grand prix. Il ne faut rien s'exagérer pourtant ; et lorsque du détail d'une civilisation on ne sait guère que ce qu'en apprennent les fouilles, et que ces fouilles ont rendu aussi peu qu'elles l'ont fait jusqu'ici sur le sol de Carthage, on se trouve bien en peine, malgré les travaux des Beulé et des

Falbe, pour tout remettre sur pied et pour tout restituer. Néanmoins M. Flaubert, voyageur en Orient, en Syrie, en Égypte et dans le nord de l'Afrique, a cru pouvoir, à l'aide du paysage où il sait si bien lire, à l'aide des mœurs et des physionomies de race plus persistantes là qu'ailleurs, et moyennant des inductions applicables aux peuples de même souche et aux civilisations de même origine, rapprocher et grouper dans un même cadre une masse de faits, de notions, de conjectures, et il s'est flatté d'animer cet ensemble qu'il appellerait *Carthage,* de manière à nous intéresser en même temps qu'à nous initier à la vie punique si évanouie, et qui n'a laissé d'elle-même aucun témoignage direct. Je crois avoir défini la tâche qu'il s'est proposée, dans tout ce qu'elle a de complexe et d'horriblement difficile.

Il n'existe pas d'historien ni de poëte carthaginois. On n'a que le récit de la navigation autour de l'Afrique, le *Périple* de cet Hannon de qui Montesquieu a dit si magnifiquement : « C'est un beau morceau de l'Anti-
« quité que la Relation d'Hannon : le même homme
« qui a exécuté a écrit ; il ne met aucune ostentation
« dans ses récits. Les grands capitaines écrivent leurs
« actions avec simplicité, parce qu'ils sont plus glo-
« rieux de ce qu'ils ont fait que de ce qu'ils ont dit.
« Les choses sont comme le style. Il ne donne point
« dans le merveilleux... » Remarquons bien, en passant, que ce seul monument qu'on ait de la littérature carthaginoise est simple, nullement étrange ni emphatique. Hors de là, on n'a sur les Carthaginois de témoi-

gnages un peu rapprochés que ceux d'Aristote et de Polybe, deux hommes souverainement raisonnables, et qui ne nous transmettent également sur eux que des idées saines; on vivait et l'on dormait en paix là-dessus. A vrai dire, on ne s'intéresse plus guère à l'antique Carthage que par deux choses diversement immortelles, l'une vraie et l'autre mensongère : Annibal et Didon; celle-ci, la création la plus touchante que nous ait laissée la poésie des Anciens; celui-là, à cause des obstacles de toute nature qu'il rencontrait sur sa route glorieuse et du génie qu'il mit à les vaincre, offrant « le plus beau spectacle que nous ait fourni l'Antiquité : » c'est encore Montesquieu qui dit cela. A part ces deux grands noms, des plus beaux, il est vrai, et des plus présents entre tous ceux de la poésie et de l'histoire, on sait très-peu et l'on s'inquiète peu aussi de Carthage et de son intérieur. L'ignorance même où l'on est de la vie habituelle et du *tous les jours* de ce peuple laissait d'autant plus le champ libre à M. Flaubert. Il en a usé largement; il a créé de toutes pièces sa cité et ses habitants; et, chose piquante! en nous développant et en nous peignant à plaisir des personnages et des mœurs si étranges, si semblables de tout point à des monstruosités, à force de s'y enfermer et d'y vivre, il croira n'être que vrai, réel, et ne faire que reproduire une image exacte ou équivalente de ce qui se passait ou qui existait en effet. Mais j'ajourne toute réflexion, et j'en viens à l'analyse de *Salammbô*.

Le récit, qui se divise en quinze chapitres ou tableaux, commence au moment où les Mercenaires accumulés dans Carthage inquiètent la population et les magistrats. Ils sont attablés à un grand festin pour célébrer l'anniversaire d'une de leurs victoires en Sicile, et on leur a livré pour cette orgie soldatesque les jardins mêmes d'Amilcar leur ancien général, alors absent de Carthage et pour le moment peu en faveur auprès de ses concitoyens. Le festin est vivement décrit, avec ses gradations de gaieté, d'ivresse, d'exaltation et de délire. Chaque espèce et chaque nation de soldats est dépeinte avec son air, ses gestes, ses armures. Dans un moment de fermentation, on délivre les esclaves d'Amilcar. Spendius, qui sera un des futurs généraux des Mercenaires, est du nombre. A peine introduit dans l'assemblée, et après avoir remercié ses libérateurs, il souffle autour de lui le feu et l'esprit de rixe, en remarquant qu'on n'a pas donné aux Mercenaires pour le festin les coupes réservées à la légion sacrée : c'était une légion de jeunes patriciens. Les soldats aussitôt, se croyant méprisés, envoient demander ces coupes d'honneur qui sont conservées dans un temple, et qu'on leur refuse. Giscon, le général carthaginois, est obligé de venir en personne, à cette heure de nuit, leur donner des explications qui ne font que les irriter. De dépit et hors d'eux-mêmes, ils se jettent alors sur les jardins réservés d'Amilcar et pénètrent dans l'enceinte où étaient de petits bassins peuplés des poissons de la famille Barca, ayant des pierreries et des anneaux à la gueule; espèces de dieux lares, de pénates aquatiques. Les Barbares s'amusent à prendre et à tuer ces poissons. C'est alors qu'avertie par le tumulte, la fille d'Amilcar, Salammbô, descend de l'étage supérieur qu'elle habite dans le palais. Salammbô, cette sœur ou demi-sœur d'Annibal, — une sœur de père, — est une vierge qui vit dans les pratiques sacrées. Elle n'est pourtant qu'à demi prêtresse, ou plutôt elle n'est que dévote et, comme qui dirait, ayant le petit voile ; elle a été nourrie et a vécu jusque-là dans la contemplation, dans le culte de la déesse Tanit, l'éternelle Vénus, le principe femelle, de même que Moloch est le principe mâle. Habitant à côté des prêtres eunuques consacrés à la déesse et qu'elle convoque souvent dans sa maison, Salammbô s'est tenue isolée et s'est fait un asile tout particulier de rêverie, d'innocence et de mysticisme. Elle n'adore la déesse voluptueuse et féconde que sous sa forme la plus éthérée, la plus pure, celle de la lune ; c'est une Elvire sentimentale, qui a un pied dans le Sacré-Cœur :

« Personne encore ne la connaissait. On savait seulement qu'elle vivait retirée dans des pratiques pieuses. Des soldats l'avaient aperçue la nuit, sur le haut de son palais, à genoux devant les étoiles, entre les tourbillons des cassolettes allumées. C'était la lune qui l'avait rendue si pâle, et quelque chose des dieux l'enveloppait comme une vapeur subtile. Ses prunelles semblaient regarder tout au loin au delà des espaces terrestres. Elle marchait en inclinant la tête, et tenait à sa main droite une petite lyre d'ébène. »

Elle descend donc au milieu des Barbares, marchant à pas réglés et même un peu gênés à cause de je ne sais quelle chaînette d'or qu'elle traîne entre ses pieds, suivie d'un cortége de prêtres imberbes et efféminés qui chantent d'une voix aiguë un hymne à la déesse, et elle-même déplore la perte de ses poissons sacrés. Elle menace, si le désordre continue, d'emporter avec elle le Génie de la maison, le serpent noir qui dort là-haut sur des feuilles de lotus : « Je sifflerai, il me suivra, et, si je monte en galère, il courra dans le sillage de mon navire, sur l'écume des flots. »

Tout ce qu'elle chante est harmonieux ; elle s'exprime dans un vieil idiome chananéen que n'entendent pas les Barbares ; ils n'en sont que plus étonnés. Cette langue, qui, apparemment, était celle de la religion punique, est, comme le latin liturgique du Moyen-Age ou comme le sanscrit dans l'Inde, une langue sacrée inintelligible au vulgaire. Quoi qu'il en soit, dès que Salammbô se présente, on a aussitôt reconnu, à sa démarche et à tout son air, moins une sœur d'Annibal qu'une sœur de la vierge gauloise Velléda, transposée, dépaysée, mais évidemment de la même famille sous son déguisement.

M. Flaubert, dans ce livre d'un art laborieux, n'a fait que reprendre en effet et recommencer sur la civilisation punique la même entreprise épique que Chateaubriand a tentée, il y a plus de quarante ans, dans *les Martyrs,* pour l'ancienne civilisation gréco-romaine aux prises avec le Christianisme. Il renouvelle à son tour ce grand effort, dans des conditions particulières, bien moins avantageuses à ne considérer que les sources, la matière et l'intérêt, et cependant avec une intention et une prétention plus marquée, plus formelle, de tout restaurer du passé. A la manière dont il appuie sur chaque détail, sur chaque point environnant, il semble n'avoir pas voulu faire un poëme, mais plutôt un tableau vrai, réel. Or je demande déjà (et chacun en est juge) si introduire et répandre sur le petit nombre de faits positifs donnés par Polybe et répétés par d'autres historiens un élément religieux et mystique de cette nouveauté conjecturale, et bientôt un élément de passion amoureuse et tout à fait romanesque, ce n'est pas faire un poëme, une invention au premier chef. — Mais je continue d'exposer.

Salammbô, qui n'est comprise, dans ses psalmodies, que des prêtres débiles et tremblants qui l'accompagnent, n'en séduit pas moins les Barbares ou du moins quelques-uns. Un jeune chef numide semble surtout la dévorer des yeux : c'est ce même Naravase (ici Narr'Havas), que le bon Rollin, qui n'y regardait pas de si près, appelle « un jeune seigneur, » et que Polybe a nommé comme un des prochains auxiliaires d'Amilcar, lequel lui promettra sa fille en mariage. Mathos le Libyen (ici Mâtho) se dessine également dès cette première scène. A un moment, Salammbô, qui en a fini de ses chants mystiques, se met à interpeller directement les Barbares :

« Salammbô n'en était plus au rhythme sacré : elle employait simultanément tous les idiomes des Barbares, délicatesse de femme pour attendrir leur colère. Aux Grecs elle parlait grec, puis elle se tournait vers les Ligures, vers les Campanéens, vers les Nègres, et chacun en l'écoutant retrouvait dans cette voix la douceur de sa patrie. Emportée par les souvenirs de Carthage, elle chantait maintenant les anciennes batailles contre Rome ; ils applaudissaient. Elle s'enflammait à la lueur des épées nues; elle criait les bras ouverts. Sa lyre tomba, elle se tut ; — et, pressant son cœur à deux mains, elle resta quelques minutes les paupières closes à savourer l'agitation de tous ces hommes. »

C'est alors que l'Africain Mâtho se penche involontairement vers elle. Par un mouvement rapide, et entraînée vers lui elle-même, elle lui verse du vin dans une coupe d'or pour se réconcilier avec l'armée, et lui dit : *Bois!* Mais un Gaulois présent, et qui, comme tous les Gaulois et les zouaves de tous les temps, est un peu loustic et ne voit partout que prétexte à la gaudriole, se met à plaisanter en langage de son pays. Mâtho veut savoir ce qu'il a dit : Spendius le Grec, l'homme de toutes les langues, le lui explique. Cela voulait dire : *A quand les noces?* Et pourquoi?

« C'est que chez nous, disait le Gaulois, lorsqu'une femme fait boire un soldat, elle lui offre par là même sa couche. »

A peine la phrase est-elle finie que Narr'Havas, amoureux déjà et jaloux comme un tigre, bondit, et, tirant un javelot de sa ceinture, le lance contre Mâtho, dont il cloue le bras sur la table. Mâtho arrache le javelot: une rixe s'engage. Salammbô disparaît. Mâtho, tout blessé qu'il est, et comme si de rien n'était, dirigé par Spendius qui connaît les êtres du palais pour y avoir été esclave, se lance à la recherche de Salammbô sans la trouver et sans l'atteindre. A ces fureurs et à cette poursuite, la nuit entière est passée. Du haut d'une des terrasses élevées du palais, Spendius et Mâtho (mais celui-ci trop absorbé déjà pour être attentif à autre chose qu'à l'idée fixe de son amour) voient tout à coup l'aube blanchir à l'horizon, et bientôt le soleil émerger et se lever sur Carthage. La description est belle, très-belle : il y a un tel encombrement et une telle continuité de descriptions dans ce volume, qu'elles gagnent certainement à être découpées et détachées. Je donnerai celle-ci comme un premier spécimen :

« Ils étaient sur la dernière terrasse. Une masse d'ombre énorme s'étalait devant eux, et qui semblait contenir de vagues amoncellements, pareils aux flots gigantesques d'un océan noir pétrifié.

« Mais une barre lumineuse s'éleva du côté de l'Orient ; à gauche, tout en bas, les canaux de Mégara commençaient à rayer de leurs sinuosités blanches les verdures des jardins. Les toits coniques des temples heptagones, les escaliers, les terrasses, les remparts, peu à peu, se découpaient sur la pâleur de l'aube, et tout autour de la péninsule carthaginoise une ceinture d'écume blanche oscillait, tandis que la mer, couleur d'émeraude, semblait comme figée dans la fraîcheur du matin. Puis, à mesure que le ciel rose allait s'élargissant, les hautes maisons inclinées sur les pentes du terrain se haussaient, se tassaient, telles qu'un troupeau de chèvres noires qui descend des montagnes. Les rues désertes s'allongeaient ; les palmiers, çà et là sortant des murs, ne bougeaient pas ; les citernes remplies avaient l'air de boucliers d'argent perdus dans les cours ; le phare du promontoire Hermœum commençait à pâlir. Tout au haut de l'Acropole, dans le bois de cyprès, les chevaux d'Eschmoûn, sentant venir la lumière, posaient leurs sabots sur le parapet de marbre et hennissaient du côté du soleil. »

Puis, après l'aube, l'aurore, Carthage s'éveille :

« Tout s'agitait dans une rougeur épandue, car le Dieu, comme se déchirant, versait à pleins rayons sur Carthage la pluie d'or de ses veines. Les éperons des galères étincelaient, le toit de Khamon paraissait tout en flammes, et l'on apercevait des lueurs au fond des temples dont les portes s'ouvraient. Les grands chariots arrivant de la campagne faisaient tourner leurs roues sur les dalles des rues. Des dromadaires chargés de bagages descendaient les rampes. Les changeurs dans les carrefours relevaient les auvents de leurs boutiques, des cigognes s'envolèrent, des voiles blanches palpitaient. On entendait dans le bois de Tanit le tambourin des courtisanes sacrées ; et, à la pointe des Mappales, les fourneaux pour cuire les cercueils d'argile commençaient à fumer. »

J'admire la conscience et le pinceau du paysagiste : mais de même que Salammbô m'a rappelé Velléda, je me rappelle inévitablement ici tant de belles descriptions de l'*Itinéraire*, et particulièrement Athènes contemplée du haut de la citadelle au lever du soleil : « *J'ai vu du haut de l'Acropolis le soleil se lever entre les deux cimes du mont Hymette...* » Le panorama de Carthage vue de la terrasse d'Amilcar est un paysage historique de la même école, et qui accuse le même procédé ; ce qui ne veut pas dire qu'il ne soit pris également sur nature, du moins en ce qui est des lignes principales. Et puis, comme le Gaulois est né malin et qu'il y en a dans l'armée des Mercenaires, je ne fais qu'imiter leur exemple en y mêlant, vaille que vaille, le souvenir de cette gaie parodie chantante, *Paris à cinq heures du matin* :

L'ombre s'évapore,

> Et déjà l'aurore
> De ses rayons dore, etc.

Il faut bien rompre, de temps en temps, le trop de solennité et de monotonie par une chanson.

Je continuerai cette analyse de *Salammbô*, et j'y ajouterai un jugement et quelques doutes sur le système embrassé par l'auteur, et que tout son talent et tout son effort, également visibles, n'ont pu me faire accepter.

Lundi 15 décembre 1862.

SALAMMBO,

PAR M. GUSTAVE FLAUBERT.

(SUITE.)

SUITE DE L'ANALYSE.

Le grand festin militaire, la grande orgie, a donc eu lieu. Salammbô s'est montrée; elle aussi, d'un coup d'œil, elle a versé l'ivresse; et voilà ces chefs ambitieux, avares ou cupides, qui vont être déterminés dans leur conduite future par l'amour que ce simple coup d'œil leur a mis au cœur. Cela est-il bien conforme au caractère présumé des chefs signalés par Polybe et au génie de ces guerres violentes? — On obtient des Mercenaires, après ce festin, qu'ils sortent de Carthage moyennant une pièce d'or distribuée à chacun, et qu'ils aillent camper à Sicca, à quelques journées de la capitale. On assiste au défilé des troupes et à cette cohue du départ, fort savamment étudiée dans sa confusion. Puis on a leur marche à travers la campagne, qui n'est pas tout d'abord un désert. Spendius, pendant la route, s'attache à Mâtho et ne le quitte plus. Ce fils d'un rhéteur grec et d'une fille campanienne sent tout le parti qu'il peut tirer de cet Africain robuste, brutal, superstitieux et brave; lui, il est lâche à l'action, mais hardi partout ailleurs, fertile en idées, l'homme aux expédients : tous deux ils se doublent et se complètent. Mâtho et Spendius, unis ensemble et associés, c'est l'alliance de Figaro et du Cyclope.

Le paysage, avec tous ses accidents, est très-bien décrit. La passion aussi fait son chemin. Mâtho se sent dévoré d'un mal secret : ce grand corps de géant est abattu et comme anéanti. Dès que l'armée est installée dans la plaine de Sicca, il passe des journées entières à vagabonder, ou bien il reste immobile, étendu sur le sable. Qu'a-t-il?

« Il consulta l'un après l'autre tous les devins de l'armée, ceux qui observent la marche des serpents; ceux qui lisent dans les étoiles, ceux qui soufflent sur la cendre des morts. Il avala du galbanum, du seseli et du venin de vipère qui glace le cœur; des femmes nègres, en chantant au clair de lune des paroles barbares, lui piquèrent la peau du front avec des stylets d'or; il se chargeait de colliers et d'amulettes; il invoqua tour à tour Baal-Kamon, Moloch, les sept Cabires, Tanit et la Vénus des Grecs. Il grava un nom sur une plaque de cuivre, et il l'enfouit dans le sable au seuil de sa tente... »

C'est ingénieux, mais comme c'est artificiel! On sent

le procédé composite. — Bref, la fille d'Amilcar le tient au cœur; il la veut. Narr'Havas aussi, qui s'est faufilé dans l'armée avec un dessein suspect, a l'œil sur Mâtho comme sur un rival, et il est évident qu'il ne demanderait pas mieux que de se débarrasser de lui; il en cherche l'occasion, et il se la procurerait, si Spendius, plus avisé que Mâtho, ne veillait sur celui dont il va faire son instrument.

Hannon le suffète arrive un jour à ce camp de Sicca pour régler la dette et payer une mince partie de la solde. Cet Hannon est hideux à voir et grotesque; il est couvert par tout le corps d'une lèpre pâle, d'une sorte d'éléphantiasis; lui, son appareil et son cortége, sont décrits de point en point : sa maladie surtout tient une grande place. De plus, Hannon se conduit comme un être à peu près stupide, avec une aveugle imprudence; la partie logique, ici comme ailleurs dans l'ouvrage, est très-faible, tandis que la partie pittoresque et qui parle aux yeux prend toute l'attention et prédomine.

Spendius, qui sera la cheville ouvrière du roman, joue Hannon sous jambe; il se constitue son truchement et fait accroire à l'armée ce qu'il veut : elle commence à s'agiter. Un homme arrive sur le temps, comme tout exprès : c'est un fugitif, le seul échappé de trois cents frondeurs baléares, débarqués les derniers à Carthage, et qui, n'ayant pas été avertis du départ de l'armée, ont tous été massacrés par les Carthaginois. On peut juger si les soldats, déjà excités par Spendius, s'indignent à ce récit. L'émeute éclate : on pille les bagages d'Hannon; celui-ci se sauve à grand'peine, monté sur un âne, et les Mercenaires, guidés par Spendius encore plus que par Mâtho, se mettent en marche pour Carthage.

Si le raisonnement, en tout ceci, était aussi serré et aussi rigoureux que la peinture veut l'être, il y aurait à se demander comment et pourquoi les Carthaginois ont massacré ces trois cents Baléares; pourquoi, après cette extermination dont la nouvelle peut d'un moment à l'autre arriver au camp, Hannon va se mettre de lui-même à la merci de cette armée et dans la gueule du lion; comment enfin, au milieu de cette fureur d'une soldatesque déchaînée contre lui et que dirigent des habiles, il parvient à s'échapper sur un âne. Quand on veut tout montrer au physique, il faudrait aussi tout justifier au moral. Passons.

Le troisième tableau nous montre Salammbô la nuit sur sa terrasse, faisant ses adorations aux étoiles et à la lune, — cette lune à laquelle elle est vouée et dont elle subit les phases inégales. Elle cause avec sa nourrice, elle lui confie ses vagues ennuis, ses oppressions étouffées, ses langueurs. Elle cherche, elle rêve, elle appelle je ne sais quoi d'inconnu. C'est la situation de plus d'une fille d'Ève, carthaginoise ou non; c'était un peu celle de Mme Bovary au début, les jours où elle s'ennuyait trop et où elle s'en allait solitaire à la hêtrée de Banneville : « Il lui arrivait parfois des rafales de vent, des brises de la mer qui, roulant d'un bond sur tout le plateau du pays de Caux, apportaient jusqu'au loin dans les champs une fraîcheur salée... » On se rappelle ce charmant passage. Eh bien! la pauvre Salammbô éprouve, à sa manière, le même sentiment de vague aspiration et d'accablant désir. L'auteur a seulement transposé, avec beaucoup d'art, et *mythologisé* cette sourde plainte du cœur et des sens. Salammbô, en ces moments, envoie chercher le grand-prêtre de Tanit, Schahabarim, celui qui l'a élevée et qui est comme son directeur. Elle s'imagine que de connaître les mystères de la déesse la soulagerait; elle voudrait surtout la contempler dans son secret sanctuaire, voir de ses yeux la vieille idole couverte du manteau magnifique, du voile sacré d'où dépendent les destinées de Carthage; il lui semble que ce voile défendu et dont le seul contact fait mourir, s'il lui était permis du moins de le considérer, lui communiquerait quelque chose de sa vertu. Schahabarim, qui sait d'Amilcar que Salammbô ne doit pas être prêtresse et qu'elle peut d'un jour à l'autre devenir épouse, résiste à son curieux désir que ce refus ne fait qu'irriter. Il y a bien, au fond, un peu du souvenir de Mâtho dans ces redoublements d'inquiétude et d'exaltation de la jeune fille, qui se croit, comme beaucoup de ses pareilles, plus idéale et plus mystique qu'elle ne l'est : il y a pour elle, derrière le voile si ardemment invoqué, autre chose encore que la déesse. Toute cette traduction à la carthaginoise des signes avant-coureurs de l'amour, tout ce tatouage, un peu renouvelé d'Atala et de Velléda, est habilement exécuté.

Le chapitre quatrième, intitulé : *Sous les murs de Carthage,* nous montre l'armée des Mercenaires arrivée de Sicca et menaçante. Mâtho, qui n'a qu'une idée fixe, passe d'abord son temps à rôder comme un fou autour des murs, à monter dans les arbres pour chercher à voir de plus loin, ou encore à nager le long des falaises et à essayer d'y grimper ; car Carthage, bâtie dans un isthme, entre la mer et des lacs salés, était défendue par les eaux autant que par ses murailles. Mâtho cherche partout une brèche, un passage, pour pénétrer dans cette ville ennemie qui renferme son trésor :

« Son impuissance l'exaspérait. Il était jaloux de cette Carthage enfermant Salammbô, comme de quelqu'un qui l'aurait possédée. Ses énervements l'abandonnèrent, et ce fut une ardeur d'action folle et continuelle. La joue en feu, les yeux irrités, la voix rauque, il se promenait d'un pas rapide à travers le camp ; ou bien, assis sur le rivage, il frottait avec du sable sa grande épée. Il lançait des flèches aux vautours qui passaient. Son cœur débordait en paroles furieuses... »

Qui serait étonné de voir ce qu'est devenu son Mâtho ou Mathos ? ce serait Polybe assurément. On s'est depuis longtemps raillé de ces romans ou tragi-comédies d'autrefois, où l'on montrait Alexandre amoureux, Porus amoureux, Cyrus amoureux, Genseric amoureux ; mais Mâtho amoureux, ce Goliath africain faisant toutes ces folies et ces enfantillages en vue de Salammbô, ne me paraît pas moins faux ; il est aussi hors de la nature que de l'histoire. Il est vrai que l'auteur, au lieu de faire Mâtho doucereux, s'est appliqué à garder à son amour un caractère animal et un peu féroce. Mais toute la différence de lui aux autres héros de roman ne sera que dans cette forme donnée à un amour, également invraisemblable d'ailleurs comme mobile et comme ressort principal. Tout ce rôle de Mâtho est du Polybe visiblement romancé et travesti.

Spendius, cependant, a un peu rappelé Mâtho à la raison; celui-ci se remet à commander les troupes et à les faire manœuvrer dans l'attente d'une action. Les membres du grand Conseil de Carthage essayent de conjurer le péril et de négocier; après bien des allées et venues, on propose Giscon pour arbitre; les Barbares acceptent son entremise. Par lui le payement de la solde commence à s'effectuer; mais ce qui devait arriver arrive : avant que l'opération soit terminée, les cupidités, les récriminations, la colère des Baléares dont les frères ont été égorgés, les intrigues de Spendius, rompent le semblant d'accord. Giscon, sur un ordre de Mâtho, est arrêté, lié, jeté avec les siens dans une fosse immonde; les mutilations viendront plus tard.

C'est alors que Spendius, l'homme de ressource, offre tout à coup à Mâtho de l'introduire nuitamment dans Carthage. En effet, il a observé les jours précédents l'aqueduc qui conduit les eaux douces dans la ville : il décide Mâtho à s'y enfoncer avec lui, et après des prodiges de dextérité et de bonheur, tantôt nageant, tantôt rampant, ils s'introduisent dans la ville. A peine sortis du conduit ténébreux, Mâtho croit que Spendius va l'accompagner à la maison d'Amilcar pour y voir Salammbô; mais Spendius, qui a fait jurer à Mâtho, avant de tenter l'entreprise, de lui obéir en tout aveuglément, le contient dans son désir et se dirige avec lui vers le temple de la déesse Tanit.

Ici on est dans l'invraisemblable jusqu'au cou. Cette entrée dans Carthage par l'aqueduc n'est apparemment qu'une occasion détournée de nous mieux décrire cet aqueduc important, lequel reviendra encore plus tard. On s'aperçoit à cet endroit qu'il manque au livre de M. Flaubert, pour l'éclaircir et pour orienter les curieux, un instrument indispensable, une carte de Carthage, un plan de l'isthme, des localités et des monuments tels que l'auteur les a conçus : toute une partie estimable du livre y gagnerait. A d'autres endroits on regrette aussi le manque d'un lexique final, dans lequel les mots étranges qu'on rencontre pour la première fois seraient définis et expliqués avec précision. Quand on est archéologue et antiquaire à ce degré, il ne faut dédaigner rien de ce qui peut aider le lecteur à nous suivre. Il y a même de ces lecteurs ombrageux et susceptibles dans leur ignorance, qui, lorsqu'on ne les aide pas suffisamment, s'imaginent qu'on se plaît à les dérouter.

L'idée de Spendius est de se servir de Mâtho, plus fort et plus hardi que lui, pour enlever du temple de la déesse le voile sacré qui est comme le palladium de Carthage : il a de la peine, toutefois, à le décider, car Mâtho craint les dieux, et il est sérieusement persuadé de la vertu divine de l'objet ; il a peur de commettre un sacrilége. Spendius, qui méprise les dieux étrangers et qui ne croit qu'à l'oracle de son pays, lui persuade qu'une fois maître du mystérieux péplum, il deviendra presque immortel et invincible, et par conséquent possesseur aussi de Salammbô. On entre à ce moment dans un dédale d'avenues, de portiques, de cours, de corridors, de chambres; cela n'en finit pas. Bref, Mâtho, toujours poussé par les épaules, après avoir traversé en tremblant des scènes de fantasmagorie bizarre dignes de la franc-maçonnerie, se saisit du voile impossible appelé *Zaïmph*, que Spendius a osé décrocher le premier et qu'il a jeté à terre. Mâtho qui le ramasse, une fois revêtu de ce diable de manteau dont il avait tant peur, se sent plus fort et comme transformé : tant il est vrai que c'est la foi qui fait tout! Il traverserait maintenant les flammes, dit-il; — et, pour commencer, il se dirige tout droit, sans vouloir rien entendre, vers la maison d'Amilcar, bien résolu de voir Salammbô.

Il parvient, après bien des pas et des détours, jusqu'à la chambre haute où repose la jeune fille, et qui nous est décrite dans son demi-jour galant et mystique, avec toutes ses raretés et ses bibelots carthaginois; c'est d'une chinoiserie exquise. Il trouve Salammbô endormie dans une espèce de hamac; il s'approche, elle s'éveille à la clarté trop vive d'une gaze qui prend feu et s'éteint au même instant; elle croit d'abord à quelque apparition céleste : ce voile si rêvé, si désiré d'elle, Mâtho, comme s'il avait deviné sa pensée, le lui apporte, le lui montre dans sa splendeur; il est tout près de l'en envelopper. Mais elle revient à elle; elle frappe, et appelle ses suivantes, ses serviteurs, en criant *au secours! au sacrilège!* Mâtho, revêtu du voile rayonnant, les effraye, passe au travers d'eux tous, personne ne se risquant à l'approcher ni à le toucher; il s'éloigne et traverse ainsi la ville, que le bruit de son audace et de son crime a éveillée et soulevée. Les menaces, les imprécations le poursuivent ; mais toujours revêtu de l'inviolable étole, s'en servant comme d'un bouclier, bravant les traits qu'on n'ose lui lancer que de loin et en tremblant, il arrive à l'une des portes principales, parvient à l'ouvrir par un tour de main digne de Samson, et, à la vue de tous, sort sans trop se presser, majestueux et triomphant, emportant avec lui la fortune de Carthage. Spendius le furet, et qui n'est jamais embarrassé de sa personne, s'est sauvé par quelque autre issue : il a couru, il a sauté, il a glissé, il s'est jeté à la nage.

Il y a un certain effet, incontestablement, dans cette sortie de Mâtho, splendide et comme miraculeuse ; mais c'est bien de l'extraordinaire et du théâtral, on l'avouera, pour un tableau qui vise à la réalité. Un de mes amis, qui n'est pas Français, il est vrai, et qui est sévère pour notre littérature, me disait à ce propos : « N'avez-vous pas remarqué ? il y a toujours de l'Opéra dans tout ce que font les Français, même ceux qui se piquent de réel ; il y a la décoration, et aussi les coulisses ; du solennel, et un peu de libertin. » Nous venons de voir le solennel dans tout son beau et son radieux.

Nous entrons dans des chapitres pénibles. Les opérations de la guerre commencent. Mâtho, général en chef ou à peu près, a le principal commandement, et se concerte avec Spendius, Narr'Havas, et aussi un Gaulois Autharite. Emmenant le gros de ses forces, il va assiéger Utique. Autharite, avec un corps d'armée, reste devant Tunis. Les localités, à défaut d'une carte précise qui les dessine, nous sont figurées en de vives images : Carthage, « galère ancrée sur le sable lybique, » est soulevée, ballottée, et semble en péril aux moindres tempêtes. Tunis, la vieille ennemie de Carthage et plus vieille que la métropole, se tient là en face d'elle et de ses murs, « accroupie dans la fange au bord de l'eau, comme une bête venimeuse qui la regarde, » et qui lui veut mal de mort. On ne saurait mieux dire. Les ennuis du général gaulois durant ce siége insipide de Tunis, son dégoût de cette armée de nègres imbéciles qu'il commande, son regret de n'avoir pas déserté aux Romains avec ses compagnons en Sicile, son découragement moral et physique et son mal du pays, nous sont rendus également avec des couleurs et une harmonie fort savantes. Lisez tout haut le paragraphe qui suit, en le scandant comme une prose poétique, et vous serez frappé du ton et du nombre :

« Souvent, au milieu du jour, le soleil perdait ses rayons tout à coup. Alors, le golfe et la pleine mer semblaient immobiles comme du plomb fondu. Un nuage de poussière brune, perpendiculairement étalé, accourait en tourbillonnant; les palmiers se courbaient, le ciel disparaissait, on entendait rebondir des pierres sur la croupe des animaux ; et le Gaulois, les lèvres collées contre les trous de sa tente, râlait d'épuisement et de mélancolie. Il songeait à la senteur des pâturages par les matins d'automne, à des flocons de neige, aux beuglements des aurochs perdus dans le brouillard, et, fermant ses paupières, il croyait apercevoir les feux des longues cabanes, couvertes de paille, trembler sur les marais, au fond des bois. »

C'est la contre-partie et comme la revanche de ce beau passage des *Martyrs* où l'on voit le Grec Eudore, dans le camp romain, à la lisière de la Gaule et de la Germanie, regretter les paysages éclatants de la Grèce et s'ennuyer sous « ce ciel sans lumière, *qui semble nous écraser sous sa voûte abaissée.* » Ici c'est le Gaulois qui a trop de lumière et trop de midi, c'est le Normand qui, sous le ciel africain et surtout quand règne le sirocco, regrette sa Normandie d'alors, ses horizons boisés et ses agrestes pâturages. Eh bien! lui dirons-nous, qu'il déserte et qu'il y revienne. Car c'est dommage que de si beaux effets de talent (et il y en a en mainte et mainte page) soient comme perdus dans une œuvre ardue que toute cette application de détail ne saurait animer. Je me laisse aller à faire de la rhétorique à propos d'un livre qui y provoque, et j'allais oublier l'action.

L'incapable et grotesque Hannon, qui se décide enfin à marcher au secours d'Utique, victorieux dans une première rencontre, est ensuite battu. Spendius, peu bravé de sa personne, se rattrape par les stratagèmes; il a fait des siennes en cette dernière circonstance, et moyennant un troupeau de porcs enduits de bitume et auxquels il a mis le feu, il a effrayé et culbuté les éléphants du vainqueur. Bizarre! étrange! pas plus étrange pourtant que le stratagème de Samson qui lie trois cents renards par la queue après avoir attaché à chaque queue un flambeau, et qui met le feu à tout cela pour brûler les Philistins. Mieux vaut, ce me semble, laisser ces sortes d'histoires où on les trouve.

Carthage effrayée s'adresse, pour la sauver dans le péril, à l'expérience d'Amilcar, qui revient après une longue absence. Ce retour du grand amiral, cette rentrée dans le port sont décrits avec un parfait détail : occasion et prétexte de nous dessiner le port intérieur et les bassins. A peine arrivé à sa maison, un vieil esclave déguisé en négresse lui apporte des nouvelles du petit Annibal qu'on élève clandestinement, et qui est déjà un enfant terrible :

« Il invente des piéges pour les bêtes farouches. L'autre lune, croirais-tu? il a surpris un aigle; il le traînait, et le sang de l'oiseau et le sang de l'enfant s'éparpillaient dans l'air en larges gouttes, telles que des roses emportées. La bête furieuse l'enveloppait du battement de ses ailes; il l'étreignait contre sa poitrine, et à mesure qu'elle agonisait, ses rires redoublaient, éclatants et superbes comme des chocs d'épées. »

Est-ce donc que le génie d'Annibal appelle avec lui l'idée d'une si fabuleuse enfance? On sent trop que c'est fait exprès. Là encore la veine est forcée. C'est plutôt l'enfance d'Hercule que celle d'Annibal.

Amilcar se rend de nuit au Conseil des Anciens mystérieusement convoqués, et l'on rentre ici dans une série de scènes quasi maçonniques. Après les premières cérémonies d'usage et la première étiquette observée, un tumulte éclate : on assiste à une séance d'objurgations et d'injures, indigne d'une grave assemblée politique. Où donc l'auteur a-t-il pris une pareille idée des Conseils de Carthage? n'a-t-il donc pas lu Aristote, parlant de la sagesse de cette Constitution qu'il compare à celle de Lacédémone et au gouvernement de Crète, et qui les trouve tous trois supérieurs à tous les gouvernements connus : « Les Carthaginois en particulier, « dit-il, possèdent des institutions excellentes, et ce qui « prouve bien la sagesse de leur Constitution, c'est que, « malgré la part de pouvoir qu'elle accorde au peuple, « on n'a jamais vu à Carthage, chose remarquable ! ni « d'émeute, ni de tyran. » D'un tel éloge accordé aux compatriotes d'Amilcar et d'Hannon par le maître de la science politique dans l'Antiquité, il n'y a, ni de près ni de loin, aucun moyen de conclure à cette scène de forcenés et de sicaires, dans laquelle Hannon hurle, et où chacun, par précaution, a apporté son couteau dans sa manche.

C'est au sortir de là qu'Amilcar se met à visiter sa maison qu'il a depuis si longtemps quittée, et ses magasins, ses entrepôts, ses cachettes secrètes, les caveaux où gisent accumulées des richesses de toute sorte qui nous sont énumérées avec la minutie et l'exactitude d'un inventaire : exactitude est trop peu dire, car nous avons affaire ici à un commissaire-priseur qui s'amuse, et qui, dans le caveau des pierreries, se plaira, par exemple, à nous dénombrer toutes les merveilles minéralogiques imaginables, et jusqu'à des escarboucles « formées par l'urine des lynx. » C'est passer la mesure et laisser trop voir le bout de l'oreille du dilettante mystificateur. Dans toute cette visite à des magasins souterrains, le but de l'auteur n'est pas de montrer le caractère d'Amilcar, il n'a voulu que montrer les magasins. Mais ils ont beau renfermer des couloirs, des

portes masquées, des surprises sans nombre, comme
il paraît qu'on en rencontre dans les sépulcres des rois
à Jérusalem, l'architecture, même avec tous ses dédales, ne saurait être un ressort de roman ni de poëme.
Amilcar, le grand homme d'État, le père d'Annibal, ne
gagne pas à cette visite où il est présenté comme un
violent et un cupide, ne se possédant pas, à tout moment hors de lui-même. Si l'on voulait personnifier en
lui le type du grand marchand très-dur, il ne fallait
pas que ce côté fût pris et taillé en charge aux dépens
du reste du caractère.

Amilcar a pourtant accepté le commandement qu'on
lui offre, et il gagne la bataille du Macar. Elle est bien
décrite, mais elle paraît longue comme toutes les batailles. Et puis c'est une plaisanterie trop forte que de
nous dire à un endroit, en nous parlant de la disposition de l'armée carthaginoise, que, « grosse de onze
mille *trois cent quatre-vingt-seize* hommes, elle semblait
à peine les contenir, car elle formait un carré long, etc. »
Que dites-vous de ce chiffre excédant de *trois cent
quatre-vingt-seize* hommes, ni plus ni moins? C'est là
une ironie et une malice qui nous fait plus simples que
nous ne le sommes, et qui compte trop sur le béotisme
des lecteurs ; c'est aller contre son but ; cela avertirait,
si l'on n'y pensait pas, de faire à l'auteur une question
à laquelle son détail infini nous provoque sans cesse,
et de lui demander : *D'où le savez-vous? qui vous
l'a dit?*

Spendius, à qui le cœur fait défaut le jour de la
bataille et devant l'ennemi, est dans l'habitude de

réparer cette faiblesse le lendemain par ses expédients. Il le prouve, une fois de plus, en cette circonstance ; et l'on parvient à neutraliser l'effet de la victoire d'Amilcar qui bientôt, rencontrant réunies toutes les forces des Barbares, est réduit à se tenir enfermé dans son camp et à s'y retrancher.

On retombe dans le merveilleux. Les Carthaginois attribuent ces nouveaux échecs à la perte du voile, et s'en prennent à la fille d'Amilcar, qui passe pour y avoir participé. L'idée d'une immolation d'enfant, pour apaiser Moloch, circule parmi le peuple. De son côté, Salammbô, excitée par son propre désir de revoir Mâthô et cédant aux suggestions du vieux prêtre eunuque à imagination libertine, Schahabarim, qui d'ailleurs, à moitié sceptique, à moitié croyant, n'est pas fâché de mettre à l'épreuve la puissance de sa déesse, se résout à aller jusque dans le camp des Barbares chercher le voile. Il y a, à cet endroit, une peinture du Python ou serpent familier, qui est très-caressée par l'auteur : sans y chercher malice autant qu'on le pourrait, je me demande si c'était bien la peine d'aller nous ressusciter tout exprès une sœur d'Annibal pour nous la montrer batifolant de la sorte, dans son belvédère, avec son serpent. Et puisqu'il s'agit de serpent, remémorons, à titre de peinture, celui du *Génie du Christianisme*, qui est aussi malin et plus convenable que celui de Salammbô. On est au cœur d'une œuvre sérieuse; on est, si l'on se rend bien compte de la composition et de la construction du livre, à ce point central, intérieur et élevé, qui, dans tout monument d'art, fait clef de voûte ; pourquoi un semblant de gaudriole s'y est-il glissé ? pourquoi aller choisir exprès cet endroit pour y loger un équivoque alléchant et insidieux ?

Ce qu'on excuse, ce qu'on attend ou même qu'on cherche dans un roman à la manière d'Apulée, est messéant dans une *Iliade* ou dans une *Pharsale*.

Il y a ce qu'on appelle l'*âme* d'une œuvre ; cette *âme* ne saurait être indifféremment et partout la même, n'importe l'œuvre ; mais surtout elle ne doit pas être toujours et uniquement, par préférence et par choix, le vice malicieux ou la bagatelle.

Le départ de Salammbô, son déguisement, son voyage, son entrée dans le camp des Barbares, son tête-à-tête avec Mâtho sous la tente ont quelque intérêt. C'est l'endroit brûlant. On a là, en définitive, le pendant de la scène d'Atala et de Chactas dans le désert. Salammbô, comme Atala, succombe dans l'orage, au bruit du tonnerre, et il y a même en sus un incendie, l'incendie du camp. L'auteur n'a rien négligé de ce qui pouvait relever et accentuer la situation. Il y a même un mutilé aux jambes coupées, un tronçon d'homme, le pauvre général Giscon, qui, rampant inaperçu jusque sous la tente, assiste à la scène comme témoin. La volupté est à deux pas d'une atrocité. Une circonstance particulière, celle de la chaînette qui se brise, est venue introduire une combinaison de plus, un calcul et un artifice qui sent son Vulcain. Si Salammbô ne surpasse point, à force de piquant, toutes les femmes et les amantes connues et ne les fait point paraître pâles et fades, ce n'est pas la faute de l'auteur : « Elle sentait, dit-il, le miel, le poivre, l'encens, les roses, » et je ne sais plus quoi encore. Bon Dieu! que de ragoûts!

Mais toute pimentée qu'elle est, et surexcitée dans ses moyens et dans sa marche, cette fable amoureuse ne semble pas moins tout à fait disproportionnée avec l'énorme machine qu'elle soulève et qu'elle traîne après soi. Grâce à Salammbô qui s'en revient avec sa conquête, Carthage a donc recouvré le voile sacré et a senti relever son espérance. La guerre, cependant, s'acharne et continue. Je me lasse insensiblement de cette analyse, et sans doute le lecteur aussi, d'autant plus que je n'y peux mettre les traits de talent d'érudition originale ou bizarre que l'auteur y sème à chaque pas; car tout ce livre est pavé non-seulement de belles intentions, mais de cailloux de toute couleur et de pierres précieuses.

Un homme de goût, que les questions archéologiques intéressent, me disait en sortant de cette lecture : « C'est plus fatigant qu'ennuyeux. » Le mot me paraît très-bien résumer l'impression des plus sérieux lecteurs.

Il reste encore quatre grands chapitres; il les faut traverser en indiquant les points les plus saillants. Narr'Havas, avec ses Numides, en tournant brusquement du côté d'Amilcar, a décidé une victoire de celui-ci, qui fait un grand carnage des Mercenaires. Mais pourquoi supposer que la perte du voile et son effet sur le moral des Mercenaires, de ce ramas de bandits et de vieux routiers mécréants, sont pour quelque chose dans cette défaite? J'ai même grand'peine à me figurer que ces durs Carthaginois, que nous connaissons pour les avoir vus en Italie sous la conduite d'Annibal, missent tant d'importance, un jour de bataille, à une guenille sacrée. C'est du mysticisme hors de propos. Tout à côté le réalisme reparaît ; il triomphe. On assiste au champ de bataille où gisent les cadavres, on les compte : le chirurgien semble tenir le pinceau ; on reconnaît toutes les formes de plaies et de blessures à l'arme blanche ; on observe aussi toutes les formes et toutes les nuances de corruption, de décomposition cadavéreuse, selon les races. L'homme du Nord ne pourrit pas comme l'homme du Midi. Puis chaque peuple est enseveli selon ses rites : tout ce passage atteste un grand talent de peinture érudite ; une harmonie lugubre distingue chaque paragraphe qui, lu à haute voix, est comme un couplet funèbre tristement cadencé ; celui-ci, par exemple :

« Les Grecs, avec la pointe de leurs glaives, creusèrent des fosses. Les Spartiates, retirant leurs manteaux rouges, en enveloppèrent les morts ; les Athéniens les étendaient la face vers le soleil levant ; les Cantabres les enfouissaient sous un monceau de cailloux ; les Nasamons les pliaient en deux avec des courroies de bœuf, et les Garamandes allèrent les ensevelir sur la plage, afin qu'ils fussent perpétuellement arrosés par les flots. Mais les Latins se désolaient de ne pas recueillir leurs cendres dans des urnes ; les Nomades regrettaient la chaleur des sables où les corps se momifient, et les Celtes, trois pierres brutes, sous un ciel pluvieux, au fond d'un golfe plein d'îlots... »

C'est une scène de *funérailles* très-bien étudiée, scrupuleusement rendue : l'auteur a ainsi voulu qu'il y eût dans son livre un tableau de toutes les scènes que l'archéologie peut fournir.

Mais que dis-je? il passe outre à l'archéologie incontinent; il invente, sur la fin de ces funérailles, des supplices, des mutilations de cadavres, des horreurs singulières, raffinées, immondes. Une pointe d'imagination sadique se mêle à ces descriptions, déjà bien assez fortes dans leur réalité. Il y a là un travers qu'il faut absolument oser signaler. Si j'avais affaire à un auteur mort, je dirais qu'il y a peut-être chez lui un défaut de l'âme; mais comme nous connaissons tous M. Flaubert très-vivant, que nous l'aimons et qu'il nous aime, qu'il est cordial, généreux, bon, une des meilleures et des plus droites natures qui existent, je dis hardiment : Il y a là un défaut de goût et un vice d'école. La peur de la sensiblerie, de la pleurnicherie bourgeoise l'a jeté, de parti pris, dans l'excès contraire : il cultive l'atrocité. L'homme est bon, excellent, le livre est cruel. Il croit que c'est une preuve de force que de paraître inhumain dans ses livres.

De grosses questions d'art sont engagées en tout ceci; je ne veux pas les éluder plus longtemps, ni les étrangler non plus. Qu'on me permette de m'étendre et de dire, une bonne fois, comment j'entends qu'on soit vrai dans l'art, et comment, selon moi, on peut cesser de l'être en y visant trop.

J'aurai peut-être à discuter, à ce propos, l'opinion de quelqu'un de mes confrères en critique, qui a parlé de l'ouvrage. Il y a tant de batailles dans *Salammbô* que l'envie me prend aussi d'en livrer une.

Que si je semble disposé, cette fois, à ne rien passer à un auteur si distingué et qui est de mes amis, c'est qu'il n'est pas de ces talents dont on a dès longtemps fait son deuil pour leurs défauts, et qu'on prend tels quels, en bloc, sans plus espérer désormais de les modifier. Son talent, à lui, est dans toute sa vigueur, dans son cours de développement; il est en voie d'œuvres nouvelles et a devant lui l'avenir. S'il lui arrivait seulement de tenir compte, dans un livre futur, d'une ou deux observations essentielles que nous lui aurions faites avec tout un public ami, ce serait un résultat.

Et enfin, fût-elle en pure perte, cette insistance de la critique, même lorsqu'elle n'approuve pas, est encore une manière d'hommage rendu à un livre d'un ordre élevé, et dont il restera des fragments.

Lundi 22 décembre 1862.

SALAMMBO,

PAR M. GUSTAVE FLAUBERT.

(SUITE ET FIN.)

I.

FIN DE L'ANALYSE.

Pour payer sa dette entière à l'archéologie, il manquait à l'auteur un siége, je veux dire un siége en règle; bon gré mal gré, il en a fait un. Polybe dit bien que les chefs des Mercenaires, après une de leurs victoires, poussèrent l'ambition jusqu'à vouloir mettre le siége devant Carthage, et que les Carthaginois, à un moment, se virent serrés de près de tous côtés; mais il ajoute que les assiégeants étaient si peu maîtres de leurs opérations et de leurs mouvements, qu'ils se virent bientôt comme assiégés eux-mêmes. Il y a loin de là à ce siége en règle, monumental, classique, à ce siége modèle qu'a imaginé l'auteur de *Salammbô,* afin de se donner l'occasion d'énumérer toutes les machines de guerre, tous les instruments de balistique de l'ancien corps du génie, et de nous peindre l'effroi des Carthaginois « quand ils aperçurent, venant droit vers eux, comme des monstres et comme des édifices, avec leurs mâts, leurs bras, leurs cordages, leurs articulations, leurs chapiteaux et leurs carapaces, les machines de siége qu'envoyaient les villes tyriennes : soixante carrobalistes; quatre-vingts onagres, trente scorpions, cinquante tollénones, douze béliers, etc. » Évidemment l'auteur s'amuse. Rabelais aussi s'amusait dans ces sortes d'énumérations, mais plus gaiement et plus en son lieu. En supposant que ces machines si compliquées sortent des villes tyriennes, l'auteur croit parer à l'objection qui se présente naturellement : comment ces barbares, fortuitement ramassés et coalisés, auraient-ils trouvé tant d'habiles ingénieurs et des Archimèdes improvisés? L'invraisemblance n'est sauvée qu'en partie. Ces villes secondaires d'Afrique auraient eu là, en effet, des arsenaux tout prêts et terriblement fournis pour donner ainsi à l'improviste contre la métropole. Toutes ces machines semblent sortir de terre à point nommé. Mais l'auteur, en poussant si fort ce siége, avait encore un autre dessein que celui de montrer l'attaque dans toute sa science ; comme il avait en perspective pour son avant-dernier chapitre la scène de famine indiquée par l'histoire, quand l'armée des Mercenaires enfermée entre deux défilés se verra réduite à se dévorer elle-même, il voulait, pour pendant, montrer d'avance les Carthaginois réduits, eux aussi, aux dernières extrémités, mais subissant par contraste le supplice de la soif : soif contre faim, description contre description. Pour cela, il imagine de faire crever par Spendius l'aqueduc qui conduisait les eaux potables dans la ville, d'en détourner le fleuve nourricier, moyennant l'enlèvement de quelques dalles opéré avec des prodiges de dextérité et de patience; car ce Spendius est comme le *nain merveilleux* du roman; à lui seul, il fait tout. L'aqueduc, saigné par son milieu, déverse brusquement toute une cataracte dans la plaine : le moment où la chute d'eau s'élance est décrit d'une manière grandiose. Les Barbares exultent de joie, et Carthage, quand elle aura épuisé l'eau de ses citernes, va mourir de soif.

L'avantage encore de cette extrémité à laquelle il suppose les Carthaginois réduits est de réveiller les idées cruelles, superstitieuses, et d'amener le prétexte d'une immolation d'enfants à Moloch. M. Flaubert met complétement de côté et considère comme non avenu le célèbre chapitre de Montesquieu dans l'*Esprit des lois* :

« Le plus beau traité de paix dont l'histoire ait parlé, est, je crois, celui que Gélon fit avec les Carthaginois. Il voulu qu'ils abolissent la coutume d'immoler leurs enfants. Chose admirable! après avoir défait trois cent mille Carthaginois, il exigeait une condition qui n'était utile qu'à eux, ou plutôt il stipulait pour le genre humain. »

Il est très-possible, après cela, que la condition stipulée par l'humain et généreux Gélon n'ait pas été strictement exécutée : on ne coupe pas court à une superstition par un traité, et d'ailleurs il n'était pas là pour y tenir la main. S'en suit-il que deux siècles plus tard, à l'époque d'Amilcar et d'Annibal, il y eût encore de ces immolations publiques et officielles C'est un doute historique qui vaudrait la peine d'être discuté.

Mais, en attendant, et à part toute discussion, pourquoi, dans ce ramas d'hommes de guerre et d'assiégeants, l'auteur n'a-t-il pas eu l'idée de nous faire rencontrer un Grec, un seul, animé de l'esprit de Gélon, un disciple, par la pensée, des Xénophon, des Aristote, des anciens sages de son pays, un jeune Achéen contemporain d'Aratus, ayant déjà en soi le germe des sentiments humains de Térence, ayant lu Ménandre, et qui, fourvoyé dans cette affreuse guerre, la jugeant, sentant comme nous et comme beaucoup d'honnêtes gens d'alors en présence de ces horreurs, nous aiderait peut-être à les supporter? L'auteur s'est refusé là un beau contraste et une lumière. Faut-il que, ni au dedans ni au dehors de ces murailles de Byrsa, pas un homme ne dise en son cœur : *Je suis homme!*...

Quoi qu'il en soit de nos désirs et de nos regrets, la nécessité à laquelle Carthage est supposée réduite, après toutes sortes de gradations et de vicissitudes, exalte le fanatisme de la populace; le Sénat cède, il est décidé qu'on immolera des enfants, et un, entre autres, pris dans une grande famille. Le choix tombe sur le fils d'Amilcar, le petit Annibal, qui n'a pas plus de dix ans. Amilcar trouve moyen de lui substituer un enfant d'esclave. L'auteur a voulu ici nous montrer un Amilcar tout le contraire d'un Abraham, un père révolté, un cœur de lion grondant et rugissant de tendresse. Dans une composition autrement conçue, et où l'on aurait moins usé jusque-là des grands moyens, ce passage ferait de l'effet; mais les nerfs humains ne sont pas des cordages, et, quand ils en ont trop, quand ils ont été trop broyés et torturés, ils ne sentent plus rien.

Cette scène d'ailleurs, prise en elle-même, cette adoration du monstrueux et sanguinaire Moloch, peut avoir sa vérité, et a certainement son horreur. Si l'auteur a voulu montrer en action une de ces religions infâmes, infernales, écrasantes, qui ne tenaient nul compte de la vie des hommes, et dont le Christ a débarrassé le monde, il a réussi. Ce chapitre de M. Flaubert est d'avance un repoussoir tout trouvé à la *Vie de Jésus* de M. Renan. Il survient, à travers ces infanticides sacrés, un incident ingénieusement ménagé et presque comique: c'est le prêtre eunuque Schahabarim, qui, ne croyant plus à sa déesse, dont l'impuissance lui est attestée par les calamités de Carthage, essaye de se faufiler d'un culte à l'autre et de déserter de Tanit à Moloch. Mais les prêtres de celui-ci, qui sont de race vigoureuse, qui mordent à la vie à pleine grappe et se nourrissent de chair et de sang, ne veulent pas accueillir le pâle et efféminé transfuge; on le traite en apostat, et le malheureux conspué reste désormais sans dieu, errant et comme mis à pied entre les deux idoles.

Après la scène du sacrifice, où l'on jette entre les

bras de la statue d'airain jusqu'à quatorze enfants, on a aussitôt la pluie; le ciel se détend, et bientôt la chance tourne aussi, la face des affaires change, et l'on arrive un peu vite à la scène du défilé de *la Hache,* où la plus grande partie de l'armée barbare est cernée. Nouvelle description, et la plus atroce de toutes, celle de la famine. Imaginez une armée de 40 mille hommes, entassée dans une sorte d'hippodrome formé par la montagne, la double entrée de la gorge barrée par des rochers qu'on y a fait rouler, ou par une herse inexpugnable, et là, dans cet immense cul-de-basse-fosse, sur ce radeau de *la Méduse* en terre ferme, ces 40 mille hommes dévorant les animaux, les mulets, et, après neuf jours de souffrance, en venant à manger leurs propres morts. Ce sont les Garamantes qui commencent et qui donnent le signal de ce festin de cannibales. Bientôt on n'attend plus que le voisin soit mort pour le manger; on le tue, si l'on est le plus fort. Je fais grâce de l'horrible et acharnée description, à laquelle il ne manque ni les songes et les hallucinations des affamés moribonds, ni aucun des symptômes pathologiques rigoureusement observés en pareil cas, ni, au moral, les hideuses révélations de tendresse qui se déclarent à l'heure suprême entre les Hercule et les Hylas de ces bandes dépravées : de fait, après une pareille extermination, complétée par l'irruption et le choc des éléphants numides, la guerre est finie ; on a le bouquet.

Une grande scène de lions dévorants et de chacals rapaces achève le spectacle effroyable de ce charnier grandiose comme un Colysée.

Imagination tourmentée, êtes-vous contente? vous voilà assouvie. Il ne reste plus qu'à prendre Mâtho, qui est sur un autre point du pays avec un lambeau d'armée, à le faire prisonnier, et à épuiser contre lui les supplices, le jour où il est traîné en triomphe à Carthage et livré en victime au tenaillement de la populace.

Quant à Salammbô, à laquelle le lecteur à bout de sensations et d'abominations a moins que jamais le cœur de s'intéresser, dès longtemps fiancée à Narr'Havas, elle meurt en revoyant de ses yeux dans cet état horrible ce Mâtho, ce beau drôle de Lybien pour qui elle s'est sentie allumée dès le premier soir, et à qui elle s'est, de gaieté de cœur, abandonnée. Le peuple attribue cette mort subite de la fille d'Amilcar à la hardiesse qu'elle a eue de toucher et de manier, même à bonne fin, le voile sacré.

II.

JUGEMENT DU GENRE, DE LA FORME ET DE L'ESPRIT DU LIVRE.

On comprend bien que c'est moins encore pour donner une idée exacte du livre que je me suis appliqué à cette longue analyse, que pour constater au fur et à mesure la suite de mes impressions et me donner à moi-même, en les recueillant, le droit d'exprimer mon jugement sans mollir, en toute fermeté et sécurité.

L'idée qui a présidé à cette composition est, selon

moi, une erreur. Le roman historique suppose nécessairement un ensemble d'informations, de traditions morales, de données de toutes sortes nous arrivant comme par l'air, à travers les générations successives. Walter Scott, le maître et le vrai fondateur du roman historique, vivait dans son Écosse, à peu de siècles, à peu de générations de distance des événements et des personnages qu'il nous a retracés avec tant de vie et de vraisemblance. La tradition ou la légende l'environnait; il en était imbu, comme du brouillard matinal de ses lacs et de ses collines. Il a pu même, grâce à ce génie des vieux temps qu'il avait si bien écouté et deviné, remonter une ou deux fois avec succès jusqu'aux siècles reculés du Moyen Age. *Ivanhoë* est le roman historique confinant à l'épopée, et un roman qui est presque de plain-pied avec nous encore.

L'Antiquité, au contraire, ne comporte pas, de notre part, le roman historique proprement dit, qui suppose l'entière familiarité et l'affinité avec le sujet. Il y a, d'elle à nous, une solution de continuité, un abîme. L'érudition, qui peut y jeter un pont, nous refroidit en même temps et nous glace. On ne peut recomposer la civilisation antique de cet air d'aisance et la ressusciter tout entière; on sent toujours l'effort ou le jeu, la marqueterie. On la restitue, l'Antiquité, on ne la ressuscite pas. Ce qui est possible avec elle, c'est une sorte de roman-poëme, qui la représente un peu idéalement, une œuvre plus ou moins dans le genre des *Martyrs*; car je ne compte pas pour des œuvres d'art les ouvrages du genre du *Jeune Anacharsis,* qui ne sont que des enfilades d'éruditions juxtaposées, moyennant un fil conducteur des plus simples et trop apparent. Le seul genre de création possible à cette distance, le roman-poëme, est toujours lui-même douteux, un peu bâtard : il mène aisément au faux ; beaucoup de talent et le génie même de l'expression n'y sauvent pas de a raideur, du guindé, ou du pastiche, et, partant, d'un certain ennui. Mais enfin, si on le veut absolument, on peut tenter l'entreprise, à la condition toutefois qu'il y ait matière, et que les livres ou les monuments nous fournissent quelque chose.

Ici, dans le sujet choisi par M. Flaubert, les monuments non plus que les livres ne fournissaient presque rien. C'est donc un tour de force complet qu'il a prétendu faire, et il n'y a rien d'étonnant qu'il y ait, selon moi, échoué. Ce dont il faudrait plutôt s'étonner, c'est de la force, de l'habileté, des ressources qu'il a déployées dans l'exécution d'une entreprise impossible et comme désespérée ; mais il a eu beau faire appel de toutes parts à l'érudition et aux descriptions, il a eu beau, en fait d'inventions personnelles, entasser Ossa sur Pélion, Pélion sur Ossa, il n'a pu communiquer à son œuvre l'intérêt réel et la vie.

Je sais que des amis d'un esprit très-distingué lui nt dit le contraire et lui ont précisément reconnu, en tout ceci, le don et le génie de l'intuition ; mais je ne comprends pas bien à quoi ce mot s'applique, là où toute vérification et tout contrôle sont à jamais impossibles, et je ne puis parler que selon les vraisemblances et d'après mes impressions, d'après celles également

5.

de bien des esprits ayant même mesure que moi et même niveau.

Je dirai donc : son ouvrage est un poëme ou roman historique, comme il voudra l'appeler, qui sent trop l'huile et la lampe. Toute la peine qu'il s'est donnée pour le faire, il nous la rend. La suite des chapitres auxquels il s'est successivement appliqué exprime et accuse le procédé d'exécution. En maint et maint endroit on reconnaît l'ouvrier consommé ; chaque partie de l'édifice est soignée, plutôt trop que pas assez : je vois des portes, des parois, des serrures, des caves, bien exécutées, bien construites, chacune séparément ; je ne vois nulle part l'architecte. L'auteur ne se tient pas au-dessus de son ouvrage : il s'y applique trop, il a le nez dessus : il ne paraît pas l'avoir considéré avant et après dans son ensemble, ni à aucun moment le dominer. Jamais il ne s'est reculé de son œuvre assez pour se mettre au point de vue de ses lecteurs.

Il y a de bons et beaux paragraphes, et j'en ai cité, mais peu d'heureuses pages. J'ai parlé des *Martyrs,* dont la comparaison ici revient sans cesse, et qui ne sont eux-mêmes qu'à demi *réussis;* mais, dans Chateaubriand, il y a de temps en temps l'enchanteur qui passe avec sa baguette et son talisman : ici l'enchanteur ne paraît nulle part. Le poëte n'a jamais d'ailes qui l'enlèvent et vous enlèvent avec lui.

L'effort, le travail, la combinaison se font sentir jusque dans les parties de talent les plus éminentes. Oh ! que les inventions du génie sont plus faciles ! J'appelle *génie* quelque chose d'heureux, d'aisé, de trouvé.

Voilà l'imprévu qu'on aime. Tout cet imprévu-ci est forcé, cherché, travaillé, fouillé, pioché, beaucoup plus étrange et bizarre qu'original.

Mais il s'agit, me dira-t-on, de l'Afrique et non de la Grèce, d'un paysage austère et dur, d'un climat écrasant, d'une civilisation avare et cruelle, qui vous tient et vous broie comme ferait une meule; il faut que le livre vous rende cet effet. Si c'est une des conditions indispensables du sujet, une de ses nécessités et de ses beautés caractéristiques, qu'on soit ainsi perpétuellement broyé, n'est-il pas permis de s'en plaindre? Souffrir et crier, haïr ce qu'on vient de lire, est-ce un résultat de l'art?

Cette Salammbô, dont la personne et la passion devaient faire le mobile du livre et de l'action, est piquante, curieuse, habilement composée et concertée, je n'en disconviens nullement, mais elle n'anime rien et, au fond, n'intéresse pas. A voir le luxe de déguisements mythologiques où elle s'enveloppe, et le peu d'analyse morale qui la concerne, on se reprend à admirer, à chérir d'autant plus ces aimables et touchants anachronismes des anciens poëtes, de ceux qui ont dépeint des reines carthaginoises ou des magiciennes de Colchide, et qui nous les ont montrées dévorées d'amour. Virgile et Apollonius, soyez à jamais bénis de tous les esprits délicats et de tous les cœurs tendres pour nous avoir laissé votre Didon et votre Médée : créations enchanteresses et immortelles ! Salammbô, en comparaison, n'est que bizarre, et si masquée, si affublée, si fardée, qu'on ne se la figure pas bien, même au physique; et, au moral, si peu entraînée ou entraînante que, malgré la complicité naturelle au lecteur en pareil cas, on ne prend nul plaisir à lui voir faire ce qu'elle fait.

En présence de ce roman ou de ce poëme tout archéologique, c'est le cas ou jamais de le redire : l'art, nonobstant toute théorie, l'art dans sa pratique n'est pas une chose purement abstraite, indépendante de toute sympathie humaine : et je prends le mot de *sympathie* dans son acception la plus vaste. Comment voulez-vous que j'aille m'intéresser à cette guerre perdue, enterrée dans les défilés ou les sables de l'Afrique, à la révolte de ces peuplades lybiennes et plus ou moins autochthones contre leurs maîtres les Carthaginois, à ces mauvaises petites haines locales de barbare à barbare? Que me fait, à moi, le duel de Tunis et de Carthage? Parlez-moi du duel de Carthage et de Rome, à la bonne heure! j'y suis attentif, j'y suis engagé. Entre Rome et Carthage, dans leur querelle acharnée, toute la civilisation future est en jeu déjà; la nôtre elle-même en dépend, la nôtre, dont le flambeau s'est allumé à l'autel du Capitole, comme celui de la civilisation romaine s'était lui-même allumé à l'incendie de Corinthe.

A la rigueur, si tout ce que vous me décrivez était vrai, copié sur nature, je m'y intéresserais dans un autre sens, non plus à titre d'art, mais à titre de document positif, comme on s'intéresse à une relation de voyageur, à un récit authentique des mœurs japonaises. Mais vous inventez, vous conjecturez, et dès lors vous ne me tenez pas.

Quand un artiste veut sortir de l'inspiration de son temps, il court grand risque d'être comme l'antique et fabuleux Antée, qui perd terre. Cela ne veut pas dire qu'il ne faille traiter que des sujets de son temps ; mais, en prenant même des sujets éloignés, il faut qu'il y ait communication vive et réverbération d'une époque à l'autre. Quand Virgile prenait Énée pour son héros, il était plein d'Auguste et plein aussi des souvenirs de la vieille Rome. Chateaubriand lui-même, dans ce sujet incomplet des *Martyrs,* avait chance de nous toucher par la fibre grecque ou romaine qui vit en nous, et à la fois par la fibre chrétienne qui n'est pas morte. Je suis loin de prétendre interdire aux artistes l'entrée et la conquête poétique de cet Orient, dans lequel, dit-on, l'état mental de l'humanité est un peu différent du nôtre. Je suis prêt à accorder beaucoup à la singularité et à la fantaisie. Mais encore une fois, je le maintiens, l'art ne saurait être totalement indépendant de la sympathie, et portant tout entier sur des monstres. Si vous voulez nous attacher, peignez-nous nos semblables ou nos analogues; cherchez bien, et vous en trouverez, même là-bas.

La Bible dont je sais que vous vous autorisez, vous et d'illustres Sémitiques avec vous, pour conclure de là à la Phénicie et ensuite à Carthage (ce qui ne laisse pas d'être un peu loin), la Bible est remplie de scènes et de figures qui, au milieu des duretés et des épouvantements, reposent et consolent.

Que s'il n'y a que des duretés à Carthage, tant pis pour Carthage ! Il y a des choses impossibles contre lesquelles il ne faut pas se heurter. Pour qu'un arbre pousse, il faut de la terre; n'allez pas le planter en pleine montagne de Carrare.

Ce n'est pas à moi de me donner comme juge de la partie érudite de *Salammbô*. Ce que je sais, c'est qu'on ne sait rien ou presque rien de direct sur l'antique Carthage. Or, cela me suffit pour ne pas me déclarer satisfait, même au point de vue archéologique, du système suivi par l'auteur et de toutes ces érudtions rapportées qu'il a mises en œuvre. Il peut avoir un texte ou un fait particulier à alléguer à l'appui de chaque singularité ; les érudits peuvent affirmer qu'il n'a rien avancé d'incompatible et de contradictoire avec les rares données de la science punique à cette heure : ce sont de faibles garanties. Mais en revanche je suis juge comme tout le monde du degré d'invraisemblance en ce qui est de la politique et du moral. Eh bien! le côté politique, le caractère des personnages, le génie du peuple, les aspects par lesquels l'histoire particulière de ce peuple navigateur, et civilisateur à sa manière, regarde l'histoire générale et intéresse le grand courant de la civilisation, sont sacrifiés ici ou entièrement subordonnés au côté descriptif exorbitant, à un dilettantisme qui, ne trouvant à s'appliquer qu'à de rares débris, est forcé de les exagérer. Le paysage du livre est vrai, car l'auteur l'a vu de ses yeux et il est peintre; les monuments et les édifices sont plus que douteux et incertains, car ils sont refaits en entier d'imagination, les vestiges insignifiants qu'on a cru récemment retrouver n'y pouvant aider en rien ; mais ce qu'on peut affirmer plus à coup sûr encore et de toute la force de son bon sens, c'est que ce n'est pas ainsi qu'en aucun temps et en aucun lieu, les hommes se sont comportés et que les choses se sont passées. Pourquoi l'auteur, si en quête des moindres bribes d'érudition, n'a-t-il pas commencé par se pénétrer du beau chapitre de Montesquieu sur le Parallèle de Carthage et de Rome? Et Montesquieu, dans ces sortes de considérations, nous représente de plus anciens que lui. Il y a dans ces chapitres des vieux auteurs un fonds de bon sens général et de raison publique qu'il ne faudrait jamais oublier ni omettre, quand on veut ensuite y introduire une part de nouveauté et de singularité. J'aime mieux, après tout, connaître la politique de Carthage que toutes les mosaïques et les verroteries de Carthage.

Savez-vous quelle eût été la forme la plus naturelle, la plus vraie à adopter, dans l'état actuel de la science, pour qui voulait nous entretenir de ce vieux monde punique? C'eût été d'écrire tout bonnement une relation de voyage, un *Itinéraire* sur cette côte de l'Afrique depuis les Syrtes jusqu'à Utique. On aurait décrit tout à son aise le pays et le paysage; on aurait montré les habitants, les races confondues ou persistantes, et discuté jusqu'à quel point il est légitime de conclure du présent au passé, et des autres peuples sémitiques de par-delà l'Égypte à ceux d'Afrique, si traversés et si mélangés. L'amour de la vieille Carthage, puisque amour il y avait, y aurait trouvé son compte : on en aurait refait l'histoire, en indiquant les lacunes, en restituant, à l'aide des fragments et du parti raisonnable qu'on en peut tirer, la religion, la politique, le caractère, les mœurs. L'écrivain pittoresque aurait même pu, dans un ou deux chapitres, nous livrer à l'état de rêve ou d'idéal rétrospectif sa reconstruction architecturale et morale, restitution imaginaire, mais devenue par là même plus plausible, puisqu'il n'aurait rien affirmé. Voilà la forme juste et vraie dans laquelle pouvait se produire un beau travail d'érudit et d'artiste sur la civilisation carthaginoise. Le roman historique est un moule suspect et ambigu, qui ne peut nous rendre, en telle matière, qu'une médaille en grande partie fictive et controuvée.

III.

DES DESCRIPTIONS ET DU STYLE.

Les descriptions étant la partie capitale du livre, j'en dois dire quelques mots. Elles ont de l'exactitude, du relief, parfois de la grandeur africaine, en ce qui est du paysage, mais, en tout, bien de la monotonie. J'y voudrais plus de gradation, et qu'on y observât la perspective naturelle. Je ne m'accoutumerai jamais à ce procédé pittoresque qui consiste à décrire à satiété, et avec une saillie partout égale, ce qu'on ne voit pas, ce qu'on ne peut raisonnablement remarquer. Par exemple, si l'on marche la nuit dans l'obscurité ou à la simple clarté des étoiles, on ne devrait pas décrire minutieusement des pierres *bleues* sur lesquelles on marche, ou des taches *jaunes* au poitrail d'un cheval, puisque personne ne les voit. Si l'on aperçoit un homme qui vient à trente pas, on ne décrira pas par le menu les boutons de ses chausses ou les clous de son armure qu'on n'a pas le temps de distinguer, tout de loin se confondant dans un ensemble.

Au reste, ce défaut-là n'est point particulier à M. Flaubert; il est celui de presque tous les romanciers de ce temps, à commencer par Walter Scott, lequel, ayant à nous montrer un étranger entrant le soir dans une salle de festin, s'amuse à nous le décrire de la tête jusqu'aux pieds, y compris les bas, les souliers, comme si des convives assis pouvaient distinguer cette partie inférieure de l'individu, ce qui serait tout au plus possible de jour. La remarque est de Gœthe.

Quant à la peinture même des visages, c'est la physionomie qu'il convient de rendre d'un mot et d'un éclair, bien plus que le détail des traits dont l'énumération ne doit pas revenir sans cesse. C'est assez d'une première fois.

L'acharnement à peindre des horreurs mérite aussi d'être relevée. On a vu jusqu'où la peur de ressembler à Gessner ou à Greuze, ou à Fénelon, peut conduire un farouche pinceau : on se fait loup, chacal et tigre, de peur de paraître joueur de flût ou berger. Je laisse de côté, en ce point, toutes les susceptibilités françaises et les aversions trop promptes de nos critiques dégoûtés. L'art en soi, je le reconnais, ne vise pas sans doute à la sensibilité, pas plus qu'il ne vise à la moralité, mais il n'affecte pas non plus, nécessairement, le contraire. Gœthe, qu'on n'accusera pas d'étroitesse et qui comprenait tout, ce critique universel au goût le plus large et le plus hospitalier, reculait toutefois devant les tableaux odieux et hideux trop prolongés; il voulait que l'art tournât en définitive au beau, au digne, à l'agréable. Que si vous m'opposez Shakspeare que cette préoccupation ne retenait pas, et qui prenait les hommes avec leurs passions et les âmes avec leurs abîmes, ne s'épargnant aucune situation franche, fût-elle horrible, aucune expression sincère, fût-elle violente, je m'en accommode très-bien, et je vous dis : Faites comme lui, montrez-nous gens et choses tels qu'ils sont, pas plus beaux qu'ils ne sont, mais aussi pas plus laids ni pires qu'ils ne sont.

Vous mettez toujours en avant le vrai, rien que le vrai. A la bonne heure ! j'en passe volontiers par là; je ne vous dis même pas de choisir. Peignez-le, ce vrai, tel quel, au vif et même crûment; mais ce qu'on a le droit de désirer, c'est que vous n'alliez pas choisir exprès le pire et le préférer à tout. Ne devenons jamais en littérature de ceux qui sont appelés dans ce roman *les mangeurs de choses immondes.*

J'en sais (et ici ma pensée se généralise) pour qui le talent ne commence réellement que là où l'humanité, l'honnêteté naturelle, ce qu'on croit être le fait de M. Prud'homme, finit et se renverse, et où les instincts se gâtent et se dépravent. C'est un raffinement de palais blasés, qui se retrouve un peu à la fin de toute littérature, et ici à une fin d'école. Mes amis, avec toute la bonne volonté du monde, je n'en suis pas. Je vous aimerai individuellement, un à un, mais je ne serai jamais de votre secte.

Pour revenir à des enfantillages bien innocents, mais indignes d'un pinceau sévère comme celui de l'auteur de *Salammbô*, je ne sais qui l'on prétend mystifier quand on nous parle sans rire de ce « lait de chienne » qui entre comme ingrédient dans un cataplasme d'Hannon, ou de ces « pattes de mouches écrasées » qui entrent dans un cosmétique de la jeune fille, et de tant d'autres singularités pareilles. « Mais j'ai vu cela de mes yeux, me dira le voyageur; j'ai même goûté de cette fameuse sauce verte dont il est question dans le festin des Mercenaires. » Laissons le voyageur, je parle à l'artiste. Si ce ne sont pas là des plaisanteries de l'auteur, le lecteur est sujet à les prendre pour telles, et il n'aime pas à être moqué.

Je suis bien près d'avoir tout dit. Le style est très-soigné dans l'ouvrage de M. Flaubert et offre de fortes et mâles qualités; mais il est trop tendu, trop uniforme de tours. Les expressions, pour vouloir renchérir sur ce qui a été dit déjà, semblent forcées bien souvent. C'est un défaut presque inévitable dans les langues et dans les écoles avancées. Le talent lui-même y pousse : on veut sortir à tout prix du connu et du commun. Un exemple justifiera mon dire. Dans la revue que passe de ses esclaves le terrible Amilcar rentré chez lui après une longue absence, tous se rangent sur une ligne, tous retiennent leur haleine : « Un silence *énorme* emplissait Mégara. » Pourquoi ce silence *énorme*, et comment y est-on venu? Delille avait déjà dit dans son style à effet :

Il ne voit que la nuit, n'*entend* que le silence.

Pline le Jeune a parlé quelque part du *silentium acre,* un silence attentif, pénétrant, aigu à force d'écouter, un silence *à entendre marcher une fourmi,* comme a dit à son tour Saint-Simon. Mais un silence *énorme* n'est pas juste. Quand le bruit emplit une enceinte, c'est comme un flot, c'est comme une suite d'ondulations, qu'il la remplit. On ne dirait pas bien « un bruit *énorme;* » tout au plus on dit « un *énorme* vacarme. » Mais le silence faisant l'effet du vacarme, c'est trop : l'expression est forcée.

Ces sortes d'expressions datent un livre. Les remarques qu'un de mes honorables confrères, M. Cuvillier-Fleury, a faites à ce propos sur les écrivains de la décadence romaine classique, ses rapprochements avec Lucain, avec Claudien, ont de la justesse. Mais comment se fait-il que je ne puisse jamais être entièrement d'accord avec le savant critique, même quand il semble se rapprocher de nous? Il a été, relativement, favorable à *Salammbô,* et je suis loin de m'en plaindre ; mais il a paru y sacrifier *Madame Bovary,* et je ne saurais y consentir. Il nous présente, sur la foi de je ne sais quelle lettre d'un ami et confident, M. Flaubert comme « ayant eu *horreur* de son succès de *Madame Bovary.* » Allons donc ! M. Flaubert repentant !

Martial, dans une de ses épigrammes, classe les œuvres de son temps en deux catégories : les œuvres

considérables, dites sérieuses, qu'on estime fort et qui
attirent peu; et les autres, celles dont on fait fi, et que
chacun veut lire. M. Flaubert a voulu tâter à toute force
et nous faire tâter des deux genres. Voilà tout.

Contradiction singulière! M. Feydeau, qui depuis des
années faisait de l'archéologie, s'ennuyant un matin de
n'être pas lu, a fait *Fanny :* M. Flaubert qui venait de
faire *Madame Bovary,* comme s'il s'était senti humilié
d'être trop lu, s'est mis à faire son roman archéologique. On l'a déjà beaucoup lu et on le lira; mais le
relira-t-on? La lecture d'un roman-poëme doit-elle produire sur nous le même effet que si l'on entrait dans
un bataillon hérissé de piques?

Je diffère donc avec mon honorable et très-réconcilié
confrère sur le mérite relatif des deux ouvrages. Lui, il
préfère un livre qui est surtout un livre : moi, j'aime
mieux un livre qui est surtout la vie. Et pour prendre
ma comparaison hors de ce temps-ci, il vaut mieux
avoir fait *Gil Blas* que *Séthos*. *Madame Bovary* n'est pas
Gil Blas, et *Salammbô* est bien plus forte que *Séthos;*
mais on me comprend.

IV.

CONCLUSION.

Revenons à la vie, à ce qui est du domaine et de la
portée de tous, à ce que notre époque désire le plus et
qui peut l'émouvoir sincèrement ou la charmer. Rien
n'est perdu ni compromis, et je me serais bien mal fait

comprendre si je n'avais marqué mon estime même pour l'auteur en le critiquant si longuement. Son entreprise avait du grandiose ; l'exécution a prouvé de la puissance. Le malheur d'avoir échoué (ce que je crois) dans sa visée principale n'est donc pas si grand. Après tout, la manie de l'impossible est celle des forts. Il y a de sauvages et orgueilleux oiseaux qui n'aiment à se poser que sur des rochers si escarpés que le soleil seul, comme dit Homère, y a mis le pied. L'erreur de M. Flaubert a été surtout dans son système : le talent reste intact. La volonté lui a donné presque tous ses défauts : que cette même volonté les lui ôte. Qu'il reste l'homme de sa nature, en laissant seulement de ses partis pris. Il n'a pas conquis ni dompté l'Afrique, c'est le cas de Charles-Quint et de bien d'autres ; mais il ne sort pas, en somme, amoindri et diminué, de cette expédition ou de cette aventure. Il en sort avec l'estime des doctes archéologues et des savants sémitisans, flattés dans l'objet de leurs études, avec l'estime encore, et mieux que cela, de quelques esprits éminents qui aiment la force jusqu'à ne pas en détester l'abus, et qui, rien qu'à lui voir cette vigueur héroïquement déployée, ont désiré de le connaître. Tout ce que nous lui demandons, nous, du simple troupeau des mortels parisiens, c'est qu'il nous revienne le même qu'auparavant, bronzé au front, un peu plus mûr cependant et légèrement radouci au cœur ; ayant jeté là-bas, sur la plage africaine, tous ses surcroîts de fureurs et de rages vengeresses ; toujours armé, mais non impitoyable. Une œuvre prochaine de lui, et qui se fasse moins attendre, nous est due. Peu d'années fécondes sont accordées aux hommes, et même aux plus vrais talents : il faut en savoir user pour se loger à temps et s'ancrer au cœur et dans la mémoire des hommes nos contemporains : c'est encore le plus sûr chemin pour aller à la postérité. Qu'il nous donne donc, sans trop tarder, sans trop se soucier de ce style où il est assez maître pour le détendre un peu, une œuvre forte, puissante, observée, bien vivante, ayant certes des qualités amères et fines de la première, marquée au coin de son originalité toujours et de sa nature (on ne lui demande pas de l'abdiquer), mais où il y ait au moins une veine qui agrée à tous, et ne fût-ce qu'un point consolant (1).

(1) On peut voir à la fin de ce volume la lettre amicale et savante que M. Flaubert m'a écrite en réponse à mes articles sur son livre; il est juste d'entendre les deux sons.

Lundi 29 décembre 1862.

DAPHNIS ET CHLOÉ

TRADUCTION D'AMYOT ET DE COURIER

AVEC 43 COMPOSITIONS AU TRAIT

PAR LÉOPOLD BURTHE

ET UNE PRÉFACE D'AMAURY DUVAL (1).

C'est l'offrande d'étrennes de cette année : Perrault l'année dernière et ses contes de Fées illustrés par Doré ; cette fois Longus et sa pastorale à l'usage, non plus des enfants, mais des adolescents, — des adolescents un peu avancés, — et de tous ceux qui, las du présent, ennuyés des vulgarités ou des énormités de chaque jour, aiment à se reposer, de loin en loin, sur des images riantes. L'éditeur, M. Hetzel, y a mis le soin et le goût qu'il apporte à ces sortes de publications ; il s'est piqué d'honneur comme toujours, ainsi

(1) Un magnifique in-folio ; — Hetzel, éditeur, rue Jacob, 18.

que M. Claye, qui a déployé le luxe de ses presses. Les dessins sont d'un jeune artiste, M. Burthe, mort en 1860 ; Amaury Duval, son maître, en a surveillé avec piété et scrupule la reproduction fidèle, et a consacré une page de notice à la mémoire d'un élève chéri. Le caractère des dessins que je n'ai pas qualité pour juger est pur, simple, linéaire ; l'artiste, évidemment, s'est attaché à interpréter le plus possible son auteur dans le sens délicat et chaste, dans l'intention du beau pur ; il ne faut chercher ici rien de ce que les gravures du Régent faisaient saillir, l'ingénuité traduite spirituellement, galamment, et même avec une pointe de libertinage. S'il y a un défaut, ce serait plutôt dans le trop d'idéal de la ligne et dans l'effet de bas-relief trop continu. Mais, encore une fois, je ne suis pas juge ; j'aime mieux faire comme plus d'un de mes confrères et en prendre occasion de relire le joli roman.

I.

Il est délicieux, en effet, et un petit chef-d'œuvre. C'est le dernier mot pastoral de l'Antiquité païenne. A le bien prendre, la première et la plus grande des idylles serait Nausicaa chez Homère ; c'est l'idylle primitive, encore patriarcale et royale ; elle dépasse l'humble horizon des bergers. Le cadre n'est pas découpé ; le genre proprement dit n'était pas né alors. On raconte que la poésie idyllique ou bucolique, comme on l'a entendue depuis, fut inventée en Sicile par un berger poëte, Daphnis : c'est le beau bouvier Daphnis qui, chez Théocrite, remporte le prix du chant et gagne contre Ménalque la flûte à neuf tuyaux ; c'est lui qui chante ce ravissant couplet où se résume tout le thème, où respire toute la félicité et la douceur du genre : « Que « ce ne soit point la terre de Pélops, que ce ne soient « point des talents d'or que j'aie à cœur de posséder, « ni, au jeu de la course, d'aller plus vite que les vents! « mais sous ce rocher que voilà, je chanterai te tenant « entre mes bras, regardant nos troupeaux confondus, « et devant nous la mer de Sicile. » Voilà le cadre entier dans sa simple et harmonieuse bordure. Théocrite venu tard, et le dernier des beaux noms de poëtes, a cultivé et développé à part, avec Bion et Moschus, cette branche oisive, jusque-là un peu éparse et flottante, à laquelle il a eu l'art, en la travaillant, de laisser pourtant toute sa saveur agreste et naturelle. Voltaire, qui devinait si juste là même où il ne savait pas, a très-bien dit : « Ce Théocrite, à mon sens, était supérieur à Virgile en fait d'églogue (1). » Après lui, après les deux disciples qu'on ne sépare guère de lui, on n'a que de rares idylles : Méléagre en a fait une sur *le Printemps,* et qui, dans sa brièveté, mérite d'être comptée à sa date pour le très-vif sentiment de la nature, qui s'y peint en chaque vers ; mais ce n'est qu'un cadre, il y manque les personnages. Il faut en venir à ce roman en prose, *Daphnis et Chloé.*

(1) Voir, dans les *Mémoires de Littérature ancienne* de M. Egger (1862), le chapitre intitulé : *De la Poésie pastorale avant les Poëtes bucoliques.* Les prédécesseurs vagues de Théocrite y sont très-bien indiqués ; mais cela ne diminue en rien le charmant inventeur.

à ce dernier des Daphnis, pour y retrouver, comme dans une petite épopée finale, toute la grâce, toute la tradition, la fleur suprême, en un mot, de ces fables pastorales pressée et rassemblée. Ici, comme il arrive souvent dans les genres littéraires, c'est l'arrière-saison qui nous a laissé le fruit le plus savoureux.

On ne sait rien de l'auteur qu'on n'a même eu l'idée d'appeler *Longus* que parce qu'on avait mal lu, à ce qu'il paraît, le titre d'un ancien manuscrit. Il y a en tête de ce manuscrit : *Discours des choses de Lesbos*, de ce mot *discours* (λόγοι) lu de travers, on aurait fait *Longus*, qui a si peu l'air en effet d'un nom grec ; la faute une fois mise en circulation, chacun l'a répétée, et voilà un auteur célèbre de plus à l'adresse de la postérité (1). Quel que soit le nom, l'œuvre est des plus agréables. D'une époque assurément tardive, mais de date incertaine, elle ne saurait être cependant rejetée très-bas dans les âges de décadence, car un goût fin y a présidé.

La composition est divisée en quatre livres, dont les trois et surtout les deux premiers sont tout à fait charmants. On sait le sujet. L'auteur a soin de ne donner

---

(1) Voir à la page 421 de l'*Histoire du roman dans l'Antiquité*, par M. Chassang, qui paraît être d'avis que c'est bien une méprise et qu'il n'y a pas de Longus. — Je dois dire pourtant que cette conjecture, dès longtemps émise par Schœll, et qui s'appuie d'une citation légèrement inexacte, a paru invraisemblable à l'excellent critique Frédéric Jacobs, et qu'elle le paraît également à un savant grec, philologue des plus précis et des plus sagaces, qui s'occupe en ce moment de donner à son tour une édition critique de la jolie pastorale, le docteur Piccolos. Va donc pour Longus !

son récit que comme un passe-temps et presque un badinage : un jour, à Lesbos, étant allé chasser dans un bois consacré aux Nymphes, il a vu un tableau peint ou une suite de peintures ; il s'est fait donner l'explication, et c'est ce récit qu'il va refaire et raconter. Deux enfants, Daphnis et Chloé, nés vers le même temps, ou plutôt à deux années de distance l'un de l'autre (afin que la proportion des âges entre garçon et fille soit mieux gardée), ont été exposés par leurs parents dans la campagne, et tous deux aussi ont cela de commun d'avoir été allaités merveilleusement, l'un par une chèvre, l'autre par une brebis. Les pauvres gens qui les ont trouvés les élèvent comme s'ils étaient à eux, et quand ils sont en âge, on les envoie aux champs, dans les beaux jours, pour faire paître, le jeune garçon les chèvres, la jeune fille les brebis. Daphnis a quinze ans quand le récit commence, et Chloé en a treize ; tous deux sont dévots aux Nymphes, dont la grotte sacrée est voisine de là, et c'est même dans cette grotte que Chloé à la mamelle a été trouvée avec la brebis qui la nourrissait. On est au printemps, dès les premiers moments de l'idylle : toute fleur fleurit, toute créature s'égaie ; Daphnis et Chloé de même :

« Toutes choses adonc faisant bien leur devoir de s'égayer à la saison nouvelle, eux aussi tendres, jeunes d'âge, se mirent à imiter ce qu'ils entendaient et voyaient. Car entendant chanter les oiseaux, ils chantaient ; voyant bondir les agneaux, ils sautaient à l'envi ; et, comme les abeilles, allaient cueillant des fleurs, dont ils jetaient les unes dans leur sein, et des autres arrangeaient des chapelets pour les

Nymphes ; et toujours se tenaient ensemble, toute besogne faisaient en commun, paissant leurs troupeaux l'un près de l'autre... »

Voilà le thème. C'est l'éveil du cœur, c'est l'éveil des sens ; c'est une confusion aimable et naïve qui va se prolongeant durant plus d'une année, et à laquelle nous fait assister le vieil auteur avec une complaisance et un détail explicatif qu'il faut toute sa grâce et le passe-port de l'Antiquité pour faire excuser.

Non qu'il y ait rien de précisément indélicat ; au contraire. La délicatesse, même comme nous l'entendons et l'accordons volontiers en ces choses de l'art, est partout, — presque partout, — observée. C'est l'ingénuité toute pure de deux jeunes êtres élevés ensemble au sein d'une belle et riche nature rustique, et sans que rien les avertisse d'un danger. Mais cette ingénuité est regardée et décrite par un témoin indiscret et qui y assiste avec un malin et coquet plaisir. Les scènes de bain n'ont rien qui choque ; elles sont naturellement amenées et comme motivées. L'amour vient à Chloé d'avoir vu Daphnis au bain, un jour qu'étant tombé dans une fosse à loup, il a dû, au sortir de là, se laver et montrer, sans y songer, son beau corps. Un peu après, l'amour vient à Daphnis lui-même d'avoir reçu de Chloé un baiser pour prix de la victoire, dans une dispute qu'il a avec un bouvier rival, qui contestait de beauté avec lui. Toutes ces gradations, cet amour du jeune garçon plus âgé, et qui lui a pris pourtant un peu plus tard qu'à la jeune fille, leur plainte secrète, à tous deux, quand ils se sentent blessés et qu'ils gémissent chacun à sa manière, sont de la plus fine nuance.

Un rare et gracieux peintre, Prud'hon, a lui aussi crayonné quelques-unes de ces scènes de l'idylle, et notamment celle du bain dans la grotte des Nymphes. Dans le dessin de Prud'hon, on voit Daphnis assis au sortir du bain, et Chloé également nue, debout, un pied dans le bassin de la fontaine, se penchant vers lui et le touchant au bras, à l'épaule, avec une sorte de curiosité : Daphnis la regarde avec douceur et tendresse. Quoique tous deux soient un peu plus âgés dans le dessin que dans le roman, que Daphnis ait plus de quinze ans, et Chloé surtout plus de treize, rien n'est trop vif ni d'un sens douteux dans cette agréable composition. L'impression qu'elle fait est celle que nous a rendue si souvent le pinceau de Prud'hon : grâce, vénusté, une douceur un peu moelleuse ; innocence et amour, une émotion poétique et nullement sensuelle. C'est Daphnis et Chloé dans leur nudité, mais traduits par un peintre poëte qui a lu *Paul et Virginie*. C'est comme tout Prud'hon, d'une Antiquité légèrement maniérée, mais qui n'est pas désagréable. Le Longus lui-même n'est pas d'une Antiquité sans manière, ni même sans mignardise, dans toutes ces petites scènes du bain, du baiser, de la cigale qui va se cacher dans le sein de Chloé endormie, etc. L'illustrateur moderne, M. Burthe, dans la scène du bain de Daphnis, a plutôt été préoccupé de la beauté sculpturale et de cette pureté de la ligne si recommandée dans son école. On dirait qu'il s'est tenu n garde contre le moelleux de Prud'hon.

Indépendamment du cercle entier des saisons qui se

déroulent sous nos yeux dans ce tableau varié de l'idylle, et où chaque saison, y compris l'hiver, passe tour à tour en offrant les scènes qui lui sont propres, des incidents romanesques ou mythologiques viennent retarder ou exciter la marche légère de l'action. Daphnis est, à un moment, enlevé par des pirates et délivré par l'effet presque miraculeux d'un air de flûte que Chloé joue du rivage : toutes les vaches du berger prises et embarquées avec lui, reconnaissant l'air du rappel, se jettent d'un bond à la mer, comme les moutons de Panurge, et font chavirer le bateau : les pirates, chargés de leurs armes, se noient ; Daphnis, qui est court vêtu, se sauve à la nage. Le premier livre finit sur cette délivrance, de même que le second finira sur la délivrance de Chloé, également enlevée par des marins en armes et sauvée à l'aide d'une panique que suscite le dieu Pan. Cette panique, qui peut tenir à l'effroi des imaginations frappées autant qu'à la réalité même, cette espèce de bacchanale universelle de la nature physique, telle qu'à la rigueur elle peut paraître à des gens ivres et être vue à travers le vertige, est décrite avec une vraie verve d'orgie. En général, ce sont les dieux des campagnes, les Nymphes et Pan, qui font tout dans ce gracieux roman-poëme ; mais, pour rendre leur intervention moins invraisemblable, c'est d'ordinaire en songe qu'ils se contentent d'apparaître et de se manifester personnellement ; le merveilleux n'est pas direct, il est réfléchi : précaution légère et pourtant assez marquée, qui semble demander grâce pour la fiction elle-même, et qui est de nature à concilier ceux qui ne sont incrédules qu'à demi. Il fallait être un bien mauvais païen, un vrai fils de Lucien et comme qui dirait de Voltaire, pour chercher chicane à un conteur dévot, de si bon goût en fait de superstitions et si bien appris.

L'ancienne mythologie bucolique, avec tout son charme et son autorité un peu surannée, nous est représentée dans le personnage du bonhomme Philétas, espèce de ménétrier de village, de rhapsode joueur de flûte, tout rempli de vieilles histoires et de légendes populaires qu'il récite à ravir et qu'il fait accroire. C'est lui qui vient conter aux deux enfants que, pas plus tard qu'aujourd'hui, environ midi, il a vu l'Amour dans son jardin, un jeune garçonnet s'amusant à cueillir des fruits et qui ne se laissait pas attraper, sautant, voltigeant de branche en branche comme un oiseau. Est-ce fable, est-ce histoire? prenez-le comme vous voudrez ; l'âge du bonhomme, — un spirituel critique l'a baptisé très-heureusement le *Bonhomme Jadis,* — qui a tant goûté en son temps aux fruits d'amour et qui n'en est pas encore tout à fait sevré, permet de croire sur ce point à un léger et charmant radotage, à une confusion de souvenir bien excusable, au milieu des conseils pratiques excellents, mais un peu vagues, que ce vieux Nestor anacréontique est venu donner.

Tout n'est pas pastoral et innocent dans le récit. On a affaire, sans compter le jaloux, à un libertin et à un débauché de la ville, — de ces débauchés comme il n'est plus permis d'en montrer, — à une voisine comme on en voit encore, commère bien apprise et qui s'y entend. Les reconnaissances de la fin rentrent tout à fait dans les dénoûments usés et rebattus. L'originalité de l'œuvre n'est nullement dans l'action : elle est dans le caractère à la fois rustique et élégant de tout le début, dans la fraîcheur des petits tableaux nets et vifs qui se succèdent, et dans l'analyse graduelle, nuancée, du désir en deux cœurs adolescents, en deux pubertés naissantes et qu'on voit éclore. Ce joli livre est tout un hymne à l'Amour enfant.

II.

Il a fallu assez de temps pour que l'œuvre fût appréciée à son prix par les modernes; mais le bon Amyot avait certainement le sentiment et l'instinct de ce qu'elle valait, lorsqu'il l'alla choisir exprès pour l'une des premières traductions du grec qu'il comptait donner au public. Cette traduction d'un gaulois riant, avec tous ses défauts d'exactitude à peu près inévitables, eut pour effet de populariser, de nationaliser de bonne heure l'ouvrage en français, de le faire aimer et goûter, d'y infuser un degré de naïveté qui est plutôt dans le sens que dans les expressions de l'auteur grec. Chez celui-ci, c'est un art raffiné qui simule le naïf : Amyot y a ajouté une vraie dose de naïf. Ce style enfant du vieux traducteur sauve et corrige, sans en avoir l'air, toutes ces nudités, ces indécences innocentes et ignorantes d'elles-mêmes. Courier, qui a passé sur la version d'Amyot, pour la revoir et la compléter, y a mis toute l'exactitude et la précision désirables, et l'on peut dire que ce petit chef-d'œuvre est nôtre désormais. C'est peut-être la seule traduction dont on ait le droit de déclarer sans flatterie qu'elle est mieux que l'original et qu'elle le supplée avantageusement sans rien lui dérober. Ce grec d'ailleurs n'est commode à lire pour personne; on est trop heureux d'avoir un équivalent qui en dispense.

Si l'on voulait se donner le spectacle de l'incertitude et de la fragilité du goût, même chez les plus savants hommes, et même en ces matières classiques, il suffirait de lire le jugement que porte le docte Huet de ce joli roman; c'est dans sa Lettre à Segrais, en tête de *Zayde*; il vient de parler de deux mauvais romans composés par des Grecs byzantins :

« Je fais à peu près le même jugement, dit-il, des Pastorales du sophiste Longus; car, encore que la plupart des savants des derniers siècles les ayent louées pour leur élégance et leur agrément, joint à la simplicité convenable au sujet, néanmoins je n'y trouve rien de tout cela que la simplicité, qui va quelquefois jusqu'à la puérilité et à la niaiserie. Il n'y a ni invention ni conduite. Il commence grossièrement à la naissance de ses bergers et finit à leur mariage. Il ne débrouille jamais ses aventures que par des machines mal concertées; si obscène, au reste, qu'il faut être un peu cynique pour le lire sans rougir. Son style, qui a été tant vanté, est peut-être ce qui mérite moins de l'être : c'est un style de sophiste tel qu'il était..., qui tient de l'orateur et de l'historien, et qui n'est propre ni à l'un ni à l'autre, plein de métaphores, d'antithèses et de ces figures brillantes qui surprennent les simples et qui flattent l'oreille sans remplir l'esprit. Au lieu d'attacher le lecteur par la nouveauté des événements, par l'arrangement et la variété des matières et par une narration nette et pressée..., il essaye, comme la plupart des autres sophistes, de le retenir par des descriptions hors d'œuvre ; il l'écarte hors du grand chemin, et pendant qu'il lui fait voir tant de pays..., il consume et use son attention... J'ai traduit avec plaisir ce roman dans mon enfance : aussi est-ce le seul âge où il doit plaire... »

J'en supprime encore. On est confondu, en vérité, de lire un pareil jugement, de la part d'un si savant homme et qui avait traduit le livre dans sa jeunesse, de celui même qui, en homme de goût, relisait son *Théocrite* une fois chaque année, au printemps. Il est juste d'avertir que Huet a, presque aussitôt, retouché et rétracté en grande partie ce jugement. Dans la seconde édition de la Lettre à Segrais, imprimée à part en 1678, il en arrive, en effet, à modifier tellement son opinion qu'elle ne ressemble plus du tout à la première ; et par exemple, au lieu de commencer comme on vient de le voir, en disant : *Je fais à peu près le même jugement des Pastorales de Longus que des romans précédents...*, il dit, en retournant sa phrase : *Je ne fais pas tout à fait le même jugement...*, et il en donne ses raisons, toutes à l'avantage et à la décharge de notre romancier. Qu'importe ! le premier jugement avait couru et court encore ; c'est le seul qu'on ait réimprimé et qui se lise en tête de toutes les éditions de *Zayde*.

Bayle, qui, dans son *Dictionnaire*, s'autorise, sans la contrôler, de l'opinion de Huet, ne songe qu'à renchérir, à son tour, sur l'article des mœurs ; non qu'il en prenne la défense et qu'il fasse le rigoriste, mais en érudit qui ne se trouve pas souvent à pareille fête, il badine à sa façon derrière du latin et du grec, il se gaudit des légèretés du roman en y cherchant le graveleux et sans y soupçonner la délicatesse. Ce que nous appelons le sentiment *esthétique* est tout à fait absent.

Marmontel dans son *Essai sur les Romans,* en sa qualité d'homme qui lisait et connaissait assez peu à fond les Anciens, est encore plus tranchant sur *Daphnis et Chloé.* Après une simple mention faite de l'*Ane* de Lucius, et de *Théagène et Chariclée* d'Héliodore, il se contente de dire :

« Le roman de *Daphnis et Chloé* du sophiste Longus est d'un temps plus récent encore ; Huet ne le croit guère antérieur à deux romans obscurs qu'a produits le xiie siècle. Rien de plus vain, de plus frivole, de moins ingénieux ; rien surtout de moins délicat sur l'article des bienséances. Voilà pourtant la fleur des romans de l'Antiquité. »

M. Villemain a été plus juste; il avait lu et goûté. Mais lui-même, avec son tact rapide, il a trop glissé, il est allé bien vite, et la peur de paraître embarqué en un sujet frivole l'a empêché d'insister autant qu'il l'aurait pu :

« Que renferme la jolie pastorale de Longus? s'est-il demandé. Une peinture plus vive que touchante des premières émotions, des premiers sentiments de deux jeunes amants élevés dans la simplicité d'une vie champêtre et protégés contre eux-mêmes par la seule ignorance. Du reste, nulle idée de bonté morale ne se mêle à ce tableau et ne vient l'épurer et l'embellir. Daphnis et Chloé sont innocents, et non pas vertueux. L'intérêt même de cette innocence ne se conserve pas longtemps; et l'épisode de la courtisane Lycénion, si choquant sous le rapport du goût, fait disparaître la moitié du charme. Un merveilleux mythologique assez ridicule vient terminer le seul incident qui sépare les jeunes amants... »

Il n'y a rien précisément de ridicule dans le merveilleux mythologique si ingénieusement imaginé et si bien adapté à l'action. Lycénion, qui donne à Daphnis sa première leçon d'amour, est une voisine et non une « courtisane; » c'est une jeune femme alerte et fringante, qui vit avec un vieux cultivateur et qui a l'œil aux jeunes gens.

Il a fallu Gœthe pour arriver à rendre toute justice à l'ensemble, à l'esprit de cette jolie composition où le souffle antique a respiré une dernière fois dans sa pureté et dans sa grâce, avant de s'exhaler. Un jour (c'était un an avant sa mort), Eckermann le remit sur la voie en lui disant qu'il lisait *Daphnis et Chloé* dans la traduction de Courier :

« Voilà encore un chef-d'œuvre que j'ai souvent lu et admiré, dit Gœthe, où l'on trouve l'intelligence, l'art, le goût portés au plus haut degré, et qui fait un peu descendre le bon Virgile. Le paysage est tout à fait dans le style du Poussin, et quelques traits ont suffi pour dessiner dans la perfection le fond sur lequel se détachent les personnages. »

Ils en reparlèrent encore les jours suivants; mais ce fut dans la conversation du 20 mars 1831, pendant le dîner, que les idées échangées entre Gœthe et son disciple épuisèrent le sujet; on y trouve le jugement en quelque sorte définitif sur cette production charmante.

Gœthe venait de relire l'ouvrage dans le texte de Courier-Amyot, et il en était plein ; son imagination tout hellénique s'en était sentie consolée et rajeunie :

« Le poëme est si beau, disait-il, que l'on ne peut garder, dans le temps misérable où nous vivons, l'impression intérieure qu'il nous donne, et chaque fois qu'on le relit, on éprouve toujours une surprise nouvelle. Il y règne le jour le plus limpide ; on croit ne voir partout que des tableaux d'Herculanum, et ces tableaux réagissant à leur tour sur les pages du livre viennent en aide à notre imagination pour la lecture. »

Que de chemin nous avons fait, que d'étapes et quel retour vers la vraie Grèce depuis Bayle et le docte évêque d'Avranches! C'est en effet toute une éducation du goût, dans ces matières de l'art antique, qu'il avait fallu se faire et se donner depuis Huet jusqu'à Gœthe, en passant par Lessing, Winckelmann et autres initiateurs : les impressions des diverses branches de l'art se complètent ainsi et s'achèvent, mais ce n'est pas l'affaire d'un jour. — Eckermann, selon son usage, reprenant la pensée de Gœthe au point où elle s'arrêtait, et la lui renvoyant avec de légères variantes, lui répondit (toujours pendant ce même dîner) :

« La mesure dans laquelle se renferme l'œuvre entière m'a paru excellente ; c'est à peine si on rencontre une allusion à des objets étrangers qui nous feraient sortir de cet heureux cercle. On ne voit agir, en fait de divinités, que Pan et les Nymphes ; on n'en nomme guère d'autres, et on voit en même temps que ces divinités suffisent aux besoins des bergers. »

— « Et cependant, ajoutait Gœthe, obéissant à la suggestion de son interlocuteur et continuant la pensée d'Eckermann ou plutôt la sienne propre, cependant, avec toute cette mesure, là se développe un monde tout entier : nous voyons des bergers de toute nature, des laboureurs, des jardiniers, des vendangeurs, des mariniers, des voleurs, des soldats, de nobles citadins, des grands seigneurs et des esclaves. »

C'est tout ce dialogue qui manque, pour le dire en passant, dans la page de préface ajoutée à la présente édition, où elle fait d'ailleurs une si digne et si magistrale figure.

« Il y a aussi, reprenait Eckermann faisant écho et tout vibrant de la parole du maître, il y a tous les degrés de la vie humaine, de la naissance à la vieillesse ; et les différents tableaux d'intérieur que les saisons différentes amènent avec elles passent tour à tour devant nos yeux. »
— « Et le paysage, s'écriait Gœthe, revenant sur sa première idée, le paysage ! il est dessiné en quelques traits, avec tant de précision que nous voyons derrière les personnages, dans les parties hautes, les collines chargées de vignes, les prairies, les potagers, et plus bas les pâturages, la rivière, les petits bois, et dans le lointain la vaste mer. Pas de trace de jours sombres, de nuages, de brouillard et d'humidité; toujours le ciel du bleu le plus pur, l'air le plus doux, et partout un sol sec, sur lequel on pourrait s'étendre nu. Tout le poëme trahit l'art et la culture les plus élevés. Tout est si bien médité, tous les événements sont préparés et expliqués de la façon la plus heureuse, comme par exemple pour le trésor trouvé près d'un dauphin pourri sur le rivage de la mer. Et un goût, une perfection, une délicatesse de sentiment comparables à tout ce qui s'est fait de mieux! Tous les accidents, tels que surprises, vols, guerres, qui viennent troubler le cours heureux du récit principal sont

racontés le plus vite possible, et, aussitôt passés, ne laissent derrière eux aucun souvenir. Le vice apparaît comme un accompagnement des citadins et à leur suite, et encore n'apparaît-il pas dans un personnage principal, mais bien dans une figure accessoire. Tout cela est de la plus grande beauté... »

J'abrége encore; le noble vieillard resté Grec, et redevenu enfant, se complaisait évidemment, une dernière fois, à se reposer par l'imagination sur des cadres heureux et des fronts ingénus, doués de la seule pureté naturelle. « On ferait bien, concluait-il, de relire le livre une fois tous les ans, pour s'en renouveler l'impression dans toute sa fraîcheur. » Qu'il y ait eu un peu d'excès dans cette admiration pour une œuvre composée de tant de parties et d'éléments dès longtemps trouvés, que le puissant lecteur, tout plein d'harmonieux souvenirs, ait prêté un peu à cette production du déclin comme à un dernier né qu'on gâte et qu'on favorise, je l'accorderai aisément; Gœthe abondait dans son sens en exaltant si fort le perpétuel âge d'or de la Grèce; mais ce qui ne le trompait pas, c'était le sentiment régnant, respirant dans ce dernier tableau, et par lui reconnu et salué, de tout un monde idéal, serein, fortuné, à ciel fixe, à horizon bleu, — l'horizon de la mer de Sicile ou des mers de l'Archipel (1).

(1) Frédéric Jacobs, dans la Préface de sa traduction allemande de Longus, développe à peu près les mêmes idées que Gœthe. Il fait très-bien voir le mérite de composition, de la peinture des caractères, la grâce, la finesse, enfin toutes les qualités du poëme, mais sans l'enthousiasme poétique de Gœthe. Il justifie très-bien l'inter-

III.

Il nous est aujourd'hui facile, aidés par de tels devanciers, par des maîtres qui nous ont élaboré la matière et qui nous épargnent les tâtonnements, de voir juste en un clin d'œil, de nous établir tout d'abord au vrai point de vue pour apprécier ces monuments d'une littérature et d'un art que nous concevons désormais en eux-mêmes et sous leur forme accomplie, sans leur demander autre chose que ce qu'ils sont. Ne jugeons pas les produits et les fleurs d'une civilisation avec les idées d'une autre. Un critique distingué (1) a récemment parlé d'une manière fort remarquable de ce livre de *Daphnis et Chloé*. Revenant sur une comparaison dès longtemps instituée et toujours ouverte entre cette ancienne idylle et *Paul et Virginie*, il a maintenu le premier ouvrage, vrai, naturel, immortel, non pas du tout inférieur, même en présence du second. Tout ce qu'il a dit à cet égard est juste : ce qu'il faut reconnaître en effet, c'est que ce sont deux œuvres parfaites, achevées, chacune dans son genre : Bernardin de Saint-Pierre, ce Grec d'imagination et de goût, s'est inspiré de l'une pour faire l'autre, et la faire un peu autrement ;

---

vention de Lycénion et fait des remarques pleines de justesse sur le rôle de Gnathon, assez semblables à celles de Gœthe. Il venge très-bien Longus du reproche d'immoralité, reproche répété par Dunlop et d'autres. — Cet ouvrage de Jacobs parut en mars 1832, date de la mort de Gœthe. (Note communiquée par M. Piccolos.)

(1) M. Émile Montégut, dans *le Moniteur* du 15 décembre 1862.

il a vu, il a deviné au premier coup d'œil ce qu'il devait introduire de neuf dans la même donnée, pour inventer et réussir à la moderne; non content de renouveler le paysage, il a renouvelé les âmes; il les a montrées aussi naïves, aussi primitives, mais travaillées et comme perfectionnées à leur insu par l'air qu'elles ont respiré, par la nourriture qu'elles ont reçue des parents. Il a interposé entre ses deux enfants cette création charmante et douloureuse, la pudeur. A-t-il entièrement évité toute morale convenue, toute déclamation philosophique? Il y en a quelque trace dans son chef-d'œuvre; mais aussi, pour être juste envers lui, envers cet aimable bienfaiteur de nos belles années, n'allons pas surfaire l'ancien roman : ni le surfaire, ni le sacrifier, c'est la justice. Et pourquoi s'obstiner absolument à donner le prix, à chercher un vainqueur et un vaincu? Il n'y en a pas, — ou plutôt je ne vois que deux vainqueurs; chacun des deux, vu à son heure, a sa couronne, et celui qu'on appelle Longus ne perdra jamais la sienne. Il n'est pas moins vrai que quand j'ai détaché de son livre la figure de ces deux gracieux enfants qui s'aiment sans se rendre compte et qui ne savent comment se le prouver, quand j'ai reconnu que Daphnis et Chloé ne sont pas morts et ne mourront pas, qu'ils recommencent à chaque génération d'adolescents, sous tous les régimes et à travers tous les costumes, qu'ils préexistent confusément et résistent à toute éducation comme la nature elle-même, je n'ai guère plus rien qui m'intéresse, et je rencontre bien des accessoires qui me choquent. Gœthe y voit encore et surtout le paysage, la beauté des lignes environnantes, les contours : j'y vois pourtant d'autres choses moins belles; j'ai Gnathon qui me dégoûte; j'ai surtout ces parents qui remplissent le quatrième livre tout entier, ces parents honorables, réputés honnêtes gens dans leur cité, qui ont cependant exposé leurs enfants de gaîté de cœur, les uns parce qu'ils en avaient déjà assez (ils en conviennent) et qu'ils estimaient leur famille assez nombreuse, un autre parce que, disait-il, il était alors sans fortune ; ils les ont exposés, celui-ci comptant sur un passant plus humain que lui, les autres n'y comptant même pas ; ces infanticides qui, s'ils ne sont plus à la carthaginoise et sanglants, sont anodins et à la grecque, m'indignent, m'affligent du moins, m'avertissent que j'ai affaire, malgré toutes les Nymphes et toutes les Grâces, à un niveau de civilisation inférieure et dure. Mon impression riante, si je ne la prends pas tout à fait en jouant, en reste flétrie. Je n'insiste pas ; mais l'humanité, dans *Paul et Virginie,* est un touchant et parfait accompagnement de la pureté (1).

(1) Chose remarquable, mais qu'il faut rejeter au bas d'une page : Bernardin de Saint-Pierre, qui a emprunté à Longus non-seulement le cadre et, jusqu'à un certain point, l'inspiration de son roman, mais encore plusieurs détails, tels que la description du jardin (livre IV), etc., ne mentionne nulle part Longus, tandis que dans ses *Harmonies de la Nature* (livre I, chapitre dernier), il cite comme modèles de tableaux de paysage plusieurs autres anciens. Le nom de *Daphnis et Chloé* ne se rencontre chez lui que dans ses *Fragments sur J.-J. Rousseau,* à propos de la musique que Jean-Jacques avait faite pour un opéra d'après la pastorale. Faiblesse humaine ! on n'aime pas à rappeler ceux à qui l'on doit beaucoup. (Note communiquée par M. Piccolos.)

Lundi 5 janvier 1863,

LES FRÈRES LE NAIN

Peintres sous Louis XIII

PAR M. CHAMPFLEURY

CHANSONS POPULAIRES DES PROVINCES DE FRANCE

RECUEILLIES PAR LE MÊME

LE VIOLON DE FAÏENCE (1)

Une idée domine les différentes publications dont j'ai à parler : cette idée, c'est que la copie fidèle de la nature, sa reproduction exacte, sincère, convaincue, faite avec suite et menée à fin avec une entière bonne foi, fût-elle accompagnée de fautes, d'incorrections et de gaucheries, même visibles, a son prix inestimable,

---

(1) *Le Violon de faïence,* dans la collection Hetzel, 18, rue Jacob; — *les Chansons populaires,* Librairie nouvelle, 15, boulevard des Italiens; — *les Frères Le Nain,* librairie Renouard, 6, rue de Tournon.

son attrait, je ne sais quel charme auprès des esprits
et des cœurs droits et simples. M. Champfleury, que
nous aurons peu aujourd'hui à envisager comme romancier, est lui-même, dans ses ouvrages, un studieux
observateur et un copiste consciencieux des personnages et des situations naturelles ; il a ses défauts qui
paraissent d'abord et qui ne se dissimulent pas; mais
il a sa vérité, sa façon de voir bien à lui, et qui, une
fois appliquée à son objet, l'environne, le pénètre et ne
le lâche pas avant de nous l'avoir bien montré et
expliqué. A défaut de l'élégance et de la distinction de
la forme, il a le fond, la connaissance et l'amour de
son sujet, de son monde, le sentiment des parties touchantes que ce petit monde populaire ou bourgeois
peut recéler sous son enveloppe vulgaire; suivez-le,
ayez patience, et vous serez souvent étonné de vous
sentir ému là où vous aviez commencé par être un
peu heurté on rebuté. Je ne veux, entre ses divers
romans, citer ici que *les Souffrances du professeur Delteil,* ce pauvre souffre-douleur de ses méchants écoliers, cet amoureux muet et désespéré d'une des trois
sœurs modistes, et recommander la figure de ce docteur indulgent et tendre qui épouse celle même qui
s'est rendue coupable d'une faute et qui le lui avoue.
Il y a là, sous l'écorce peu flatteuse de personnages
des plus ordinaires, des cordes morales bien démêlées,
bien senties. Né de lui-même, formé par des lectures
personnelles, par des comparaisons directes, incessantes, et par une rude expérience première des choses
de la vie, l'auteur dont nous parlons s'est de bonne

heure tracé une route et a obéi à une vocation dont il n'a jamais dévié. Non content, dans ses ouvrages, de reproduire et de décrire les objets et les scènes qui étaient à sa portée, il s'est attaché d'une égale ardeur à rechercher curieusement dans le passé les maîtres desquels il pouvait relever, et qui, en suivant la même route, avaient laissé des traces remarquables dans les divers arts; et c'est ainsi qu'en remontant dans l'École française de peinture, après avoir traversé les brillantes séries du xviiie siècle, où la nature elle-même, la plus simple, la plus inanimée ou la plus bourgeoise, a son éclat et sa vivacité de couleur dans les toiles de Chardin, *il* est allé s'arrêter de préférence devant des artistes bien moins en vue et moins agréables, devant les frères Le Nain, appartenant à la première moitié du xviie siècle, qui lui ont paru chez nous les premiers peintres en date de ce qu'il appelle la *réalité*.

I.

A la manière dont il en parle d'abord et dont il les envisage, il est évident qu'il a vu en eux, qu'il a rencontré ou transporté en leur image et sous leurs traits comme un idéal de ses qualités et de ses défauts : tant il est vrai que l'idéal est aussi un produit de nature, et que ceux même qui s'en passent le mieux dans la pratique journalière le mettent quelque part en dehors et au-dessus d'eux! Les frères Le Nain, dans leur trinité un peu indécise, dans leur individualité complexe et un peu confuse, sont donc l'idée de M. Champfleury.

Il faut voir comme il les aime, comme il les comprend, comme il les interprète! Il salue et honore en eux ses pareils agrandis, ses pères : heureux qui trouve ainsi à personnifier dans le passé ce à quoi il aspire en idée dans le présent, ce qu'il est déjà en partie, ce qu'il voudrait être! Il me semble voir un petit-fils qui, à force de recherches et d'instinct, retrouve ses grands parents inconnus, et qui se rattache à sa race.

C'est une remarque qui se vérifie sans cesse et qui peut se poser comme une règle générale : dans l'art aussi, chaque dévot a son saint, et chaque saint trouve ses dévots. Les préférences déclarent les mœurs et les talents.

Il y a douze ans déjà (1850) que M. Champfleury avait commencé de publier sur ces peintres de sa prédilection un premier Essai, une brochure : aujourd'hui cet opuscule, lentement couvé et nourri, est devenu tout un livre complet, des plus intéressants et des plus estimables, et qui a sa place marquée parmi les meilleures monographies de ce genre. L'auteur a tourné et retourné en tous sens le problème (car c'en est un) de ces frères Le Nain, de tout temps assez peu connus. Il a fait, pendant douze ans, la chasse aux Le Nain. A chacun son gibier : M. Monmerqué, le Sévigniste, d'aimable et souriante mémoire, n'était pas plus à l'affût de la moindre relique de sa Notre-Dame de Livry; — le docteur Payen, ce modèle des admirateurs fidèles, n'est pas plus à la piste d'une lettre ou d'une signature authentique de Montaigne; — notre ami Eudore Soulié n'est pas plus sagace à découvrir et à déterrer sous des liasses poudreuses la moindre trace biographique du grand Molière ; — MM. Marcille, deux habiles connaisseurs, ne sont pas plus voués à réunir et à colliger les beaux et suaves dessins de Prud'hon ; — un honorable magistrat de Montpellier, et qui est de Dijon, je crois, comme Prud'hon, M. Vionnois, n'est pas plus voué à la mémoire, aux mille souvenirs, aux dessins si variés et si amusants du spirituel Denon ; — Passavant, le peintre historien, n'était pas plus voué à Raphaël ; — le savant physicien M. Walferdin, à ses moments perdus, n'est pas plus enamouré du leste et galant Fragonard, — que M. Champfleury, dans son genre, n'a été, pendant plus de dix ans, actif et prompt à flairer la moindre toile non signée, qu'il distinguait tout d'abord à je ne sais quel ton rougeâtre et surtout crayeux, et aussi au caractère honnête et à la tranquillité des visages : plus de doute, c'était un Le Nain de plus. De là, grâce à lui, un Catalogue de l'œuvre des trois frères comme il n'y en avait pas eu encore.

L'ouvrage est dédié à l'un des critiques d'art qui ont le mieux parlé de ces peintres, à *William Burger,* c'està-dire le consciencieux Thoré. Je ne puis guère, sans sortir de mon domaine qui est déjà bien assez étendu et assez vague comme cela, me mettre à mon tour à décrire en détail les principaux tableaux des frères Le Nain et m'appesantir sur le caractère de leurs œuvres. Voici pourtant comment, après avoir lu et avoir regardé de mon mieux, je me les représente en effet, et aussi d'après mon excellent guide. Louis XIV et son époque introduisirent avant tout la pompe, l'éclat, la majesté,

la gloire, et, dans tous les genres, une sorte d'aspiration à
la grandeur. Auparavant, et plus on se rapprochait de
l'époque de Henri IV, plus on était simple, naturel et voisin de la bonhomie : les arts eux-mêmes, qui avaient
perdu de la délicatesse des Valois, marquaient de la probité et de la gravité, en attendant de retrouver mieux. Je
sais bien que l'emphase espagnole régnait au théâtre
et parmi tout un monde de beaux esprits; mais la veine
française directe se maintenait distincte. La littérature
proprement dite n'offrirait cependant, durant cette
période, que trop peu d'exemples à citer de la vérité
dans les tableaux : on ose à peine rappeler les romans
bourgeois trop vulgaires, dont Sorel donna la première
idée dans son *Francion*. Mais c'était alors, à deux pas de
nous, le grand moment de l'École flamande et hollandaise, et il nous en arriva quelque chose. Le plus grand
peintre français de cette époque intermédiaire, et qui
lui-même nous était venu de Bruxelles, Philippe de
Champaigne, associait la solidité et la fermeté du ton
à la prud'homie et à la moralité chrétienne de la pensée. Les frères Le Nain, nés et élevés à Laon, eurent
pour premier maître un étranger et probablement un
Flamand, qu'on ne nomme pas; ils étaient trois,
Antoine, Louis et Mathieu, « vivant, est-il dit, dans une
parfaite union; » ils offraient, dans l'application de leur
pinceau, des différences, qui paraissent avoir été de
dimension plutôt que de manière. L'un d'eux pourtant,
le dernier et qui survécut longtemps à ses frères,
devint une espèce de peintre de cour qui jouissait de la
faveur des grands. Il avait titre « le chevalier Le Nain, »

et ne mourut qu'en août 1677. Les deux frères aînés étaient morts dès le mois de mai 1648, à deux jours de distance l'un de l'autre. Il n'est guère possible de les distinguer entre eux d'après leurs œuvres; ce serait tout au plus possible pour le troisième, plus mondain. Mais encore est-il plus sûr de laisser un nom collectif, le simple nom de famille, à leurs tableaux, et, sans qu'ils aient dû être pour cela collaborateurs, de leur appliquer cette belle devise de concorde et d'union, qui se lit au mur d'un ancien château du Midi, bâti par des frères :... *Constans fecit concordia fratrum.* Leur renommée, comme un héritage au bon vieux temps, est restée indivise.

Leur tableau chef-d'œuvre, et qui suffirait à consacrer leur nom, est celui de la *Forge* qu'on voit au Louvre. Il est de petite ou moyenne dimension : on est devant la forge dont le foyer ardent éclaire le fond du tableau et se réfléchit sur les visages groupés alentour; le maréchal tient son fer au feu, il n'attend que l'instant de prendre son marteau dont le manche est à portée de sa main, et de battre l'enclume que rase un reflet de flamme. L'aîné des enfants tire le soufflet de la forge, pendant qu'un plus jeune frère regarde avec insouciance, les mains derrière le dos. La femme du forgeron, grande paysanne habillée comme dans le nord de la France, est debout, les mains posées l'une sur l'autre: elle est en face, près de son mari qui est de trois quarts. Le père, assis dans un coin, tient une gourde d'une main et de l'autre un verre. Tout ce monde honnête, à physionomies expressives et naïves, n'a qu'un défaut, qu'on lui pardonne aisément : c'est d'être tourné vers le spectateur. Ces personnages ne posent pas, mais ils vous regardent. Il semble que vous entriez brusquement dans la maison, et que toutes ces bonnes gens, sans sortir de leur quiétude ni de leur caractère, tiennent les yeux fixés vers vous; et encore semble-t-il que vous soyez plus d'un à entrer, car ils ne regardent pas tous au même point du seuil. Le forgeron et sa femme, et l'un des enfants, vous regardent bien en face, mais le vieux père et un autre enfant qu'il a près de lui regardent ailleurs et ont l'air distraits ou occupés par je ne sais qui ou je ne sais quoi qui est de côté. Il y a même un des enfants encore, celui qui tire le soufflet, qui a le regard sans but et un peu étonné. Malgré ce léger défaut d'action et de composition qui ne s'aperçoit qu'en y repensant et à l'analyse, l'effet de lumière est si vrai, si large, si bien rendu, si pleinement harmonieux; la bonté, l'intelligence et les vertus domestiques peintes sur toutes ces figures sont si parfaites et si parlantes, que l'œuvre attache, réjouit l'œil, tranquillise le cœur et fait rêver l'esprit. Le mot de chef-d'œuvre n'est pas de trop.

Je ne puis parler du *Corps de garde* fort vanté, et qui, par malheur, manque à la collection du Louvre. Un autre de leurs chefs-d'œuvre, s'il était effectivement d'un des Le Nain, ce serait la *Procession* d'un prélat en grand costume, accompagné de son clergé, dans une espèce de chapelle ou de sanctuaire; mais la richesse, la chaleur des tons, le magnifique et l'étoffé de l'ensemble, tout ce lustre de premier aspect, ont paru trop forts pour les modestes Le Nain, et l'on a généralement, dans ces dernières années, retiré leur nom à cette toile, sans pouvoir indiquer auquel des peintres flamands, ou peut-être italiens, on l'attribuerait. Le savant conservateur, M. Reiset, hésite pourtant encore à leur refuser tout à fait cette belle peinture et paraît incliner provisoirement en leur faveur.

Là où l'on est plus sûr de les retrouver et où leur signature apparaît authentique, c'est dans ces peintures ordinaires d'intérieurs de fermes, de repas de famille, de brebis qu'on fait boire à l'abreuvoir, etc. ; toutes scènes domestiques ou champêtres, peu variées, ou qui ne semblent guère que des variantes d'un même fond de tableau, mais toutes d'un ton juste, d'une couleur un peu grise ou crayeuse, mais saine, où rien ne dépasse d'une ligne la stricte réalité, et où elle nous est livrée encore plus que rendue dans son jour habituel, dans son uniformité même et sa rusticité. C'est par là que les Le Nain pourraient justifier de l'appellation que leur donne M. Champfleury d'avoir été proprement les peintres des paysans et des pauvres gens :

« Les Le Nain, dit-il, chantent la vie de famille. (Ce mot de *chanter* n'est-il pas un peu trop lyrique?) Combien de fois ont-ils représenté la ménagère tenant dans ses bras le poupon enveloppé dans une couverture, et autour d'elle de nombreux enfants de toute taille, presque graves, qui ne veulent pas troubler le repos du grand-père qui boit!... Tous ces personnages, hommes, femmes, enfants, sourient doucement, et à travers ce sourire perce une sorte de tristesse. Souvent encore, les Le Nain ont peint un vieux flûteur entouré de charmants enfants bouclés, qui prêtent une oreille attentive à la musique simple qui sort de cette flûte naïve.

« On peut donner une façon matérielle de reconnaître les tableaux des Le Nain, à l'entassement de chaudrons, écuelles, légumes, qui se trouvent souvent sur le premier plan...

« Ce sont des peintres de pauvres gens. »

Théorie vraie, mais un peu absolue toutefois; car, sans compter les tableaux de sainteté qui, par leur nature, sortent du programme, il faut toujours faire exception pour celui des trois frères qu'on appelait le *chevalier* Le Nain, le gros monsieur et le grand seigneur de la famille, celui qui peignait Cinq-Mars et Anne d'Autriche.

Leurs tableaux de sainteté rentrent eux-mêmes d'ailleurs assez bien, par l'exécution et la manière de faire, dans la définition générale de M. Champfleury. J'ai voulu voir la *Nativité* qui est à Saint-Étienne-du-Mont. Saint Joseph, qui regarde l'enfant, est véritablement un homme de campagne, déjà sur l'âge; la Vierge est une jeune femme de campagne aussi, belle, brune, un peu forte; l'enfant, qui fait sécher les langes devant la cheminée, semble un enfant de la maison, sauf les ailes qui sont comme ajoutées; le berceau qu'on voit sur le devant est un bers tout rustique et grossier. Le manteau de saint Joseph est gris, d'un blanc crayeux à la manche; c'est le ton caractéristique. Il y a aussi de ces étoffes rouge-brique, une pendue en l'air, l'autre dans le vêtement de la Vierge, qui sont une marque distinctive dans les tableaux des Le Nain. Le côté angélique et le fond céleste de la scène paraissent vagues et laissent fort à désirer.

Comme il n'y a rien de tel en littérature que de

lire, et en art que de regarder et d'observer, je décrirai
encore deux de leurs tableaux d'intérieur dont j'ai vu
les originaux chez l'auteur du présent livre, et je les
rendrai sous l'impression exacte qu'ils m'ont laissée.

L'un, une scène d'*après souper* : — la bonne grand'-
mère est assise sur le devant, les deux mains posées
l'une sur l'autre, regardant le spectateur et lui souriant. Tous les autres sont à leur affaire. Le père, assis
à table, ayant soupé, joue du flageolet pour amuser ses
enfants. La mère est absente. Ce sont des enfants déjà
grands, dont l'une est mère et emmaillotte l'enfant
qu'elle tient sur ses genoux avant de le coucher, avec
grande attention et gravité. Les autres enfants, plus
jeunes que la jeune mère, probablement frères et
sœurs de celle-ci, sont debout dans le fond du tableau.
Un chien et un chat occupent les deux coins opposés
sur le devant : le chat près de la chaise de la grand'-
mère, le chien aux pieds de la jeune mère. Au fond et
en bas, on voit le foyer allumé. La nappe d'un blanc
sale et crayeux achève la signature.

Autre tableau d'intérieur : — le fond est un grand
manteau de cheminée; ce fond d'ailleurs est très-
sombre; le feu s'éteint. Il y a cinq personnages. Dans
un coin du tableau, au premier plan, l'homme et la
femme sont assis devant une table où est une bouteille.
L'homme boit avec délectation et lenteur, il boit bien;
il a le nez dans son verre à demi plein d'un vin rouge.
Il a une casaque crayeuse de couleur, comme la nappe.
La femme à côté ne mange ni ne boit; elle a les mains
l'une sur l'autre. Elle porte un vêtement gris-verdâtre,

le bonnet et le fichu d'un blanc crayeux. Elle peut avoir trente-huit ans environ. Ce mari et cette femme font deux bonnes et fortes figures. Ne cherchez dans ce tableau aucun groupe ni arrangement : c'est bien le contraire du Léopold Robert. Aucun personnage ne se lie à l'autre ; il y a des trous entre eux. Au centre, au milieu, devant la cheminée, une petite fille d'environ dix ans, très-fine, très-grave, se chauffe, tournant le dos à la chaise de sa mère, et s'appuyant sur un grand chenet à boule ; elle a les pieds nus, et est un peu déguenillée à la manche. Une autre petite fille en sarrau bleu, un peu plus grande, plus âgée d'une couple d'années, mais évidemment trop courte de taille, regarde le spectateur ; elle se chauffe aussi, mais elle y prête moins d'attention qu'au spectateur. Derrière, adossé au manteau de la cheminée et tournant le dos à tout le monde, un charmant petit garçon blond, à longs cheveux négligés, à veste rouge, joue de tout son cœur et de toute son attention d'une espèce de flûte ou flageolet. Il ne pense qu'à son air, et il joue pour lui tout seul. Il a les mains et la figure très-fines. Ce sera l'artiste de la famille.

On pourrait longtemps continuer sur ce ton avec les Le Nain, mais le principal est dit.

Trop rejetés en seconde ligne, trop négligés, même de leur vivant, totalement éclipsés durant l'époque radieuse de Louis XIV, les Le Nain ont commencé peu à peu à reparaître quand la splendeur du règne académique diminua. Au xviiie siècle, l'excellent peintre de genre, Chardin, semble avoir voulu renouer à eux pour

les scènes d'intérieur et la représentation des objets
naturels : « C'est là, c'est chez lui, disait Diderot, l'un
de ses grands admirateurs, qu'on voit qu'il n'y a guère
d'objets ingrats dans la nature, et que le point est de
les rendre. » Chardin, qui était, en outre, un homme
de beaucoup d'esprit, répandait sur ses reproductions
naturelles une qualité que les Le Nain avaient trop
négligée ou ignorée, l'agrément : ceux-ci lui restaient
supérieurs peut-être par un trait moral plus prononcé,
par une bonhomie plus antique. M. Champfleury qui,
l'un des premiers, est revenu à eux comme critique, et
qui a plus fait que personne pour les remettre en honneur, a trouvé à leur sujet une conclusion élevée,
presque éloquente, tant il est vrai qu'une étude approfondie et une sincère conviction amènent leur expression avec elle! Je ne saurais toutefois lui passer de
dire que, dans leurs scènes rustiques, ils ont « l'austé-
rité de Poussin dans ses grandes compositions. Elle
n'est pas la même, ajoute-t-il, mais elle part du même
principe. » Poussin, dans le touchant ou le grave de
ses scènes champêtres ou autres, introduisait un principe supérieur dont les Le Nain ne se doutèrent jamais,
je veux dire l'idéal antique, le groupe composé avec
harmonie et contraste, un type habituel de beauté
romaine, un souvenir des jours d'Évandre et de l'Arca-
die : la réalité chez lui était commandée par une vue
supérieure et une pensée. C'est bien assez de Philippe
de Champaigne, peintre également loyal et sincère,
pour le rapprocher des Le Nain. Il leur est supérieur,
mais il n'est pas hors de mesure avec eux. La conclu-

sion de M. Champfleury d'ailleurs, dans cette sorte de
vie conjecturale des Le Nain, qu'il tire par induction
de l'étude et de la comparaison prolongée de leurs
œuvres, a de la chaleur, de la verve, et un accent de
sympathie qui sort du cœur; on sent que c'est bien
pour ses maîtres d'adoption et presque pour ses saints
qu'il prêche :

« Qu'ils soient trois ou quatre frères, dit-il, les archivistes le
découvriront peut-être un jour (1). Comment ils travaillaient?
c'est ce qu'il est difficile de démêler. Où ils ont vécu? où ils
sont enterrés? je laisse maintenant ces trouvailles à d'autres;
mais ce qui ne sera jamais démenti, c'est qu'ils étaient pleins
de compassion pour les pauvres, qu'ils aimaient mieux les
peindre que les puissants, qu'ils avaient pour les champs et
les campagnards les aspirations de La Bruyère, qu'ils
croyaient en leur art, qu'ils l'ont pratiqué avec conviction,
qu'ils n'ont pas craint la *bassesse* du sujet, qu'ils ont trouvé
l'homme en guenilles plus intéressant que les gens de cour
avec leurs broderies, qu'ils ont obéi au sentiment intérieur
qui les poussait, qu'ils ont fui l'enseignement académique
pour mieux faire passer sur la toile leurs sensations; enfin,
parce qu'ils ont été simples et naturels, après deux siècles
ils sont restés et seront toujours trois grands peintres, les
frères Le Nain. »

J'honore le critique qui trouve de tels accents, et
quand il aurait excédé un peu, comme c'est ici le cas,
dans ses conjectures ou dans son admiration pour les
trois frères indistinctement, il n'aurait fait que réparer

(1) Il paraît que les archivistes l'ont découvert en effet; on a retrouvé un acte notarié qui constate l'existence d'un quatrième frère dont on ne sait rien de plus.

envers ces bons et dignes peintres un long arriéré d'oubli et d'injustice, leur rendre avec usure ce que près de deux siècles leur avaient ôté; il n'aurait pas fait d'eux un portrait faux, car il reconnaît et relève en toute rencontre leurs inégalités et leurs défectuosités originaires, il n'aurait donné en définitive qu'un portrait un peu idéal, ou du moins un portrait un peu plus grand que nature, un peu plus accusé et accentué de physionomie, mais toujours dans les lignes de la ressemblance et de l'individualité.

II.

Dans sa recherche si louable vers les sources naturelles, M. Champfleury, appliquant son même procédé de curiosité et d'enquête à la littérature populaire, en a tiré le sujet de quelques publications. Je ne fais qu'indiquer la *Légende du Bonhomme Misère* (1), si en vogue sur la fin du Moyen Age, et qui paraît contemporaine de la *Danse des Morts*. Mais il a surtout donné ses soins à un Recueil de *Chansons populaires* des plus variées et des mieux assorties. Il ne faut point séparer de ces chansons les airs qui les accompagnent et qui les soutiennent, qui les ont inspirées souvent; M. Wekerlin les a arrangés pour le piano, et ils sont joints au texte dans le volume. Une préface, intéressante par la quan-

---

(1) *Recherches sur les origines et les variations de la Légende du Bonhomme Misère;* une brochure in-8°, Paris, 1861 (Poulet-Malassis).

tité de faits et de renseignements que l'auteur y a ramassés, nous montre bien quelle est la difficulté d'avoir, en telle matière, du vieux et du naïf authentique. On croit saisir une de ces chansons au vol, on la prend par le bout de l'aile, et l'on se trouve n'avoir ramené qu'un oiseau envolé de Paris, ou encore le couplet d'un bel esprit de l'endroit. Le Recueil de M. Champfleury, scrupuleusement composé, est un complément indispensable aux travaux de MM. Ampère, de La Villemarqué, Rathery et autres érudits, sur la même matière. L'auteur a moins de théorie et moins de connaissances comparées que plusieurs des savants qui ont traité de ce genre si réhabilité aujourd'hui ; mais il est praticien autant qu'aucun, et il a le sens de cette sorte d'investigation et de cueillette en pays de France. C'est un herboriste du métier dans cette espèce de botanique qui consiste à ne prendre dans nos terres si cultivées que de vrais simples et des fleurs des champs. Les chansons, dans son Recueil, sont classées par provinces ; ce classement ne saurait être qu'approximatif, car les chansons voyagent et volent comme les graines à travers l'air. Il y en a de bien des sortes en tout pays, de gaies, de gaillardes, de grivoises, de crues et de grossières (le peuple n'est pas toujours délicat), de légères aussi, de mélancoliques et de tendres : celle-ci par exemple, qui se chante dans le Bourbonnais, mais qui, par sa douceur et le nom de la rivière qui y est nommée, sent aussi bien son Berry ou sa Touraine ; j'y laisse les liaisons contraires à l'orthographe que la prononciation villageoise y a semées : que n'y puis-je noter la tendresse du chant, qui y infuse une ravissante et mélancolique langueur!

> Derrièr' chez nous il y'a-t-un vert bocage,
> Le rossignol il y chant' tous les jours;
> Là il y dit en son charmant langage :
> Les amoureux sont malheureux toujours.
>
> Su l' bord du Cher, il y'a-t-une fontaine
> Où sur un frên' nos deux noms sont taillés;
> L' temps a détruit nos deux noms sur le frêne...
> Mais dans nos cœurs il les a conservés.
>
> Le mal d'amour est une rude peine :
> Lorsqu'il nous tient, il nous faut en mourir;
> L'herbe des prés, quoique si souveraine...
> L'herbe des prés ne saurait en guérir.

Ce joli chant, toutes les fois que je l'entends, air et paroles, me remet en souvenir quelqu'une des belles stances de Racan, ou je ne sais quel sonnet pastoral de Vauquelin de La Fresnaye, un écho de notre âge d'or gaulois.

Je voudrais citer d'autres chants du Béarn qui sont à côté, et d'une mélancolie pénétrante; mais donner les paroles sans la mélodie qui les anime, ce serait les trahir, et je passe à regret.

III.

Ce n'est pas introduire ici une disparate que d'en venir à une dernière production de M. Champfleury, qui a fort bien réussi et qui le mérite, car elle est d'une observation vraie et d'un tour original, — *le Violon de faïence*. Il s'agit de ceux qui ont le goût et la passion des collections. M. Champfleury les connaît bien, et je le soupçonne lui-même d'en tenir par quelque coin secret : on ne décrit pas de telles maladies sans les avoir non-seulement vues à côté de soi, mais ressenties pour son propre compte. Cet amateur zélé et à la chasse des Le Nain pourrait bien être sujet à quelque autre faible encore. Quoi qu'il en soit, tout le petit roman roule sur cette passion et cette manie, qui devient assez à la mode.

Je n'en médis pas, ou plutôt je ne médis que de l'excès. Les collections en grand, et faites par des curieux, gens de savoir et de goût, ne sont autre chose que les éléments de la science même, les données positives qui permettent, là où il y avait lacune, de combler les vides, d'asseoir des conjectures, d'établir des suites et des lois. Un fait isolé ne prouve rien, et, comme dit le proverbe, une hirondelle ne fait pas le printemps; mais des séries de faits ou d'objets sont des témoins irrécusables, et qui servent de fondement ou de garantie à toute histoire naturelle, sociale, politique. Il y a, dans toute collection, à considérer l'utilité et la fantaisie : il est difficile de déterminer la limite, car l'utilité ne se révèle souvent qu'au moment où l'on y songe le moins. Cependant il est trop de cas de manie évidente. On peut voir, dans un chapitre de M. Feuillet de Conches (1), qui est, lui, un si utile et si

---

(1) Au tome Ier, page 161, des *Causeries d'un Curieux*.

éclairé collecteur, jusqu'où peut aller la folie et la puérilité acharnée des collectionneurs bizarres. Je ne parle ni des cannes, ni des tabatières, qui peuvent avoir leur mérite, ni des coiffures ou perruques, ces parties intégrantes du costume; mais les plus futiles objets, billets de théâtre, billets de faire-part, boutons de veste, etc., tout peut devenir matière à cette sorte d'avarice doublée d'amour-propre, et qui finit par être un tic, la *Collection*.

Le collectionneur que nous a montré M. Champfleury, et qui ne doit pas être un portrait en l'air, Gardilanne, a pour gibier spécial la faïence : l'objet n'est pas méprisable, et il y a de fort belles choses en faïence comme en porcelaine ; il y en a de fort curieuses, même pour l'histoire. Si l'histoire de la Révolution française était perdue, on la retrouverait en partie rien que par les assiettes, par ce qui s'y voit peint et figuré. Gardilanne, chef de bureau, grand, sec, pâle, sobre, l'homme d'une seule passion, est donc possédé du démon de la faïence, et il est arrivé, après plus de trente ans de patience et de chasse infatigable, à se faire avec ses maigres appointements une collection unique, digne d'un musée. Un de ses amis habitant Nevers, Dalègre, petit homme assez jeune, vif, souriant, sociable, à l'oreille rouge, au teint frais, du tempérament le plus opposé à celui de son ami, est un jour prié par lui de rechercher dans sa ville et dans les environs les débris épars d'une ancienne fabrique célèbre, qui doivent encore s'y trouver; mais, en cherchant d'abord indifféremment, puis peu à peu avec plus de zèle, pour le compte d'autrui, Dalègre, un matin, se sent mordu lui-même ; il prend la maladie, et, pour son début, il est plus âpre, plus enragé encore que Gardilanne. Ce cas de manie par contagion ou par inoculation est très-bien rendu. Dalègre, en devenant curieux à l'excès, est devenu par là même avare, jaloux, rusé, hypocrite ; il joue serré avec son ami de Paris, il se cache de lui et le trompe : c'est un rival en faïence. Le moment où Gardilanne arrive à Nevers, en se faisant précéder d'une lettre que Dalègre ne reçoit qu'une demi-heure auparavant, le coup de foudre de cette chute d'ami qui le consterne, son premier mouvement pour dérober en toute hâte les moindres traces de son fragile et casuel trésor, le déménagement nocturne de la faïence par le maître de la maison et sa ménagère, pendant que le voyageur est endormi, la crainte que le cliquetis chéri ne le réveille (car tout collectionneur, comme tout amant, a le sommeil léger pour ce qu'il aime), tout cela fait une scène excellente. Quand Gardilanne est parvenu à découvrir et à posséder le fameux violon de faïence qu'il avait flairé chez un marchand de vieilleries et qu'il emporte à la barbe de Dalègre, la douleur de celui-ci, son envie surexcitée, son impossibilité de vivre heureux sans le violon unique, achèvent cette description d'un cas de pathologie morale. Bref, devenu possesseur à son tour du fameux instrument après le décès de son ami, Dalègre le brise imprudemment un jour qu'il a voulu en jouer : son désespoir éclate à l'instant en une fièvre chaude. Après une maladie de quelques mois, il se réveille guéri,

complétement guéri, aussi pur et net de cerveau que
s'il avait pris de l'ellébore, et de plus entouré de deux
bonnes et aimables cousines qui le soignent; il épouse
l'une d'elles, et il trouve désormais dans les affections
vraies de famille la meilleure garantie contre les manies. C'est une solution de bonne nature et toute
morale.

Il en était besoin après tant d'excentricités. Cette fin
de la nouvelle de M. Champfleury m'a remis heureusement en mémoire le charmant Essai de Charles Lamb,
la *Vieille porcelaine de Chine,* où la légère manie qui y
est retracée s'accompagne et se relève de tant de remarques fines, de tant d'observations délicates sur le
cœur humain et sur la vie : le tableau entier respire
une ironie indulgente et douce. Ne sacrifions, n'oublions jamais ces nuances-là, et qu'elles gardent le premier rang dans notre estime. On trouverait entre
l'Essai de Lamb et la nouvelle de M. Champfleury la
différence de la vieille porcelaine à la faïence.

IV.

Ma conclusion, telle qu'elle ressort naturellement
des quelques écrits que je viens d'examiner, c'est que
M. Champfleury, somme toute, a son individualité
comme esprit observateur et comme descripteur : il est
lui; si son verre n'est pas grand, il est de ceux qui
boivent dans leur verre. La forme du sien n'est peut-
être pas élégante ni très-habilement ciselée : ce n'est

ni la coupe antique moulée sur le sein d'Hélène, ni le riche hanap rehaussé de bosselures, ni le vase orné et ouvragé de la Renaissance ; la liqueur elle-même qu'il y verse, sent le terroir ; elle est un peu crue et âpre au palais, mais saine, nullement frelatée ni mélangée, et parfois réconfortante au cœur.

Et si, en ressouvenir de toutes ces questions de réalité et de réalisme qui se rattachent à son nom, on voulait absolument de moi une conclusion plus générale et d'une portée plus étendue, je ne me refuserais pas à produire toute ma pensée, et je dirais encore :

Réalité, tu es le fond de la vie, et comme telle, même dans tes aspérités, même dans tes rudesses, tu attaches les esprits sérieux, et tu as pour eux un charme. Et pourtant, à la longue et toute seule, tu finirais par rebuter insensiblement, par rassasier ; tu es trop souvent plate, vulgaire et lassante. C'est bien assez de te rencontrer à chaque pas dans la vie ; on veut du moins dans l'Art, en te retrouvant et en te sentant présente ou voisine toujours, avoir affaire encore à autre chose que toi. Oui, tu as besoin, à tout instant, d'être renouvelée et rafraîchie, d'être relevée par quelque endroit, sous peine d'accabler et peut-être d'ennuyer comme trop ordinaire. Il te faut, pour le moins, posséder et joindre à tes mérites ce génie d'imitation si parfait, si animé, si fin, qu'il devient comme une création et une magie à son tour, cet emploi merveilleux des moyens et des procédés de l'art qui, sans s'étaler et sans faire montre, respire ou brille dans chaque détail comme dans l'ensemble. Il te faut le *style*, en un mot.

8.

Il te faut encore, s'il se peut, le *sentiment,* un coin de sympathie, un rayon moral qui te traverse et qui te vienne éclairer, ne fût-ce que par quelque fente ou quelque ouverture : autrement, bientôt tu nous laisses froids, indifférents, et hommes que nous sommes, comme nous nous portons partout avec nous, et que nous ne nous quittons jamais, nous nous ennuyons de ne point trouver en toi notre part et notre place.

Il te faut encore, et c'est là le plus beau triomphe, il te faut, tout en étant observée et respectée, je ne sais quoi qui t'accomplisse et qui t'achève, qui te rectifie sans te fausser, qui t'élève sans te faire perdre terre, qui te donne tout l'esprit que tu peux avoir sans cesser un moment de paraître naturelle, qui te laisse reconnaissable à tous, mais plus lumineuse que dans l'ordinaire de la vie, plus adorable et plus belle, — ce qu'on appelle l'*idéal* enfin.

Que si tout cela te manque et que tu te bornes strictement à ce que tu es, sans presque nul choix et selon le hasard de la rencontre, si tu te tiens à tes pauvretés, à tes sécheresses, à tes inégalités et à tes rugosités de toutes sortes, eh bien! je t'accepterai encore, et, s'il fallait opter, je te préférerais même ainsi, pauvre et médiocre, mais prise sur le fait, mais sincère, à toutes les chimères brillantes, aux fantaisies, aux imaginations les plus folles ou les plus fines, — oui, aux *Quatre Facardins* eux-mêmes, — parce qu'il y a en toi la source, le fond humain et naturel duquel tout jaillit à son heure, et un attrait de vérité, parfois un inattendu touchant, que rien ne vaut et ne rachète.

Je ne te demanderais alors, en me résignant et en d'accommodant à toi, que d'être comme chez les frères Le Nain, d'un ton solide, ferme, juste, d'une conscience m'expression pleine et entière ; car, selon que La Bruyère l'a remarqué, — et ces honnêtes peintres, aujourd'hui remis en honneur, en sont la meilleure preuve, — « un style grave, sérieux, scrupuleux, va fort loin. »

Lundi 12 janvier 1863.

ÉTUDES DE POLITIQUE

ET DE

PHILOSOPHIE RELIGIEUSE

PAR

M. ADOLPHE GUÉROULT (1)

On aura beau dire; on ne me fera pas croire que la presse ne remue pas en ce moment. Je ne sais si elle tourne autour d'un soleil, ou si seulement elle roule sur elle-même, mais assurément elle tourne ; les vingt ou trente tourbillons, grands ou petits, qui la composent, n'ont jamais été plus actifs et plus agités. Sérieusement, il me semble que les différentes positions qui sont à prendre dans la presse périodique et qui peuvent tenter des publicistes dignes de ce nom, commencent à

(1) Michel Lévy frères, rue Auber, 3, et boulevard des Italiens, 15.

être toutes occupées, et à l'être comme il convient, par des écrivains de réputation et de talent, lesquels, s'ils ne disent pas tout ce qu'ils voudraient, le font du moins très-bien entendre; et il s'en faut d'assez peu que ce qui est réclamé par la plupart comme un droit ne devienne insensiblement et par usage un fait. Ce n'est pas à nous, — ce n'est pas à moi du moins qui ne fais point et qui n'ai jamais fait (ou qu'à peine) de politique proprement dite, — d'insister sur ce peu de chose qui est la grosse question ; je ne voulais que remarquer qu'il y a, à l'heure qu'il est, bien des rôles remplis dans ce mouvement croissant de la presse actuelle, et que, parmi ces rôles, M. Guéroult en tient un des plus essentiels et qui ferait faute s'il n'existait pas.

Amis de l'ancien régime et partisans du droit divin, qui en étiez venus, en désespoir de cause, à préconiser le suffrage universel; à qui (j'aime à le croire) la conviction était née à la longue, à force de vous répéter, et qui vous montrez encore tout prêts, dites-vous, mais moyennant, j'imagine, certaine condition secrète, à embrasser presque toutes les modernes libertés ; — partisans fermes et convaincus de la démocratie et des principes républicains, polémistes serrés et ardents, logiciens retors et inflexibles, qui, à l'extrémité de votre aile droite, trouvez moyen cependant de donner la main parfois à quelques-uns des champions les plus aigris de la légitimité ; — amis du régime parlementaire pur, et qui le tenez fort sincèrement, nonobstant tous encombres, pour l'instrument le plus sûr, le plus propre à garantir la stabilité et à procurer l'avancement graduel de la société; — partisans de la liberté franche et entière, qui ne vous dissimulez aucun des périls, aucune des chances auxquelles elle peut conduire, mais qui virilement préférez l'orage même à la stagnation, la lutte à la possession, et qui, en vertu d'une philosophie méditée de longue main dans sa hardiesse, croyez en tout au triomphe du mieux dans l'humanité; — amis ordinaires et moins élevés du bon sens et des opinions régnantes dans les classes laborieuses et industrielles du jour, et qui continuez avec vivacité, clarté, souvent avec esprit, les traditions d'un libéralisme, nullement méprisable, quoique en apparence un peu vulgaire; — beaux messieurs, écrivains de tour élégant, de parole harmonieuse et un peu vague, dont la prétention est d'embrasser de haut et d'unir dans un souple nœud bien des choses qui, pour être saisies, demanderaient pourtant à être serrées d'un peu plus près; qui représentez bien plus un ton et une couleur de société, des influences et des opinions *comme il faut,* qu'un principe; — vous tous, et j'en omets encore, et nous-mêmes, défenseurs dévoués d'un gouvernement que nous aimons et qui, déjà bon en soi et assez glorieux dans ses résultats, nous paraît compatible avec les perfectionnements désirables; — nous tous donc, tous tant que nous sommes, il y a, nous pouvons le reconnaître, une place qui resterait encore vide entre nous et qui appellerait un occupant, si M. Guéroult ne l'avait prise (1).

(1) On aura aisément deviné, dans cette énumération que je viens de faire à l'occasion du rédacteur en chef de l'*Opinion natio-*

Cette place, cette fonction, quelle est-elle? et qu'
représente-t-il dans la presse? Pour bien répondre à la
question comme je l'entends, il est bon de se reporter
un peu aux antécédents de l'écrivain et de parcourir le
volume où il vient de recueillir quelques-uns des travaux de ces vingt ou trente dernières années.

I.

M. Guéroult, cet esprit, ce cœur si dévoué à la cause
moderne, a été élevé religieusement; il a passé par le
séminaire. Ce n'est là qu'un accident qui lui serait commun avec plus d'un partisan des idées démocratiques,
si un autre événement notable dans son éducation intellectuelle n'avait suivi : cet événement, ç'a été son association temporaire, mais étroite et intime, au groupe
saint-simonien. On l'a remarqué avec une grande justesse : on peut avoir plus d'une opinion, selon le point
de vue où l'on se place, sur l'utilité, sur les effets plus
ou moins fructueux et louables de l'entreprise saint-
simonienne; mais en la considérant dans sa visée et son
acception la plus étendue, en la dégageant des singularités et des ridicules qui s'y sont finalement mêlés,
on n'en saurait méconnaître la valeur et la portée.

Qu'on se représente où en était, en général, le libé-

nale, la couleur et la nuance distincte des principaux journaux
politiques passés en revue : — la *Gazette de France;* — *le Progrès
de Lyon* et le *Courrier du Dimanche;* — le *Journal des Débats;*
— *le Temps;* — *le Siècle;* — *la France;* — et enfin *le Constitutionnel* lui-même.

ralisme sur la fin de la Restauration ; quelle doctrine peu élevée, peu intelligente du passé et du passé même le plus récent, méconnaissant et méprisant tout de ses adversaires, purement tournée aux difficultés et au combat du moment, pleine d'illusions sur l'avenir, se figurant que, l'obstacle ministériel ou dynastique renversé, on allait en toute chose obtenir immédiatement le triomphe des idées et des talents, le règne du bien et du beau, une richesse intellectuelle et sociale assurée, une gloire facile, une prospérité universelle. Ce que je dis là du libéralisme de la Restauration n'est point dans ma pensée une injure ni à l'arme utile dont on se servait, ni au libéralisme en général, et je suis persuadé que cette doctrine, si elle devait un jour triompher au gré de ses partisans absolus, n'aurait fait que gagner à toutes les contradictions et à toutes les épreuves qui, en la refoulant et la retardant, l'auraient forcée, un peu malgré elle, de s'élever au-dessus de son premier niveau.

Le Saint-Simonisme, quand il n'aurait eu que cet effet d'obliger le libéralisme à se replier sur lui-même et à se fortifier, aurait rendu un service. Le parti catholique et légitimiste, ennemi de la Révolution et du mouvement social, semblait avoir en ce temps-là, aux yeux de plusieurs, le privilége des hauts esprits et des hautes doctrines. Pour être à l'état de paradoxe et d'éclatante insulte dans les écrits de M. de Maistre, la doctrine de l'autorité n'en était pas moins frappante et donnait à réfléchir à tous les esprits qui ne faisaient point leur catéchisme des œuvres de Voltaire. On sentait qu'il y avait chez l'altier théocrate bien des vues justes et perçantes, au moins en ce qui était de l'appréciation du passé. Le Saint-Simonisme rendit à l'esprit français d'alors cet éminent service d'implanter dans le camp de la Révolution et du progrès quelques-unes des pensées élevées de M. de Maistre, et de les y naturaliser en bonne terre et d'une manière vivante. L'idée philosophique de Condorcet, le rêve ardent du progrès, cessait d'être une aspiration vague et presque chimérique : elle prenait corps, elle allait trouver son moyen d'exécution et son organe. Pour toute la partie industrielle, économique, et dans cet ordre d'institutions et de projets, les faits ont parlé. Si on relisait aujourd'hui les articles du *Globe* après sa transformation et tel que M. Michel Chevalier le rédigea presque seul pendant plus d'un an (1830-1832), on serait frappé de tout ce qu'il contient de vues grandioses qui se sont réalisées depuis ces trente dernières années ; et, dans cette sorte de prédication ou de prophétie positiviste à laquelle il vaquait chaque matin, non pas sans inspirateur, mais sans collaborateur, et d'une verve incessante, la partie dès aujourd'hui conquise paraîtrait plus considérable, j'en suis certain, que celle qui n'a pas abouti.

En lisant, comme je viens de le faire, l'introduction si remarquable que M. Michel Chevalier a faite en sa qualité de président pour le Rapport du jury français sur l'Exposition de Londres en 1862, je suis frappé de la ressemblance et presque de l'identité des idées et du programme avec ces anciens articles du *Globe* qui pouvaient sembler comme un feu d'artifice continu : c'est la même pensée, c'est la même devise ; mais les moyens d'exécution sont autres et plus étudiés. L'auteur s'est modifié, et le public peut-être encore plus. Ceux qu'on appelait utopistes sont devenus pratiques, et on leur reconnaît généralement ce mérite. Depuis la signature du fameux Traité de commerce, il faudrait être aveugle pour en douter.

En fait, aucun de ceux qui ont passé par le Saint-Simonisme, ou qui y ont touché d'un peu près, n'y a passé impunément. En dehors de la direction économique et industrielle, il donna à plus d'un qui en manquait l'idée d'une religion et le respect de cette forme sociale, la plus haute de toutes. Si le Saint-Simonisme, après tout, se voyait réduit à faire comme le physicien qui, ne pouvant pleinement reproduire ce que la nature opère en grand dans ses météores, dans ses éclairs ou ses tonnerres, au sein des éléments, se contente d'en faire en petit une répétition dans son laboratoire, n'était-ce donc rien ? Vous riez de cette religion sous cloche ; mais, pour plus d'un esprit jusque-là fermé à cet ordre de vues et de perspectives, la démonstration de l'importance de la chose religieuse n'en était pas moins donnée.

Je ne sépare pas, au reste, de cette idée générale du Saint-Simonisme, les travaux parallèles d'Auguste Comte et de ses disciples, notamment du plus éminent de tous, M. Littré, et je ne serai que juste en indiquant aussi, pour une époque bien plus récente et dans une branche prolongée de la même école, le nom d'un savant très-estimé de tous ceux qui le connaissent,

M. Pierre Laffitte, homme de bien et de dévouement.

Pourquoi, par exemple, est-il possible aujourd'hui à M. Littré dont les opinions philosophiques sont connues, et qui est un disciple de Condorcet autant que d'Auguste Comte, de rendre justice à son aise et en toute conscience, comme il le fait dans le *Journal des Savants,* aux travaux historiques de MM. de Montalembert et Albert de Broglie, traitant des vieux siècles religieux, si ce n'est en vertu de ce notable changement intellectuel qui vint affranchir l'ancien libéralisme de ses préjugés exclusifs, et qui éleva et étendit tous les points de vue?

M. Guéroult, bien jeune alors, fut à sa manière et dans sa ligne l'un des adeptes de ce mouvement; il n'a pas à en rougir ni à en rien renier aujourd'hui. Dégagé depuis et à temps de ces liens étroits, hiérarchiques, qui allaient à rétrécir aussitôt ce qu'on venait d'ouvrir et de gagner, il a profité de toutes les leçons de la pratique et de l'expérience. Il a vu bien des pays, et il est avant tout un homme de bon sens, qui a gardé, je ne dis pas de son utopie première, mais de son ancienne religion, une faculté qui lui permet de sortir des classifications routinières et des compartiments convenus.

Lisez dans ce volume qu'il vient de publier le beau chapitre sur la musique religieuse, qui remonte à 1832. Sans se donner pour un savant et pour un connaisseur de profession, sans aller au raffinement ni se préoccuper d'archaïsme, il exprime son sentiment en homme qui s'y entend, qui a beaucoup entendu et comparé. Il vient de parler des diverses hymnes et proses célèbres

de la liturgie, le *Dies iræ*, le *Vexilla*, le *Stabat*, et il en a
défini l'impression profonde avec largeur et vérité :

« Je sais que beaucoup, dit-il, qui n'ont peut-être jamais
mis le pied dans une église pour prier, qui n'ont jamais ressenti dans leur cœur la pieuse ferveur de la foi, riront de
mon enthousiasme et de mon admiration; mais je dois leur
dire que depuis sept ans j'ai manqué peu de représentations
au Théâtre-Italien, que j'ai suivi assidûment les concerts du
Conservatoire, que Beethoven m'a donné la fièvre de plaisir,
que Rossini m'a remué jusqu'au fond de l'âme, que Mme Malibran et Mlle Sontag ont été pour moi de bienfaisantes divinités ; que pendant près de deux ans je n'ai eu d'autre religion, d'autre espérance, d'autre bonheur, d'autre joie que
la musique ; que, par conséquent, ils ne peuvent me regarder
comme un trappiste qui ne connaît que ténèbres et matines
mais il faut qu'ils sachent aussi que celui qui leur parle, et
qui aujourd'hui est bien loin de la foi chrétienne, a été pendant cinq ans catholique fervent, qu'il s'est nourri de l'Évangile, de *l'Imitation;* qu'élevé dans un séminaire, il y a
entendu des chœurs de deux cents jeunes gens faire résonner
sous une voûte retentissante l'*In exitu Israël* et le *Magnificat;* que tout ce qu'il y a de poésie dans le culte chrétien,
l'encens, les chasubles brodées d'or, les longues processions
avec des fleurs, le chant, le chant surtout aux fêtes solennelles, grave ou lugubre, tendre ou triomphant, l'a vivement
exalté; qu'il a respiré cet air, vécu de cette vie, et que, par
conséquent, il a dû pénétrer plus avant dans le sens et l'intelligence de la musique chrétienne que beaucoup de jeunes
gens qui, nourris des traditions de collège et ne voyant dan
la messe qu'une corvée hebdomadaire, ne se seraient jamai
avisés d'aller chercher de l'art et de la poésie dans les cris
inhumains d'un chantre à la bouche de travers. »

Et plus loin, insistant sur le caractère propre à ces
chants grandioses ou tendres, et qu'il importe de leur

conserver sans les travestir par trop de mondanité ou d'élégance, devançant ce que MM. d'Ortigue et Félix Clément ont depuis plaidé et victorieusement démontré, il dira (qu'on me pardonne la longueur de la citation, mais, lorsque je parle d'un écrivain, j'aime toujours à le montrer à son heure de talent la plus éclairée, la plus favorable, et, s'il se peut, sous le rayon) :

« J'ai dit tout à l'heure, en parlant du *Dies iræ,* que je ne connaissais rien de plus beau ; j'ai besoin d'y revenir et de m'expliquer. Certes, je suis loin de méconnaître les progrès que l'art musical a faits depuis les couvents, j'ai admiré plus que tout autre le *Requiem* de Mozart et les messes de Cherubini, et, pour qui se tient au point de vue de l'art pur, nul doute que les vastes proportions, la richesse d'harmonie, les grands effets d'instrumentation des compositions modernes n'offusquent singulièrement la simplicité, la nudité du chant grégorien; sous ce rapport, il n'y a pas de comparaison à établir; mais voulez-vous sentir où gît la supériorité réelle du simple chant d'église? allez, quelque jour de fête, entendre à la cathédrale une messe en musique de quelque compositeur en renom, avec les chœurs et l'orchestre et les premiers artistes de l'Opéra; puis ensuite retournez dans la Semaine Sainte, écoutez le *Stabat,* le *Vexilla regis* ou la *Passion,* ou, à quelques cérémonies funèbres, le *Requiem* du lutrin ou les *Litanies* chantées non par de grands artistes, mais tout simplement par des chantres ou des enfants de chœur; et puis, en sortant, demandez-vous qui vous a le plus profondément ému, qui a laissé dans votre âme une impression plus religieuse et plus mélancolique, qui vous a rappelé que vous étiez venu pour prier, des chanteurs ou des chantres, de la musique fuguée ou du plain-chant, de l'orchestre ou de l'orgue. Je me trompe fort, ou ici l'avantage ne restera pas aux plus habiles. En effet, les chants grégoriens exhalent tout un parfum de christianisme, une odeur de pénitence et de componction qui d'abord vous saisit. Vous ne dites pas : *C'est admirable!* mais, peu à peu, le retour de ces mélodies monotones vous pénètre et vous imprègne en quelque sorte, et, pour peu que des souvenirs personnels un peu tristes s'y ajoutent, vous vous sentirez pleurer sans songer seulement à juger, à apprécier ou à apprendre les airs que vous entendez. C'est dans toute la naïveté, dans toute la sincérité de votre âme que vous vous laissez faire et que vous cédez à l'impression du moment. Pendant la messe de Cherubini, au contraire, vous écouterez en connaisseur, et vous songerez à tout. Après avoir entendu le *Credo* de la messe du Sacre, vous direz : Voilà un puissant compositeur! comme il manie les masses vocales et instrumentales ; quel bonheur dans le retour du mot *Credo* qui revient incessamment après chaque période musicale, comme une énergique et solennelle affirmation! quelle force! quelle entente des effets! Cependant vous avez eu le temps de remarquer que les chœurs mollissent et que les voix de femmes surtout manquent de vigueur dans l'attaque, qu'un trombone a émis un son d'une justesse douteuse ; et, la messe finie, vous sortez en vous demandant comment il se fait que les chœurs français soient si inférieurs à ceux de l'Allemagne, et en regrettant vivement qu'une musique aussi belle ne soit pas rendue avec toute la perfection désirable. Quant au symbole de Nicée, au sacrifice de la messe et au grand événement qu'il rappelle, vous n'y songez guère plus qu'après une représentation de *Guillaume Tell* ou un concert de Paganini. Vous sortez dilettante et non pas chrétien. »

Belle et très-belle page, qui tiendrait son rang en tout lieu et en toute compagnie ! et l'homme qui l'a écrite est le même (cela se conçoit), qui plaidera, dans une lettre à M. Renan, pour la poésie de l'industrie à propos de l'Exposition universelle, et qui maintiendra de ce côté tout ce que l'avenir laisse entrevoir de neuf, d'original et de possible en effet.

Quand il discutera ensuite avec un ecclésiastique respectable et savant, tel que l'abbé Gabriel, on n'accusera pas M. Guéroult de ne pas savoir à qui il parle ni de quoi il parle. De même, dans sa discussion avec M. Quinet sur la philosophie de l'histoire et sur la formation de l'unité française en particulier, il est à la hauteur de la question ; et toutes les fois qu'il lui arrive ainsi de relever le gant, dans un sens ou dans un autre, il se montre de force à la réplique. Il a eu affaire aux grandes idées dès sa jeunesse.

II.

Un critique de haute valeur sur les traces duquel je marche en ce moment dans cette appréciation des mérites de M. Guéroult, M. Scherer, autrefois théologien lui-même, aujourd'hui le plus libre et le plus émancipé des esprits, en reconnaissant les qualités fermes et élevées du journaliste de *l'Opinion,* a tenu cependant à marquer profondément sa dissidence avec lui et lui a fait un reproche principal.

Selon lui, M. Guéroult croit trop à l'influence et à la vertu d'un gouvernement, pas assez aux forces vitales, et par elles-mêmes si efficaces, de la liberté. Il est bien vrai que le milieu qu'a traversé M. Guéroult, et la seconde éducation intellectuelle qu'il a reçue, ont dû modifier essentiellement ses idées premières de jeune homme confiant et libéral, comme toute sa génération l'était alors. Le Saint-Simonisme, en tous ceux qu'il a touchés, a tué la foi au libéralisme pur, et, tout en ne repoussant rien de ce que la liberté a de bon, d'utile et de pratique, le nom de liberté désormais, pour tous ceux qui ont compris le sens et le bienfait aussi de ce qui n'est pas elle, qui ont conçu, ne fût-ce qu'une fois, le regret ou l'espoir d'une haute direction sociale, a perdu de sa vertu merveilleuse et de sa magie.

Liberté! ce seul nom cependant est si beau, et la chose en elle-même si digne d'envie; elle est si chère à ceux qui l'ont adoptée à l'heure où l'on croit et où l'on aime, et qui sont restés fidèles à ce premier idéal trop souvent brisé : elle a été tellement notre rêve à tous, notre idole dans nos belles années; elle répond si bien, jusque dans son vague, aux aspirations des âmes bien nées et trouve si bien son écho dans les nobles cœurs, qu'on hésite à venir y porter l'analyse, à la vouloir examiner et décomposer. Il le faut pourtant, car la politique ne saurait être longtemps affaire d'enthousiasme, et les choses de tous les jours se doivent traiter par le bon sens. Quand on parle de liberté, au risque d'étonner et de formaliser un peu ceux qui ne prononcent ce nom qu'avec frémissement, je demande aussitôt laquelle,— de quelle liberté il s'agit. Nous n'en sommes plus au temps où l'on confondait sous ce nom commun de liberté la cause de Thraséas, celle de Brutus et des Gracques, celle du Lacédémonien Agis, celle des patriciens de Venise, celle du Grand-Pensionnaire de Hollande, de Witt, celle de lord Chatham, tous noms des

plus respectables et des moins médiocres assurément ;
mais nous est-il permis pourtant de distinguer ? avons-
nous affaire ici à un article de foi, à je ne sais quel souffle
divin, un et indivisible ? sommes-nous en présence
d'un dogme religieux, et pouvons-nous porter la main
au nom révéré sans encourir le reproche de sacrilége ?
La liberté moderne, ce me semble, toute en vue de l'individu et de sa sécurité, toute favorable au plus grand
développement, à l'exercice le plus commode et le plus
étendu des facultés d'un chacun, est une chose fort
complexe et qui doit s'analyser. Si, sous un mauvais
gouvernement ou une mauvaise administration, sous
une faible police, fût-elle républicaine, je ne puis rentrer chez moi passé minuit sans risque d'être assailli et
dévalisé, je n'ai pas pleinement la liberté de rentrer
passé minuit, tandis que sous une administration vigi-
lante, qui éclaire les rues, même les plus écartées, et
qui les surveille par ses gardiens, j'ai cette liberté de
rentrer à l'heure qu'il me plaît. Si je suis homme d'industrie ou de commerce, que j'habite une rue du centre, que j'aie une famille, des enfants qui aient besoin
d'air et de soleil, je puis, sous le plus beau gouvernement de discussion et de discours pour ou contre,
n'avoir pas la liberté de leur procurer un jardin, une
promenade salubre à portée de chez moi ; j'ai au contraire cette liberté, si j'habite en 1863 près de la Tour-
Saint-Jacques où l'on a créé pour les habitants du quartier un commode et riant jardin déjà plein d'ombrage.
Un bien-être de plus, un *mieux-être* que la science, la
civilisation, une bonne police, un gouvernement attentif

9.

et philanthropique, procurent au grand nombre des gens de travail et aux particuliers, est une liberté de plus, et qui, pour ne pas être écrite sur une Charte ou sur un papier, n'en est pas moins pratique, positive et de réelle jouissance. Ce sont là de petites libertés, me dira-t-on. Je n'appelle pas petites des libertés à l'usage de tout le public qui est bien aussi le peuple ; il en est une plus grosse et qui me paraît être l'essentielle en effet : c'est celle qui appelle à discuter et à voter le budget les représentants de la nation : et cette dernière en suppose d'autres avec elle ; elle amène comme conséquence la publicité, elle tend à amener la liberté plus ou moins directe de toucher aux éléments de cette même discussion par la presse. On diffère ici sur le plus ou le moins : les uns veulent tout, les autres s'arrêtent à un degré plus ou moins avancé.

Dans ces questions de liberté, en général, M. Guéroult n'a point de parti pris absolu, et il est de ceux qui, tout en désirant le plus, comprennent qu'on puisse faire halte en deçà :

« Nous ne comprenons, dit-il, rien d'absolu dans une société progressive par nature et composée d'un ensemble de rapports nécessairement variable. Tout, dans les sociétés humaines, la liberté comme le reste, nous paraît essentiellement relatif et dépendant d'une foule de circonstances. Un peuple sobre, rangé, laborieux, instruit, pourra supporter une dose de liberté plus grande qu'un autre moins richement doué sous ce rapport, de même qu'un homme peut user sans inconvénient d'une liberté qui serait funeste à un enfant. La liberté est, Dieu merci ! une conquête progressive ; ce qui nous en est refusé aujourd'hui, nous pouvons toujours espérer l'obtenir demain. Développons, autant qu'il est en nous, l'intelligence, la moralité, les habitudes de travail dans toutes les classes de la société française; cela fait, nous pourrons mourir tranquilles; la France sera libre, non de cette liberté absolue qui n'est point de ce monde, mais de cette liberté relative qui seule répond aux conditions imparfaites, mais perfectibles, de notre nature. »

C'est fort sensé, et du moins, on l'avouera, très-spécieux; mais cela ne satisfait point peut-être ceux qui sont restés entièrement fidèles à la notion première et indivisible de liberté, et je ne serai que vrai en reconnaissant qu'il subsiste, toutes concessions faites, une ligne de séparation marquée entre deux classes d'esprits et d'intelligences :

Les uns tenant ferme pour le souffle de flamme généreux et puissant qui se comporte différemment selon les temps et les peuples divers, mais qui émane d'un même foyer moral; estimant et pensant que tous ces grands hommes, même aristocrates, et durs et hautains, que nous avons ci-devant nommés, étaient au fond d'une même religion politique; occupés avant tout et soigneux de la noblesse et de la dignité humaines; accordant beaucoup sinon à l'humanité en masse, du moins aux classes politiques avancées et suffisamment éclairées qui représentent cette humanité à leurs yeux. Et je n'ai pas à aller chercher bien loin des exemples de cette nature d'esprits si honorables; je citais tout à l'heure M. Scherer; hier M. de Rémusat, dans une Revue, adressait aux écrivains, pour leur réchauffer le cœur, d'éloquents conseils tous puisés dans ce même ordre de convictions ardentes; Tocqueville en était imbu et pénétré, toute sa parole en vibrait. Enfin, le plus éclatant exemple à coup sûr! un grand ministre enlevé si prématurément, Cavour, dans sa confiance pour le sentiment commun qui animait tous les patriotes de son pays, s'était fait un principe et un point d'honneur de ne gouverner et ne marcher qu'en laissant autour de lui souffler et gronder toute la liberté.

On ne dira pas que je diminue ceux que je viens de définir; j'en viens hardiment aux autres : ces autres ne sont ni absolutistes ni serviles, je repousse ce nom à mon tour de toute la fierté à laquelle toute sincère conviction a droit; mais il en est qui pensent que l'humanité de tout temps a beaucoup dû à l'esprit et au caractère de quelques-uns; qu'il y a eu et qu'il y aura toujours ce qu'on appelait autrefois des héros, ce que, sous un nom ou sous un autre, il faut bien reconnaître comme des directeurs, des guides, des hommes supérieurs, lesquels, s'ils sont ou s'ils arrivent au gouvernement, font faire à leurs compatriotes, à leurs contemporains, quelques-uns de ces pas décisifs qui, sans eux, pouvaient tarder et s'ajourner presque indéfiniment. Je ne sais si je fais injure à mes semblables, mais il me semble que les premiers progrès des hommes en société se sont opérés et accomplis de la sorte : je me figure des peuplades, des réunions d'hommes arrêtés à un degré de civilisation dont ils s'accommodaient par paresse, par ignorance, et dont ils ne voulaient pas sortir, et il fallait que l'esprit supérieur et clairvoyant, le civilisateur, les secouât, les tirât à lui, les élevât d'un degré

malgré eux, absolument comme dans le Déluge de
Poussin, celui qui est sur une terrasse supérieure tire à
lui le submergé de la terrasse inférieure : seulement
dans le tableau de Poussin, le submergé se prête à être
sauvé et tend la main, et, souvent, au contraire, il a
fallu, en ces âges d'origine et d'enfance, que le génie,
le grand homme, le héros élevât les autres d'un degré
de société malgré eux et à leur corps défendant, en les
tirant presque par les cheveux : tel et non pas moindre
je me figure qu'a dû être son effort. Et plus tard,
quand les siècles historiques commencent, pour une
ou deux races heureuses qui courent d'elles-mêmes
dans la carrière de la civilisation, combien d'autres en
voit-on, qui ne demandent qu'à demeurer immobiles et
à croupir! Mais l'humanité enfin est émancipée, je le
sais; elle n'a plus de déluge à craindre, à la bonne
heure! elle a atteint l'âge de majorité et de raison; elle
trouve désormais tous ses stimulants et ses motifs d'agir
en elle-même; les lumières circulent, chacun a droit
de parler et d'être écouté; la somme totale de tous les
avis, la résultante de toutes les contradictions est, en
fin de compte, la vérité même! Je ne nie pas que, sur
certaines questions d'intérêt et d'utilité commune, où
chacun peut être informé et renseigné, la voix de tous,
dans nos siècles instruits et adoucis, n'ait sa part de
raison et même de sagesse; par la force même des
choses et par le seul cours des saisons, les idées mûrissent. Et pourtant la routine a-t-elle donc cessé? le préjugé, ce monstre aux mille formes, et dont le propre
est de ne pas se voir lui-même, est-il aussi loin de nous

que nous nous en flattons? le progrès, le vrai progrès est-il à l'ordre du jour autant qu'on le croit! Que de pas à faire encore et qui ne se feront, j'en suis persuadé, que sous l'impulsion et au signal d'un chef ferme, vigoureux et qui prenne sur lui!

Il y a quelques années, il s'agissait d'achever le Louvre : le pouvait-on, ne le pouvait-on pas? Une grande Assemblée consultée n'a-t-elle pas déclaré, par la bouche de l'un de ses plus hommes de goût, que ce n'était pas possible pour le moment, et qu'il n'y avait pas lieu? C'était infaisable, en effet, dans les conditions d'alors. Et cependant, à si peu d'années de là, le Louvre est achevé. Cet exemple n'est pour moi qu'un symbole. Que de Louvres, au moral, il reste ainsi à terminer!

Il y a les gouvernements d'objections ou de résistance, et les gouvernements d'initiative. Les gouvernements de liberté pure ne sont pas nécessairement les plus agissants. Les Assemblées sont faites pour mettre des bâtons dans les roues du char et pour l'enrayer, s'il va trop vite, encore plus que pour l'accélérer. Toutes seules, et comme la critique, qui est leur droit et leur fort, elles excellent à avertir et à empêcher, encore plus qu'à entreprendre. Les grands souvenirs d'entreprises glorieuses qui se rattachent aux époques libres où régnaient des Assemblées souveraines, tiennent aux hommes supérieurs enfantés par ces époques, et en qui le plus souvent la liberté a fini par se personnifier et quelquefois se perdre ; ceux qui l'ont concentrée et absorbée en eux sont les mêmes qui l'ont conduite. Je n'ai pas besoin d'invoquer des exemples historiques présents à tous. La conclusion impartiale et équitable d'une comparaison entre les inconvénients et les avantages du trop d'autorité et du trop de liberté, la conclusion vraiment pratique serait de combiner l'un et l'autre, de les balancer autant que possible, d'établir un tempérament qui ne fût pas la neutralité, une sorte d'alternative sans révolution. Cette conciliation à point est l'éternel problème. Autorité et liberté! unité de direction et vie publique! en France, le grand art consistera toujours à savoir user tantôt de l'une, tantôt de l'autre, à bien distinguer les temps et les moments : dans ce double jeu, la théorie peut avoir tort, l'habileté supérieure aura raison.

« Quelques peuples, disait dernièrement un libéral, homme d'esprit, ont tenté de se passer de grands hommes et y sont parvenus. » C'est là une perspective. Tâchons pourtant, en France, de ne pas nous en passer trop souvent. Le plus profond de nos moralistes, celui qui nous connaissait le mieux, a dit de l'homme en général ce qui est si vrai du Français en particulier : « Nous avons plus de force que de volonté. » Souhaitons que celle-ci ne nous fasse pas faute trop longtemps en bien des cas; et, pour qu'elle soit efficace, il n'est rien de tel qu'un homme, une volonté déterminante et souveraine à la tête d'une nation.

J'apprécie autant que d'autres la dignité humaine. Malheur à qui prétendrait diminuer ce ressort moral et rabaisser l'idée si respectable que l'homme civilisé a de lui! il diminuerait du coup toutes ses vertus. Mais je ne mets pourtant pas le plus noble des sentiments sur ce trône un peu trop isolé où le placent les adorateurs exclusifs de la liberté. « J'aime qu'on me fasse venir de haut, » disait une grande dame (la duchesse Charles de Damas) à propos des théories spiritualistes surnaturelles de M. de Bonald, qu'elle croyait justifier par ce seul mot. On doit être digne, mais il ne faut pas toujours prétendre venir de trop haut. Regardons aussi en bas. A côté de la dignité, n'oublions jamais cet autre sentiment inspirateur, au moins égal en prix, l'humanité, c'est-à-dire le souci de la misère, de la souffrance, de la vie insuffisante et chétive du grand nombre ; revenons en idée au point de départ et aux mille entraves qui arrêtent si souvent à l'entrée du chemin, pour en affranchir peu à peu les autres ; inquiétons-nous de tout ce qu'il y a de précaire dans toutes ces existences qui ne se doutent pas qu'elles s'appellent des destinées. Un Joseph II savait et sentait tout cela. Je ne refuse certes pas aux hommes de liberté cet humain et généreux souci ; mais le moyen chez eux est un principe sacré autant que le but. Ils aimeraient mieux ne faire qu'une seule étape en progrès réel que d'en faire deux d'une seule enjambée, si c'était contre leur principe.

M. Guéroult a, selon moi, le mérite de voir surtout le but, l'objet essentiel ; et c'est maintenant que je suis en mesure de répondre à la question que j'avais posée d'abord : que représente-t-il dans la presse quotidienne?

Il me représente quantité d'esprits comme il y en a dans notre pays et à notre époque, mais comme il n'y en a peut-être pas assez, qui vont au fait, à l'utile ; qui ne sont pas préoccupés plus qu'il ne convient de la forme ; qui acceptent ce qui est bien, avec bon sens et sans pointillerie, sans chicane ; dont l'opposition n'a ni arrière-pensée, ni amertume ; qui élèvent plutôt qu'ils ne rapetissent les questions, qui ne les enveniment jamais ; qui peuvent sans doute préférer les méthodes et les solutions libérales, mais qui ne tiennent pas pour suspect tout bienfait qu'apporte un gouvernement fort ; qui prennent le régime sous lequel ils vivent, avec le franc et sincère désir d'en voir sortir toutes les améliorations sociales dont il est capable. Plus d'une fois M. Guéroult n'a pas craint d'aller de l'avant dans le sens de ses convictions, au risque de recevoir quelque froissement d'amour-propre, et alors il ne s'irrite pas, il ne s'aliène pas. La question sociale et l'humanitarisme ne lui font pas oublier la patrie : il a parmi ses proches amis et rédacteurs un reste vivant de ces patriotes de 1815, animés d'un vieux souffle ardent, et qui, tout républicains qu'ils étaient de cœur, se sont ralliés au Napoléon des Cent-Jours, défendant le sol français (1). C'est de son journal, ne l'oublions pas, qu'est sorti ce premier appel si prompt, si vite entendu, ce cri précurseur qui a préparé l'opinion publique à la revendication de la Savoie (2).

Je m'arrête : j'aurais pu entamer avec M. Guéroult plus d'une discussion de détail sur tel ou tel point de doctrine ou d'application, car il n'en est presque aucun

---

(1) Je veux parler du vieil et loyal Laurent (de l'Ardèche).
(2) Se rappeler la série de Lettres de M. Anselme Petetin.

sur lequel il n'y eût eu moyen, en y regardant de près, d'élever quelque doute, d'établir quelque réserve ou demi-dissidence; mais j'ai mieux aimé présenter le côté par où se justifie l'estime et par où l'on se concilie.

Lundi 19 janvier 1863.

LA COMTESSE DE BOUFFLERS

Ce n'est point par une prédilection sans motif sérieux et par pur caprice que je me suis souvent occupé des femmes distinguées du xviiie siècle, et que j'ai cherché à revendiquer pour la littérature toutes celles qui y prêtaient à quelque titre, par leur réputation d'esprit, par la célébrité de leur salon ou la publication posthume de leur correspondance. J'ai cru et je crois encore payer une dette délicate, remplir un devoir de politesse et d'honneur comme de justice, envers des personnes rares, si brillantes à leur heure, si fêtées et méritant de l'être, mais dont la mémoire, pour peu qu'on néglige d'en recueillir avec quelque précision les témoignages et les traits distinctifs, se dissipe de loin, s'efface peu à peu et s'évanouit. Il en est d'elles comme de ces pastels de Latour dont le temps a enlevé la poussière d'un coup de son aile, et de qui Diderot disait dans sa prophétie : *Memento quia pulvis es...* On les voyait, ces vivants et parlants portraits, on ne voyait qu'eux, et puis, un matin, on regarde et l'on ne voit plus rien. Ce cas est tout à fait celui de la femme distinguée dont le livre de MM. de Goncourt m'a rafraîchi le souvenir, et que depuis longtemps je désirais remettre en lumière, sans me croire suffisamment instruit à son sujet. La comtesse de Boufflers, si connue de tous les lecteurs familiers de Rousseau, a perdu depuis que celui-ci est moins en faveur; elle est allée insensiblement où sont allées toutes ces admiratrices et ces patronesses de Jean-Jacques, où sont allées toutes ces *dames du temps jadis*, chantées et plaintes par Villon ; son nom ne réveille, chez la plupart, qu'un vague écho, et ceux même qui sont le plus au fait, par un reste de tradition, de ces choses du xviiie siècle, quand on leur parle de la comtesse de Boufflers, sont sujets à la confondre avec d'autres du même nom : on a quelque peine à les remettre exactement sur la voie.

Il y eut, en effet, trois femmes du nom de Boufflers fort célèbres et très à la mode dans le grand monde et dans le même temps : **la duchesse de Boufflers**, celle dont je parlais récemment et qui échangea plus tard son nom contre celui de maréchale-duchesse de Luxembourg. Ce fut la dernière figure tout à fait en vue de vieille femme et de grande dame imposante dans l'ancienne société; nous n'avons pas à y revenir. — Il y avait encore **la marquise de Boufflers**, la digne mère du léger et spirituel chevalier, l'amie du bon roi Stanislas et qui faisait les beaux jours de la petite Cour de Lunéville à l'époque où Mme du Châtelet et Voltaire y étaient invités. C'est à elle que le bon vieux roi disait un soir en la quittant et en lui baisant plusieurs fois la main, devant son chancelier qui passait pour en être lui-même amoureux : « Mon chancelier vous dira le reste. » On citait de sa façon maint couplet, des impromptus de société, des épigrammes, et peu de personnes, nous dit La Harpe, ont mis dans ces sortes de bagatelles une tournure plus piquante. Mais ce n'est pas d'elle non plus que nous avons en ce moment à parler ; femme aimable et qu'on aime à rencontrer dans ce monde-là, elle n'a pas, dans l'histoire de la société d'alors, le degré d'importance des deux autres. — La comtesse de Boufflers, qu'on a souvent confondue avec la précédente, et qui, sans qu'on veuille en rien faire tort à celle-ci, lui était, au dire de bons témoins, « supérieure en figure, en agréments, en esprit et en raison ; » qui avait aussi, il faut en convenir, plus de prétentions qu'elle au bel esprit et à l'influence, a pour qualité distinctive d'avoir été l'amie du prince de Conti, celle de Hume l'historien, de Jean-Jacques, du roi de Suède Gustave III ; elle est perpétuellement désignée dans la Correspondance de Mme du Deffand sous le nom de *l'Idole :* le prince de Conti ayant dans sa juridiction le Temple en qualité de grand-prieur, la dame favorite qui y venait, qui même y logeait et y avait son jardin et son hôtel attenant, s'appelait tout naturellement *l'Idole du Temple* ou, par abréviation, *l'Idole.*

Parmi tant de personnes qui avec de l'esprit, de la naissance ou de la fortune, exerçaient dans cette société si richement partagée des influences diverses, et qui avaient toutes leur physionomie à part et leur rôle, la comtesse de Boufflers, pour peu qu'on la considère et qu'on l'observe d'un peu près, s'offre à nous avec une sorte de penchant prononcé et de vocation spéciale qui la désigne : elle est la plus ouverte et la plus accueillante pour le mérite des étrangers célèbres, elle est leur introductrice empressée et intelligente ; elle les pilote, elle les patrone, elle se lie étroitement avec eux, elle parle leur langue et va ensuite les visiter dans leur patrie : c'est la plus hospitalière et la plus voyageuse de nos femmes d'esprit d'alors. Un historien de la société anglaise au xviiie siècle, pour être un peu complet, ne pourrait éviter de parler d'elle, et la meilleure partie des pièces et témoignages qui la concernent, et qui mettent hors de doute son propre mérite à elle-même, nous vient du dehors. Établissons autant que possible quelques points précis dans cette existence active et variée ; puis nous aurons les épisodes.

Marie-Charlotte-Hippolyte de Campet de Saujon, fille d'un lieutenant des gardes du corps du roi, le comte ou marquis de Saujon, et de Louise-Angélique Barberin de Reignac, qui devint en secondes noces Mme de Montmorency, fut baptisée à Saint-Sulpice le 6 septembre 1725, et elle était née probablement la veille ou le jour même (1). Elle avait vingt ans et demi

---

(1) Je dois ces détails précis à l'amitié de M. Jal, qui a eu la patience de compulser tous les registres de la ville de Paris, et qui y a gagné d'être mieux informé que personne sur ces points de naissance, de mort ou de mariage, pour tous les personnages dont la vie

lorsqu'elle épousa, le 15 février 1746, Édouard, comte ou marquis de Boufflers-Rouverel, capitaine de cavalerie au régiment de Belfort, et bientôt colonel du régiment de Chartres-infanterie. Elle-même demeurait alors au Palais-Royal, et elle fut d'abord dame de la duchesse d'Orléans. Son frère, le marquis de Saujon, était chambellan du duc. C'est dans cette Cour qu'elle eut l'occasion de voir fréquemment le prince de Conti, frère de la duchesse d'Orléans; il était veuf, il s'attacha à elle non-seulement comme amant, mais comme un ami indispensable; elle l'écouta et, se brouillant avec la Cour d'Orléans pour passer dans celle du Temple, elle y prit la position équivoque et brillante qui fit sa gloire, si ce n'est son honneur, et qui fit aussi son tourment. On la rencontre à Versailles, en 1750, y allant faire une révérence à l'occasion de la mort de M. de Rouverel son beau-père, ce qui doit faire supposer qu'à cette date elle n'était point encore séparée de son mari et qu'il n'y avait pas eu éclat; le moment toute-

---

appartient et se rattache par quelque acte authentique à la capitale. M. Jal prépare, à l'aide de tous ces éléments, un grand travail biographique et historique qui est fort attendu et désiré. — Je dirai bientôt quelles obligations particulières j'ai à un autre investigateur curieux et érudit, M. Parent-de-Rosan, pour toute une partie de a vie de Mme de Boufflers, qui était ignorée. On ne connaissait, en effet, que le milieu de sa carrière, son éclat et ses succès de femme du monde; les deux extrémités étaient restées peu éclaircies, et la fin même tout à fait obscure. — Sa famille est d'ailleurs bien connue, et jouissait déjà avant elle d'une illustration gracieuse : les Mémoires du xviie siècle ont beaucoup parlé de l'aimable Anne de Campet de Saujon, qui eut tant d'empire (en tout bien, tout honneur) sur Gaston d'Orléans.

fois approchait. Elle est, à propos de cette révéren
d'étiquette, qualifiée de marquise dans le Journal du
duc de Luynes, et, en effet, elle aurait eu droit dès lors
à ce titre autant qu'à celui de comtesse, qu'elle ne garda
peut-être que pour éviter une confusion avec l'autre
marquise du même nom, et aussi pour ne rien devoir
de plus à son mari. Tous les contemporains s'accordent
à dire qu'elle était fort belle, et cette beauté, bien que
de celles qu'on appelle délicates, se soutint longtemps.
Nous savons, par exemple, qu'à l'âge de trente-sept ans
on ne lui en donnait que trente et qu'elle avait la
fraîcheur d'une personne de vingt.

Le prince de Conti, qui sut l'apprécier et se l'attacher
par une affection solide et mutuelle, était un personnage non moins distingué lui-même par son esprit que
par sa naissance et par son rang. Cet avant-dernier
du nom se montrait bien en tout le digne héritier de
sa race. On sait ce que Saint-Simon a dit de ses
père et aïeul, et quels portraits séduisants ou vigoureux il en a tracés : il a manqué à celui-ci un peintre.
Si la vie humaine n'était destinée qu'à être plaisir et
fête, féerie continuelle dans un cercle magique et dans
une île enchantée, je ne saurais pas de destinée plus
enviable dans l'ancienne société et sur le déclin de
l'antique monarchie que celle de ces princes de Conti,
nés proche du trône, à distance suffisante pour n'en pas
être trop gênés et offusqués, jouissant des prérogatives du sang sans avoir les ennuis de la charge ni
même ceux du trop de représentation; pas d'obligation
étroite, nulle responsabilité, popularité facile et à peu

de frais. Une fois la dette de l'honneur et du sang payée par quelque affaire de guerre valeureuse et heureuse qu'on vantait sans cesse, on ne leur demandait plus rien que d'être aimables.

J'ai pourtant à laver ce prince de Conti, l'ami de Mme de Boufflers, d'une action abominable qu'il aurait commise au sortir de l'enfance, et qui ferait de lui ni plus ni moins qu'un monstre. Paul-Louis Courier, qui n'était pas bon, et dont l'âcreté d'humeur est aussi avérée que le talent, se promenant un jour dans les bois de Véretz avec M. Delécluze, comme s'il avait eu quelque pressentiment de sa fin sinistre, lui dit : « On « se débarrasse lestement de ceux qu'on n'aime pas « en ce pays. Tenez, voyez-vous ces grands arbres? « c'est dans ce parc que le jeune prince de Conti a tué « son précepteur d'un coup de pistolet, le Père du « Cerceau. » Le Père du Cerceau périt, en effet, de mort très-subite (disent les discrets et prudents contemporains), à Véretz, dans la maison du duc d'Aiguillon où il était allé en compagnie de la duchesse de Conti. A la date de sa mort, 4 juillet 1730, son jeune élève le prince de Conti avait treize ans. Croira-t-on que ce jeune enfant ait tiré à dessein sur son précepteur le coup de pistolet ou de fusil qui le tua par mégarde à la chasse? Ce serait faire de lui un comte de Charolais, et rien dans le cours de sa vie si galante, mais nullement inhumaine, ne viendrait justifier un tel début d'atrocité.

Mais il y a mieux : un voyageur instruit et digne d'estime, Dutens, qui était allé à Véretz chez le duc et la duchesse d'Aiguillon, et qui, lorsqu'il était à Paris, était de la société du prince de Conti et du Temple, a raconté le fait pour en avoir été informé par des personnes de la maison :

« Le jeune prince, dit-il, avait alors de treize à quatorze ans et montrait beaucoup d'inclination pour la chasse; il avait enfin obtenu qu'il aurait un fusil, avec lequel il se préparait au coup d'essai qu'il devait faire le lendemain. Ce fusil était chargé à balle, et il le tenait en main, lorsque malheureusement, en le tournant et le retournant, le coup vint à partir et tua roide mort le Père du Cerceau, qui était vis-à-vis de lui. Le jeune prince fut tellement épouvanté de cet accident, qu'il courait par tout le château en disant à grands cris : « J'ai tué le Père du Cerceau! j'ai tué le Père du Cerceau! » et il entra dans le salon où était la compagnie, répétant sans cesse du ton le plus douloureux ce peu de mots, sans que l'on pût en tirer autre chose pendant quelque temps. »

Voilà qui coupe court, ce me semble, au mauvais propos de Courier et de ceux qui se feraient ses échos.

Je vais mettre à la suite, faute de portraits de la main d'un grand peintre, quelques esquisses faites pour donner une juste idée du personnage éminent qui passa, en quelque sorte, à côté de l'histoire sans y entrer. Je commence par le président Hénault, qui vivait dans sa société particulière, et qui nous le montre sous son vrai jour : — ah! ce ne sont plus les traits ardents et vifs du pinceau d'un Saint-Simon, c'est un crayon gris et doux et mou, un peu effacé, qui sent son pastel et qui en a aussi la finesse :

« Ce prince, nous dit-il, né sauvage et en même temps si bien fait pour la société, n'a pu en être séparé d'abord que par timidité ; car il ne faut pas s'y méprendre, le désir de plaire, qui tient tant à l'amour-propre et au témoignage favorable que l'on se rend de soi-même, fait qu'on ne veut pas manquer son coup. Mais enfin ses succès l'ont encouragé, et il n'y a pas de particulier plus aimable. Nul ne connaît mieux les attentions les plus flatteuses ; ce n'est pas populaire, ni civil qu'il est, c'est de cette politesse qui n'est restée qu'à lui dans l'âge où nous vivons. Si de la société il passe aux affaires, il étonne par sa perspicacité ; il a tout deviné, et il n'y a point de magistrat ni de praticien qui n'en soit surpris. Nous l'avons vu dans les assemblées du Parlement être l'oracle des opinions ; s'est-il agi de rédiger les avis, prendre la plume et, au milieu de cent cinquante personnes, aussi recueilli que dans son cabinet, nous lire des résumés qui ont été adoptés unanimement : aussi est-il la passion du Parlement, et il les a bien servis, et peut-être trop bien, lorsqu'il les a fait revenir de leur exil (1754) sans aucunes conditions qui auraient peut-être été nécessaires pour le maintien de l'autorité royale. C'est que, ne songeant qu'à la conciliation et à la réunion des esprits, il a présumé qu'ils seraient aussi généreux que lui, que cette grâce les toucherait, que l'on suivrait ses intentions et que l'on n'en abuserait point. Je ne parle point de ses talents pour la guerre... »

Tout en disant qu'il n'en parlera point, l'agréable président sait très-bien rappeler ici la victoire de Coni, remportée par le prince de Conti à son début (1744), presque au même âge, dit-il, où le grand Condé, frère de son bisaïeul, battait les ennemis à Rocroi. Le prince de Conti avait pourtant vingt-sept ans, un peu plus que le grand Condé, lors de cette victoire de Coni, restée sans résultat. Il vécut sur cette gloire. Quelque temps après, ayant commandé une armée en Allemagne sans grand succès, puis de même en Flandre où il n'en eut que de petits, il refusa de se joindre au comte de Saxe qui prenait le commandement en chef et se retira. Dans une conversation assez vive qu'il eut à ce sujet avec le roi, Mme de Pompadour présente, celle-ci l'interrompit sur quelqu'une de ses assertions, en lui disant : « Vous ne mentez jamais, Monsieur? » — « Pardonnez-moi, Madame, quelquefois aux femmes, » répondit-il ; et il reprit, comme si de rien n'était, sa conversation avec le roi.

Il ne faudrait pas croire, sur la foi d'amis un peu trop complaisants, qu'il n'eût pas eu dans le principe de grandes visées, et un peu démesurées peut-être. Il n'aurait pas été fâché d'être roi de Pologne. Faute d'un trône, il ambitionnait d'être ministre d'État et le premier conseiller du roi ; son astre politique semblait au zénith à Versailles, vers l'an 1755. Son opposition dans le Parlement lui fit perdre de son ascendant et de sa faveur auprès du roi, et puis il est permis de soupçonner qu'il avait plus de brillant et plus de forme que de fond. Il ne parut jamais plus capable de réussir à tout que quand il ne fut plus rien que le premier et le plus aimable des particuliers. C'est uniquement sur ce pied que nous le rencontrons ici.

Un autre témoin fort digne d'être écouté à son sujet, Dutens, un esprit sérieux et solide, le premier éditeur complet de Leibnitz, Anglais d'adoption et de jugement, qui avait visité les principales Cours d'Europe et qui avait en soi bien des termes de comparaison, a parlé de ce prince dans le même sens que le président Hénault.

« M. le prince de Conti était l'un des plus aimables et des plus grands hommes de son siècle : il avait la taille parfaitement belle (il dérogeait par là notablement à la race des Conti, qui avait la bosse héréditaire), l'air noble et majestueux, les traits beaux et réguliers, la physionomie agréable et spirituelle, le regard fier ou doux, suivant l'occasion : il parlait bien, avec une éloquence mâle et vive, s'exprimait sur tous les sujets avec beaucoup de chaleur et de force; l'élévation de son âme, la fermeté de son caractère, son courage et sa capacité sont assez connus en Europe pour que je me dispense d'en parler ici. Quand il vivait familièrement avec ceux qu'il aimait, il était simple dans ses manières, mais c'était la simplicité du génie : dans la société, il était le premier à bannir toute contrainte; il s'en trouvait gêné lui-même au point d'en témoigner de l'impatience. Je me rappelle que dès les premiers jours que j'eus l'honneur d'être admis auprès de lui, si je me trouvais assis et que le prince de Conti, en se promenant de long en large dans la chambre, s'approchât pour me parler, je me levais sur-le-champ pour l'écouter, et il me faisait signe de me rasseoir; enfin, à la quatrième fois, fatigué de voir que je ne saisissais pas assez son humeur, il me dit d'un air à moitié fâché : « Mais, mon « Dieu ! Monsieur, laissez-moi donc en repos. » Il ne faisait point de distinction de rang dans la société; il en remplissait lui-même les devoirs plus exactement que personne. Si quelqu'un de ceux qu'il aimait était malade, il ne manquait pas de le visiter régulièrement; je l'ai vu, pendant six semaines, aller tous les jours chez M. de Pont-de-Veyle, et ne pas l'abandonner jusqu'au dernier moment. Comme il soupait trois ou quatre fois la semaine chez Mme de Boufflers, et que j'étais logé chez elle, s'il ne me voyait pas au souper, il envoyait demander de mes nouvelles; si j'étais dans mon appartement, incommodé, il venait quelquefois en prendre lui-même. »

Dutens, quand il arriva à Paris avec le caractère de diplomate anglais, et chargé de lettres pour Mme de Boufflers, avait d'abord rencontré chez elle le prince de Conti auquel elle le présenta. Dès ce premier entretien le prince lui fit plusieurs questions sur les raisons qu'il pouvait avoir eues, lui Français, de renoncer à la France pour s'attacher à l'Angleterre comme à une patrie. Dutens lui représenta qu'étant né en France de parents protestants qui l'avaient élevé dans leur religion, il n'avait pu regarder ce pays comme sa patrie, puisque le gouvernement même du royaume avait pour maxime que l'on ne connaissait point de protestants en France (et c'est ce qu'un ministre des Affaires intérieures lui dit un jour à lui-même). Il fit observer qu'on excluait les protestants de tous les avantages dont jouissent les sujets d'un État; qu'un protestant ne pouvait pas contracter de mariage valide; que ses enfants étaient réputés illégitimes; qu'il ne pouvait exercer aucun emploi ni dans l'épée, ni dans la robe, ni dans l'Église; qu'il faut cependant que chaque homme ait une patrie, et que, s'il ne la trouve pas où il est né, il a droit d'en chercher une ailleurs : de là, la résolution qu'il avait formée dès l'âge de quinze ans, et qu'il avait exécutée quelques années après en passant en Angleterre. Quand Dutens eut fini d'exposer ses motifs, le prince se tourna vers Mme de Boufflers en disant : « Ma foi! Madame, il a raison ; nous le méritons bien. » Le grand Frédéric, lorsque Dutens eut l'honneur de le voir quelques années après, reconnut de même la force de ce raisonnement et lui donna raison. Le prince de Conti n'était pas moins éclairé que Frédéric.

Un écrivain moderne a dit de lui, d'un ton un peu plus leste et plus familier :

« C'était le mieux loti et le mieux pourvu des princes. Il n'avait du premier rang que ce qu'il en voulait, et d'ailleurs tous les avantages du second plan, même la liberté et l'intimité. Il avait le Temple pour son Palais-Royal et son Louvre, l'Ile-Adam pour son Chantilly, le Parlement pour théâtre d'influence et foyer de demi-opposition; chez lui, au Temple ou à l'hôtel de Conti, homme d'esprit et de plaisir, il avait l'abbé Prévost pour aumônier (*in partibus*), Le Brun-Pindare pour poëte, Mme de Boufflers pour amie, et toutes les femmes pour maîtresses. C'était son faible. Sur la fin de sa vie, il s'apercevait pourtant de quelque différence à cet égard, et il dit un jour : « Allons, il est temps que je me retire; autrefois mes simples politesses étaient prises pour des déclarations; à présent, mes déclarations ne sont plus prises que pour des politesses. »

Il protégea Beaumarchais, qui lui plaisait fort, dans cet immortel procès engagé contre le Parlement-Maupeou, et qui fit tant rire. Il avait protégé tout particulièrement Rousseau et lui avait donné asile dans ses maisons. Sur la fin il accorda à Diderot une pension de mille livres, à l'effet de payer un secrétaire pendant sa vie, et reversible sur sa femme après sa mort. Diderot, conduit par Dutens, alla remercier le prince; celui-ci, déjà malade de la maladie dont il mourut, était au lit, et bientôt Diderot, qu'on avait fait asseoir, ne tenant pas sur sa chaise, se mit, tout en discutant, à s'approcher du prince et à s'asseoir sur le lit. On parlait des affaires qui agitaient alors le Parlement (1776), et Diderot, dans sa chaleur, voulant louer le prince : « Monseigneur, dit-il, il paraît que vous êtes bien entêté? » — « Halte-là! repartit vivement le prince, entêté, non, ce mot n'est pas dans mon dictionnaire, mais je suis ferme. » Diderot passa de là chez la comtesse de Boufflers, « avec qui il n'était pas aisé de se familiariser; » il n'y tint pas davantage, et il lui mit, tout en causant, la main sur les genoux, tout comme il avait fait à l'impératrice Catherine. C'était son geste.

Un jour que le comte de la Marche, fils du prince de Conti, demandait à M. de Choiseul, alors ministre de la guerre, la croix de Saint-Louis pour un officier, comme M. de Choiseul refusait de la donner en disant que le sujet ne la méritait pas encore, le comte de La Marche insista; M. de Choiseul tint bon, quoiqu'il ne fût pas d'usage de refuser là-dessus un prince du sang. Le comte, blessé du procédé, ayant consulté son père sur ce qu'il devait faire à cet égard : «. Mon fils, lui ré-
« pondit le prince, il faut savoir si le refus de M. de
« Choiseul est dans les règles, en ce cas vous n'avez
« rien à dire; sinon, il est bon gentilhomme, et vous
« pouvez lui faire l'honneur de vous battre avec lui. »

Tel était, sur ces dernières pentes de l'ancienne monarchie, un prince du sang, philosophe faute de mieux et comme pis-aller, le plus poli des gentilshommes, sans autre ambition définitive que celle de plaire, bien plus de Paris que de Versailles, les délices du Parlement, celui enfin que Mme de Boufflers sut retenir, captiver jusqu'au bout par les liens au moins de l'esprit et de l'affection, et qu'elle avait même espéré, à un moment épouser.

La voulez-vous voir en personne dans cette petite Cour dont elle faisait les honneurs? allez regarder à Versailles, dans la galerie du haut, le tableau d'Olivier qui a pour sujet « *le thé à l'anglaise dans le Salon des Quatre-Glaces au Temple.* » MM. de Goncourt l'ont très-bien décrit.

Toute la société intime et habituelle est là, et le président Hénault, et Pont-de-Veyle, et le chevalier de Lorenzy, et le prince d'Hénin; en femmes, la maréchale de Luxembourg, la maréchale de Mirepoix, la comtesse d'Egmont et bien d'autres. Mozart enfant est au clavecin; Jélyotte chante en s'accompagnant de la guitare : ce concert n'interrompt en rien l'occupation ou l'amusement d'un chacun; on lit, on cause, on sert le thé; on se passe parfaitement de domestiques, et l'on se fait à soi-même les honneurs de la collation. Le prince de Conti s'efface, on ne le voit que de dos. Mme de Boufflers se distingue entre les autres dames en ce qu'elle porte le tablier *à bavette;* quelques autres n'ont qu'un tablier à dentelle sans bavette : c'est à ce signe qu'on croit reconnaître la dame de céans; plus elle faisait la servante à pareil jeu, plus elle était la maîtresse. Il serait difficile pourtant de définir son genre de beauté d'après ce portrait trop petit, trop vague et d'une peinture trop légère, à peine exprimée. Le style manque à ce peintre de *high life,* comme disent nos voisins.

Un autre tableau, placé près du premier, nous la montrerait encore en plein règne, à l'Ile-Adam, à cheval sur le devant de la scène, en amazone, pendant une chasse au cerf, au milieu d'un grand nombre de gentilshommes et de dames à cheval également. La rivière traverse le tableau ; le cerf s'enfuit à la nage, poursuivi par une meute de chiens qui se sont tous jetés à l'eau et qui vont gagner l'autre rive. Le château est au fond, de côté, et c'est sous ses fenêtres que le pauvre animal ira tomber et que l'hallali se fera. On n'entend partout que cris, fanfares et tumulte. Mme de Boufflers est là (si toutefois c'est bien elle), la plume blanche au chapeau, le profil ne manquant pas de fierté, et gouvernant bien son cheval.

Cet air heureux, triomphant, cachait à cette date plus d'un mécompte et d'une tristesse. Que lui manque-t-il donc à cette *Idole,* à cette « divine comtesse, » comme l'appelait ironiquement Mme du Deffand ? Il lui manque un titre, un état régulier, un nom ; mais ce nom de moins, et qu'elle avait ambitionné, était pour elle une blessure secrète, une épine au cœur. Malgré tout ce qu'on lui rendait, et au milieu de tous les hommages, elle se sentait une grande dame déclassée.

Un jour, oubliant qu'elle était la maîtresse du prince de Conti, il lui échappa de dire qu'elle méprisait une femme qui avait (c'était le mot d'alors) un prince du sang. Comme on lui faisait sentir l'inconséquence : « Je veux, dit-elle, rendre à la vertu par mes paroles ce que je lui ôte par mes actions. »

Un autre jour, elle reprochait vivement à son amie la maréchale de Mirepoix de voir Mme de Pompadour, et se laissant emporter à la vivacité de l'altercation, elle alla jusqu'à dire : « Ce n'est, au bout du compte, que la première fille du royaume. » — « Ne me forcez pas de compter jusqu'à trois, » répliqua la maréchale. La seconde, en effet, eût été Mlle Marquise, maîtresse du duc d'Orléans, et par ordre de rang ou de préséance, Mme de Boufflers venait la troisième. La repartie était cruelle.

Elle pouvait toujours se dire cependant, pour s'excuser à ses propres yeux, que si le prince de Conti était veuf, était libre, elle, elle ne l'était pas, et que, si elle l'avait été, leur liaison aurait pris bientôt un autre tour et un nom plus respectable. Mais cette consolation et cette illusion lui manquèrent à dater de 1764, lorsque la mort imprévue de son mari vint tout à coup la délier. Ce qu'elle espéra, ce qu'elle agita de pensées tumultueuses, ce qu'elle souffrit en ces moments, nous est révélé par des lettres de David Hume, le grand historien et philosophe, qui était devenu l'ami intime de Mme de Boufflers, son conseiller, une espèce de confesseur pour elle au moral (1). Elle avait été la première à lui écrire en 1761 ; elle lui avait adressé à Édimbourg une de ces

---

(1) Dans une lettre de Mme de Verdelin à J.-J. Rousseau, où il est fort question de Hume, on lit: « On le dit amoureux fou de Mme de Boufflers. » (27 avril 1766.) Le monde ne comprend guère autrement ces sortes de liaisons.

lettres de déclaration et d'admiration comme les gens de lettres célèbres commençaient à en recevoir alors ; elle savait l'anglais, elle avait lu dans le texte l'*Histoire de la Maison de Stuart* ; elle admirait cela avec autant d'enthousiasme qu'une femme de nos jours, du temps de notre jeunesse, pouvait en avoir pour Lamartine ou pour Byron. Hume, tout froid et circonspect qu'il était, fut sensible à de telles avances. Lorsqu'il vint à Paris deux ans après (octobre 1763) en qualité de secrétaire d'ambassade, il se lia intimement avec son admiratrice dont il apprécia les qualités essentielles et solides sous l'écorce mondaine, et la supériorité à travers le brillant. Ce serait juger trop vite que de croire Mme de Boufflers déraisonnable et légère parce qu'elle soutenait quelquefois en causant des thèses un peu étranges. L'amitié et l'estime profonde de David Hume nous sont des garants du sérieux qu'il trouvait en elle. Je vais traduire quelques-uns des passages de cette correspondance si honorable pour tous deux ; ils feront mieux connaître Mme de Boufflers que toutes les anecdotes et tous les propos de société : ici nous sommes avec un ami dans le secret du cœur.

Hume, avec son air un peu lourd et son allure de paysan, avait fait fureur dans le beau monde de Paris et à la Cour ; se trouvant au mois de juillet 1764 à Compiègne où étaient le roi et la fleur de la noblesse, il ne se prodiguait pas plus qu'il ne fallait, et il se ménageait dans la journée des heures de recueillement :

« Nous vivons, écrivait-il à Mme de Boufflers, dans une

sorte de solitude et d'isolement à Compiègne, moi du moins, qui n'ayant qu'un petit nombre de connaissances, et assez peu particulières, à la Cour, et ne me souciant pas d'en faire d'autres, me suis donné presque entièrement à l'étude et à la retraite. Vous ne pouvez imaginer, Madame, avec quel plaisir j'y reviens comme à mon élément naturel, et quelle jouissance j'éprouve à lire, muser et flâner au milieu des agréables sites qui m'entourent. Mais oui, vous pouvez aisément vous l'imaginer; vous avez formé vous-même le même dessein; vous étiez résolue, cet été, à renouer le fil brisé de vos études et amusements littéraires. Si vous avez été assez heureuse pour mettre votre projet à exécution, vous êtes presque dans le même état que moi; vous êtes présentement à errer sur les bords de la même belle rivière, peut-être avec les mêmes livres à la main, un Racine, je suppose, ou un Virgile, et vous méprisez tout autre plaisir et amusement. Hélas! que ne suis-je auprès de vous, ne fût-ce que pour vous voir une demi-heure par jour et causer avec vous sur ces sujets! »

C'est dans cette même année, en octobre, que Mme de Boufflers perdit son mari et qu'elle se livra à une violente espérance bientôt déçue. Sera-t-elle épousée du prince, ou ne le sera-t-elle pas? c'était la question qu'on agitait dans toute la société, mais que personne n'agitait plus qu'elle dans l'anxiété de son désir. Hume fut son grand confident dans cette crise, et il lui prodigua les conseils les plus délicats et les plus sages. Ce sont de charmants petits Essais de morale que ses lettres à cette date.

« Mercredi, 28 novembre 1764.

« Vous pouvez penser que depuis mon retour à Paris, je n'ai cessé de tenir ouverts mes yeux et mes oreilles pour ne rien perdre de ce qui a rapport à votre affaire. Je trouve que l'opinion générale de tous ceux qui se croient le mieux informés est qu'une résolution sera prise en votre faveur, et que cette résolution probablement aura son effet. Mais vous ne pouvez certainement vous attendre qu'un si grand événement se passe sans critique : il conviendrait mal à mon amitié de vous flatter sur ce chapitre. L'envie et la jalousie naturelle au monde suffiraient pour expliquer la répugnance d'un grand nombre. Personne n'a été plus généralement connue que vous, et dans ces dernières années et dans votre première jeunesse : se peut-il qu'un si grand nombre de connaissances vous voient avec plaisir passer du rang de leur égale à celui de leur supérieure, et si fort supérieure? Supportera-t-on de vous voir unir l'élévation si marquée du rang à l'élévation du génie qu'on sent en vous et qu'on voudrait en vain contester? Soyez assurée que celle-là sera réellement et sincèrement votre amie, qui pourra vous accorder de bon cœur de si grands avantages.

« Mais quoique j'entende quelques murmures de ce genre, j'ai également la consolation de rencontrer des gens qui nourrissent des sentiments opposés. J'ai entendu parler d'un homme de grand jugement, nullement lié avec vous, qui soutenait en public dans une compagnie que, si le bruit était fondé, rien ne pourrait donner une plus haute idée des louables et nobles principes de votre ami (le prince). La réalisation d'une telle pensée, disait-il, non-seulement pouvait se justifier, mais semblait une justice qui vous est due. — Le point capital est d'y mettre le moins de retard possible. Le temps peut créer bien des obstacles et n'en peut écarter aucun. Tant que la chose semblera en suspens, bon nombre prendront parti avec violence contre vous et se rendront eux-mêmes ennemis irréconciliables par de telles déclarations. Ils pourraient être les premiers à vous faire la cour, si on ne leur laissait pas le temps de donner jour à leur envie et à leur malignité.

« Au total, je suis persuadé, par tout ce que j'entends et vois, que la chose finira comme nous le désirons; mais en tout cas je prévois que, quelle que soit l'issue, vous recueillerez de tout cela beaucoup d'honneur et beaucoup d'ennui. Hélas! chère Madame, l'un n'est jamais la compensation de l'autre, surtout pour vous dont la machine délicate, déjà ébranlée par un incident de bien moindre importance assurément, est si peu faite pour soutenir de telles agitations. Pardonnez ces sentiments si vous les trouvez un peu trop médiocres et vulgaires ; ils me sont dictés par mon amitié pour vous. Je suis en vérité assez vulgaire pour vous souhaiter vivacité, santé et gaieté en tout état de fortune, la belle consolation pour nous, vraiment, de voir le titre de princesse inscrit sur une tombe, quand nous nous dirons qu'elle renferme ce qu'il y avait de plus aimable au monde! »

Douze jours se sont passés : la résolution est prise ou elle va l'être ; tout fait présager qu'elle sera défavorable. Il y aura sinon refus formel, du moins ajournement indéfini. Hume a désormais à consoler son amie, et, pour y mieux réussir, dans une lettre nouvelle du 10 décembre, il remet en ordre et par écrit, à tête reposée, tout ce qu'il a dû dire de vive voix déjà dans l'intervalle ; il commence par récapituler et analyser la situation, voulant bien montrer qu'il la comprend tout entière dans ce qu'elle a de pénible, de douloureux, de poignant : c'est afin de donner plus d'autorité ensuite à son conseil. Il faut voir quelles précautions il prend pour sonder une plaie si ouverte et si saignante, et pour en ôter tout ce qui peut l'irriter et l'envenimer :

« Les princes, plus que les autres hommes, remarque-t-il, sont nés esclaves des préjugés, et ce tribut leur est imposé comme une sorte de représailles par le public. Le prince en particulier dont il s'agit est, à tous les points de vue, si éminent qu'il doit quelque compte de sa conduite à l'Europe en général, à la France et à sa famille, la plus illustre qui soit au monde. On doit s'attendre que des hommes dans sa condition ne seront pas poussés à agir par des mobiles privés... Il pourrait faire sans doute un pas extraordinaire en considération d'un mérite extraordinaire... Mais, s'il ne le fait point, aurait-on bonne grâce à s'en plaindre et à en concevoir le moindre ressentiment? »

J'abrége. Après toutes ces préparations et ces acheminements à un refus trop prévu, il en vient au seul remède, selon lui, efficace. Je traduirai du moins, sans en rien retrancher, la dernière moitié de cette belle et longue lettre, qui perd assurément à ne pas être présentée dans toute son étendue :

« La perte d'un ami, celle d'une dignité ou de la fortune, admet quelque consolation, sinon par raison, au moins par oubli, et ces sortes de chagrins ne sont pas éternels. Mais, tant que vous maintenez vos relations présentes, vos espérances toujours ravivées ranimeront toujours votre désir naturel de l'état auquel vous aspirez, et en même temps votre dégoût pour l'état dans lequel vous vous trouvez aujourd'hui. Je prévois que vos passions si vives, continuellement remuées, mettront en pièces votre frêle machine : la mélancolie et une constitution ruinée deviendront alors votre lot, et les remèdes qui pourraient maintenant préserver votre santé et conserver l'équilibre de votre âme viendront trop tard pour les rétablir.

« Quel conseil donc puis-je vous donner dans une situation si intéressante? La ligne de conduite que je vous recommande exige du courage, mais je crains que rien autre chose ne soit capable de prévenir les conséquences que j'appréhende si justement : c'est, en un mot, après avoir employé tous les doux moyens pour prévenir une rupture, que vous en veniez à diminuer graduellement votre intimité avec le prince, que vous soyez moins assidue dans vos visites, que vous laissiez de moins fréquents et de plus courts voyages dans ses résidences de campagne, et que vous vous rangiez vous-même à une vie de société privée et indépendante à Paris. Par ce changement dans votre plan de vie, vous coupez court d'un coup à l'attente de ce rang auquel vous aspirez ; vous n'êtes pas agitée plus longtemps par des espérances et des craintes, votre tempérament recouvre insensiblement son premier ton ; votre santé revient ; votre goût pour une vie simple et privée gagne du terrain chaque jour, et vous finissez par vous apercevoir que vous avez fait un bon marché en acquérant la tranquillité au prix de la grandeur. La dignité même de votre caractère, aux yeux du monde, reprend son lustre, puisque les hommes voient le juste prix que vous mettez à votre liberté, et que, quelles que soient les passions de jeunesse qui vous aient séduite, vous ne voulez plus maintenant faire le sacrifice de votre temps, là où vous n'êtes pas jugée digne de tout honneur (1).

« Et pourquoi repousseriez-vous si fort la pensée d'une vie privée à Paris ? C'est la situation pour laquelle je vous ai toujours crue la mieux faite depuis que j'ai eu le bonheur de votre connaissance. Les grâces inexprimables et délicates de votre caractère et de votre conversation, comme les douces notes d'un luth, sont perdues au milieu du tumulte du monde dans lequel je vous ai vue journellement engagée. Une société plus choisie saurait mettre un prix plus juste à votre mérite. Des hommes de sens, de goût et de littérature, s'accoutumeront d'eux-mêmes à fréquenter votre maison. Toute société élégante recherchera votre compagnie, et, quoique

(1) L'opinion d'une personne du monde, sage et de bon esprit, Mme de Verdelin, s'accordait en ceci avec le conseil de Hume. Dans une des lettres qu'elle écrivait en ce temps à J.-J. Rousseau et où elle avait eu occasion de nommer Mme de Boufflers, elle ajoutait : « On dit qu'elle épousera le prince de Conti ; il serait, je crois, beau et sage de le refuser. J'ai du goût et de l'estime pour Mme de Boufflers que je ne connais pas, je serais fâchée qu'elle eût cette vanité. » (8 janvier 1765.)

tout grand changement dans les habitudes et la manière de vivre puisse d'abord paraître désagréable, l'esprit se réconcilie bien vite avec sa nouvelle situation, surtout si elle lui est le plus naturelle et celle pour laquelle il est né (*congenial*).

« Je ne me hasarderais pas à vous dire ce que je compte faire moi-même en cette occasion, si je ne me flattais que votre amitié peut y attacher quelque petite importance. Étant un étranger comme je suis, j'ose moins répondre pour mes plans futurs de vie qui peuvent m'emmener bien loin de ce pays ; mais, si je pouvais disposer de ma destinée, rien ne serait plus de mon choix que de vivre où je pourrais cultiver votre amitié. Votre goût pour les voyages pourrait aussi vous offrir un prétexte plausible pour mettre ce plan à exécution ; un voyage en Italie délierait vos liaisons ici, et, s'il était différé quelque peu, je pourrais avec quelque probabilité espérer d'avoir le bonheur de vous y accompagner. »

Quels accents d'amitié ! que d'indulgence, que de sagesse ! comme cette morale n'a rien de farouche, et comme elle est pratique, pénétrante, persuasive ! comme elle fait l'éloge des deux amis ! comme ce philosophe historien qu'on a taxé de scepticisme et de froideur sait entrer dans toutes les raisons, même dans celles du cœur et les plus intimes ! Mme de Boufflers pourtant ne suivit pas son conseil ; sans doute elle ne s'en trouva pas la force ; elle resta jusqu'à la fin aussi liée avec le prince, aussi assidue, aussi dévouée : elle **souffrit** et renferma en elle sa souffrance.

Lundi 26 janvier 1863.

LA COMTESSE DE BOUFFLERS

(SUITE)

Le nom de Mme de Boufflers est étroitement lié à un épisode célèbre de l'histoire littéraire de son temps, à une querelle qui fit grand bruit dans le XVIIIe siècle, celle de Hume et de Rousseau, et il est impossible d'exposer au complet ce démêlé bizarre, sans l'y rencontrer à l'origine comme la cause occasionnelle principale, et à la fin comme l'arbitre ou le juge le plus équitable entre les deux contendants.

I.

RELATIONS AVEC J.-J. ROUSSEAU AVANT SON VOYAGE D'ANGLETERRE.

Mme de Boufflers s'était liée avec Jean-Jacques dès le commencement de son séjour à Montmorency (1759) et en même temps que la maréchale de Luxembourg : il devint aussitôt l'objet de tous leurs égards et de tous leurs soins; le prince de Conti, à la suggestion de ces dames, alla même faire deux fois visite à Rousseau, et il choisit un moment où M. et Mme de Luxembourg n'étaient pas à Montmorency, afin de bien marquer que ce n'était pas une visite de ricochet et qu'elle était toute à l'intention de l'illustre solitaire. A quelques jours de là, le prince lui ayant envoyé un panier de gibier, Rousseau le reçut assez poliment; mais, à un second envoi, quoiqu'il lui fût dit expressément que c'était de la chasse de Son Altesse, il s'en fâcha comme d'une injure et écrivit une lettre rogue à Mme de Boufflers : « J'aime mieux, disait-il du prince, sa conversation que ses dons. » Voilà l'homme. Il veut bien reconnaître toutefois, dans ses *Confessions,* que ce grossier remercîment en retour d'une bonne grâce fut de sa part une sottise; mais il ajoute aussitôt, toujours en ayant l'air de passer condamnation sur ses sottises, sauf à les recommencer dans un autre sens :

« Si je ne fis pas celle de devenir son rival, il s'en fallut peu ; car alors Mme de Boufflers était encore sa maîtresse, et je n'en savais rien. Elle me venait voir assez souvent avec le chevalier de Lorenzy. Elle était belle et jeune encore. Elle affectait l'esprit romain, et moi je l'eus toujours romanesque; cela se tenait d'assez près. Je faillis me prendre; je crois qu'elle le vit : le chevalier le vit aussi, du moins il m'en parla, et de manière à ne pas me décourager. Mais pour le coup je fus sage, et il en était temps à cinquante ans. Plein de la leçon que je venais de donner aux barbons dans ma *Lettre à d'Alembert,* j'eus honte d'en profiter si mal moi-même. D'ailleurs, apprenant ce que j'avais ignoré, il aurait fallu que la tête m'eût tout à fait tourné, pour porter si haut mes concurrences. Enfin, mal guéri peut-être encore de ma passion pour M°¹° d'Houdetot, je sentis que plus rien ne la pouvait remplacer dans mon cœur, et je fis mes adieux à l'amour pour le reste de ma vie...

« M°¹° de Boufflers, s'étant aperçue de l'émotion qu'elle m'avait donnée, put s'apercevoir aussi que j'en avais triomphé. Je ne suis ni assez fou ni assez vain pour croire avoir pu lui inspirer du goût à mon âge; mais, sur certains propos qu'elle tint à Thérèse, j'ai cru lui avoir inspiré de la curiosité. Si cela est, et qu'elle ne m'ait pas pardonné cette curiosité frustrée, il faut avouer que j'étais bien né pour être victime de mes faiblesses, puisque, si l'amour vainqueur me fut si funeste, l'amour vaincu me le fut encore plus. »

Et là-dessus, sa tête travaillant, il va attribuer à M°¹° de Boufflers, déçue dans son désir, un mauvais vouloir persistant qui aboutira en projet formel de le livrer à ses ennemis. C'est de la folie pure.

Mais la folie de Rousseau a de la logique, et, le point de départ étant donné, elle raisonne à merveille. Il va donc imaginer un autre grief pour le combiner habilement avec le premier et se fortifier dans ses explications malveillantes. M°¹° de Boufflers avait fait une pièce, une espèce de tragédie ou de drame en cinq actes et en prose, qui ne fut point imprimée, mais qu'elle lisait à ses amis. Nous en savons le sujet et le titre; cela s'appelait *les Esclaves* ou *les Rivaux généreux*. Je me figure, d'après les analyses qu'on nous en a données, quelque chose entre les *Contes moraux* de Marmontel et les *Incas*. C'étaient deux jeunes Sauvages, esclaves d'un tyran espagnol, et tous deux amoureux d'une jeune

Sauvage, Néolé, laquelle était esclave comme eux de cet Espagnol qui voulait la déshonorer. L'amitié qu'ils se portent les engage à ne rien laisser voir de leur passion à celle qui en est l'objet : elle aime l'un des deux ; elle lui déclare son amour ; il n'a pas la force de lui cacher ses sentiments, mais il court en avertir son rival. « On comprend, dit le président Hénault, enthousiaste « de la pièce, ce que doivent produire les combats de « la maîtresse et des deux amis. » L'amitié demeure la plus forte ; ils veulent se sauver tous trois de la violence de l'Espagnol qui les fait poursuivre, et ils se donnent la mort. On voit cela d'ici : c'était pathétique, déchirant, attendrissant et moral ! Peu après avoir fait lire sa pièce au président Hénault, Mme de Boufflers reçut au jour de l'an, pour étrennes mystérieuses, un cachet gravé représentant « l'Amitié tenant l'Amour enchaîné. » C'était une galanterie du président. Jean-Jacques, lui, ne fut pas si aimable ; consulté sur la pièce, il crut y voir de la ressemblance avec une pièce anglaise qu'il avait lue traduite, et il le dit crûment, donnant même à entendre qu'il devait y avoir plagiat. Puis il compare cette maladresse (c'est son mot) à celle que commit Gil Blas en avertissant le vieil archevêque que ses homélies baissaient, et il prête dès lors à Mme de Boufflers un second motif de ressentiment à son égard : « J'avais auprès d'elle, dit-il, des torts que jamais les femmes ni les auteurs ne pardonnent. »

Tout cela était chimérique ; les lettres de Mme de Boufflers, à lui adressées durant ce temps, et tous ses procédés alors et depuis, sont d'une parfaite et généreuse amie. Veut-on savoir comment elle répond, par exemple, à cette réception maussade du présent de gibier dont il s'était plaint à elle comme en étant *complice*, et à quelque autre lettre, sans doute hérissée d'explications et de susceptibilités, qui avait suivi ; voici cette réponse, tout empreinte de noblesse d'âme et d'indulgence (1) :

« Ce jeudi (novembre 1760).

« Ce que vous nommez défaut, Monsieur, je le regarde comme une qualité nécessaire et flatteuse à trouver dans les amis. Les personnes si modérées, si désintéressées et si justes dans l'amitié, sont ordinairement peu sensibles. Bien loin donc de trouver mauvais que vous vous soyez un peu fâché contre moi, je vous en remercie ; et tout ce que je regrette, c'est de vous avoir causé involontairement quelque peine. Je vous ai mandé en deux mots la substance de ce que M. le prince de Conti voulait me charger de vous dire. Il vous estime, il vous aime et n'aura jamais de commissions à donner pour vous dont il soit embarrassant de s'acquitter. Il est vrai qu'il désapprouve l'excès de votre délicatesse et, quoique bien éloigné de la soupçonner lui-même, il craint que d'autres ne la taxent d'affectation. C'est une accusation à laquelle vous devez prendre garde de donner lieu, dans la crainte qu'elle n'obscurcisse l'éclat de votre vertu et qu'elle ne l'empêche de produire tout l'effet dont elle serait capable sans cela. Pensez-y bien, Monsieur : peut-on regarder comme un présent qui tire à conséquence quelques pièces de gibier envoyées par M. le prince de Conti ? Ce sont de simples marques

---

(1) J'en ai dû la copie, ainsi que de toutes les lettres de Mme de Boufflers qui sont à la bibliothèque de Neufchâtel, en Suisse, à l'amitié de M. Ravenel, l'un des hommes qui ont le plus étudié Rousseau, et qui, sans se dissimuler aucun de ses torts ni de ses travers, lui sont demeurés fidèles.

de son estime, honorables par cette raison, et nullement profitables. Fabius, Quinctius et Régulus les eussent acceptées, sans croire blesser par là leur désintéressement et leur frugalité...

« Ce que vous me mandez de votre santé suffit pour m'inquiéter et non pas pour m'instruire, moyennant quoi vous n'en êtes pas quitte : il faut, Monsieur, que vous m'écriviez encore pour m'en dire des nouvelles.

« Il ne me reste plus à vous répondre que sur l'impression que la lecture de votre lettre a faite sur moi. J'en ai été touchée et charmée; mais je suis affligée, sans en être choquée pourtant, que vous m'ayez crue capable de légèreté, d'inconséquence et d'aveuglement. Vous ne me connaissez pas encore assez pour me rendre une entière justice sur ces différents points. La suite vous prouvera que mon cœur est fait pour l'amitié, que je n'en promets pas par delà ce que j'en veux donner, que je ne suis point susceptible de dégoût sans cause, et que j'ai quelque discernement pour juger du mérite.

« H. DE SAUJON DE BOUFFLERS. »

Lorsque Rousseau, après la publication de l'*Émile*, se vit obligé de s'enfuir précipitamment de Montmorency et de sortir du royaume, Mme de Boufflers partagea toutes ses transes; elle était présente au départ et aux derniers embrassements; les jours suivants elle n'était occupée que de lui, et de lui ménager, par ses nombreux amis à l'étranger, un asile sûr et à son choix, soit en Allemagne, soit en Angleterre. Elle vit Thérèse restée d'abord à Paris et s'intéressa vivement à son sort. Mais quelle preuve plus convaincante pourrions-nous donner que ses propres paroles et ses lettres où règne un ton d'affection sincère et de vérité? Rousseau, à peine arrivé en terre libre, à Yverdun, s'était empressé d'écrire à M. et à Mme de Luxembourg ainsi qu'au prince de Conti, pour les remercier de leurs bontés ; dans ces premiers moments d'inquiétude et de délivrance, ses sentiments obéissant à la pente naturelle n'étaient pas encore aigris par la réflexion, ni son jugement faussé par la méfiance : il faut du temps et du travail pour en venir à sophistiquer et à se dénaturer à soi-même cette première sincérité des impressions involontaires. Mme de Boufflers n'avait reçu de lui d'abord que des nouvelles et des compliments indirects : son amitié s'en plaint doucement :

« Ce 24 juin 1762.

« J'ai des reproches à vous faire, Monsieur, de ne m'avoir pas écrit personnellement. Vous savez que je n'habite pas toujours Montmorency et que, par conséquent, je ne suis pas à portée des détails très-intéressants pour moi que vous avez pu faire sur votre situation présente. En effet, étant partie hier très-inquiète de ce qu'on ne recevait rien de vous, en arrivant à Paris, on m'a remis votre lettre pour M. le prince de Conti. Il a eu la bonté de me la montrer; mais je n'y ai rien trouvé de ce que j'y cherchais principalement, et j'ignore absolument tout ce que je souhaiterais de savoir. J'ai vu trois fois Mlle Levasseur. J'ai même été une fois me promener chez vous. J'ai visité votre chambre, votre cabinet, j'ai ouvert vos armoires : je désirais de trouver quelques lignes écrites de votre main. J'avais le cœur serré et les larmes aux yeux. Je me suis efforcée pourtant de cacher ma sensibilité, de crainte d'augmenter la peine de Mlle Levasseur. Son attachement pour vous lui assure à jamais mon estime et mes bons offices, toutes les fois qu'elle en aura besoin et que je pourrai lui être utile. M. le prince de Conti l'a envoyé chercher. Vous auriez été attendri des bontés qu'il lui a témoignées; il a fait voir en cette occasion son excellent cœur et l'estime qu'il a pour vous. Rien n'est plus glorieux, Monsieur, que de vous être acquis sans soins, sans intrigues, et par la seule force de votre mérite, un protecteur cent fois plus respectable encore par ses vertus que par sa haute naissance. A la vérité, l'intérêt qu'il vous montre augmenterait, s'il était possible, l'opinion qu'on a de sa magnanimité et de sa bienfaisance, et les personnes comme vous ont des droits naturels sur une âme comme la sienne.

« Ayant imaginé, Monsieur, qu'après avoir demeuré quelque temps où vous êtes, vous seriez peut-être bien aise de voir l'Angleterre et même de vous y établir, j'ai écrit à des gens propres à vous en rendre le séjour agréable, et particulièrement à M. Hume pour qui j'ai la plus grande admiration, en le prévenant d'une chose qu'il découvrira en peu de temps, c'est le désir qu'on sent, d'abord qu'on vous connaît, de vous être utile, et l'impossibilité de l'obtenir de vous. Je vous avouerai que, lorsque je pense à votre situation, j'éprouve la peine la plus sensible. Vous voulez devoir votre subsistance à votre travail; mais, dans le lieu que vous avez choisi, dans l'état où vous êtes, quelles occupations peuvent vous convenir? Vous n'avez aucun revenu, vous ne voulez plus écrire : comment pourrez-vous vivre, si vous vous obstinez à refuser à vos meilleurs amis le plaisir et la gloire de vous secourir ? Tranquillisez-moi sur cet article : vous en avez un moyen, que mon amitié pour vous mérite et exige que vous employiez : c'est de me promettre de ne pas vous réduire vous-même à des extrémités dont la seule pensée m'effraye, et de vous adresser à moi avant que vos propres ressources soient tout à fait épuisées. Vous savez mieux que qui que ce soit que le bien est également éloigné de tout excès. Craignez donc de porter la délicatesse trop loin ; craignez d'y sacrifier de véritables devoirs. C'en est un sans doute de se conserver pour ses amis, de leur montrer de la reconnaissance, de l'estime. Voulez-vous persuader à toute l'Europe, qui a les yeux sur vous, que, dans le nombre des gens qui vous aiment, il n'y en a pas un seul que vous jugiez digne de vous servir? Ne voyez-vous pas qu'en cette occasion le blâme doit porter ou sur vous ou sur eux, et que, s'ils ne sont point coupables, vous ne pouvez pas être innocent?... »

Sage milieu! part faite à tout! admirable tempérament dans l'amitié, et qu'elle gardera jusqu'au bout durant toute cette relation instable et orageuse! — Mᵐᵉ de Boufflers, comme elle vient de le dire, avait déjà écrit à M. Hume, huit jours auparavant; voici cette lettre où elle donnait son avis à cœur ouvert sur l'homme qui va la soupçonner de duplicité et de traîtrise; on y voit comment elle pensait et parlait de lui en arrière de lui (1) :

« A Paris, 16 juin 1762.

« Jean-Jacques Rousseau, citoyen de Genève, et auteur de plusieurs écrits qui vous sont vraisemblablement connus, vient de composer un Traité sur l'Éducation en quatre volumes où il expose plusieurs principes contraires aux nôtres, tant sur la politique que sur la religion. Comme nous ne jouissons pas ici de la liberté de la presse, le Parlement, par un Arrêt juste, s'il est, comme je n'en doute pas, conforme aux lois du royaume, mais néanmoins rigoureux, l'a décrété de prise de corps, et l'on prétend que, s'il n'avait pas pris la fuite, il aurait été condamné à la mort. J'ai de la peine à croire qu'on eût pu aller si loin sur la qualité d'étranger. Mais, quoi qu'il en soit, il eût été imprudent à lui de rester

---

(1) *Vie et Correspondance de David Hume*, en anglais, par M. John Hill Burton (1856), au tome II, page 107. — Toutes ces lettres de Mᵐᵉ de Boufflers qui nous viennent de l'Angleterre sont peu connues en France. Musset-Pathay, dans son *Histoire de J.-J. Rousseau* (deux vol., 1821), n'a donné que quelques-unes de celles qui étaient déjà publiées à cette date.

en France dans de pareilles circonstances. Il est donc parti, incertain quel asile il choisirait. Je lui ai conseillé de se retirer en Angleterre, lui promettant des lettres de recommandation pour vous, Monsieur, et pour d'autres personnes de mes amis. Je m'acquitte de ma promesse, et je ne puis pas, à mon avis, lui choisir dans toute l'Europe un protecteur plus respectable par ses liaisons, et plus recommandable par son humanité. M. Rousseau passe chez la plupart des gens en ce pays pour un homme singulier. A prendre cette épithète selon la vraie signification, elle lui est justement donnée, car il diffère, à beaucoup d'égards, de la façon d'agir et de penser des hommes du jour. Il a le cœur droit, l'âme noble et désintéressée. Il craint toute espèce de dépendance, et par cette raison il a mieux aimé, étant en France, gagner sa vie en copiant de la musique, que de recevoir les bienfaits de ses meilleurs amis qui s'empressaient de réparer sa mauvaise fortune. Cette délicatesse peut paraître excessive, mais elle n'a rien de criminel, et même elle suppose des sentiments élevés. Il fuit le commerce du monde, il ne se plaît que dans la solitude; ce goût pour la retraite lui a fait des ennemis : l'amour-propre de ceux qui l'ont recherché s'est trouvé blessé de ses refus. Mais, malgré sa misanthropie apparente, je ne crois pas qu'il y ait nulle part un homme plus doux, plus humain, plus compatissant aux peines des autres, et plus patient dans les siennes; en un mot, sa vertu paraît si pure, si constante, si uniforme, que jusqu'à présent ceux qui le haïssent n'ont pu trouver que dans leur propre cœur des raisons pour le soupçonner. Pour moi, avec des apparences aussi avantageuses, j'aimerais mieux en être trompée que de me défier de sa sincérité.

« D'après l'opinion que j'en ai, Monsieur, je l'ai jugé digne d'être connu de vous, et en lui procurant cet honneur, je crois lui donner la preuve la plus marquée du cas que je fais de lui. »

Hume était à Édimbourg lorsqu'il reçut cette lettre;

il crut comprendre que Rousseau était déjà arrivé à Londres, et il s'empressa d'y écrire à quelques amis pour le recommander. Mais ce n'était qu'un projet de voyage encore, et qui sommeilla durant quelques années jusqu'à l'hiver de 1765-1766, où seulement il fut mis à exécution. Dans l'intervalle, Mme de Boufflers ne cessa d'entretenir un commerce de lettres avec Rousseau qui, de sa retraite de Motiers-Travers, lui répondait, et souvent avec mauvaise humeur ou dureté. Elle ne s'en formalisait pas. Il y avait des jours, pourtant, où il craignait de l'avoir choquée, et elle le rassurait alors en s'étonnant de sa crainte. Par exemple :

« Le 15 décembre 1763.

« J'apprends, Monsieur, par une lettre de Milord-Maréchal, que vous craignez que je ne sois fâchée contre vous, et que, par un effet de votre amitié pour moi, cette crainte, toute mal fondée qu'elle est, vous cause de la peine et de l'inquiétude. J'en suis à la fois touchée et offensée. Il faut, Monsieur, que vous me croyiez bien injuste. Que m'avez-vous fait pour que je sois fâchée? Est-ce un crime de n'être pas de mon avis? J'étais chargée de quelques propositions que je jugeais honorables et avantageuses (1); vous les avez refusées : vous en étiez le maître. J'ai désapprouvé l'écrit à votre ministre (2) : vous l'avez défendu. Je puis m'être trompée dans cette occasion comme dans bien d'autres, quoique vous ne me l'ayez pas démontré. Vous avez mis dans vos réponses un peu de

---

(1) Premièrement l'invitation que lui faisait Hume d'aller en Angleterre ; — un second asile offert dans un château d'Allemagne par la comtesse de La Marck ; — un troisième refuge à vingt lieues de Paris dans un des châteaux du prince de Conti.

(2) La lettre de Rousseau à M. de Montmollin, ministre protestant de Motiers.

chaleur : cette chaleur fait partie de votre caractère, c'est une des sources qui ont produit les chefs-d'œuvre qu'on admire avec tant de justice. Si elle a eu pour moi quelques effets moins agréables, une telle considération et celle de l'état où vous êtes ne me permettraient pas d'en garder de ressentiment ; mais d'ailleurs je n'étais nullement disposée à en avoir... »

La série entière de ces lettres de Mme de Boufflers mériterait d'être données avec celle de Jean-Jacques qui s'y rapportent, et nous la montrerait bien dans toute la noblesse de ses qualités et avec sa virilité d'âme ; il y a quelque chose de mâle dans son amitié (1). Elle eut, durant ces années, des diversions et distractions très-vives, des mélancolies même et des chagrins. Elle fit, en 1763, un voyage de quatre mois en Angleterre ; nous y reviendrons. Elle voyagea l'année suivante en Hollande et prit la résolution de mettre son fils (car elle avait un fils de son mari) à l'Université de Leyde, pour y suivre ses études et les y faire meilleures qu'en France ; cette résolution fit beaucoup jaser et prêta à la critique. Ce fils paraît lui avoir causé quelque peine, car elle prend soin de noter un changement avantageux qu'elle croirait, dit-elle, remarquer en lui, « si elle n'avait interdit à l'espérance aussi bien qu'à la crainte tout accès dans son cœur ; mais ces deux passions, ajoute-t-elle, amollissent trop le courage, et on les doit bannir autant qu'il

---

(1) On trouvera cette suite de lettres de Mme de Boufflers au tome II du recueil, publié depuis par MM. Streckeisen-Moultou et Jules Levallois, qui a pour titre : *J.-J. Rousseau, ses Amis et ses Ennemis* (1865). J'y remarque, pour les passages que j'ai cités, quelques différences et variantes de texte, mais insignifiantes.

est possible, lorsqu'on s'engage dans quelque entreprise importante. » Elle parle d'une « mélancolie profonde et trop justement fondée, suivie de la rougeole et d'un long état de langueur, qui l'ont concentrée en elle-même » et l'ont empêchée d'écrire. Cette mélancolie est antérieure à la crise morale qui suivit la mort de son mari, et je n'en découvre pas la cause. Mais, au milieu de tout cela, son amitié pour le pauvre grand écrivain infirme et troublé veille de loin sans cesse et cherche à se produire par des effets. Je ne résiste pas à donner encore ce *post-scriptum* ajouté à une lettre du 15 juillet 1764, qu'elle ne put reprendre pour la terminer que le 21, ayant été forcée d'interrompre :

« Voilà, dit-elle, un grand intervalle causé par une multitude de petites affaires assez peu intéressantes : je ne sais plus où j'en suis. La longueur de cette lettre m'effraye. De grâce ne vous mettez point en colère, et ne répondez pas avec dureté (comme il vous est arrivé quelquefois) à une chose qu'il faut absolument que je vous dise. Je mérite que vous ayez égard aux motifs qui me font toujours agir vis-à-vis de vous. Je crains que vous n'ayez besoin d'argent, et cette appréhension est pour moi une peine des plus grandes. Je ne vous en parle qu'à la dernière extrémité ; mais, sachant à peu près ce que vous aviez, je juge que vous en devez manquer. Je conçois que votre générosité vous fasse dédaigner de recevoir le superflu, de quelque main qu'il vienne : il n'en est pas ainsi de ce qui est nécessaire pour vivre, et vous ne pouvez, sans m'offenser grièvement, me refuser de tâcher de vous le procurer. Donnez-moi de votre amitié cette preuve si forte et si distinguée : je vous le demande avec les plus vives instances. Nul scrupule ne doit vous arrêter avec une personne capable de sentir le prix de cette faveur et qui croit à la vertu. »

Se peut-il une manière de sentir et de dire, une façon de comprendre le bienfait, plus délicate et plus élevée? — Telle est la personne qui, pour avoir lié Jean-Jacques avec Hume, l'avoir constamment prévenu d'offres et de réalités de bons offices, l'avoir fait accueillir à son passage à Paris (décembre 1765) par le prince de Conti dans l'enceinte privilégiée et inviolable du Temple, et l'avoir suivi de tous ses vœux en Angleterre, fut accusée par lui de l'avoir livré et trahi avec préméditation.

II.

ROUSSEAU AUX PRISES AVEC HUME. — Mme DE BOUFFLERS ENTRE LES DEUX.

Il ne saurait entrer dans mon plan de recommencer, après tant d'autres, l'exposé de la querelle que Rousseau fit à Hume pour le remercier de l'avoir conduit en Angleterre, de l'y avoir présenté à ses amis, de lui avoir ménagé un asile commode et riant à la campagne, et d'avoir cherché à lui obtenir une pension du jeune roi George III. Le pauvre Rousseau, après le premier élan de reconnaissance pour tant de bons procédés et de bienfaits, se mit à les tourner et les retourner tellement dans sa cervelle, à les presser et à les alambiquer de tant de façons, qu'il vint à bout d'en tirer le contraire de ce qui y était :

La rose a des poisons qu'on finit par trouver.

Il passa très-rapidement par trois états d'esprit successifs. A peine installé à Wootton, et sous la première impression encore, il avait commencé par écrire à Hume : « Si je vis dans cet agréable asile aussi heu-« reux que je l'espère, une des douceurs de ma vie « sera de penser que je vous les dois. Faire un heu-« reux, c'est mériter de l'être. Puissiez-vous trouver en « vous-même le prix de tout ce que vous avez fait pour « moi ! » Puis bientôt, à force de ruminer et de combiner dans son esprit de petites circonstances accessoires et des plus insignifiantes, il en vint à se poser cette alternative burlesque : « Si M. Hume n'est pas le meilleur des hommes, il est le plus noir. » Enfin, et presque aussitôt, il passa outre et tira la fameuse conclusion à laquelle il s'arrêta et qu'il bombarda à l'adresse de la postérité : « David Hume est un scélérat ! »

Mais je n'ai à m'occuper ici que de Mme de Boufflers et de la conduite qu'elle tint avec ses deux amis, quand la rupture éclata entre eux et qu'elle les vit brouillés à mort.

On a beau être sage et se dire que l'homme est fou, on ne se l'imagine jamais aussi fou et d'une manière aussi singulière et aussi imprévue qu'il peut l'être. Le très-sage Hume nous en est la preuve : au reçu de la lettre insensée de Jean-Jacques, écrite de Wootton le 23 juin 1766, et dans laquelle celui-ci l'accusait de ne l'avoir amené en Angleterre et de ne lui avoir procuré en apparence un asile sûr que pour mieux le *déshonorer*, il eut un premier mouvement d'indignation et de colère ; il dérogea à sa philosophie, à son tempérament même, et sortit de son indifférence ; il ne put s'empêcher, lui aussi, de s'écrier : « Rousseau est un scélérat. »

Par malheur, il eut l'idée d'écrire sur ce ton à ses amis de Paris, et non pas d'abord à Mme de Boufflers qui lui eût donné un bon conseil, mais au baron d'Holbach, le coryphée et la trompette des Encyclopédistes : la trompette sonna.

Cette lettre qu'il crut devoir adresser au baron pour se mettre, à tout événement, en garde contre ce qu'il appelait les mensonges de Rousseau, et qu'il le priait de communiquer à toute la société philosophique, doit être des premiers jours de juillet 1766 ; répandue, colportée à l'instant par le baron et par ses amis, elle fit dans Paris l'effet d'une bombe qui éclate.

Imaginez l'émotion et le coup de théâtre. Écoutons un témoin exalté d'alors, Garat ! Dans le moment même « où l'on ne se figurait plus Hume et Jean-Jacques que dans les bras l'un de l'autre, que baignés de larmes de joie et de reconnaissance et jouissant d'un bonheur mutuel, ouvrage de leurs vertus, tout à coup on porte à un souper nombreux chez M. Necker, on lit tout haut une lettre de Hume au baron d'Holbach, dont les premiers mots sont : *Mon cher baron, Jean-Jacques est un scélérat.* On lit tout haut ces autres mots d'une lettre de Jean-Jacques à Hume : *Vous êtes un traître...* Ces deux mots, *traître* et *scélérat,* dans un temps où ils n'étaient pas prodigués comme ils l'ont été depuis (c'est Garat qui parle), retentissent dans ce souper, et la nuit même dans une partie de la capitale, comme deux coups de tocsin. »

Hume, quoique ayant eu pour but d'informer le monde de Paris, ne s'était pas douté du retentissement soudain qu'aurait une lettre, vive, il est vrai, et non confidentielle, mais qui, d'après les probabilités ordinaires, devait mettre quelque temps à s'ébruiter ; il n'avait pas compté sur l'atmosphère inflammable de ce Paris oisif et passionné. « Si le roi d'Angleterre avait déclaré la guerre au roi de France, on n'en eût pas fait plus soudainement, dit-il, le sujet de toutes les conversations. » Mme de Boufflers, à qui tous ceux qui savaient sa liaison intime avec les deux personnages, s'adressaient pour en apprendre plus long et pour avoir le mot de l'énigme, était muette ; elle n'avait reçu aucunes nouvelles d'Angleterre, aucune communication, ni elle, ni le prince de Conti non plus. Elle était blessée à bon droit et un peu humiliée de ce silence gardé envers elle seule. Une absence, un voyage qu'elle avait fait vers ce temps aux eaux de Pougues retarda encore l'heure de l'explication. Enfin Hume se décida à l'informer, et il le fit par une lettre tardive du 15 juillet, à laquelle elle répondit en personne plus peinée que piquée. Faisant équitablement et à vue de pays la balance des torts et admettant volontiers tous ceux de Rousseau, elle relève aussi ce qui est à reprendre dans le procédé de Hume, — et envers elle d'abord :

« Quelque raison que vous me puissiez dire pour ne m'avoir pas instruite la première de l'étrange événement qui occupe à cette heure l'Angleterre et la France, je suis convaincue que par réflexion vous sentirez, si vous ne l'avez déjà senti, qu'il n'y en peut avoir de valable. Le chagrin que vous prétendez avoir voulu m'éviter ne pouvait être que retardé, et l'état d'incertitude où vous m'avez laissée était plus pénible sans doute que la pleine connaissance du fait. Concevez tous les motifs que j'avais de croire l'histoire fabuleuse ; combien ma surprise et mon ignorance que j'exprimais naïvement dans mes lettres (elle était à Pougues) contribuaient à la faire regarder comme telle par les personnes qui concluaient, ainsi que moi, que le baron d'Holbach n'eût pas dû être votre premier confident ; enfin, le déplaisir que vous m'avez causé par une conduite qui déroge un peu, ce me semble, à l'amitié que vous m'avez promise. »

Puis, en venant au fond, elle estime que son ami le philosophe s'est laissé bien vivement emporter au sujet d'une injustice cruelle dont il a été l'objet, et dont une pauvre tête égarée a pu seule se rendre coupable :

« Mais vous, au lieu de vous irriter contre un malheureux qui ne peut vous nuire, et qui se ruine entièrement lui-même, que n'avez-vous laissé agir cette pitié généreuse, dont vous êtes si susceptible ? Vous eussiez évité un éclat qui scandalise, qui divise les esprits, qui flatte la malignité, qui amuse, aux dépens de tous deux, les gens oisifs et inconsidérés, qui fait faire des réflexions injurieuses et renouvelle les clameurs contre les philosophes et la philosophie. J'ose croire que si vous eussiez été auprès de moi lorsque cette cruelle offense vous a été faite, elle vous eût inspiré plus de compassion que de colère. »

La première partie de cette réponse à Hume était écrite avant le retour de Mme de Boufflers à Paris ; elle attendit d'y être pour l'envoyer ; en arrivant, elle y prit connaissance d'une autre lettre de Hume adressée à d'Alembert, et qui contenait l'exposé de toute la querelle, avec prière de la communiquer, non-seulement aux amis de Paris, mais *même à M. de Voltaire*, c'est-à-dire à l'ennemi tout personnel de Rousseau. Cette aggravation de représailles, où perçait l'esprit de vengeance, l'affligea ; elle s'en ouvrit franchement à Hume en terminant sa réponse (25 juillet) :

« Après ce trait de passion, après tout ce que vous avez dit et écrit, les réflexions que je vous communiquerais, les conseils que je pourrais vous donner, seraient inutiles. Vous êtes trop confirmé dans votre opinion, trop engagé, trop soutenu dans votre colère, pour m'écouter. Peu s'en faut que je ne brûle ce que j'ai déjà écrit. »

Enfin, pour faire des deux côtés son devoir d'amie, elle adresse en même temps, deux jours après (27 juillet), à Rousseau l'admirable lettre de remontrance que M⁽ᵐᵉ⁾ du Deffand elle-même, toujours aigre-douce envers M⁽ᵐᵉ⁾ de Boufflers, se voit obligée d'annoncer à Horace Walpole comme un *chef-d'œuvre* ; c'est en ces termes qu'en parlaient le petit nombre de personnes qui en avaient eu la confidence ; le mot n'est pas trop fort, on va en juger ; la voici :

À Paris, ce 27 juillet 1766.

M. Hume m'a envoyé, Monsieur, la lettre outrageante que vous lui avez écrite (1). Je n'en vis jamais de semblable. Tous vos amis sont dans la consternation et réduits au silence. Eh ! que peut-on dire pour vous, Monsieur, après une lettre si peu digne de votre plume, qu'il vous est impossible de

---

(1) La lettre du 23 juin, ou peut-être même celle déjà du 10 juillet.

vous en justifier, quelque offensé que vous puissiez vous croire? Mais quelles sont donc ces injures dont vous vous plaignez? Quel est le fondement de ces horribles reproches que vous vous permettez? Ajoutez-vous foi si facilement aux trahisons? Votre esprit par ses lumières, votre cœur par sa droiture, ne devaient-ils pas vous garantir des soupçons odieux que vous avez conçus? Vous vous y livrez contre toute raison, vous qui eussiez dû vous refuser à l'évidence même et démentir jusqu'aux témoignages de vos sens. M. Hume, un lâche! un traître! grand Dieu! Mais quelle apparence qu'il ait vécu cinquante ans passés aimé, respecté, au milieu de ses compatriotes, sans être connu? Attendait-il votre arrivée pour lever le masque, pour ternir une vie glorieuse plus qu'à moitié passée? Et pour quel intérêt? Ce ne peut être ni jalousie ni rivalité : vos génies sont différents ainsi que vos langages, ainsi que les matières que vous avez traitées. Il n'envie pas non plus votre bonne fortune, puisque de ce côté il a toutes sortes d'avantages sur vous. Ce serait donc seulement le plaisir de faire le mal et de se déshonorer gratuitement qui lui aurait inspiré les noirceurs dont vous l'accusez. Qui connut jamais de pareils scélérats, de pareils insensés? Ne sont-ce pas des êtres de raison? Je veux néanmoins supposer un moment qu'il en existe; je veux de plus supposer que M. Hume soit un de ces affreux prodiges : vous n'êtes pas justifié pour cela, Monsieur. Vous l'avez cru trop tôt; vous n'avez pas pris des mesures suffisantes pour vous garantir de l'erreur. Vous avez en France des amis et des protecteurs : vous n'en avez consulté aucun. Et quand bien même vous eussiez fait tout ce que vous avez omis, quand vous auriez acquis toutes les preuves imaginables de l'attentat le plus noir, vous eussiez dû encore modérer votre emportement contre un homme qui vous a réellement servi. *Les liens de l'amitié sont respectables, même après qu'ils sont rompus,* et les seules apparences de ce sentiment le sont aussi. M. le prince de Conti, Mme la maréchale de Luxembourg et moi, nous attendons impatiemment vos explications sur cette incompréhensible conduite : de grâce, Monsieur, ne les différez pas. Que nous sachions au moins comment vous excuser, si l'on ne peut vous disculper entièrement ! Le silence auquel nous sommes forcés vous nuit plus que toute chose. »

Ainsi à chaque ami elle a dit sa vérité avec franchise, la vérité entière et la moins agréable à entendre ; à chacun elle a bien parlé de l'absent ; elle l'a défendu ; elle a blâmé en face, elle loue en arrière. Vrai rôle de bon esprit et d'honnête homme.

Mme de Boufflers, par sa loyale conduite, mit en défaut les malignes conjectures de Mme du Deffand et de son cercle. Mme du Deffand, dans son esprit de dénigrement et sa sévérité habituelle pour « la divine comtesse », suppose dès le commencement de la querelle, en la voyant rester neutre et s'abstenir, qu'elle attend d'où le vent viendra et qu'elle sera pour le parti « duquel il résultera le plus de célébrité. » Elle se trompe : Mme de Boufflers est meilleure que Mme du Deffand ne le suppose. Il en est souvent ainsi dans ces conjectures malignes du monde ; la nature humaine n'est pas si retorse et cauteleuse qu'on la fait.

Mme de Boufflers et le prince de Conti, malgré cette incartade, ne restèrent pas moins les protecteurs de Rousseau, et celui-ci trouva, à son retour d'Angleterre, un asile, un abri dont il ne tenait qu'à lui de jouir en paix, dans le château de Trie appartenant au prince.

Si l'on examine de près et que l'on récapitule les circonstances de l'épisode que nous venons de toucher, on trouvera que les deux personnes de Paris qui jugèrent le plus sainement alors de cette déplorable et ridicule querelle, sont Turgot, dont la lettre à Hume est connue, et Mme de Boufflers. Hume avait mille fois raison sans doute; mais Rousseau était atteint de folie, et M. Hume, philosophe et moraliste comme il était, aurait dû s'en douter un peu et imiter le médecin qui ne s'irrite point et ne juge point à propos d'informer toute la terre, pour un coup qu'il reçoit par hasard de son malade, dans la cure qu'il a entreprise. Il eût fait l'acte le plus philosophique de sa vie.

Parmi les personnes de la galerie et du public qui jugèrent de cette querelle en dehors de toute considération de parti et sur le simple informé général, il en est une dont la sagesse et la modération m'ont charmé. C'est dans la Correspondance de Garrick, publiée en Angleterre, dans une lettre qui lui vient de France, que je lis les observations bien fines, et d'un bien grand sens, d'une femme de mérite, connue par ses succès au théâtre et dans les lettres, Mme Riccoboni; ces réflexions qu'elle adressait à Garrick trouveront accès, j'en suis sûr, auprès de tous les bons esprits, des cœurs doux indulgents et modestes :

« La rupture de M. Hume et de Jean-Jacques, disait-elle (10 août 1766), a fait un bruit terrible ici. Les gens de lettres sont pour M. Hume, et les personnes sensées ne le soupçonnent point d'avoir tort. Un naturel doux, sensible, un cœur honnête, un esprit juste, voilà les garants de l'historien [1]. Rousseau cherche la célébrité, il la préfère à tout; il ne restera

---

[1] Mme Riccoboni, quoiqu'elle restât en dehors de tout parti, était une amie de Hume, et on la trouve nommée dans la *Vie et Correspondance* de ce dernier.

pas tranquille dans l'asile qu'il a désiré. N'est-il pas bien inconséquent? Sa conduite et ses principes ne se démentent-ils point? Quand on méprise les hommes, peut-on désirer de les occuper? On est trop heureux d'être oublié de ceux dont on dédaigne les mœurs, dont on croit le cœur incapable de bonté, de reconnaissance et d'amitié.

« A la honte de la philosophie, de l'esprit, du savoir, nos Académies sont remplies d'extravagants. Tous ces sublimes raisonneurs n'ont pas le sens commun. L'orgueil les guide et les égare. En voulant être admiré, on perd la douceur d'être aimé, le bonheur d'aimer soi-même. C'est la confiance, c'est l'amitié qui diminuent les peines de la vie, qui les entremêlent de plaisir et d'agrément. Se croire entouré de trompeurs, d'ennemis, de créatures toujours prêtes à nuire, c'est être bien à plaindre.

« Mais pourquoi Rousseau ne croit-il pas à la bonté, à l'extrême bonté, lui qui admire Alexandre, parce que ce prince *croyait à la vertu, y croyait au péril de sa vie?* Douter qu'il existe un homme capable d'obliger sans intérêt! Ah, fi! je ne voudrais pas avoir l'esprit de Rousseau, sa réputation, celle de Pope, d'Isaac Newton, même de votre ami Shakspeare, et trouver ce doute dans mon cœur.

« En vérité, le monde n'est pas si corrompu que ces messieurs le prétendent; la bonté n'est pas rare; chaque nation offre à celui qui les cherche une infinité d'hommes estimables, portés par leurs principes ou par leur naturel à aimer, à servir ceux qui leur ressemblent; partout le mérite et l'honneur trouvent de l'appui, des secours, des amis. Une vanité mal entendue, une trop haute opinion de soi-même peut seule éloigner de la société. Quand on y porte un cœur droit et des intentions pures, quand on veut en faire partie et non pas la dominer, l'assujettir, on ne la trouve point un assemblage de monstres odieux. Mais, ne pouvant égaler le vainqueur de Darius, Diogène voulut au moins le braver du fond de son tonneau... »

L'explication toute médicale, qu'on a eue depuis, des travers et de la manie de Rousseau, Mme Riccoboni ne l'avait pas encore ; mais, pour tout le reste, l'ensemble de ce jugement est parfait.

Je ne crois pas avoir à m'excuser auprès de mes lecteurs pour leur avoir donné ici tant de pages qui ne sont pas de moi et qui sont de meilleurs que moi ; comme la plupart étaient inédites ou peu connues, j'imagine qu'on aura pris, à les lire, quelque chose du plaisir que j'ai eu moi-même à les rassembler. En pareil cas et quand j'ai les mains si bien remplies, ma tâche est simple, et mon métier est tout tracé : je ne suis qu'un encadreur.

Lundi 2 février 1863.

LA COMTESSE DE BOUFFLERS

(SUITE ET FIN.)

La distinction, l'élévation d'esprit et de sentiments de Mme de Boufflers nous sont suffisamment attestées et prouvées par tout ce que nous avons vu de ses actions et de ses paroles : c'est une personne qui a tout droit d'occuper l'historien littéraire; nous ne l'inventons en rien, nous la retrouvons. Mais nous avons encore bien des choses à apprendre d'elle et sur elle, bien des noms célèbres à rencontrer dans sa compagnie et à ses côtés.

I.

Elle aimait l'Angleterre et les Anglais; elle causait bien politique, et ce fut une des femmes du xviiie siècle qui, les premières, surent manier en conversant cet ordre d'idées et de discussions à la Montesquieu. Je ne donne point cela précisément comme un agrément ni comme une grâce, mais c'était au moins de l'intelligence et un talent. Le diplomate anglais Dutens la vit, à son arrivée à Paris, en mai 1762, et dînant avec elle chez M. Murray, frère de lord Elibank : « Je n'eus, dit-« il, des yeux et des oreilles que pour regarder Mme de « Boufflers et l'écouter ; tout ce qu'elle me disait me « paraissait tourné différemment de ce que disaient « les autres : je n'ai vu qu'elle qui ne perdît rien de « son naturel, en ayant toujours de l'esprit. » Elle projetait d'aller à Londres aussitôt la paix faite, et elle mit ce projet à exécution. Son arrivée fut un événement ; la Cour et la ville la fêtèrent à l'envi ; elle était la lionne du moment, le sujet de conversation à la mode ; elle faisait concurrence au célèbre Wilkes, dont le procès se jugeait dans le même temps. « Outre qu'elle parut infiniment aimable, nous dit un témoin, on s'empressait de la voir comme un objet rare et merveilleux ; on lui faisait un mérite de sa curiosité de voir l'Angleterre ; car on remarquait qu'elle était la seule dame française de qualité qui fût venue en voyageuse depuis deux cents ans. On ne comprenait point, dans cette classe, les ambassadrices ni la duchesse de Mazarin, qui y étaient venues par nécessité. » Ainsi Mme de Boufflers fut la première grande dame de la société qui alla inaugurer en personne ce goût de l'Angleterre et de sa Constitution, et de ses usages, de ses modes, qui devint bientôt une manie chez plusieurs, mais qui chez elle n'était encore qu'une curiosité éclairée.

Elle voulait tout connaître, tout voir et examiner, et à la fois ; elle suffisait à peine à la tâche. Au milieu de

toutes leurs prévenances pour leurs nouveaux hôtes (car elle avait quelques amis de France avec elle), les Anglais faisaient leurs observations sur ce qu'on appelait la légèreté, la vivacité française, et ils ne la trouvaient pas tout à fait à la hauteur de sa réputation. En voyant arriver quelques mois auparavant le duc de Nivernais pour négocier la paix, comme il était très-petit et chétif, Charles Townshend, sur le premier coup d'œil, avait dit : « On nous a envoyé les préliminaires d'un homme pour signer les préliminaires de la paix. » Cette nature puissante et vitale des Anglais venait à bout aisément des nerfs de nos petits-maîtres et de nos petites-maîtresses qui n'en pouvaient plus et étaient littéralement sur les dents. Horace Walpole, dans la description des fêtes qu'il donna à sa résidence de Strawberry-Hill en l'honneur de Mme de Boufflers, nous la montre fort agréable, mais arrivant fatiguée, excédée de tout ce qu'elle avait eu à voir et à faire la veille : « Elle est arrivée ici aujourd'hui (17 mai 1763) à un
« grand déjeuner que j'offrais pour elle, avec les yeux
« enfoncés d'un pied dans la tête, les bras ballants, et
« ayant à peine la force de porter son sac à ouvrage. »
En fait de Français, Duclos était de la fête, lui « plus brusque que vif, plus impétueux qu'agréable, » et M. et Mme d'Usson, cette dernière solidement bâtie à la hollandaise et ayant les muscles plus à l'épreuve des plaisirs que Mme de Boufflers, mais ne sachant pas un mot d'anglais. Horace Walpole, après le déjeuner, conduisit ces dames dans l'imprimerie particulière qu'il avait établie chez lui, et comme on tirait par hasard une

feuille, ces dames voulurent voir ce que c'était; elles y trouvèrent ces vers anglais à leur louange; c'est la Presse qui est censée parler; je traduis :

Pour Mme de Boufflers.

« La gracieuse beauté qui aime à connaître, — et qui ne craint point la neige inclémente du Nord; — qui force son accent poli à se plier — aux sons plus rudes de l'idiome britannique, — lira sa louange dans tout climat — où la Presse pourra parler et où les poëtes chanteront. »

Mme d'Usson avait aussi son petit couplet. Malgré ces galanteries, Horace Walpole, surtout après son voyage en France et depuis sa liaison avec Mme du Deffand, fut un juge bien plus sévère qu'indulgent pour Mme de Boufflers.

Celle-ci, durant son séjour en Angleterre, ne vit pas seulement les gens du monde et de la haute société, elle voulut connaître les savants, et l'on a le récit de sa visite au grand critique d'alors, à la fois homme de goût et roi des cuistres, à cet original de Samuel Johnson; je donne l'historiette telle qu'on la lit dans la Vie du célèbre docteur par son fidèle Boswell; il la tenait lui-même de la bouche de M. Beauclerk, un homme d'esprit très à la mode, un des chevaliers de Mme de Boufflers à Londres, et qui est ici le narrateur :

« Quand Mme de Boufflers vint pour la première fois en Angleterre, elle était curieuse de voir Johnson. J'allai donc avec elle chez lui, à son logement du Temple, où elle jouit de sa conversation quelque temps. Quand notre visite eut assez duré, elle et moi nous le quittâmes, et nous étions déjà dans le passage intérieur du Temple, lorsque tout d'un coup nous entendîmes un bruit comme un tonnerre : c'était Johnson, qui, à ce qu'il paraît, après un instant de réflexion, s'était mis en tête qu'il devait faire les honneurs de sa résidence littéraire à une dame étrangère de qualité, et qui, tout empressé de se montrer galant, se précipitait du haut en bas de l'escalier dans une violente agitation. Il nous rattrapa avant que nous eussions atteint la porte du Temple, et, se jetant entre moi et Mme de Boufflers, il s'empara de sa main et la conduisit à sa voiture. Son accoutrement consistait en un habit brun du matin tout râpé, une paire de vieux souliers en guise de pantoufles, une petite perruque ratatinée au sommet de la tête, avec ses manches de chemise flottantes et ses cordons de culotte mal attachés. Une foule considérable nous entourait et n'était pas peu surprise de cette scène grotesque. »

On voit par là que Mme de Boufflers obtint mieux encore que ce qu'on a appelé « un grognement élogieux de Johnson ; » elle eut ses révérences et fit faire à l'ours toutes ses grâces.

Horace Walpole, à son voyage à Paris en 1765-1766, revit Mme de Boufflers, et désormais, quand il parle d'elle, il le prend volontiers sur le ton de la raillerie. C'était le moment où Rousseau était en passage à Paris, avant d'aller en Angleterre ; Horace Walpole fit, un soir, en rentrant de chez Mme Geoffrin, cette plaisanterie cruelle de la prétendue lettre d'invitation du roi de Prusse à Jean-Jacques, qui courut bientôt Paris et toute l'Europe, et où on lisait entre autres ironies : « Si
« vous persistez à vous creuser l'esprit pour trouver de
« nouveaux malheurs, choisissez-les tels que vous vou-

« drez ; je suis roi, je puis vous en procurer au gré de
« vos souhaits. » Walpole se raillait de Rousseau et le
traitait en pur *charlatan ;* il se représentait aussi Mme de
Boufflers comme ambitieuse elle-même d'être enlevée
jusqu'au Temple de la Renommée *en s'accrochant à la
robe de l'Arménien philosophe.* Il s'était fait d'elle toute
une théorie, qui est aussi celle de Mme du Deffand, et
qu'il exprime de cette façon piquante ; c'est dans une
lettre à son ami, le poëte Gray :

« Mme de Boufflers, qui a été en Angleterre, est une savante, maîtresse du prince de Conti, et qui a grand désir de devenir sa femme. Il y a deux femmes en elle, celle d'en haut et celle d'en bas. Je n'ai pas besoin de vous dire que celle d'en bas est galante et a encore des prétentions ; celle d'en haut est très-sensible aussi et a une éloquence mesurée, qui est juste et qui plaît. Mais tout est gâté par une continuelle préoccupation de l'applaudissement : vous croiriez qu'elle pose toujours pour son portrait devant le biographe. »

Voilà le défaut saisi et marqué par un peintre sarcastique. On nous permettra, en nous fiant à d'autres témoignages, de croire qu'Horace Walpole a trop penché dès lors dans le sens des explications malignes de Mme du Deffand. Celle-ci prétend que Mme de Boufflers joue perpétuellement la comédie : si elle regrette un de ses amis anglais, le jeune et aimable lord Tavistock, malheureusement tué à la chasse d'un coup de pied de cheval, si elle se retranche pendant quelque temps les spectacles et les fêtes : « Elle mène un deuil de milord Tavistock qui fait hausser les épaules ! » De même pour tout et dans toutes ses actions. La vieille du Deffand ne lui accorde rien de vrai et de sincère. Elle la traite en ennemie intime. Elle la voit journellement et elle la déteste, elle et tous ses amis et ses adhérents, toute la *clique* comme elle les appelle :

« Haïssant les Idoles, écrit-elle à Walpole, je déteste leurs prêtres et leurs adorateurs. Pour d'Idoles, vous n'en verrez pas chez moi; vous y pourrez voir quelquefois de leurs adorateurs, mais qui sont plus hypocrites que dévots : leur culte est extérieur; les pratiques, les cérémonies de cette religion sont des soupers, des musiques, des opéras, des comédies, etc. »

Mme de Boufflers a un tort impardonnable et ineffaçable à ses yeux. Dans la brouillerie de Mme du Deffand et de Mlle de Lespinasse, elle avait fait comme dans la brouille de Hume et de Rousseau; elle n'avait épousé en aveugle aucun parti, et n'avait pas donné absolument tort, à ce qu'il paraît, à la demoiselle de compagnie qui faisait schisme et qui avait dressé autel contre autel. De là cette dent pleine de venin qu'on lui gardait.

D'autres bons témoins sont plus justes à son égard. Le prince de Ligne, regrettant le passé, la comptait dans son souvenir parmi les rares ornements d'une société comme il ne s'en retrouvera plus : « Une Mme de Boufflers, s'écrie-t-il, un peu paradoxale, mais qui, dans un cadre de simplicité, faisait pardonner son sophisme et sa supériorité d'éloquence; bonne, protégeante dans société, facile à vivre!... » Dutens, enfin, qui seul ne serait peut-être pas une autorité suffisante en matière de grâce et de goût, mais qui en est une en fait de sérieux, nous dit :

« De toutes les femmes de la Cour les plus distinguées par l'esprit et les agréments, Mme la comtesse de Boufflers était certainement la plus remarquable : aucune n'avait plus d'amis et n'avait eu moins d'ennemis, parce qu'elle unissait à tous les dons de la nature et à la culture de l'esprit une simplicité aimable, des grâces charmantes, une bonté et une sensibilité qui la portaient à s'oublier sans cesse, pour ne s'occuper que des biens ou des maux de tous ceux qui l'entouraient. Je ne puis mieux la faire connaître qu'en rapportant ici son Portrait, fait par un homme à qui elle avait rendu le service important de le tirer du couvent et de le faire relever de ses vœux ; il lui dédia un ouvrage sans mettre son nom à la tête de l'Épître dédicatoire, parce qu'elle n'avait pas voulu le lui permettre. La délicatesse et l'esprit qui brillent dans ce morceau sont bien dignes du sujet qu'il traite ; voici comment il s'exprime :

« Je dédie cet ouvrage à la personne à qui je dois le bien
« le plus précieux de la vie pour qui sait en jouir. Distinguée
« par le rang et la naissance, elle l'est infiniment plus par
« l'élévation et la délicatesse des sentiments, la beauté du
« génie, l'étendue des lumières, la pénétration de l'esprit, la
« précision et la vigueur du raisonnement, la pureté et l'élé-
« gance du langage, la justesse et la finesse du goût. Sans le
« vouloir, elle passe à la Cour, à la ville, chez l'étranger, et
« dans la République des Lettres pour une des premières
« femmes de sa nation et de son siècle. Outre le droit qu'elle
« a sur mon admiration et ma reconnaissance, elle en a un
« tout particulier sur cet agréable travail (1), entrepris sous

---

(1) Il s'agissait de la traduction d'un ouvrage anglais dont, par malheur, Dutens n'a pu nous dire le titre ; sans quoi l'on arriverait à savoir le nom de ce moine si digne d'intérêt et si reconnaissant.

« ses auspices : je lui en fais l'hommage avec mystère, parce
« que je ne puis le faire à découvert; ceux qui ont éprouvé
« le doux transport qu'excite dans l'occasion le souvenir d'un
« bienfait signalé, ne désapprouveront pas que mon cœur
« cherche à se soulager lorsqu'il ne peut se satisfaire; ils ne
« seront pas surpris de me voir ajouter que dans mes regrets
« d'être obligé de taire l'illustre Objet de sentiments si légi-
« times, si naturels, et qui ne demandent qu'à se produire,
« je me console quelquefois par l'espérance qu'on le devinera,
« sans que j'aie couru le risque de tomber dans le malheur de
« lui déplaire. »

On me dira que c'est là une Épître dédicatoire; mais cette Épître ne portant aucun nom, elle n'est évidemment pas pour la montre; c'est la reconnaissance toute pure qui s'épanche, et tout ce que nous savons, c'est que l'humble auteur anonyme, du temps qu'il était moine, ayant été rencontré par Mme de Boufflers dans le jardin d'un couvent où elle était entrée par hasard, avait profité de l'occasion pour l'intéresser au récit de ses malheurs; il lui avait dit tous les dégoûts qu'il avait à essuyer dans sa profession; et elle, touchée de son sort, l'avait fait relever de ses vœux, avait pris soin de sa fortune et, avec la liberté, lui avait rendu le bonheur.

Elle avait donc, à côté des dons et du goût de l'esprit, la bonté, et, mieux que l'indulgence, une bienfaisance efficace et pratique; elle usait de son crédit auprès du prince, et de sa faute même, pour se dédommager et se recommander par de bonnes actions : elle se piquait d'être une providence pour tous ceux qu'elle était à même de secourir : je ne sais si c'est là une prétention aussi, mais ce serait assurément celle d'une belle âme.

II.

La mort du prince de Conti (2 août 1776) vint apporter un grand changement dans son existence. Elle avait entouré la fin du prince des soins les plus constants et les plus tendres. Il ne tenait plus de maison à proprement parler, et ne voyait qu'un petit nombre de personnes choisies qu'elle assemblait pour lui tenir compagnie et le distraire : c'étaient la maréchale de Luxembourg et sa petite-fille la duchesse de Lauzun, la princesse de Poix et sa belle-mère la princesse de Beauvau, etc. ; en hommes, l'archevêque de Toulouse, Brienne; M. de La Fayette (le nôtre), M. de Ségur, le chevalier de Boufflers, etc. ; je ne mentionne que ceux dont les noms signifient encore pour nous quelque chose. Mme de Boufflers avait marié, dès 1768, son fils (bientôt colonel du régiment de Conti) à Mlle Des Alleurs, fille de l'ambassadeur à Constantinople et qui y était née elle-même : celle-ci, pour se distinguer des autres Boufflers, s'appelait la comtesse Amélie, et était célèbre par son talent sur la harpe; on donnait de petits concerts autour du prince malade. Sa mort plongea Mme de Boufflers dans la plus vive et la plus profonde affliction. Mme du Deffand elle-même qui la visita à Auteuil, où elle s'était retirée dans les premiers jours de son deuil, est obligée de rendre justice à l'air de vérité qui régnait dans toute sa personne :

« (4 août 1776.) L'*Idole* est dans la plus grande douleur; elle s'est retirée à Auteuil. La maréchale de Luxembourg l'y a suivie; elle vient de me mander tout à l'heure que j'y serai reçue; c'est une très-grande faveur : j'y irai cette après-dinée. »

« (Lundi, 5.) J'ai vu l'*Idole;* elle observe très-bien le costume : il n'y a rien à dire... »

« (Vendredi, 9.) L'affliction de la divine comtesse est toujours extrême. Je lui ai rendu deux visites à Auteuil, où elle est établie avec sa belle-fille et Mmes de Luxembourg, de Lauzun, de Virville et de Barbantane. J'irai y souper lundi. »

Mais ce qui honore Mme de Boufflers plus que tout, en cette circonstance douloureuse, ce fut la lettre qu'elle reçut d'Angleterre, de son ami Hume, qui, tout mourant qu'il était, prenait part à sa peine et lui adressait des adieux d'une simplicité sublime; en voici la traduction :

« Édimbourg, 20 août 1776.

« Quoique je ne sois plus certainement qu'à quelques semaines, chère Madame, et peut-être à quelques jours de ma propre mort, je ne puis m'empêcher d'être frappé de la mort du prince de Conti, une si grande perte à tous égards. Ma pensée m'a reporté aussitôt à votre situation dans une si triste conjoncture. Quelle différence pour vous dans tout le plan de votre vie! Écrivez-moi, je vous prie, quelques détails, mais dans des termes tels que vous n'ayez pas à vous soucier, en cas de décès, en quelles mains votre lettre peut tomber (1).

« Mon mal est une diarrhée ou désordre d'entrailles qui m'a graduellement miné ces deux dernières années, mais

---

(1) Il mourut, en effet, cinq jours après, et ce ne fut pas lui, sans doute, qui lut la réponse.

qui, depuis ces six derniers mois, m'a visiblement entraîné à ma fin. Je vois la mort approcher par degrés, sans aucune crainte ou regret. Je vous salue avec grande affection et respect pour la dernière fois. »

Certes, la femme qui inspirait à un sage mourant de tels sentiments suprêmes d'intérêt et d'amitié n'était point une âme ordinaire ; et ce seul témoignage, qui rattache son souvenir à celui d'une des plus belles morts que la philosophie nous offre, suffirait pour empêcher son nom à elle-même de mourir.

Bientôt Mme de Boufflers quitta Auteuil et s'en alla, avec sa belle-fille, passer l'hiver à Arles, où elle avait fait retenir une maison :

« Une certaine bienséance, l'embarras d'un maintien dans cette espèce de veuvage, la confiance que la belle-fille a dans la science de M. Pomme (un médecin en renom pour le traitement des maladies nerveuses et des vapeurs), de qui elle attend sa guérison, et qui habite dans cette ville, l'ont déterminée à s'y établir pour y passer l'hiver. Elle ne reviendra qu'au mois de février. »

C'est Mme du Deffand qui parle, et à quelque temps de là elle écrit :

« J'ai reçu d'Arles une lettre de l'*Idole*, qui y est établie Elle est très-bien écrite et très-touchante : je m'en laissai attendrir, mais je me suis rappelé sa conduite avec feu la Demoiselle (Mlle de Lespinasse), et mon cœur s'est fermé. »

Nous tenons, par cet aveu, la cause et l'origine de la prévention.

De retour à Auteuil, Mme de Boufflers installée avec sa belle-fille dans une jolie maison de plaisance y vécut des années agréablement, recevant chez elle en été la meilleure compagnie de Paris. Elle avait porté quelque chose d'elle-même et de son genre d'esprit dans les embellissements qu'elle avait faits autour d'elle. Le prince de Ligne, dans son *Coup d'œil* sur les jardins du temps, a dit : « Je ne connais rien de mieux que le « jardin de la comtesse de Boufflers au Temple. On y « voit le goût, la raison et la simplicité, comme à son « jardin d'Auteuil. »

La relation fort particulière qu'elle avait liée avec le roi de Suède, Gustave III, et qui remontait à l'année 1771 lorsqu'il arriva à Paris n'étant que Prince Royal, amena une Correspondance entre eux. On a cité des lettres d'elle à ce roi, et d'autres surtout du roi à elle, qui ont une certaine importance historique. Cette Correspondance que l'historien d'Auteuil, Feuardent, a eue entre les mains et dont il a donné des extraits, doit exister et serait intéressante à connaître en entier. Le jeune prince avait passé quelque temps chez elle à Auteuil, à la condition qu'elle lui rendrait sa visite à Stockholm. Plus d'un événement empêcha Mme de Boufflers d'exécuter ce projet, qui allait si bien à sa curieuse et voyageuse nature. Elle dut se borner à aller, dans l'été de 1780, aux eaux de Spa, où le roi de Suède arriva bientôt de son côté ; elle l'y attendait. « Il y avait entre elle et lui la plus tendre amitié! (1) »

(1) Une partie considérable de la Correspondance de la comtesse de Boufflers avec Gustave III a été explorée par M. Geffroy, qui en

Le dernier tableau de cette existence mondaine de Mme de Boufflers, nous l'emprunterons encore à Mme du Deffand, malgré la teinte de malveillance qui se mêle toujours à ce qu'elle dit de l'*Idole,* mais enfin les traits finissent par se radoucir, et ce qu'elle est forcée de lui accorder à son corps défendant a d'autant plus de prix :

« J'avais toujours oublié, écrit-elle à Walpole (4 avril 1780), de parler à l'*Idole* de la maladie de Beauclerk, et la première fois que je lui en ai parlé fut vendredi dernier que je lui ai appris sa mort; elle en a été peu touchée, quoiqu'elle ait eu pour lui une petite flamme. Elle a parfaitement oublié l'Altesse pour qui elle voulait qu'on crût qu'elle avait une grande passion; celle qu'il avait eue pour elle était tellement passée, qu'on prétend qu'il ne la pouvait plus souffrir (1) : heureusement il n'avait pas attendu à ses derniers moments pour lui faire du bien; elle a, dit-on, quatre-vingts ou cent mille livres de rente; elle en fait bon usage. L'année dernière, elle passa trois mois à Auteuil dans une très-jolie maison qui lui appar-

---

a donné des extraits dans la *Revue des Deux Mondes* du 15 juillet 1864; on y lit une lettre éloquente qu'elle écrivit après la mort de Louis XV : c'est une page historique. — Dans la même *Revue* (1er novembre 1856) M. Geffroy avait déjà parlé d'elle et de ses rapports avec Mme de Staël à l'occasion du mariage de celle-ci et de ses débuts comme ambassadrice de Suède.

(1) Il était souverainement injuste de dire que le prince de Conti ne pouvait plus souffrir Mme de Boufflers qui était comme sa femme *de la main gauche,* et qui faisait si bien les honneurs du Temple et de l'Ile-Adam; mais il est très-vrai que la passion, des deux côtés, était depuis longtemps bien amortie ; le prince avait, depuis dix ans au moins, d'autres maîtresses déclarées, et il ne se contraignait en rien sur ce chapitre. Horace Walpole, dans une lettre écrite de Paris (janvier 1766) à l'un de ses amis de Londres, disait, de ce tour agréable qui est le sien : « Je vais m'habiller dans

tient; Mme de Luxembourg s'y était établie avec elle et partageait la dépense d'un fort bon état qu'elle y tenait; je ne sais si cette année elle fera de même, je le voudrais; j'y allais passer la soirée pour le moins une fois la semaine; elle est fort aimable chez elle, et beaucoup plus que partout ailleurs; ses ridicules ne sont point contraires à la société; sa vanité, quoique extrême, est tolérante, elle ne choque pas celle des autres; enfin, à tout prendre, elle est aimable.

« Sa petite belle-fille a de l'esprit, mais elle est bizarre, folle, et je la trouve insupportable; sa belle-mère est son esclave et paraît l'aimer avec passion. »

Ce qui est dit là de la comtesse Amélie et de sa bizarrerie ne paraît pas trop fort. C'était une enfant gâtée qui, sous un air doux et ingénu, cachait de la finesse, même de la ruse, et se permettait tous ses caprices. Elle désolait parfois sa belle-mère, et avait l'art de la captiver, de la dominer. Un jour qu'elle lui parlait très-mal de son mari, Mme de Boufflers l'inter-

---

« un instant pour aller chez la comtesse de La Marche, qui m'a
« donné audience pour ce soir neuf heures. Il peut nous sembler un
« peu singulier d'être présenté à une princesse du sang à cette
« heure-là; mais je vous ai dit qu'il n'est pas un seul de nos usages
« qui ressemble à ce qu'on voit ici. J'ai été présenté à son beau-
« père le prince de Conti, vendredi dernier. Au milieu du *lever*,
« entra une jeune femme avec trop de sans-façon, me parut-il,
« pour être autre qu'une proche parente. Je fus confirmé dans mon
« opinion en la voyant, après que le prince lui eut parlé, faire le
« tour du cercle, en faire les honneurs. Je demandai à un gentil-
« homme qui était près de moi, si c'était la comtesse de La Marche:
« il commença par éclater de rire, et puis il me dit que c'était
« Mlle Auguste, une danseuse. — Mais qui est ce qui était dans son
« tort, je vous prie? » Malgré ces infidélités extérieures, Mme de
Boufflers n'était pas moins restée pour le prince l'amie essentielle et
honorable, celle de tous les jours et des derniers instants.

rompit en lui disant : « Mais vous oubliez qu'il est mon fils. » — « Ah ! s'écria la comtesse Amélie d'un air de vivacité charmante et en se jetant à son cou, excusez-moi ! je crois toujours qu'il n'est que votre gendre. » On cite d'elle beaucoup de ces jolis mots.

Dans cette vie de bon goût, dans cet agréable arrangement du déclin, Mme de Boufflers, aidée des grâces de sa belle-fille et doucement passée à l'état de douairière, soutenait fort bien son ancien renom, et l'on comprenait à merveille, en la voyant et en l'écoutant, qu'elle avait pu être non-seulement l'*Idole,* mais la *Minerve* du Temple.

Elle était au mieux avec la nouvelle Cour, celle de Marie-Antoinette. Un jour que cette Cour était au château de la Muette, la duchesse de Polignac à qui Mme de Boufflers avait dit obligeamment de vouloir bien disposer, le cas échéant, de sa maison d'Auteuil, crut pouvoir profiter de l'offre; mais la comtesse Amélie eut un caprice, et sa belle-mère, pour ne pas la contrarier, fut obligée de se dédire; elle se permit donc de refuser très-poliment ce qu'elle avait offert de bonne grâce, **et** elle termina sa lettre d'excuse par les vers suivants :

> Tout ce que vous voyez conspire à vos désirs;
> Vos *jours toujours* sereins coulent dans les plaisirs;
> La Cour en est pour vous l'inépuisable source,
> Ou si quelque chagrin *en* interrompt la *course,*
> Tout le monde, soigneux de *les entretenir,*
> S'empresse à *l'effacer* de votre souvenir.
> Mon Amélie est seule : à l'ennui qui la presse,
> Elle ne voit jamais que moi qui s'intéresse,

Et n'a pour tout plaisir *qu'Auteuil* et *quelques* fleurs,
Qui lui font *quelquefois* oublier ses malheurs.

Grimm nous apprend que ces vers, lus dans la société de Mme de Polignac, furent généralement trouvés détestables : des *jours toujours* sereins, mauvaise consonnance ; — *en* interrompt *la course*, est-ce la course des plaisirs ou la course de la source? — *les entretenir* est bien loin du mot *plaisirs*, de même que *l'effacer* est un peu loin du mot *chagrin* ; — et tous ces *que, qui, quelquefois*, des derniers vers ! Vous êtes peut-être du même avis, mon cher lecteur, mais prenez bien garde ! sachez à qui vous avez affaire ; ce sont tout simplement des vers de Racine (*Britannicus,* acte II, scène 3) changés à peine et légèrement parodiés pour la circonstance. Si Mme de Boufflers avait voulu mystifier son monde, elle ne s'y serait pas pris plus adroitement.

M. de Lévis, qui ne fit que la connaître en passant, a recueilli d'elle, pour les avoir vues encadrées dans la chambre d'une personne qui en faisait sa méditation quotidienne, une suite de Maximes qui sont tout un code de morale mondaine et de sagesse féminine, — pas trop féminine pourtant, car il y en a dans le nombre quelques-unes de viriles, et même d'un peu romaines ; voici au complet ce petit manuel de bienséance et de stoïcisme :

« Dans la conduite, simplicité et raison.
« Dans l'extérieur, propreté et décence.
« Dans les procédés, justice et générosité.
« Dans l'usage des biens, économie et libéralité.

« Dans les discours, clarté, vérité, précision.

« Dans l'adversité, courage et fierté.

« Dans la prospérité, modestie et modération.

« Dans la société, aménité, obligeance, facilité.

« Dans la vie domestique, rectitude et bonté sans familiarité.

« S'acquitter de ses devoirs selon leur ordre et leur importance.

« Ne s'accorder à soi-même que ce qui vous serait accordé par un tiers éclairé et impartial.

« Éviter de donner des conseils; et, lorsqu'on y est obligé, s'acquitter de ce devoir avec intégrité, quelque danger qu'il puisse y avoir.

« Lorsqu'il s'agit de remplir un devoir important, ne considérer les périls et la mort même que comme des inconvénients et non comme des obstacles.

« Tout sacrifier pour la paix de l'âme.

« Combattre les malheurs et la maladie par la tempérance.

« Indifférent aux louanges, indifférent au blâme, ne se soucier que de bien faire, en respectant, autant qu'il sera possible, le public et les bienséances.

« Ne se permettre que des railleries innocentes, qui ne puissent blesser ni les principes ni le prochain.

« Mépriser le crédit, s'en servir noblement et mériter la considération. »

Le caractère et l'âme de Mme de Boufflers se peignent dans ce tableau. Si ce n'est là exactement tout ce qu'elle a été et ce qu'elle a fait, c'est du moins, bien certainement, tout ce qu'elle aurait voulu faire et être.

III

Nous approchons des années sévères. Lorsque le premier coup de tonnerre de la Révolution éclata, Mme de Boufflers crut sans doute que ce ne serait qu'un orage passager. Elle était avec sa belle-fille à Spa, vers le temps de la prise de la Bastille ; là se trouvaient aussi les Laval, les Luxembourg, les Montmorency, la fleur de la noblesse, « dansant de tout leur cœur pendant que l'on pillait et brûlait leurs châteaux en France. » Ces dames de Boufflers, au lieu de rentrer à Paris, passèrent en Angleterre, et, y vivant sur le pied d'émigrées, elles y demeurèrent jusque bien après le mois de juin 1791, après l'arrestation de Louis XVI à Varennes : elles ne revinrent probablement que sous la menace pressante des confiscations.

C'est ici que la philosophie a beau jeu et que le néant des plus brillants et des plus flatteurs succès mondains éclate dans tout son jour. Croirait-on que jusqu'à ces derniers temps, l'existence de Mme de Boufflers, passé ce moment de 1789 et ce dernier voyage qu'elle fit en Angleterre, était restée un problème, et que cette figure si animée et si constamment en vue s'éclipsait totalement? Qu'était-elle devenue dans le grand naufrage? Était-elle rentrée en France? Quand et où était-elle morte? On ne le disait pas, on ne le savait pas ; la plupart des auteurs de notices se bornaient à dire vaguement qu'elle était morte vers 1800.

Il a fallu un curieux investigateur des titres de la

Commune et de la municipalité d'Auteuil, où il habite, un de ces chercheurs qui fouillent tout sans ennui et sans impatience, pour découvrir peu à peu les dernières traces de cette brillante et divine comtesse. Je vais donner, dans leur détail successif, les simples notes que m'a remises M. Parent-de-Rosan ; elles ont leur éloquence et font rêver sur la vanité du monde, de ses pompes, de ses triomphes, de tout ce qui passe.

A la date du 16 mai 1792, on lit dans les Archives municipales de la Commune :

« Mme de Boufflers, absente depuis le commencement de la Révolution, est arrivée d'Angleterre, à la fin d'avril (le 27). Sa belle-fille n'est revenue que depuis trois jours. »

« (Août ou septembre). La citoyenne Boufflers donne un cheval à la nation. »

En 1793, 21 mai, dans l'État de la recette faite par le citoyen Rouvaux, secrétaire greffier provisoire, sur la liste des secours offerts pour l'expédition de la Vendée, on trouve la citoyenne Boufflers mère portée pour 200 livres, et sa belle-fille pour 100 livres. Ces pauvres dames ont peur évidemment de ne point paraître assez patriotes ; les dons civiques de leur part vont se succéder.

Si elles reçoivent des lettres de l'étranger, elles n'oseront les décacheter ; elles les enverront au Comité de surveillance d'Auteuil, lequel, à son tour, jaloux de faire acte de zèle, les déposera dans les bureaux de la Convention :

« Comité de surveillance d'Auteuil, 1793, 3 octobre.

« Le Président rend compte de sa démarche au Comité de surveillance de la Convention pour y déposer trois lettres adressées à la citoyenne Boufflers et qu'elle avait renvoyées au dit Président telles qu'elle les avait reçues, pour en faire l'usage qu'il croirait convenable.

« Cette démarche a donné une bonne opinion du Comité d'Auteuil. »

Les dons civiques continuent : le 12 brumaire an II (2 novembre 1793), la citoyenne Boufflers, avec sa bru, donne 100 livres, pour repas au détachement de l'armée révolutionnaire ; le 14 du même mois de novembre, elle faisait un don d'argenterie de plus de 90 livres.

Les transes, les tourments de l'intervalle, dans cette jolie maison, autrefois le rendez-vous de la meilleure compagnie et le séjour des plaisirs, nous les devinons. Mme de Boufflers eut là de terribles occasions de pratiquer quelques-unes de ses stoïques maximes. Mais aucun écho ne nous arrive du dedans, et pas un sentiment ni une parole ne transpire.

Cependant, ci-devant nobles et émigrées rentrées comme elles étaient, ces dames ne peuvent éviter l'arrestation : elle a lieu par ordre du Comité de sûreté générale, le 22 janvier 1794, après examen et saisie de leurs papiers. Un domestique mâle est compris dans l'arrestation. Elles sont conduites aux prisons de la Conciergerie, le 23, à la pointe du jour.

Au milieu de ces rigueurs forcées, on a pour elles des égards ; elles sont aimées dans la Commune ; un de leurs anciens fermiers ou régisseurs, le citoyen Caillot, est commandant de la garde nationale du lieu ; il agit immédiatement en leur faveur :

« An II, 5 pluviôse (24 janvier 1794). — Délivrance au cit. Caillot d'un extrait du procès-verbal de la séance du 3 octobre 1793 (vieux style), constatant que notre Comité ne connaissait aucuns suspects ; — au bas duquel on a certifié « que « les deux citoyennes Boufflers, en particulier, n'avaient « donné aucune preuve d'incivisme ; qu'au contraire elles « avaient manifesté la plus parfaite soumission aux lois. »

Une autre pièce, également à décharge, présentait d'une manière avantageuse leur conduite depuis leur rentrée, et nous prouve toute la bienveillance qu'elles inspiraient :

« An II, 5 germinal (25 mars 1794). — Extrait d'un tableau d'observations (en *conciance*) envoyé ledit jour par le Comité de surveillance d'Auteuil au Directoire du district de Franciade (Saint-Denis).

1° Marie-Charlotte-Hippolyte Campet-Saujon, veuve depuis trente ans d'Édouard Boufflers-Rouverel, domiciliée à Auteuil avant sa détention, 69 ans. Elle a un fils de 47 ans, émigré.

2° Détenue à la Conciergerie depuis le 4 pluviôse dernier (23 janvier 1794), par un ordre du Comité de sûreté générale portant qu'elle était émigrée rentrée.

3° Vivant de son revenu.

4° Avant et en 1789, son revenu était, charges déduites, de 41,200 livres ; aujourd'hui net, 28,604 livres.

5° Dans les premiers jours de son retour d'Angleterre (27 avril 1792), on a vu venir chez elle ses anciennes connaissances, ce qui a duré peu de temps... puis elle a vécu très-retirée avec sa fille (bru), son petit-fils, âgé de huit ans et demi, un instituteur réputé bon citoyen, et une Anglaise qui lui est attachée depuis trente-trois ans, veuve d'un Florentin, qui est en état d'arrestation chez elle, avec un garde, depuis la loi sur les étrangers. Cette Anglaise ne reçoit aucune compagnie.

6° Rien de suspect. A la fuite du tyran, elle était en Angleterre ; — à Auteuil, le 10 août. Elle a toujours *paru* désirer la victoire des patriotes.

« Soumission d'elle et des gens de sa maison... »

Le comtesse Amélie a aussi son dossier favorable.

Elles échappèrent toutes deux au sort fatal qui en atteignit tant d'autres aussi innocentes qu'elles (1), et les deux prisonnières furent mises en liberté deux mois après le 9 thermidor, à la date du 14 vendémiaire an III (5 octobre 1794). Il ne saurait donc être exact de dire avec l'historien d'Auteuil, Feuardent, que Mme de Boufflers mourut pendant la Terreur dans la terre de Des Alleurs appartenant à sa bru, près de Rouen : elle sur-

---

(1) Les *Mémoires* de l'abbé Morellet (tome II, pages 129 et suiv.) sont à lire sur l'emprisonnement de ces « pauvres dames » de Boufflers et sur le dévouement qu'elles inspirèrent à de courageux amis. Un brave homme dont le nom mérite d'être conservé à côté du leur, l'abbé Le Chevalier, qui était instituteur du jeune de Boufflers, fils unique de la comtesse Amélie, vendit sa bibliothèque et une petite possession qu'il avait en Normandie, d'abord pour les faire vivre en prison, et puis pour détourner d'elles le coup fatal. Il avait connu Fouquier-Tinville chez un procureur au Parlement ; il se rapprocha de l'affreux magistrat, s'arrangea pour le rencontrer à dîner chez ce procureur ; il allait aussi à la buvette et causait familièrement avec lui, ne négligeant aucun bon moyen : il obtint ainsi que les papiers des dames de Boufflers restassent toujours au fond du carton. C'est grâce à lui qu'elles purent atteindre la fin du règne de Robespierre.

vécut à l'époque sanglante ; mais de combien de temps? on l'ignore ; ce dernier renseignement précis, on ne l'a pas encore obtenu, et il se peut en effet qu'elle ne se soit éteinte qu'en 1800, comme une vague tradition l'a répété.

Mais quelle plus touchante, quelle plus éloquente conclusion d'une telle vie que cet oubli total, cette obscurité même! Quoi! cette femme si répandue, si fêtée et adorée, cette *Idole*, pour l'appeler encore une fois par son nom, qui, dans le plus éclairé des siècles, s'était attachée, par les liens durables de l'estime, des princes et des monarques, des philosophes et des lettrés célèbres; qui faisait les délices ou l'envie du beau monde qui l'entourait; que l'on cultivait et que l'on courtisait encore pour son esprit jusque sous les premières neiges de la vieillesse, tout d'un coup, on ne sait plus ce qu'elle devient, elle disparaît dans le gouffre commun, elle ne surnage pas un instant, ou, si elle surnage, personne ne fait plus attention à sa présence ou à son absence; elle va échouer où elle peut et sans qu'on le remarque ; elle n'est une perte et un regret pour personne ; elle n'obtient pas la moindre mention funéraire de la part d'une société bouleversée ou renouvelée, qui toute à ses soucis, à ses craintes, à ses espérances ou à ses ambitions renaissantes, n'a que faire des anciennes idoles, et qui, après avoir renversé coup sur coup avec tous ses temples ses anciens dieux, et les plus grands, n'a plus même un regard de reste pour les demi-déesses d'hier!

Il faut bien oser se rendre compte de la vérité inexorable des choses. Quand on a eu une vraie distinction, on ne meurt jamais entièrement au sein de la société et du régime dont on a été, qui vous a produit et qui vous survit, et où se transmettent tant bien que mal les souvenirs; mais là où on court le risque à peu près certain de périr et d'être abîmé tout entier, c'est quand le déluge fatal qui survient tôt ou tard, le tremblement ou le déplacement des idées et des conditions humaines envahit et emporte l'ordre de choses même et tout le quartier de société et de culture qui vous a porté. Il se fait là, à ce moment, des naufrages en masse et des ensevelissements irréparables. Mme de Boufflers nous en est une preuve après mille autres.

Sa belle-fille, la comtesse Amélie, eut une fin mieux connue, mais non moins triste; elle ne mourut qu'en mai 1825, à l'âge d'environ 74 ans. Déchue et appauvrie peu à peu, elle avait été réduite à vendre sa jolie maison d'Auteuil à M. de Rayneval, le sous-secrétaire d'État et un moment ministre des affaires étrangères. Elle était logée tout près, chez son ancien cuisinier Fauriez, et vivait dans un état voisin de l'indigence. Elle habitait un appartement au dernier étage, d'où elle voyait d'une vue à demi obscurcie par les pleurs et par les années la maison et les jardins qui lui avaient appartenu; c'était sa consolation dernière. Deux femmes de chambre qui la servaient depuis le temps de sa prospérité, et qu'elle n'avait plus le moyen d'entretenir, ne voulurent jamais la quitter et l'assistèrent jusqu'à la fin. — Elle avait un fils, le comte ou marquis de Boufflers, que tout Paris a connu fort bizarre dans sa vieillesse, trop peu digne de son nom, et qui est mort célibataire en avril 1858. La branche est éteinte.

Mais la brillante amie du prince de Conti méritait d'être remise en lumière à son vrai point de vue, d'être tirée du vague et de l'incertitude où flottait sa mémoire. D'autres compléteront ce que je n'ai fait qu'ébaucher ici. Un volume entier où l'on recueillerait la suite de ses lettres à Jean-Jacques et de Jean-Jacques à elle, où l'on mettrait la Correspondance de Hume exactement traduite, celle de Gustave III que l'on ne saurait manquer de retrouver, ce serait là, au défaut de sa tombe inconnue, son véritable tombeau, tout littéraire comme elle, et son durable monument.

Lundi 9 février 1863.

HISTOIRE DE LA RESTAURATION

PAR M. LOUIS DE VIEL-CASTEL

TOMES IV ET V (1)

J'ai parlé autrefois et ailleurs (2) des premiers volumes de cette Histoire de M. de Viel-Castel. J'ai continué depuis de le lire, et je voudrais résumer mon jugement sur les parties qu'il a traitées jusqu'à présent de la seconde Restauration, comme je l'ai fait sur l'ensemble de la première. En parlant de cette époque déjà ancienne, moi et ceux de mon âge, nous n'en sommes pas purement et simplement à la merci de l'historien nous avons nos souvenirs, nos impressions de première jeunesse, impressions partielles et incomplète sans doute, et qui ont besoin d'être contrôlées par

(1) Michel Lévy, rue Auber, 3.
(2) Dans le *Moniteur* du 21 mai 1860 (voir au tome XV des *Causeries du Lundi*).

l'étude et la réflexion, mais que rien cependant ne saurait suppléer ni remplacer dans tout ce que les livres les plus impartiaux s'efforcent de reproduire. En général il faut, pour en bien juger, avoir senti le souffle des temps.

1815, par exemple, et ce qui suivit immédiatement la tempête des Cent-Jours, qui nous en rendra le vif sentiment? Il faut, dis-je, avoir vécu alors pour se faire idée de ce que c'était que cette réaction dans sa violence. Les historiens actuels, et ceux même qui ont par devers eux, aussi bien que nous, leurs souvenirs, s'efforcent presque tous d'être froids et calmes, de faire la part de toute chose et de chacun; ils prennent sur eux après coup, comme c'est leur devoir, pour tenir exactement la balance; ils diront, en nous rendant compte des actes et discours de la Chambre de 1815 : « M. Royer-Collard avait raison en ceci, et il était un peu inconséquent en cela; M. de Bonald fit bien dans la question du divorce, il frappait à côté et à faux sur les autres points; M. de Villèle pouvait manquer de bonne foi, il tenait du moins un langage constitutionnel. M. de Chateaubriand, à la tribune des Pairs, eut ce jour-là de nobles paroles, et, cet autre jour, il en eut de malheureuses... » Sur les violences matérielles et les horreurs qui ensanglantèrent le Midi, on est unanime; mais là encore on essaye de n'en pas trop dire et de limiter l'indignation; on n'emprunte que discrètement à l'effroi de la tradition populaire qui a survécu et qui subsiste encore; on craint de paraître donner dans la légende qui grossit les faits et les transfigure à ce travail honorable, entrepris par de bons esprits qui ont oublié d'être de grands peintres, le courant incendiaire qui traversa alors et dévora toute une partie de la France, se dissipe et s'évapore ; l'atmosphère embrasée du temps ne se traduit point au milieu de ces justes, mais froides analyses ; l'air échappe à travers les mailles du filet, et c'est encore dans les historiens d'une seule pièce, d'une seule et uniforme nuance comme Vaulabelle, dans ce récit ferme, tendu et sombre, où se dresse énergiquement passion contre passion, qu'on reçoit le plus au vif et en toute franchise l'impression et le sentiment des fureurs qui caractérisent le fanatisme royaliste à cette époque.

La réaction de 1815 peut s'étudier dans deux ordres principaux et parallèles de faits où elle s'est concentrée, déchargée, où elle a fait éruption : à savoir les condamnations capitales avec accompagnement de massacres organisés dans les départements du Midi, et les propositions de la Chambre *introuvable,* cette Chambre où il ne fut pas même permis de parler de ces massacres comme d'un *on dit* et par manière d'hypothèse, et de laquelle, pour peu qu'on l'eût laissée faire, toute une contre-révolution sociale allait sortir, au risque de faire éclater et sauter sur place la seconde Restauration dès sa naissance.

I

On peut tout dire, on ne peut exagérer les sentiments de fureur et de frénésie qui transportèrent les hautes classes de la société blanche à l'occasion des procès de La Bédoyère, de Ney, de celui de M. de Lavalette avant et après son évasion; on n'a pas exagéré non plus les horreurs qui sillonnèrent le Midi et qui y firent comme un long cordon d'assassinats depuis Avignon, Nîmes, Uzès, Montpellier, Toulouse, toutes villes en proie à l'émeute et où l'on suit à la trace le sang de Brune, des généraux La Garde, Ramel, et de tant d'autres, jusqu'à Bordeaux où l'on immolait les frères Faucher.

La condamnation de ces deux derniers, anciens généraux de brigade sous la République, et depuis longtemps rentrés dans l'ordre civil, présente des circonstances d'animosité féroce que l'historien, s'il ne se replonge dans les passions du temps, a peine à s'expliquer. J'ai lu, de la part d'anciens et ardents adversaires des deux jumeaux, des témoignages intimes d'une singulière naïveté. Ce qui irritait surtout contre eux, ce qui exaspérait l'opinion bordelaise royaliste d'alors, rien qu'à prononcer leurs noms, c'est que les frères Faucher étaient moins des bonapartistes purs que des girondins, ou même, en remontant plus haut, de ci-devant royalistes considérés comme renégats et apostats, parce que le mouvement des Cent-Jours les avait pris par le côté patriotique et les avait ralliés *in extremis* à Napoléon ainsi que les Carnot, les Lecourbe. Ils avaient repoussé de toute leur âme l'étranger que tous les autres à l'entour appelaient de leurs vœux; c'était leur crime. Cette fibre française nationale chez les jumeaux de La Réole étonnait, scandalisait des cœurs, à vrai dire aliénés, en qui elle était totalement absente.

On ne comprenait pas leur mobile. Tous les actes de leur passé, disait-on, leurs souvenirs, leurs ressentiments comme leur intérêt même, tout semblait devoir les porter dans un autre sens : de là un redoublement de colère contre ces deux dissidents uniques qu'on appelait des misérables. On leur faisait un double et triple crime de leur belle étincelle, de leur noble inconséquence généreuse, si toutefois c'était chez eux inconséquence. Et se dire que de tels hommes ne sont pas pour Louis XVIII, s'écriait-on, pour ce bon père qui venait, une seconde fois, les délivrer d'un joug qu'eux-mêmes avaient précédemment repoussé et maudit! se dire qu'ils sont pour le tyran dont ils avaient autrefois décliné l'usurpation couronnée, sous le premier Empire! Mais c'est infâme, c'est révoltant, c'est le renversement de tous les sentiments naturels; c'est du parricide pur! Et là-dessus on les immolait militairement, sans qu'ils pussent trouver, dans cette Gironde féconde en orateurs, un seul avocat pour les défendre! Le seul avocat qu'on leur donna d'office, lors du pourvoi en révision, le bâtonnier de l'ordre, M. Émerigon, s'attacha à bien marquer qu'il ne s'en tenait qu'à la forme et au strict nécessaire, et qu'il ne les défendait nullement au fond. Il demandait comme pardon de son rôle d'office aux juges et à l'opinion environnante et soulevée, qui réclamait en mugissant sa proie.

Peu de temps après, la Cour d'assises de Bordeaux, ayant à juger quelques accusés obscurs impliqués dans les troubles de La Réole, M. de Martignac était au nombre de leurs défenseurs : eh bien! comment cet homme qu'on a connu depuis si modéré, si bienveillant et si courtois de langage, comment crut-il devoir s'y prendre pour sauver ses pauvres clients, et peut-être pour s'excuser lui-même d'oser les défendre? Il jugea, nous dit M. de Viel-Castel, « qu'il ne suffisait pas d'accabler des plus cruels outrages la mémoire des généraux Faucher avec qui on assure qu'il avait eu jadis des relations assez intimes, de les présenter comme des *scélérats* vieillis dans le crime, *dont La Réole garderait longtemps l'effrayant souvenir*; il se laissa emporter contre MM. Berryer et Dupin, et contre le système de défense qu'ils avaient adopté dans l'affaire du maréchal Ney, à des invectives tellement violentes, qu'il faut les citer textuellement, parce qu'aucune analyse n'en donnerait une juste idée :

« A Dieu ne plaise, disait-il, que nous suivions jamais l'exemple qui nous a été donné dans une affaire récente dont les détails ont longtemps lassé notre patience!... Nous avons une plus juste idée des devoirs que nous impose notre ministère, et si jamais ils se trouvaient en opposition avec nos devoirs et nos sentiments de citoyens, notre choix ne serait pas douteux. Les liens de l'estime et de la confraternité ne peuvent plus exister entre nous et ceux qui professent des principes contraires, et si l'honneur pouvait être solidaire entre des hommes qui exercent la même profession à des distances considérables, je me hâterais de protester contre un pareil abus, et je vous dirais hautement : L'avocat qui, chargé volontairement de défendre un guerrier traître et rebelle à son roi, s'oublie jusqu'à justifier l'action en elle-même, qui cite comme un titre de gloire pour l'accusé le nom d'une bataille (celle de Waterloo) où il acheva de se rendre criminel en combattant contre son maître; qui invoque à son secours le témoignage d'autres rebelles et les excite à rappeler les moyens qu'ils avaient pour forcer leur roi à la clémence ; l'avocat qui, s'entourant de honteux détours, de méprisables subterfuges, d'ignobles entraves, enlève ainsi au prévenu, autant qu'il est en lui, son dernier honneur, celui du courage, cet avocat a perdu son titre à nos yeux : je me sépare à jamais de lui. »

On a beau dire que tout moyen est bon à un avocat pour sauver son client, M. de Martignac passait ici toute mesure, et il est difficile d'admettre qu'il n'obéissait pas lui-même, en s'exprimant de la sorte, à un accès de la fièvre politique qui sévissait partout autour de lui.

Il n'est pas moins vrai que d'autres plus calmes, plus purement politiques, étaient obligés de conformer leur langage au ton que commandaient les circonstances, et de faire aux passions déchaînées quelques concessions apparentes, ou même réelles, pour tenter de les désarmer et de les réduire. Dès qu'on sort de son immobilité individuelle et qu'on prétend à une action publique en ces heures d'orage, force est bien d'en agir ainsi. Les plus sages et les plus fermes sont obligés de consulter le courant et de louvoyer. Du moment qu'on quitte le port et qu'on se met en route, il faut bien naviguer avec les vents et sur les mers de son temps. J'ai présents à la pensée, en parlant comme je le fais, quelques-uns de ces hommes modérés et sages qui étaient alors au timon de l'État, dans le ministère, et qui tentaient honorablement et, comme on dit, contre vent et marée, de tirer la Restauration de ces passes dangereuses, et de faire sortir du principe de la légitimité un gouvernement réparateur.

On n'a pas assez dit lorsque, parmi ces victimes du fanatisme du Midi, on a énuméré dans un récit d'histoire quelques noms de généraux connus ; mais combien d'autres de toute classe, immolés et restés obscurs, et dont il faut aller chercher, réveiller le souvenir aux lieux mêmes où ils ont péri et où l'écho répondra si on l'interroge ! L'historien, en général, lit et dépouille son *Moniteur* ou les journaux du temps, et il croit avoir tout fait ; mais il ne voyage pas assez, il ne consulte pas à sa source une tradition encore vivante et des traces qui fument encore. C'est dans les conditions humbles et moyennes plus que dans les régions officielles que se conservent pieusement les martyrologes. A Montpellier, cinq hommes furent envoyés à l'échafaud, le 22 juillet 1816, par la Cour prévôtale. La mémoire du peuple a retenu le nom de deux des condamnés, de Jean-Jacques Pau, et surtout d'Avinens, soit que leur attitude fût plus ferme, plus imposante que celle des autres, et qu'ils eussent une beauté virile qui frappait les assistants, soit à cause du cri final républicain que poussa l'un d'eux sur l'échafaud. Ils étaient accusés d'avoir, faisant partie de la garde urbaine, aidé la force militaire à repousser des émeutiers massacreurs le 27 juin 1815, c'est-à-dire dans l'espèce d'interrègne qui avait suivi la nouvelle de la perte de Waterloo ; ils avaient rempli leur devoir de citoyens et avaient été appelés régulièrement à faire partie de la force publique : ce furent les émeutiers, le lendemain triomphants, qui se vengèrent, les dénoncèrent, et auxquels la Cour prévôtale donna raison par une fiction rétroactive : condamnés à mort, ils furent presque immédiatement exécutés, le même jour, de nuit, à la lueur des flambeaux. La consternation était générale et profonde; une seule femme, la sœur de Pau, eut le courage de l'assister. Une autre jeune fille, âgée de dix-sept ans, et qui avait elle-même son père compromis et dans les prisons, mais exaltée et enhardie plutôt qu'intimidée par son propre malheur, fut pour eux l'ange des heures funèbres. Elle communiqua avec eux tant qu'elle put à travers les geôliers et ne les perdit pas de vue jusqu'au dernier instant. Le lendemain, ayant gagné le fossoyeur, elle trouva moyen d'approcher des restes tout sanglants; elle coupa à chaque tête une mèche de cheveux qu'elle marqua et noua dans son mouchoir pour les remettre aux familles. Cette fille courageuse s'appelait Marie Clausson.

A quelques lieues de Montpellier, dans la montagne et dans les bois, à un lieu qu'on nomme la Taillade de Gignac, s'étaient livrés de véritables combats entre les insurgés royalistes et les troupes; les insurgés interceptaient au passage les courriers, les caisses publiques, et ils assassinaient le plus de soldats qu'ils pouvaient, de ceux qui rentraient dans leurs foyers après le licenciement. Sur quantité de points de ces contrées, les mêmes événements se reproduisirent; il était peu d'endroits où l'on ne pût citer, il y a quelques années encore, quelque individu noté, quelque Trestaillons du lieu, qui avait figuré comme assassin dans ces temps funestes et qui, avec sa tache de sang au front, vivait et vieillissait impuni. Hélas! qu'on ne vienne plus tant parler de la Terreur rouge, ou plutôt qu'on en parle, mais en même temps que de la Terreur blanche, et dans un sentiment commun de réprobation et d'exécration. Les partis, à l'heure du délire et en fait d'abominations, ne se doivent rien les uns aux autres.

Les haines religieuses, en bien des lieux, s'associaient et s'accouplaient aux haines politiques pour les mieux empoisonner encore, et ce vieux levain de cupidité, d'avarice et d'envie qui fait le fond de la nature humaine autant et plus que la bonté (quoi qu'en ait dit Bossuet dans une phrase oratoire célèbre, empruntée au déclamateur Tertullien), ce mauvais fond sauvage, qu'il n'est besoin que d'éveiller pour le remettre en goût et en appétit, faisait le reste.

II

Mais ce qui était plus triste, s'il est possible, c'était le spectacle que donnait dans le même temps et dans la sphère politique la Chambre, produit de l'élection, et qui était si bien royaliste que Louis XVIII, dans un premier moment de satisfaction trop tôt déçue, l'avait nommée la Chambre *introuvable* : ce terme d'éloge ne tarda pas à se tourner en amère ironie.

La Chambre de 1815, élue sans qu'il y eût encore de loi d'élection organique et applicable, l'avait été en vertu d'une Ordonnance royale où l'on avait assez bien combiné quelques nouvelles précautions, jugées nécessaires, avec des débris et des cadres restants de législation précédente. Malgré tout, on pouvait dire que c'était bien le pays qui l'avait envoyée ainsi et telle qu'on l'allait voir à l'œuvre. Ce pays-ci en effet, dans sa vie publique, va tellement par sauts et par bonds, les vainqueurs du jour y sont tellement vainqueurs, et les vaincus y sont tellement vaincus et battus, qu'au lendemain de la seconde rentrée il n'y avait eu d'action, d'influence et de zèle que de la part de l'opinion triomphante; elle avait eu partout le champ libre, et personne ne lui avait disputé le haut ni le bas du pavé; les opposants étaient comme rentrés sous terre et avaient disparu. On avait donc une Chambre élue aristocratique, mais d'une aristocratie provinciale, sans élévation, sans grandeur, toute aux vues mesquines de répression, de représailles et de vengeance. Un écrivain spirituel et à la plume acérée, qui a trouvé moyen d'être préfet sous l'Empire, correspondant du souverain maître pendant toute cette période, puis ultra en 1815 et dans les années suivantes, puis opposant à la Restauration et collaborateur du *National* après 1830, et qui a eu l'art, moyennant je ne sais quel fil de logique subtile, de ne point paraître trop inconséquent à travers toutes ces variations de conduite et de costume, M. Fiévée, justifiant cette Chambre de 1815, a prétendu qu'après les événements antérieurs qui avaient brisé, trituré ou détrempé tant de caractères, s'il restait quelques espérances de talents applicables aux circonstances dans lesquelles on se trouvait au second retour de Louis XVIII, « ce ne pouvait être que parmi les royalistes qui avaient vécu, disait-il, hors du tourbillon qui entraînait l'Europe, réfléchissant sur l'inconstance des événements, en recherchant les causes, comparant le passé à ce qu'ils voyaient, faisant la part des hommes et des choses, et trouvant dans des pensées toujours refoulées un exercice qui doublait leurs forces :

« J'ai toujours cru et je crois encore, écrivait-il en 1849, que la Chambre de 1815 offrait plusieurs hommes de cette trempe. S'ils manquèrent de la politique du moment, ce fut positivement parce que cette politique instantanée ne leur avait jusqu'alors inspiré que du mépris; mais les affaires les auraient formés, parce qu'elles ont seules la puissance de courber les esprits forts jusqu'aux considérations honteuses qu'exigent l'état et les intérêts d'une société presque en dissolution. Cette ressource a disparu pour la France ; et l'Ordonnance de dissolution du 5 septembre a plus fait sans doute qu'elle ne croyait faire. »

Cette vue, on peut l'affirmer hardiment et d'après l'expérience, est fausse : il n'est pas exact de dire que l'état de mécontents, d'inactifs et d'émigrés à l'intérieur, entretenu et prolongé durant dix et quinze ans, ait jamais pu être une bonne préparation pour l'intelligence et le maniement des affaires publiques. En admettant que quelques-uns des députés de 1815 se fussent livrés dans leur castel à ces réflexions profondes que leur prêtait si gratuitement M. Fiévée, il était à craindre qu'ils n'en sortissent avec des idées préconçues et des systèmes, et que le rêve n'y eût sa bonne part. Pour moi, je crois être bien plus dans le vrai en comparant ces hommes honnêtes et convaincus, je ne le nie pas, mais ces hommes prévenus, longtemps refoulés et comprimés dans leurs préjugés et leurs passions, sitôt que la fenêtre et l'air libre leur furent ouverts, à ces armes qui sont restées trop longtemps chargées et sans usage : dès qu'on veut s'en servir, elles courent risque de vous crever entre les mains et d'éclater.

C'est ce qui arriva au roi Louis XVIII dès qu'il voulut se servir de sa Chambre *introuvable*. On put s'en apercevoir dès le premier jour. Le Cabinet, qui était le second depuis la rentrée de Louis XVIII, et qui succédait à celui qu'avait présidé M. de Talleyrand, était présidé lui-même par le duc de Richelieu, noble figure, cœur loyal et resté français dans l'émigration et jusque sous le drapeau russe, et l'un des hommes qui firent le plus pour rendre la Restauration viable, si elle avait pu ou voulu l'être. Tous ses collègues n'étaient pas d'égale valeur. L'un d'eux, M. Decazes, ministre de la police, gagnait chaque jour en crédit auprès du roi et devait, lui aussi, avec infiniment moins d'élévation, mais avec bien de l'insinuation et de l'habileté, devenir à son tour l'un des agents actifs de la politique modérée et conciliante : il ne l'était pas encore décidément à cette première date, et plusieurs de ceux avec qui il marcha bientôt de concert étaient plutôt sensibles d'abord à ses défauts apparents qui étaient un ton de suffisance et des airs de favori déguisant mal quelque vulgarité. Ses qualités se dégagèrent peu à peu et donnèrent confiance, une confiance qu'il ne tarda pas à justifier avec éclat. Mais M. de Richelieu avait commis la faute de prendre pour ministre de l'intérieur, sans le connaître, un ancien préfet de l'Empire, devenu singulièrement cher aux royalistes, M. de Vaublanc, esprit léger, présomptueux, ne doutant de rien, tranchant de l'homme d'État, se payant de paroles creuses, — « une outre gonflée de vent, » — comme on l'appelait, ou encore « une cymbale retentissante, » — disant à qui voulait l'entendre : « J'aime les difficultés, je les cherche, j'en ai besoin, c'est mon fort. » Il se flattait en effet de résoudre toutes les difficultés par des moyens à lui et qu'il n'a jamais révélés. Osant blâmer M. de Richelieu d'avoir accédé, de guerre lasse et le cœur navré, à ce traité nécessaire et imposé qui diminua la France et qui en rogna la carte, bien moins pourtant qu'on ne l'avait craint, il disait d'un air capable : « Au reste, il y avait une autre carte plus respectable que celle dont on a parlé : elle était tracée dans le cœur de tous les Français attachés à leur roi. » Il répétait sans cesse, en se flattant d'avoir une recette royaliste de son invention : « On peut étouffer la faction, sans arracher un cheveu de la tête d'un seul factieux. » C'était le même qui, autrefois préfet à Metz sous l'Empire, un jour de cérémonie et de fête impériale, avait dit à sa fille en présence d'un buste de Napoléon : « Fille d'un guerrier, couronnez le buste d'un héros ! » Ces anciennes louanges étaient plus qu'oubliées et réparées, et de tous les ministres il était le plus selon le cœur et les entrailles de la Chambre nouvelle.

Dès la première séance (7 octobre), après le discours fort sage de Louis XVIII, M. de Vaublanc, faisant l'appel des députés, prit sur lui d'omettre le nom de Fouché, duc d'Otrante, nommé à Melun; et comme quelques personnes lui témoignaient leur étonnement de cette omission arbitraire, il répondit : « qu'il devait éviter tout ce qui pouvait amener des scènes violentes dans la Chambre; que le seul nom prononcé aurait produit ces mouvements malgré la présence du roi, et qu'il avait rempli son devoir en ne le prononçant pas. » On put entrevoir les dispositions de la nouvelle Chambre à cette circonstance encore que, pendant l'appel, un député du Midi, M. Domingon, s'approchant pour prêter serment, voulut commenter sa pensée : « Je demande, dit-il, à mon seigneur et roi la parole pour... » Il fut interrompu par le duc de Richelieu qui, après s'être incliné vers le roi comme pour recevoir ses ordres, rappela que l'usage immémorial de la monarchie ne permettait pas, dans des occasions semblables, de prendre la parole en présence du monarque sans sa permission, et ordonna, au nom de Sa Majesté, de continuer l'appel nominal. L'intention du député ainsi interrompu était de faire une profession en faveur de la religion catholique à l'exclusion de toute autre et de protester contre la liberté des cultes. Il n'eût fait qu'exprimer l'opinion de bien des membres présents.

Singulière physionomie de cette Chambre où, pour la première fois, quelques-uns des plus hauts talents oratoires allaient se révéler à la France et à eux-mêmes, et prendre le rang qu'ils gardèrent depuis en face du pays, mais où bien d'autres, en revanche, allaient divulguer publiquement, par des motions insensées et funestes, les misères de leurs passions, les inconvénients de leur caractère, les faiblesses ou les ridicules de leur esprit, et s'y faire comme une effigie de première renommée qui ne s'effacera plus. A côté des de Serre, des Royer-Collard, des Pasquier, de ces organes éloquents et justes d'une minorité courageuse, que voyait-on en effet? qui allait-on entendre? quels étaient les auteurs de ces propositions ultra-royalistes et vraiment révolutionnaires, qui allaient pleuvoir coup sur coup, qui tendaient à tout remettre en question, les idées et les intérêts modernes, à constituer la société entière en état de suspicion, à aggraver toutes les peines, à proposer la peine de mort de préférence à toute autre, à substituer le gibet à la guillotine, les anciens supplices aux nouveaux (1), à maintenir la magistrature dans un état prolongé et précaire d'amovibilité, à excepter de l'amnistie des catégories entières de prétendus coupables, à rendre la tenue des registres civils au Clergé, à revenir sur les dettes publiques reconnues, etc., etc.? On voyait en première ligne, en tête de ces partisans des rigueurs salutaires, un Bonald, à l'air respectable et doux, métaphysicien inflexible et qui prenait volontiers son point d'appui, non pas dans

(1) A l'occasion de ces projets et propositions de rétablir la corde et de garder apparemment la peine de la tête tranchée pour les crimes d'État et les hauts personnages, une femme de qualité, rencontrant le garde des sceaux, s'échappa à lui dire, et d'un air de satisfaction : « Eh bien, Monseigneur, il paraît qu'on va nous rendre nos anciens supplices. »

l'ancienne monarchie trop voisine encore à son gré, mais par delà jusque dans la politique sacrée et dans la législation de Moïse : oracle du parti, tout ce qu'il proférait était chose sacro-sainte, et quiconque l'avait une fois contredit était rejeté à l'instant, répudié à jamais par les purs; — un La Bourdonnaie, l'homme d'action et d'exécution, caractère absolu, dominateur, un peu le rival de Bonald en influence, mais non moins dur, et qui avec du talent, un tour d'indépendance, avec le goût et jusqu'à un certain point la pratique des principes parlementaires, a eu le malheur d'attacher à son nom l'inséparable souvenir de mesures acerbes et de classifications cruelles; — un Salaberry, non moins ardent, et plus encore, s'il se pouvait; pamphlétaire de plume comme de parole, d'un blanc écarlate; — un Duplessis-Grenedan, celui même qui se faisait le champion de la potence et de la pendaison, atroce de langage dans ses motions de député, équitable ailleurs, par une de ces contradictions qui ne sont pas rares, et même assez éclairé, dit-on, comme magistrat sur son siége de justice; — M. de Bouville, qui eut cela de particulier, entre tous, de se montrer le plus inconsolable de l'évasion de M. de Lavalette; qui alla de sa personne en vérifier toutes les circonstances sur les lieux mêmes, et qui, au retour, dans sa fièvre de soupçon, cherchait de l'œil des complices en face de lui jusque sur le banc des ministres; — et pour changer de gamme, tout à côté des précédents, cet onctueux et larmoyant Marcellus, toujours en deuil du trône et de l'autel, d'un ridicule ineffable, dont quelque chose a rejailli jusqu'à la fin sur son estimable fils; — et un Piet, avocat pitoyable, qui, proposant anodinement la peine de mort pour remplacer celle de la déportation, disait, dans sa naïveté, qu'entre les deux la différence, après tout, se réduisait à bien peu de chose; ce qui mettait l'Assemblée en belle humeur et n'empêchait pas le triste sire de devenir bientôt, par son salon commode, le centre et l'hôte avoué de tous les bien pensants; — et un Laborie que j'ai bien connu, toujours en quête, en chuchotage, en petits billets illisibles, courtier de tout le monde, trottant de Talleyrand ou de Beugnot à Daunou, mêlé et tripotant dans les journaux, pas méchant, serviable même, mais trop l'agent d'un parti pour ne pas être inquiétant et parfois nuisible.

Il y avait des niais et quelques sots panachés dont je ne parle pas, ils vivent peut-être encore; puis, à côté, les malins : — et ce Vitrolles, hardi, osé, peu scrupuleux, qui avait un pied dans les camps les plus opposés, qui visait à un premier rôle, qui jouait son va-tout sur une seule carte, la confiance intime de *Monsieur*; qui perdit et qui se fera beaucoup pardonner un jour en jugeant dans ses Mémoires avec esprit les gens qui l'ont mal payé de son zèle; — et Michaud, engagé parmi les violents du parti, on ne sait trop pourquoi, si ce n'est parce qu'il s'en était mis de bonne heure et de tout temps; raisonnable et même assez philosophe dans ses écrits historiques et dans ses livres, incorrigible dans ses feuilles; de qui Napoléon avait dit que c'était « un mauvais sujet; » avec cela homme d'esprit et les aimant, indulgent même pour la jeunesse; journaliste avant tout et connaissant son arme, muet dans les assemblées et pour cause, avec un filet de voix très-mince, un rire voltairien, et qui passa sa vie à se rendre compte des sottises qu'il favorisait, qu'il provoquait même, et qu'il voyait faire (1).

Parmi ceux qui se signalèrent dans cette première et fougueuse Assemblée, il en était bien peu qui comme Hyde de Neuville, alors bouillant, exagéré et sortant

(1) Michaud savait très-bien se railler tout doucement des Marcellus, des Piet, et consorts. Il n'était pas volontiers des dîners et réunions chez ce dernier; un jour que M. Piet, le rencontrant, l'avait abordé en lui disant : « Ah! vous voilà, grand coupable ! » — « Je ne suis pas aussi coupable, lui répondit Michaud, que vous êtes innocent. » — Une autre fois et dans un temps plus rapproché de nous, M. Laborie tout essoufflé arrive à *la Quotidienne,* prend à part M. Michaud dans un coin, lui parle longuement à l'oreille et puis sort : il se ravise et rentre un moment après, en lui disant, le doigt sur les lèvres : « Au moins je vous recommande bien le secret, mon cher ami. » — « Soyez tranquille, répondit Michaud, je cacherai ce secret-là dans les Œuvres complètes de Lacretelle. » Il faisait ainsi d'une pierre deux coups et se moquait de deux amis diversement ridicules. — Une autre fois encore, rencontrant M. de Marcellus : « Eh bien, lui dit-il, vous devez être content de *la Quotidienne,* il y a de l'esprit. » — « Oui, répond le benoît Marcellus en faisant la grimace, mais voyez-vous, mon cher ami, il y a toujours quelque chose de satanique dans l'esprit. » Michaud racontait cela sans avoir l'air d'y toucher et en se moquant. — Puisque j'y suis, j'achève de rassembler les traits qui le peignent. J'ai dit qu'il était journaliste jusqu'au bout des ongles; il aimait les périls et les difficultés du métier; une de ses maximes était : « On ne dit bien que ce qui est difficile à dire. » — Quand on lui présentait et qu'on lui lisait un article, ce qu'il fallait regarder pour savoir son avis, ce n'était pas son visage, c'était sa tabatière. Il la tenait toujours entre ses mains : s'il était content de ce qu'il entendait, il oubliait de prendre sa prise; sinon, il prisait sans cesse et vidait sa tabatière.

des bornes au point de se faire le dénonciateur de Masséna, s'apaisèrent, s'assagirent avec les années et mûrirent plus tard dans un meilleur sens.

Je n'appelle pas mûrir ce qui arriva aux Corbière et aux Villèle, aux avisés et aux habiles, qui ne venant d'abord qu'au second rang et comme dans l'intervalle des forcenés, ne se dessinant que peu à peu, surent bientôt se rendre nécessaires. Ces deux personnages dont on s'accoutuma de bonne heure à unir les noms faisaient leur chemin par les bureaux et conquéraient leur crédit dans le travail des commissions; ils s'y montrèrent les plus capables et devinrent dès lors les hommes d'affaires du parti. M. de Villèle notamment, sans éclat de parole, sans agrément de débit, nasillonneur, mais plein de ressources et d'habileté sur le terrain positif de la discussion et dans le pied-à-pied des débats, M. de Villèle, vers la fin de la session, fit ses preuves de tacticien parlementaire consommé.

M. Lainé, déjà connu et illustre comme orateur en 1814, fut nommé par le roi président de la Chambre ; le choix était bon. Le président dut pourtant céder sur un point, dans la rédaction de l'Adresse à laquelle il eut la plus grande part, au zèle violent de quelques collègues et notamment de M. Bellart, dit-on. Cet honnête homme à imagination ardente, et qui n'admettait guère qu'on pût sentir et penser autrement que lui-même, lui arracha une phrase par laquelle on supplia formellement le roi de s'en tenir à la clémence pour le passé et d'y mettre un terme, en laissant cours à la justice et à la sévérité des lois pour l'avenir. Ces lois, on se réservait de les faire, aussi énormes, aussi draconiennes que possible.

Le ministère lui-même en proposait de fort dures, mais selon lui indispensables, eu égard à l'état de choses et à la disposition des esprits. Ces premiers projets, l'un sur les cris séditieux, l'autre pour la suspension de la liberté individuelle, parurent encore trop doux à la Chambre, qui voulut les amender dans un sens de rigueur; et c'est dans ces premières discussions que chacun prit sa ligne et que les orateurs éminents se dessinèrent.

Un incident remarquable signala la discussion sur le projet de loi restrictif de la liberté individuelle, par où l'on commença. M. d'Argenson s'avisa de demander qu'on procédât, comme en Angleterre, lorsqu'on veut suspendre l'*habeas corpus,* et qu'on fît préalablement une enquête pour prouver que les lois en vigueur ne suffisaient pas; autrement, on est réduit, disait-il, à se décider d'après des faits isolés, sur des rapports partiels et contradictoires qui ne permettent pas d'asseoir une opinion : « Et c'est ainsi, continuait-il, que tandis que
« les uns parlent de clameurs séditieuses, de provo-
« cations insensées à la révolte, les autres ont déchiré
« mon âme en annonçant que des protestants avaient
« été massacrés dans le Midi. » A ces mots une violente agitation s'empara de l'Assemblée; les cris : *A l'ordre! C'est faux!* se firent entendre de toutes parts. M. d'Argenson, peu orateur et mal préparé aux luttes de la tribune, ne sut pas trouver alors dans son indignation un de ces cris puissants comme en eût trouvé en pareille

crise une âme d'orateur. Il hésita, n'insista pas, s'excusa presque en disant qu'il n'avait entendu parler que de bruits vagues, et ne fut pas moins rappelé à l'ordre. Et cependant, ces attentats et massacres étaient flagrants; ils s'étaient accomplis et perpétrés à la clarté du soleil.

Autre circonstance significative, qui indique bien le degré thermométrique de cette Chambre : M. Royer-Collard lui-même sur son banc, à côté d'un de ses voisins les plus sages, avait été fort impatienté et mécontent de cette sortie de M. d'Argenson et l'avait laissé voir tout haut selon son habitude : tant les hommes modérés se sentaient en minorité et peu en faveur dans ce milieu-là, et tant ils étaient eux-mêmes poussés comme malgré eux à l'extrême limite de la modération.

Mais pour des talents de tribune et prédestinés par la nature aux triomphes de la parole, ces difficultés, ces périls ne sont qu'un attrait et un ressort de plus : aussi cette Chambre introuvable fut-elle un théâtre d'éclatant début et de succès, et pour M. Royer-Collard tout le premier, avec sa forte et haute manière et ce je ne sais quoi d'auguste dans le bien dire qui ne ressemblait à rien de ce que l'on connaissait jusque-là; et pour M. de Serre, cette grande âme oratoire, au large essor, au coup d'œil étendu, à l'inspiration palpitante et passionnée, un de ces oiseaux de haut vol qui ne s'élèvent jamais plus haut que dans la tempête; et pour M. Pasquier, tantôt prudent et mesuré rapporteur, tantôt, et le plus souvent, improvisateur habile et sensé, qui toujours prêt, toujours à propos, toujours pratique, ayant au plus haut degré le tact des situations et le sentiment du possible, parlant utilement (rare mérite!), atteignit lui-même plus d'une fois aux hauteurs de l'éloquence. J'ai assez dit les crimes et les excès : qu'on me laisse revenir à mon aise et reposer un peu mon regard sur ces nobles et graves figures qui apparaissent dans leur lointain, avec quelques autres également respectables, comme les bons génies si peu écoutés de la Restauration.

Mais se peut-il, comme je l'entends dire, que l'exemple de tant de fautes, de tant de folies avérées auxquelles vainement ils résistèrent, soit en pure perte et inutile? Que dis-je! se peut-il que cet exemple, en sens inverse, soit devenu bien plutôt attrayant et contagieux pour une partie de la jeunesse nouvelle; que ce soit précisément au mauvais côté des souvenirs d'une époque qui en offre de si louables, que de jeunes esprits aillent se rattacher de préférence en vertu de je ne sais quel faux idéal rétrospectif? Sera-t-il donc vrai qu'en France l'exemple des pères est toujours perdu pour les enfants, et que l'expérience ne se transmet pas d'une génération à l'autre? Et encore ici cette expérience n'avait pas été sans profiter et sans porter quelque fruit. J'ai connu des fils de ces hommes excessifs et violents, qui étaient, eux, adoucis, modérés, tolérants, réconciliés avec les idées et les lumières de leur époque. On hésitait, quand on les voyait, à penser trop sévèrement de leurs pères. Et tout cela serait perdu derechef, tout cela serait comme non avenu! C'est, nous dit-on, chez plusieurs, tout un faux train d'enthousiasme qui recommence. Mais d'où sortent-elles donc ces générations nouvelles, qu'un fanatisme abstrait séduirait et qui iraient choisir si mal leurs oracles? Nous faudra-t-il admettre qu'il y a dans l'esprit humain des traces innées, des moules tout prêts pour des fanatismes quelconques, des retours et comme des accès périodiques pour des erreurs qu'on croyait épuisées?

Lundi 16 février 1863.

HISTOIRE DE LA RESTAURATION

PAR M. LOUIS DE VIEL-CASTEL

TOMES IV ET V

(SUITE ET FIN)

Trois personnages donc, trois députés marquèrent dès les premiers jours leur rang comme orateurs et comme chefs de la minorité dans cette Chambre de 1815, et chacun selon sa mesure et suivant son pas, ils marchèrent constamment d'intelligence et de concert : nous nous plairons aujourd'hui à les considérer, n'en déplaise aux mauvais restes vénéneux des passions de ce temps-là et à ces esprits louches que le regard de l'histoire offense (1). Nous ne nous attachons en tout qu'à la raison et au talent, à ce qui compte.

(1) Voir, dans le journal *l'Union* du 12 février 1863, l'article de M. Laurentie. Cet homme de parti y insinue contre moi de petites

I

ROYER-COLLARD

M. Royer-Collard n'était pas en 1815 ce que nous l'avons vu dans la dernière partie de sa carrière ; il était plus voisin de ses origines et de ses premiers antécédents qui avaient été tout royalistes. Ce personnage original et unique, en un temps où il y en a si peu de parfaitement entiers, était, comme on sait, sorti de souche janséniste ou plutôt d'une famille imbue des principes et des maximes de Port-Royal, ce qui est, à mes yeux, un peu différent; c'était, en un mot, de la sévérité morale chrétienne plutôt encore que de la théologie qui l'avait environné et nourri dès l'enfance, et il n'avait

---

infamies calomnieuses : il fait entendre, par exemple, que j'ai dû avoir quelque obligation à M. Michaud pour l'avoir maltraité ainsi. Et notez que je ne l'ai point maltraité ! Je vous demande un peu quelles obligations j'ai pu avoir dans ma vie à M. Michaud, si ce n'est de l'avoir entendu quelquefois causer. Mais le Laurentie manquerait au seul talent qu'il ait, en procédant autrement : esprit bas, étroit, médiocrité amère. Imposé à l'Université, en qualité d'inspecteur général, dans le temps du triomphe de la Congrégation, il s'y rendit célèbre d'emblée, et y prit ses grades par une bévue : il crut et il fit imprimer dans je ne sais quel de ses livres que Romulus, après une victoire, avait consacré à Jupiter les armes d'un certain roi *Férétrius*. Dans son ignorance de Jupiter Férétrien, il débaptisait le dieu et il baptisait un roi de son invention, preuve que ce soit-disant défenseur des bonnes études n'avait pas même lu son Rollin. Cela fit beaucoup rire. C'est la seule chose gaie qui soit échappée à ce triste écrivain, à ce triste et sec esprit; c'est le seul souvenir littéraire qu'il mérite de laisser.

eu sous les yeux que l'exemple des justes dans son petit pays de Sompuis en Champagne, où, par hasard, la bonne et forte semence du pur Port-Royal était allée tomber. Par une sorte de prédestination qui s'accusait même dans les noms, il avait fait ses premières études chez les Pères de la doctrine chrétienne, autrement dits Doctrinaires. Jeune, il avait passé ensuite plusieurs années en province, dans la solitude, à étudier, à bien lire un petit nombre de livres, à méditer surtout les écrits des géomètres, Clairaut, d'Alembert, Euler : il s'adressa une ou deux fois par lettres à l'abbé Bossut pour lui demander des conseils généraux; mais il étudiait seul, et c'est ainsi qu'il se forma l'esprit : la géométrie, ce fut sa logique. Il passa de là au barreau, qui n'est pas accoutumé à recevoir pour siens de ces élèves d'Euclide; il vint habiter dans l'île Saint-Louis, où la Révolution le trouva encore obscur, jeune avocat, ayant plaidé cependant non sans succès à la Grand'Chambre; l'illustre Gerbier avait été son introducteur et son patron. Gerbier, Port-Royal et Clairaut, ce jeune homme choisissait bien en tout point ses parrains intellectuels.

Il me racontait un jour, comme il aimait à le faire en se parlant à lui-même dans une sorte de monologue, toute sa première vie et ses débuts; qu'étant jeune avocat à Paris, reçu d'abord dans quelques maisons de l'île Saint-Louis, il se retira vite de ce monde secondaire de robins et de procureurs, dont le ton l'avait suffoqué. L'impression de cette médiocrité galante et précieusement vulgaire lui inspirait encore, rien qu'à y penser, un geste de dégoût. Vivant solitaire, aimant mieux, au besoin, comme Malherbe, causer avec les bateliers du port qu'avec tous ces robins musqués, il se fit remarquer après juillet 89, par une improvisation dans une assemblée des électeurs de Paris ; il fut élu membre du conseil de la Commune ou municipalité d'alors, par la section de l'Île où il habitait. C'est dans ce conseil de la Commune de Paris qu'il eut des rapports forcés avec d'autres membres fameux, Camille Desmoulins, Manuel ; il avait déjà des relations antérieures avec Danton qui était son compatriote champenois, et qui avait pour lui un certain goût, une certaine estime, je demande pardon du mot. Il y eut telle circonstance, dans le cours de la Révolution, où M. Royer-Collard s'étant fait l'orateur de quelque députation de son quartier à la barre de la Convention, Danton lui frappa familièrement sur l'épaule pour l'avertir de ne pas se compromettre. Cette première accointance avec Danton, si singulière qu'elle puisse paraître à distance et au point de vue définitif des deux personnages, eut de l'influence sur M. Royer-Collard, et le marqua d'un cachet qui se peut reconnaître par le contraste même, par le revers exact de l'empreinte. Lorsque plus tard, après la Terreur et sous le Directoire, M. Royer-Collard releva la tête et reprit part au mouvement public, il adopta pour sa devise le contre-pied de celle de Danton ; nommé au Conseil des Cinq-Cents, le premier et le seul discours qu'il y fit et qui fut très-remarqué se terminait par ces mots :

« Aux cris féroces de la démagogie invoquant l'audace et puis l'audace, et encore l'audace, Représentants du peuple, vous répondrez enfin par ce cri consolateur et vainqueur, qui retentira dans toute la France : la justice, et puis la justice, et encore la justice. »

Ainsi il reprend au rebours, de propos délibéré, le mot d'ordre de Danton : celui-ci, dans le mouvement d'invasion et dans le temps d'assaut de la Révolution montante, a tout attaqué et détruit; lui, dans la période du décours et du déclin, il veut restaurer, mais il le voudra selon la mesure et selon la justice.

Je répète exprès la double devise, pour mettre les deux principes et les deux mobiles en présence : « *De l'audace! encore de l'audace! et toujours de l'audace! — La justice! encore la justice! et toujours la justice!* » Qu'on veuille y réfléchir : ce n'est pas là un accident oratoire que cette opposition ainsi proférée et proclamée au début de la carrière, par un homme public jeune et grave, âgé de trente-quatre ans; c'est une intention, une volonté réfléchie et formelle, un système; c'est tout un engagement et un serment; et il l'a tenu Il ne se peut deux carrières plus contraires en effet, cela va sans dire, plus diamétralement opposées en tout, que celles de M. Royer-Collard et de Danton; mais le piquant est que tous deux se soient rencontrés, coudoyés, se soient touché la main, et que l'un, à son second point de départ, se soit si nettement souvenu et inspiré de l'autre pour le repousser, l'abhorrer et lui ressembler à tout jamais si peu. Les Anciens aimaient à se figurer, en les unissant et les accouplant dos à dos, les types et figures représentant les genres les plus contraires : ainsi ils assemblaient dans un même marbre en les opposant nuque à nuque comme les deux faces de Janus, la figure d'un Aristophane et celle d'un Sophocle : si ce n'était une profanation, à cause du sang qui tache le front de Danton, je me figurerais ainsi, ne fût-ce qu'un instant, Danton et Royer-Collard enchaînés, et leurs deux faces tournées vers des fins toutes contraires, — deux antagonistes éternels !

Il y eut pourtant de l'incertitude dans les premiers pas que fit M. Royer-Collard à cette reprise de carrière. Il en était venu, après Fructidor, à être le correspondant de Louis XVIII, un de ceux qui étaient censés devoir l'éclairer sur l'état vrai de l'opinion en France.

« Quand cela me fut proposé, me disait-il un jour, j'hésitai d'abord, je savais bien qu'il y allait, comme on disait alors, *de la plaine de Grenelle ;* et puis ce n'étaient pas tout à fait mes opinions, j'en prenais et j'en laissais. Je fis exprès un voyage en Suisse. Mais il y eut, Monsieur, une cause qui me décida, — et qui vous aurait décidé aussi, ajouta-t-il avec ce geste impératif qu'il avait, — ce fut la *curiosité !* Je me dis : Voyons quelles sont les pensées de ce parti, et j'acceptai. Je demandai seulement que dans ce rôle de conseiller royal on m'adjoignît l'abbé de Montesquiou, *mais pour l'ornement, entendez-vous bien ! pour l'ornement !* »

Pendant longtemps, Mme Royer-Collard porta cachées dans sa poitrine les lettres qu'il recevait de Louis XVIII (1).

---

(1) M. de Barante, dans l'ouvrage intitulé : *La Vie politique de M. Royer-Collard, ses Discours et ses Écrits* (2 vol. in-8°, Didier, 1861), a donné tous les détails désirables sur ce Conseil royal secret qu'avait Louis XVIII en France, et dont, à un moment,

Je ne crains pas les anecdotes avec cet homme de
théorie et de tribune, mais aussi de conversation mordante et de dialogue, et dont les deux grands précédents philosophiques et littéraires, à le bien voir, sont
Socrate et Despréaux.

M. Royer-Collard vivait à Paris au commencement de
l'Empire dans un quartier central, du côté de la rue
Montmartre (si je ne me trompe); sans être trop solitaire ni renfermé, il cherchait à se défendre des visites
importunes. Il y avait des fâcheux qu'il avait donné
ordre de ne recevoir qu'à leur seconde visite, d'autres
à leur troisième, d'autres à leur quatrième, etc.; ils
étaient échelonnés et numérotés, selon le degré d'inutilité ou d'ennui. La domestique, fille exercée, observait sa consigne à la lettre. Un jour qu'il entendait
qu'elle refusait la porte à un visiteur, comme il était
d'humeur à recevoir ce jour-là, il lui demanda pourquoi
elle l'avait renvoyé : « Il n'en est encore qu'à sa quatrième, » répondit-elle.

Ses relations avec M. de Fontanes, avec M. Pastoret,
firent de lui un professeur de philosophie à la Faculté,
en 1811 : une circonstance fortuite, un volume de
l'Écossais Reid qu'il trouva sur les quais en bouquinant,
le mit sur la voie de la philosophie qu'il adopta dans
sa chaire et dont on a fait tant de bruit. Cette doctrine
particulière, qu'il étudia et analysa avec une fermeté

M. Royer-Collard fut l'âme; je me permets plus de familiarité;
mais l'ouvrage de M. de Barante, sauf ce léger défaut de ne pas
graver assez, est sage, judicieux, fin, net, excellent, comme tout ce
qui sort de cette plume habile.

ingénieuse, ne fut jamais chez lui que secondaire et subordonnée à des principes religieux et moraux supérieurs ; il ne poussa jamais l'examen à ses dernières limites, et les aventures, les constructions de système de ceux qui affectaient en toute occasion de se proclamer ses disciples, par un sentiment de reconnaissance et de déférence sans doute, mais aussi pour se couvrir au besoin de lui, lui restèrent choses extérieures et presque étrangères. Il répondit un jour à l'un d'eux (1) qui, dans une discussion, l'appelait emphatiquement son maître : « Il y a longtemps, Monsieur, que je l'ai été. »

Le nom de M. Royer-Collard, on le conçoit, était comme une position respectable qu'il importait d'occuper pour couvrir tout le développement de la philosophie éclectique ; M. Cousin l'a bien senti, et il s'est, à certains jours, autorisé ou réclamé de M. Royer-Collard à tout prix, même quand celui-ci grondait le plus entre ses dents. Pour ce qui est de Jouffroy, M. Royer-Collard le désavouait, le répudiait hautement, et dans des termes mêmes qui pouvaient sembler excessifs et cruels ; mais l'explication sur ce point entraînerait à trop de détail (2).

---

(1) M. Cousin.
(2) Voici ce qui était arrivé. Pendant que M. Royer-Collard était président du Conseil de l'Instruction publique, Jouffroy, alors maître de conférences à l'École normale, avait parlé trop librement du Christianisme devant ses élèves, au nombre desquels se trouvait alors un parent de M. de Villèle. Le moment politique était des plus critiques à cette heure ; on était à la veille de l'avénement du parti déjà tout-puissant, et la philosophie ainsi que l'Université

Il y avait en M. Royer-Collard un fonds de vieux chrétien qui subsista toujours, qui se réveilla dans ses dernières années, mais qui, même dans la période la plus mondaine et la plus oublieuse, ne lui permit jamais de considérer la philosophie que comme la suivante et, tout au plus, comme la dame de compagnie de la religion.

Je continue de donner idée de l'homme sans fausse révérence et dans le ton qui peut nous le rendre le plus au vrai. Je recueille mes souvenirs tant directs qu'indirects sur lui. M. Molé, avec son tact fin, en parlait à merveille. C'était, disait-il, un original qui restait *lui-même* partout. Sous la Restauration, vers 1818, dans le cabinet du roi, il se prenait à parler haut; il disait à M. Molé, de manière à être entendu de tous : « Pourriez-vous me faire l'amitié de me dire, Monsieur, ce que je fais ici? » M. Molé tâchait de le faire taire et en était embarrassé : le duc de Mouchy, capitaine des gardes, lui faisait signe en riant. Les courtisans se retournaient tout étonnés de ce verbe haut, eux qui ne

n'avaient guère faveur, comme on sait, auprès des royalistes : une pareille conduite connue et dénoncée compromettait l'Université au plus haut degré. M. Royer-Collard fit venir Jouffroy, qui promit d'y mettre plus de prudence à l'avenir, et qui pourtant récidiva. Mais interrogé de nouveau par M. Royer-Collard, il eut la faiblesse de nier le fait. Celui-ci le prit alors de très-haut, et, me montrant un fauteuil près de la fenêtre dans son cabinet, il me dit un jour : « Il était assis là, Monsieur, et je l'ai fait pleurer. » A ces termes de « mépris » qu'il employait contre Jouffroy, je me permis, malgré mon peu de familiarité avec le haut personnage, de lui dire qu'il me semblait plus que sévère pour une faute de jeunesse, déjà si ancienne.

se parlaient qu'à l'oreille dans cette chambre sacrée où l'on aurait entendu une mouche voler; Louis XVIII ne paraissait pas l'entendre. Il faisait ses réflexions tout haut sur les princes; voyant entrer le duc d'Orléans : « En voilà un, disait-il, chez qui je ne mets pas les pieds. » Puis il déployait son grand mouchoir rouge et se mouchait aussi bruyamment qu'il eût fait dans son cabinet. Il avait quelque chose d'*abrupte*. Son visage même accusait cela; ces sourcils proéminents, ce nez, ce menton... La nature l'avait ébauché à grands traits, et le rabot n'y avait point passé. — Hommes et choses, il n'aimait et n'appréciait que ce qui était à une certaine hauteur et ne connaissait pas même le reste; il avait le goût haut placé. — En l'approchant, on sentait tout d'abord une supériorité naturelle; aussi tout le monde lui *rendait*.

Il était fort capable de préventions; il en eut à certains jours contre quelques-uns de ses amis même.

Ce n'était pas précisément un homme d'État que M. Royer-Collard; un homme d'État ne refuse jamais d'être ministre quand l'occasion convenable s'en présente : c'était un grand critique en toute matière, et en politique également.

Il avait une manière de dire les moindres choses qui n'était pas sans prétention, mais qui les gravait. Il ne disait rien comme tout le monde, et ce qu'il avait dit une fois, tout le monde ensuite le répétait. C'est lui qui, la veille du discours de réception de Victor Hugo à l'Académie, disait à quelqu'un qui ne paraissait pas sûr de pouvoir y assister : « Il faut y aller, *on s'attend à de l'imprévu.* » Et après la séance, il dit au glorieux récipiendaire, en manière de compliment : « Monsieur, vous avez fait un bien grand discours pour une bien petite assemblée. » C'est lui qui, à un célèbre candidat pour l'Académie (1), qui s'étonnait d'apprendre de sa bouche qu'il n'eût pas lu ses ouvrages, fit cette réponse qui a couru et qui court encore : « Je ne lis pas, Monsieur, je relis. »

On aurait pu trouver quelquefois qu'il usait et abusait du poids de sa parole pour écraser les gens. Il avait de ces insolences superbes. En cela, il obéissait surtout à sa tournure d'esprit et à sa verve irrésistible très-épigrammatique et sarcastique sous forme hautaine.

Un jour à la Chambre, dans un groupe où il était, il avait dit un mot contre la popularité. M. Mauguin, qui était présent, lui dit de cet air riant : « Mais vous-même, monsieur Royer-Collard, vous avez eu votre moment de popularité. » — « De la popularité, répliqua le terrible rabroueur, j'espère que non, Monsieur ; mais peut-être un peu de *considération*. » Et chaque syllabe du mot était accentuée avec lenteur.

On ferait un recueil de ces sortes de répliques où il excellait ; ce serait le plus majestueux et non pas le moins amusant des *Ana*. Il n'avait pas du tout la gravité triste. J'ai présents à la mémoire en ce moment nombre de ces mots salés et d'une belle amertume, et qui ne demandent qu'à sortir ; il n'est pas temps encore

---

(1) Le comte Alferd de Vigny.

de les donner ; presque tous ses amis politiques y passent ; il ne se gênait avec personne : d'un tour, d'un trait, sans y viser, il emportait la pièce.

Voyons, essayons-en cependant un ou deux encore, rien que pour en noter la forme. Si on parlait devant lui (je suppose) de quelqu'un qui avait de l'esprit sans doute, mais encore plus de prétention et d'affiche, beaucoup de faste et d'ébouriffure, si on risquait à son sujet le mot de sot, de sottise : « Ce n'est pas un sot, répliquait M. Royer-Collard, c'est *le sot !* » Et voilà mon homme coiffé (1). — Sur M. Berryer, après son premier discours à la Chambre, si quelqu'un tout bonnement disait : « C'est un grand talent; » — « Ce n'est pas un talent, répliquait M. Royer-Collard, c'est une puissance ! » Il avait ainsi une manière de piquer et de renchérir sur ce que vous aviez dit, et d'une de vos paroles ordinaires, en la reprenant et en la refrappant, il en faisait une toute neuve et saillante. Que vous dirai-je ? il était plus grand, il plantait le clou plus haut.

Mais c'est par d'autres côtés plus considérables qu'il apparut dans cette Chambre de 1815 ; il avait tous les titres pour se faire écouter d'elle, son passé, sa fidélité éprouvée et constante pour la cause royale, la gravité de ses mœurs et l'autorité de son accent. Cependant, dès les premières discussions, la majorité comprit qu'elle avait trouvé en lui un puissant et redoutable adversaire, et que dorénavant M. de Bonald ne serait plus seul à trôner du haut de son Sinaï. Sur la question

---

(1) Le mot en question a été dit par M. Royer-Collard à propos de M. de Salvandy ; et j'ajouterai que le mot est injuste.

de l'amovibilité temporaire des juges, mise en avant par M. Hyde de Neuville ; sur cette autre question des catégories de personnes à excepter de l'amnistie que proposait M. de La Bourdonnaie, M. Royer-Collard eut de hautes et belles paroles, et surtout appropriées aux temps : elles tombaient de tout leur poids dans cette Chambre royaliste qu'il adjurait de ne pas vouloir être plus sage que le roi, ou moins clémente que lui ; de ne point rentrer et se traîner dans les voies révolutionnaires, en voulant combattre l'esprit de la Révolution ; de ne pas infirmer la justice, en mettant à une trop rude épreuve la conscience du juge ; de ne pas intercepter le pardon et de ne pas lui faire rebrousser chemin, après qu'il était descendu du trône ; de ne pas ériger après coup contre des condamnés un surcroît de peines rétroactives ; de ne pas introduire sous le titre d'indemnités, et dans une loi d'amnistie, l'odieuse mesure des confiscations expressément abolies par la Charte :

« Les confiscations, nous ne l'avons pas oublié, disait-il avec l'autorité d'un témoin aussi pur que les plus purs, sont l'âme et le nerf des révolutions ; après avoir confisqué parce qu'on avait condamné, on condamne pour confisquer ; la férocité se rassasie ; la cupidité, jamais. Les confiscations sont si odieuses, Messieurs, que notre Révolution en a rougi, elle qui n'a rougi de rien ; elle a lâché sa proie ; elle a rendu les biens des condamnés. »

Mais que dire quand cette confiscation qu'on propose doit s'appliquer, non à l'avenir, mais au passé, et tomber sur des condamnés, et des condamnés de quelle sorte? de grands coupables assurément, mais qui ont déjà subi la peine capitale! Et pressant le dilemme à leur sujet, le poussant à la dernière rigueur :

« Sont-ils à l'abri de la confiscation, s'écriait-il ; la justice ne permet pas que d'autres en soient frappés. La confiscation doit-elle les atteindre ; qu'on les fasse donc sortir du tombeau, et qu'on les ramène devant leurs juges, afin qu'ils entendent de leur bouche cette condamnation qui ne leur a pas été prononcée. »

Mais on ne cite pas M. Royer-Collard par fragments ; on ne coupe pas à volonté cette chaîne logique étroite, serrée, tenue si ferme et de si haut, remontant par son principe et allant s'attacher par un premier anneau au trône des lois éternelles, et d'où l'éloquence jaillissait par la force même de la déduction et comme par une pression invincible.

On a fort remarqué les discours qu'il prononça dans la discussion sur la loi d'élection, pour combattre la majorité qui s'obstinait à repousser la loi même proposée par le Gouvernement, et à en substituer une autre, toute dans son intérêt et à sa guise. C'est là, on le sait, par où elle périt. Elle n'avait fait jusqu'alors, par ses motions trop zélées et intempestives, qu'impatienter Louis XVIII ; mais quand elle voulut lui forcer la main, non-seulement une première, mais une seconde fois, sur cet article capital, et empiéter trop à découvert, par voie d'amendement, sur l'initiative et la prérogative royale, elle le blessa : une légère rougeur lui monta à la joue en apprenant un dernier rejet opiniâtre et la substitution d'un nouveau projet à celui qu'on avait présenté derechef en son nom : « Eh bien! je les dissoudrai, » dit-il à M. Decazes ; et ce premier mouvement, entretenu, cultivé par l'habile ministre, amena, quelques mois après, l'Ordonnance de dissolution du 5 septembre 1816, qui sauva la situation et qui fit rentrer pour quelques années la politique dans les voies modérées, d'où la rejetèrent trop tôt, comme on le sait, des récidives malheureuses.

M. Royer-Collard, dans deux mémorables discours contre le droit que voulait s'arroger la Chambre, professa une théorie qu'il modifia et parut contredire plus tard dans le cours de sa carrière publique : il refusait alors, en effet, à la Chambre élective un droit inhérent à elle et lui appartenant, qui est dans l'essence du régime parlementaire et qu'il semble, quelques années plus tard, lui avoir expressément accordé. Il faut reconnaître ici non l'inconséquence, mais la variation, plus sensible chez un esprit altier et dogmatique qui avait l'habitude dans chaque cas de généraliser et de « proposer son opinion sous forme de théorie. » Oui, M. Royer-Collard a varié : il était plus royaliste en 1815 ; il était, je l'ai dit, plus rapproché de ses origines, de sa première religion politique, de laquelle l'expérience le détacha et le désintéressa depuis : il n'avait pas dépouillé tout son royalisme sentimental. Et puis, circonstance principale qui explique tout! quelle que fût, au point de vue de la théorie parlementaire, la valeur spécieuse des arguments développés par M. de Villèle, devenu vers la fin de la session le meneur et le tacticien habile du parti, la sincérité et la raison n'étaient pas de son côté et ne résultaient pas de tous ses beaux raisonnements : que me fait la rectitude des formes, si elle ne sert qu'à couvrir et à protéger la tortuosité des intentions! La bonne foi, le bon sens, le désir sincère de marcher selon la Charte et dans la voie de conciliation du passé avec les intérêts modernes étaient alors chez Louis XVIII et dans la partie éclairée du ministère Richelieu, de même que, douze et quinze ans plus tard, les rôles étant changés et intervertis, ce bon sens et ce désir étaient dans la Chambre, et la déraison sur le trône et alentour. M. Royer-Collard n'eut donc, en variant, aucun tort ; sa conduite, dans les deux cas, fut sage ; sa parole seulement reste debout et se dresse à nos yeux un peu excessive et absolue dans l'expression, comme c'était la condition et la forme de son talent : nous ne sommes pas assez casuiste pour le lui reprocher.

II

M. DE SERRE

On voudrait pouvoir étudier et dépeindre avec un détail aussi vivant son ami M. de Serre, celui qui alors professa aussi résolûment cette même doctrine de la prédominance royale, et qui s'y ancra bientôt et s'y enchaîna avec les années : par malheur, il ne reste de cette puissante et large éloquence, dont M. Royer-Collard parlait magnifiquement et avec admiration comme de la plus haute à laquelle il eût assisté, que des débris et des lambeaux épars, incomplétement recueillis ; ils suffisent à donner une idée et surtout un regret de ce noble orateur qui s'égara vers la fin et se dévora. Il avait en effet ce qui anime et ce qui dévore, le *pectus*. Doué d'une conception supérieure et lumineuse, fait pour embrasser et parcourir tout un ordre d'idées avec ampleur et véhémence, il y joignait des mouvements imprévus, de ces élans spontanés que peut seul suggérer le génie de l'éloquence. Ce génie débordait en lui. Un jour, non pas en 1815, mais depuis, sur une question assez peu importante, il monta à la tribune, et débuta ainsi tout à coup : « Que ne suis-je né dans un pays où il suffit de dire : *La loi le défend!...* » Quel plus saisissant exorde! Il avait aussi, à travers le cours de ses développements, des répliques admirables, instantanées, dans lesquelles il s'appuyait et s'inspirait des contradictions, des interruptions mêmes. — M. Royer-Collard, de qui il s'était séparé en un jour de conviction contraire et de déchirement, disait de lui dans un sens favorable et malgré l'entière rupture : « Entre lui et moi, que vous dirai-je? il y avait de l'ineffaçable. » Cet *ineffaçable* dont il parlait se rapportait surtout à cette première et ancienne époque parlementaire, à cette première et glorieuse campagne où ils avaient combattu côte à côte comme deux frères d'armes.

La lutte la plus mémorable qu'engagea M. de Serre au sein de cette Chambre de 1815, où il eut à en soutenir de si vives, une lutte pour laquelle, à l'avance, il s'était concerté de près avec M. Royer-Collard, plus expert que lui en telle matière, fut dans la discussion finale qui précéda de quelques jours à peine le terme de la session, et à l'occasion de la loi sur la dotation du Clergé. La Chambre, selon son habitude, s'était emparée d'une simple loi de finances qui lui était proposée à l'effet d'améliorer le traitement des ecclésiastiques, et elle en avait tiré tout un projet complet de Constitution rétrograde qui aurait rendu à ce grand corps du Clergé catholique une richesse propre et un pouvoir sans contre-poids. M. de Serre, dès le début de son discours, attaquant de front cette singulière théorie des amendements qui allait à transformer tous les projets présentés et à transporter dans la Chambre l'initiative du pouvoir législatif souverain, força la majorité à entendre malgré elle la longue série de ses méfaits en pareil genre, et de ses continuelles tentatives d'usurpation sur la prérogative royale depuis le premier jour jusqu'au dernier. Interrompu presque à chaque phrase par cette majorité, ainsi atteinte à son endroit sensible, et qu'il dénonçait, elle royaliste par excellence, pour son manque réitéré de respect envers la royauté, rappelé même à l'ordre, il s'arrêtait imperturbable et reprenait derechef, résolu à ne pas laisser briser le fil de sa déduction rigoureuse et de son énumération vengeresse. Prenant la Chambre à partie pour chaque projet de loi qu'elle avait ainsi transformé et dénaturé, il aboutit à résumer ses griefs et son acte d'accusation sous cette forme saisissante : « *Proposer la loi, c'est régner.* » Il alla même d'audace en audace, à mesure que croissait l'irritation autour de lui, et puisqu'il était en veine de la braver, jusqu'à ne pas craindre de

réveiller le plus terrible souvenir et à montrer au bout
de cette voie fatale, et comme conséquence extrême
de ces empiétements illégitimes, la liberté d'action du
souverain et la sanction royale enchaînée au point de
n'être plus que le *Veto* de l'infortuné Louis XVI! Qu'on
imagine ce que dut produire d'explosion et de colère
une telle évocation, une telle menace de reproche jetée
à la face de cette Chambre plus que royaliste, accusée
à bout portant de désemparer, de découronner, de décapiter la royauté! M. de Serre, ce jour-là, semblait se
jouer dans les tempêtes; son argumentation n'en était
pas un seul instant ébranlée et déconcertée; et quand
il arriva au fond même, au corps de la loi qu'il attaquait, il redoubla de vigueur et de puissance. Mais le
début de cette harangue est ce qui en est resté de plus
beau et de dominant. Certes, la pensée de dissolution
alors n'était pas décidée ni formulée, comme on dit,
et le germe seul en était déposé dans l'esprit de
Louis XVIII; mais l'orateur semblait la présager, la
prédire, la promener à l'avance sur toutes les têtes, et
il faisait entendre à cette Chambre, au moment de se
séparer, les considérants, pour ainsi dire, de son Arrêt
de condamnation; il en faisait planer la menace et
briller l'éclair avant-coureur pour qui l'aurait su comprendre. Bien aveuglés et infatués étaient les adversaires; car, dans leur confiance en eux-mêmes, ils s'estimaient si nécessaires à la royauté qu'à cette seule
pensée que le roi pût les dissoudre, il n'en était pas un
seul qui n'eût dit: *Il n'oserait!*

Ce noble cœur, ce grand talent, un peu dévoyé vers

la fin et rejeté hors de l'arène, alla mourir, comme on sait, à Naples, en 1824, d'une maladie au foie, dans l'ennui de l'ambassade inactive où on l'avait confiné. Un jour, le grand capitaine Spinola demandait à lord Herbert qui dînait à sa table, de quoi était mort sir Francis Vere (un officier anglais de distinction). — « De ce qu'il n'avait plus rien à faire, » répondit lord Herbert. — « Cela suffit pour tuer un général, » ajouta Spinola. Cette inaction et ce pied de paix forcée auquel il était réduit, avait suffi de même pour tuer cet autre combattant et cet athlète des luttes oratoires brûlantes, M. de Serre.

III

M. PASQUIER

Il y a longtemps que je nourrissais le désir de rendre, à mon tour, un témoignage public de souvenir et de respect à un homme que le dernier tiers de sa vie a produit aux yeux de tous si à son avantage, et dont le temps « ce grand révélateur » a mis dans tout leur jour les mérites essentiels et éminents. M. Pasquier, lorsqu'il commença sa carrière de député dans la Chambre de 1815, n'était connu encore que par son habileté administrative et par ses qualités d'homme du monde et de société; il sortait tout récemment du ministère où la confiance du roi l'avait appelé dès la seconde rentrée, et il tint même, pendant toute la durée, fort courte d'ailleurs, de ce premier Cabinet présidé par M. de Talleyrand, le double portefeuille de la justice et de l'intérieur, ce dernier à titre provisoire seulement. Il avait fait preuve dans cette double administration si pesante, où tout était à refaire ou à remanier, d'une grande activité et facilité laborieuse ; et M. de Barante, l'un de ses collaborateurs d'alors, comme secrétaire général à l'intérieur, lui a rendu cette justice qu'il avait été, de fait, « le ministre dirigeant » pendant les deux mois qu'avait subsisté ce ministère. Mais les qualités qui le distinguaient allaient se déployer bientôt avec plus d'éclat dans son rôle de député. Il marqua, dès les premières discussions, par un genre de talent alors fort rare, celui d'une improvisation réelle, d'une faculté de réplique immédiate, abondante et juste. Quoique ayant été préfet de police sous l'Empire, il avait, par ses tout premiers antécédents de conseiller dans l'ancien Parlement de Paris sous Louis XVI, par la mort de son père immolé sur l'échafaud et par tous ses liens de famille ou de jeunesse, une teinte royaliste très-suffisante pour figurer sur un très-bon pied dans la Chambre nouvelle. Louis XVIII l'avait goûté et avait même voulu expressément le conserver à son poste de garde des sceaux dans le nouveau Cabinet présidé par M. de Richelieu. M. Pasquier s'y était refusé par des raisons de convenance politique, et où il s'autorisait même de son avenir d'homme public pouvant être utile au roi ; ce refus avait un peu étonné et piqué Louis XVIII, qui avait dit : « Concevez-vous M. Pasquier qui me préfère

M. de Talleyrand ? » M. Pasquier, loin de préférer
M. de Talleyrand qu'il venait de voir de trop près à
l'œuvre en tant que ministre, avait pour M. de Richelieu un tout autre goût et une tout autre estime; mais
il avait cru devoir aux bienséances du nouveau régime
constitutionnel qui s'inaugurait, de ne point passer sans
intervalle ni transition d'un Cabinet dans l'autre.

Il fut d'une utilité inappréciable dans cette Chambre
où il siégeait comme l'un des députés de Paris. Sans
parler de son rôle important d'orateur, il rendait service à la bonne cause, à celle de la modération et du
vrai libéralisme, par le rapprochement et le concert
qu'il s'empressa d'établir entre des hommes qui méritaient de s'entendre et qui, sans lui, se seraient tenus
plus longtemps à distance les uns des autres. C'est
ainsi qu'il rapprocha un peu plus tôt M. Royer-Collard
de quelques amis politiques contre lesquels celui-ci
n'était peut-être pas sans prévention. M. Pasquier se
montrait là ce qu'on l'a vu plus tard soit au Luxembourg, soit dans sa vie dernière de retraite et de société, un lien entre les hommes; mais c'était un lien
actif, pénétrant, et il avait déjà doucement préparé les
esprits quand il les mettait en présence. Sans jalousie
aucune et sans un germe d'envie, sans personnalité
offensante et dominante, préoccupé avant tout du but
et de faire réussir les combinaisons qu'il estimait les
plus sages et les seules possibles, il n'apportait dans les
groupes où il figura aucune susceptibilité d'amour-
propre, ni aucune de ces délicatesses nerveuses excessives que nous avons vues à d'autres politiques égale-

ment habiles (1), dont elles altéraient parfois l'excellent jugement. Le sien était pur, franc, net, purgé de tout système, admirablement tempéré et équilibré. Plus sensé que savant, il avait bien vu tout ce qu'il avait vu. Esprit de lignée purement française, s'il se trouvait ainsi privé parfois de quelques rapprochements curieux et utiles, il se préserva mieux encore des fausses ressemblances et des confusions dangereuses. Séparé, dès ce temps, des royalistes purs, en ce qu'il ne partageait pas cette sorte de culte mystique ou de passion exaltée dont n'étaient pas encore tout à fait revenus, à cette date, plusieurs de ceux même qu'on appela ensuite doctrinaires, il était et resta toujours séparé et très-distinct de ces derniers en ce qu'il n'eut jamais l'esprit de système, ni non plus l'esprit d'opposition surexcitée et de faction dont quelques-uns ne furent pas exempts à de certains jours. Aussi, malgré les politesses de la fin, les doctrinaires ne l'ont-ils jamais apprécié pleinement à sa valeur. Ceux-ci, même les meilleurs et les plus hautement vénérés (et ce n'est plus de M. Royer-Collard que j'entends parler en ce moment) ne sont pas les meilleurs conseillers, tant s'en faut, dans les situations critiques, et ils l'ont bien prouvé à des reprises différentes. M. Pasquier, de tout temps et en sachant très-bien se passer de théorie absolue, vit toujours plus clair, et nul régime, de tous ceux qu'il a servis, n'eût péri si vite, si on l'avait écouté. Il eut plus qu'eux aussi, plus que tous ces

(1) M. Molé, par exemple, de fibre plus fine, mais aussi plus susceptible.

hommes distingués et raisonneurs du premier et du second groupe doctrinaire, le sentiment patriotique proprement dit, celui même qui animait le noble duc de Richelieu, et qui fait qu'on souffre tout naturellement et qu'on a le cœur qui saigne à voir l'étranger fouler le sol de la patrie. Une dépêche de lui, alors qu'il était ministre des affaires étrangères en 1821, tout récemment rappelée et citée devant le Sénat dans une circonstance fort particulière, est venue témoigner de cette sincérité et de cette vivacité de sentiments plus pratiquée par lui qu'affichée. Sa souplesse, dont on a trop parlé, avait ses limites, et il savait très-bien retirer sa main à M. de Villèle pour lui avoir manqué de foi, dans le même temps que le duc de Richelieu refusait la sienne au comte d'Artois pour la même cause.

Sa longue et belle existence permit à toutes ses qualités, je l'ai dit, de se développer à leur avantage et à leur honneur; il usa, à force de durer et de vivre, toutes les critiques dont il avait été l'objet, et celles qui étaient injustes, et celles qui n'étaient que transitoires. Dans sa haute et suprême situation publique de président de la Chambre des pairs, il retrouva toute sa valeur un peu dispersée jusqu'alors, il la rassembla pour ainsi parler, et l'accrut encore au su et vu de tous. Son jugement excellent, que plus rien n'influençait, s'appliqua aux choses avec calme, avec étendue et lucidité; son caractère obligeant faisait merveille, retranché dans sa dignité inamovible : les côtés moins vigoureux de ce caractère, désormais encadrés ainsi et appuyés, ne paraissaient plus que des mérites. Il était le médiateur entre les par-

tis, avec physionomie ministérielle, mais bienveillan
pour tous. Juge, il était l'âme des procès, des commis
sions ; ses talents d'éminent magistrat se déclarèrent
dans les difficultés, il prenait sur lui la responsabilité du
premier avis, qu'il donnait toujours excellent. Enfin, si
l'on avait demandé vers 1846, et sur des points très-
différents de la sphère politique, quel était l'homme de
France qui jouissait de plus de considération, on aurait
de toutes parts répondu : « C'est le Chancelier. »

Un doctrinaire éminent, et des plus réconciliés avec
lui (1), disait alors en très-bonne part : « Le Chancelier,
c'est l'homme aux expédients, — non pas celui qui en
cherche, mais celui qui en trouve. » Je n'aime pourtant
pas ce mot d'*expédients* qui n'en dit pas assez pour caractériser cette capacité diverse et fertile, et l'ensemble
d'une faculté judicieuse si remarquable et si rare à ce
degré.

Dans la Chambre de 1815, un tel homme, l'homme
du bon conseil, ne put manquer d'exercer, au sein de
la minorité dont il faisait le lien, une influence des plus
actives et des plus heureuses, et celle qui parut publiquement n'est que la moindre ; mais dans ces conférences de chaque jour où les chefs de la minorité dis-
cutaient les plans de défense, se distribuaient entre eux
es rôles et se concertaient sous main avec quelques
membres du Cabinet, que de bons et prudents avis,
que de moyens ingénieux de tourner les difficultés, que
de biais adroitement ménagés, il dut trouver et faire

(1) M. de Broglie.

prévaloir! A la tribune, s'il eut le mérite d'apporter de prime abord un talent d'improvisation véritable, chose alors très-neuve, maître d'ailleurs de sa parole, il la gouverna toujours et sut la tenir également éloignée de la passion ou du système. Il se garda bien de donner dans aucune de ces théories absolues, de ces professions de foi excessives, qui ne servent qu'un jour et qu'une heure, et qui embarrassent dans toute la suite de la vie publique. Il savait, en chaque discussion, les raisons appropriées qui pouvaient agir le plus sur les adversaires, et il les employait au bon moment. Il eut, à son début, sa journée d'éclat (28 octobre 1845), lorsque répondant à M. de Kergorlay qui s'attaquait à l'inviolabilité des biens nationaux et qui prétendait l'infirmer au nom de mille exemples historiques, anciens et modernes, allégués en preuve de l'éternelle vicissitude des choses et de l'instabilité des institutions humaines, il éleva et opposa, en face de ce spectacle philosophique trop décourageant, le point de vue du vrai politique et de l'homme d'État, qui doit se placer, au contraire, et raisonner constamment dans la supposition de la stabilité et, s'il se pouvait, de l'éternité des lois sur lesquelles la société repose, et qui doit d'autant plus paraître s'y fier et les proclamer durables, que l'on vient d'échapper à de plus grands orages :

« Voilà, s'écriait-il, voilà ce qu'il faut espérer, ce qu'il faut vouloir, voilà ce qu'il faut s'efforcer de voir et de démontrer comme le résultat possible et même assuré d'une conduite où la sagesse se trouvera heureusement combinée avec la fermeté. Cette Rome dont la puissance a traversé tant de siècles, qui a tenu si longtemps le sceptre du monde, à quelle cause faut-il attribuer sa prodigieuse durée, si ce n'est peut-être à l'audacieuse, mais admirable confiance qui lui inspira de se saluer elle-même du nom de *Ville éternelle?...* »

Ce mouvement, vu en situation et avec tout son développement que j'abrége, était certes des mieux inspirés et des plus heureux au début d'une telle discussion, à laquelle il ôtait de l'irritation et qu'il replaçait à toute sa hauteur. M. Pasquier, en un mot, entre les deux grandes voix, les deux gloires de tribune dont j'ai parlé précédemment, et dans l'intervalle, était lui-même un orateur. — Mais j'ai déjà outre-passé toutes mes limites, et il est plus que temps de clore.

J'avais supprimé d'abord comme faisant longueur, mais j'ajoute ici en manière de post-scriptum mon jugement sur l'historien et sur son livre :

« Ces volumes de M. de Viel-Castel, on le voit, m'ont fourni une matière qui n'est pas près de s'épuiser, et sur laquelle j'aurai assez l'occasion de revenir à propos des volumes suivants. En ce qui est de l'historien même, M. de Viel-Castel, pour le compte rendu des faits, est un bon guide : on lui voudrait, quand on le lit, plus de parti pris et plus de décision d'écrivain. Ainsi, quand il a donné en conscience et très au long toutes les preuves qu'il y a eu Terreur blanche dans le Midi, il se dédit et ne veut pas qu'on dise la Terreur de 1815 ; il appelle cela de l'*emphase*. C'est ainsi encore qu'il déduit toutes les raisons qu'on a de marquer historiquement d'une note funeste cette première Chambre élective, et il hésite, dans sa conclusion, à la qualifier de Chambre de malheur, pour avoir si mal inauguré un régime qu'il aime et qui méritait de recommencer sous de meilleurs auspices. Son Histoire a un peu l'inconvénient, presque inévitable, de toutes ces histoires contemporaines où l'on retrouve également, et à bien peu de différence près, l'analyse des mêmes débats parlementaires; ce qui faisait dire à une femme d'esprit (la comtesse de Boigne) en fermant l'un de ces livres: « C'est bien, mais il me semble que je relis toujours mon *Moniteur*. » M. de Viel-Castel ne s'élève pas assez au-dessus de ses analyses pour envisager d'ensemble les situations et pour fixer les points de vue. A chaque instant, quand il juge, sa probité scrupuleuse à l'excès hésite à demander à l'expression toute sa vigueur. Mais ces défauts mêmes sont des garanties, et, quand on a un peu de patience et du temps, on peut se confier aux impressions qui résulteront à la longue de la lecture d'un livre où l'estimable auteur a su apporter bien des qualités de fond, et les plus essentielles, les plus indispensables à ce témoin et rapporteur véridique qui s'appelle un historien. »

ŒUVRES DE LOUISE LABE

LA BELLE CORDIÈRE (1)

I.

Il serait bon de revenir de temps en temps sur les diverses époques littéraires, même celles qui ont été déjà très-explorées et qui sont censées les mieux connues, pour y constater les changements introduits par le cours des études, pour enregistrer les acquisitions réelles, et faire justice des prétentions peu fondées. La poésie française au XVIe siècle est un des champs qui ont été le plus fouillés et retournés en tous sens depuis trente-cinq ans, et il s'y produit chaque jour de petites découvertes nouvelles. Toutes ne sont pas d'égal prix, et quelques-unes même ne résisteraient pas

(1) Un vol., Lyon, 1862, imprimerie de Louis Perrin, chez Scheuring, libraire-éditeur ; — et à Paris, chez Aubry, rue Dauphine, 16.

à une discussion précise, à un examen critique rigoureux. Quoi qu'il en soit, et en ne portant en ces agréables matières que le degré de sévérité qui est de mise, je vais noter quantité de noms de poëtes qui, sans l'enrichir toujours, sont venus augmenter et grossir le catalogue des étoiles déjà en vue.

On peut, dans le xvie siècle, distinguer quatre périodes ou moments poétiques : 1° l'entrée ou le commencement qui n'est que la fin et la queue du xve siècle, sous Louis XII, avant Marot; 2° le règne et la floraison de Marot et de son école; 3° le mouvement et le règne de Ronsard; 4° la dernière période antérieure à Malherbe, celle où florissaient Desportes et Bertaut. On a semé et fait poindre, par-ci par-là, dans ces différents cadres, des noms inconnus ou peu remarqués jusque-là. Citons-en quelques-uns.

Dans la première époque, on a introduit un poëte resté jusqu'alors des plus obscurs, Roger de Collerye, qui vécut à Auxerre, et dont on a prétendu faire un type de poëte provincial. Dans tout ce qu'on a dit sur lui, on n'a pas seulement exagéré, comme cela est arrivé pour le poëte Coquillart de Reims, lequel, du moins, était célèbre en son temps; mais on a procédé par voie d'invention, ce que je distingue fort du procédé de réhabilitation. Il m'est arrivé quelquefois de réhabiliter d'anciens auteurs, et l'on m'a même reproché d'en avoir l'habitude et le goût; mais, si j'en ai réhabilité quelques-uns, je me flatte du moins de n'en avoir pas inventé. J'appelle *inventer* en pareil cas, venir supposer, après coup, à un vieil tuteur de qui l'on

n'avait jamais entendu parler, un talent dont les
preuves, tardivement produites, sont plus que dou-
teuses, et une signification, une importance qu'il n'a
amais eue à aucun moment parmi ses contemporains.
Ç'a été le cas pour Roger de Collerye, qui a profité plus
qu'aucun autre de cette espèce d'ardeur systématique
rétrospective dont quelques estimables érudits à imagination vive sont possédés. Comme il a fait une pièce
de vers intitulée *Bon Temps,* que ces mots reviennent
assez souvent sous sa plume et qu'il avait pour prénom *Roger,* on a conjecturé que c'est de lui que vient
le nom et le masque populaire de *Roger Bon-Temps,* ce
qui reste très-douteux; car, dans le cas contraire, et
en supposant que *Roger Bon-Temps* ait eu cours avant
lui pour signifier un personnage de nul souci et de
joyeuse humeur, il serait tout naturel que, s'appelant
Roger, il eût fait des pièces de poésie sur le *Bon Temps*
pour faire honneur à son prénom et pour le faire ca-
drer avec le terme courant que consacrait la locution
vulgaire. On ne voit d'ailleurs dans ces pièces où il
parle de *Bon Temps* rien de cet esprit ou de cet à-propos de circonstance qui popularise un nom. Il y a
quelque gaieté et de la facilité, c'est tout. Nous lais-
erons donc à la charge de ceux qui l'ont inventé et
lui, de leur autorité privée, l'ont promu le *Roi des
bohèmes* de son temps, ce poëte qui fut ignoré aux
xve et xvie siècles, excepté à Auxerre, et qui aurait pu
sans inconvénient continuer de l'être. Cependant le
voilà créé à tout hasard et introduit, bon gré mal gré,
dans l'histoire littéraire. Qu'il y soit donc! qu'il y

végète et y dorme à sa date! ce n'est pas la peine de l'en chasser.

Jacques Peletier, du Mans, mathématicien, physicien, médecin, grammairien, et avec tout cela versificateur habile, a eu un honneur plus mérité. Il s'est vu, dans ces dernières années, revendiqué à la fois par le Mans, sa patrie, et par la Savoie, où il avait voyagé et qu'il a décrite. M. Hauréau, après M. de Clinchamp, l'a loué, lui a consacré un bon article dans son *Histoire littéraire du Maine*; et un érudit savoisien, M. Dessaix, a, depuis, remis en lumière un poëme de lui intitulé *la Savoie*, qui avait paru en 1572 à Annecy, dédié à Marguerite de France, sœur de Henri II et duchesse de Savoie, la charmante et spirituelle protectrice des gens d'esprit de son temps. M. Francis Wey, dans un spirituel Rapport adressé au Comité des travaux historiques (1), a cité de ce poëme des vers descriptifs fort exacts sur l'*avalanche*, sur sa formation et sa marche; mais là encore ce qui domine chez Peletier, dans cet ouvrage qu'on a bien fait de réimprimer et qui est, en effet, une curiosité locale, je le demande, est-ce bien le poëte, celui qui mérite qu'on l'appelle et qu'on le salue de ce nom, et n'est-ce pas plutôt le savant encore, l'observateur, le physicien et le curieux de la nature?

Je ne fais qu'enregistrer l'étude de M. Abel Jeande sur le savant et trop savant Pontus de Tyard (2), poëte,

(1) Voir le numéro du mois d'août 1859 de la *Revue des Sociétés savantes*, publié sous les auspices du ministre de l'Instruction publique.

(2) *Pontus de Tyard, seigneur de Bissy, depuis évêque de Châ-*

philosophe, mathématicien, astronome, qui savait tout, de qui l'on avait pu dire, en parodiant le mot d'Ovide : *Omnia Pontus erat*, et qui, devenu dans sa vieillesse évêque de Châlon, s'honora par son courage en face de la Ligue. Sans doute le biographe tire un peu à lui et pousse le plus haut qu'il peut dans l'ordre des poëtes son cher Pontus; mais il n'y a pas à cela grand mal; si le goût d'abord s'étonne et souffre d'un peu d'excès dans la louange, les choses ensuite se rétablissent aisément, et l'on y a gagné, au total, de mieux connaître son vieil auteur. — L'étude de M. J. Boulmier sur Étienne Dolet (1), le docte et infortuné imprimeur qui fut brûlé en place Maubert, comme un martyr de la libre pensée, est également fort estimable. M. Boulmier, qui est solide et même ferré sur ces matières du XVIe siècle, avait annoncé, de plus, le dessein de réhabiliter Salmon Macrin, un poëte latin dans le genre lyrique, contemporain et ami de Du Bellay, de Ronsard et autres novateurs, et il semblait se réserver de lui découvrir une certaine influence occulte, et non encore reconnue, sur le développement de la poésie française; je ne vois pas qu'il ait mis jusqu'ici à exécution ce projet et cette promesse qu'il avait jetée d'un air de défi ou de paradoxe.

Je ne ferai que citer à la file nombre de ces tentatives moins ambitieuses de réhabilitation, ou plutôt de ces

---

lon, par M. J.-P.-Abel Jeandet, un vol., 1860, chez Aubry, rue Dauphine, 16.

(1) *Étienne Dolet, sa vie, ses œuvres, son martyre*, par M. Joseph Boulmier, un vol. 1857, chez Aubry.

exhumations toutes provinciales de poëtes du xvie siècle :

Alexandre, surnommé le Sylvain de Flandre, et dont le vrai nom était *Van den Bussche,* qui vint en France à la cour des Valois, se polir, se galantiser, rimer dans le goût du temps et mériter ce nouveau nom travesti de *Sylvain* ; qui fut mis en prison pourtant l'année même de la Saint-Barthélemy, et peut-être pour n'en avoir pas approuvé les horreurs (1) ; — et Blaise Hory, un poëte suisse de Neufchâtel, pasteur d'un petit village bernois (2), — et Loys Papon, chanoine de Montbrison, cher aux Forésiens et aux bibliophiles plus à bon droit qu'aux poëtes (3) ; — et Julien Riqueur de Séez, l'ami de Bertaut (4) ; — et Guy de Tours (5) ; —

---

(1) *OEuvres choisies d'Alexandre Sylvain de Flandre,* poëte à la Cour de Charles IX et de Henri III, précédées d'une Étude sur l'auteur et ses œuvres, par M. Henri Helbig, un curieux et un bibliophile, homme de goût (un vol. Liége, 1861, Renard, éditeur).

(2) *Poésies neuchâteloises* de Blaise Hory, pasteur de Gleresse au xvie siècle, publiées par M. Frédéric de Rougemont (Neufchâtel, 1841, chez Michaud).

(3) *OEuvres du chanoine Loys Papon, seigneur de Marcilly, poëte forésien du xvie siècle,* imprimées pour la première fois sur les manuscrits originaux par les soins et aux frais de M. N. Yemeniz, ce riche et libéral amateur qui, dans sa cité de Lyon, a gardé une étincelle de la Grèce, sa première patrie : le volume imprimé par Perrin (1857), orné d'images et d'emblèmes, distribué à petit nombre et non mis en vente, consacre désormais le nom du trop heureux Papon, au rang de ces curiosités de bibliothèque qu'on enchâsse et qu'on ne lit pas. (Ne pas oublier le *Supplément* donné en 1860.)

(4) Ce Riqueur a été tiré de l'oubli, mais avec mesure et discrétion, dans une Revue de Normandie, par M. Léon de La Sicotière.

(5) Guy de Tours a obtenu également un article de Revue, de M. Valery Vernier.

et André de Rivaudeau, le poitevin (1), etc., etc.: — et Nicolas Ellain, poëte parisien, aussi enterré qu'un poëte de province (2). — Enfin, nous attendons de jour en jour Pierre de Brach, le poëte bordelais, l'ami de Montaigne, que le jeune érudit, M. Reinhold Dezeimeris, nous promet depuis longtemps et qu'il a entouré de tous ses soins de commentateur. Je compte bien que ç'aura été pour lui une occasion et un prétexte à toute une Anthologie agréable du XVIe siècle (3).

Au sortir de cette énumération que j'aurais pu allonger encore, arrêtons-nous pour respirer. Et une première réflexion, avant tout, se présente. Pour un petit nombre d'arbres qui s'élèvent de quelques pieds au-dessus de terre et qui s'aperçoivent de loin, il y a partout, en littérature, de cet humus et de ce détritus végétal, de ces feuilles accumulées et entassées qu'on ne distingue pas, si l'on ne se baisse.

Et de plus, en ce qui est de la poésie du XVIe siècle en particulier, on voit assez par tout cela qu'on est sorti

---

(1) De même, André de Rivaudeau a été l'objet d'un article de M. Alfred Giraud, dans *le Bulletin du Bibliophile,* lequel Bulletin n'a cessé de donner, depuis des années, bien des articles intéressants, notamment ceux de M. Édouard Turquety, sur les poëtes du XVIe siècle.

(2) Celui-ci a été publié par M. Achille Genty, l'un des hommes qui connaissent le mieux cette poésie de l'époque de Ronsard, et qui même en a fait des pastiches fort agréables. M. Genty a fait réimprimer aussi l'*Art Poétique* de Vauquelin de La Fresnaye. Toutes ces jolies plaquettes faisaient partie de la librairie regrettable de Poulet-Malassis.

(3) Le livre a paru depuis, et mon vœu, mon pronostic ont été entièrement vérifiés et réalisés.

des lignes de l'histoire littéraire proprement dite, qui, à moins d'être une nécropole, doit se borner à donner la succession et le jeu des écoles et des groupes, les noms et la physionomie des vrais chefs, à marquer les caractères et les degrés des principaux talents, le mérite des œuvres vraiment saillantes et dignes de mémoire : on est tombé dans le menu, dans la recherche à l'infini, dans la curiosité locale et arbitraire.

L'historien littéraire qui n'a point de parti pris et qui tient sa fenêtre ouverte, est toujours prêt à jouir de ce qui s'offre de bien et à profiter du bénéfice des investigations nouvelles. Mais, jusqu'ici, je dois dire qu'elles n'ont dérangé en rien, en ce qui est de ce siècle-là, les lignes principales et les cadres de classifications naturelles premièrement indiquées. Aussi, je ne saurais être de l'avis que j'ai vu quelque part exprimé par un savant, homme de grand détail (M. Egger) : c'est que l'un des estimables travailleurs qui ont passé et repassé sur cette époque, M. Léon Feugère, aurait fait une découverte de quelque valeur et comblé une lacune, en signalant un poëte inconnu de la fin du siècle, Pierre Poupo, dont les vers furent imprimés à peu près *incognito* en 1590 (1). Ce n'est là qu'une trouvaille comme on est sûr d'en faire toutes les fois qu'on se

---

(1) Voir au tome II de l'ouvrage, fort instructif d'ailleurs, de M. Léon Feugère, qui a pour titre : *Caractères et Portraits du* XVIe *siècle ;* ces volumes, joints à celui des *Femmes poëtes* du même siècle (Didier, quai des Augustins), offrent, à défaut d'originalité, de bons résultats d'étude, assez complets sur chaque point, et en général fort judicieusement exposés.

baissera pour chercher. Je mets ce Pierre Poupo de la fin du xvie siècle à côté du Roger de Collerye du commencement, et je suis tenté de les renvoyer dos à dos. Il y a une loi, je le répète, pour ces sortes de réhabilitations ; les multiplier à tout propos et hors de mesure, ce n'est pas enrichir l'histoire littéraire, c'est l'encombrer. Que diriez-vous si, voulant écrire l'histoire de la poésie au xixe siècle, on allait mettre en ligne un à un, à côté des cinq ou six noms de maîtres qui ont donné le coup d'archet et mené la marche, les auteurs des innombrables recueils de vers, publiés depuis trente ou quarante ans, sous prétexte que dans presque chacun de ces volumes il y a quelque chose? Ce n'est pas faire l'histoire d'une guerre que de donner les états de service de chaque soldat ou caporal.

Vite, hâtons-nous et revenons à l'un de ces poëtes qui n'ont pas besoin d'être réhabilités ni reconstruits à grand effort de système, et qui ont su traverser les âges par un hasard de destinée, heureux sans doute, mais aussi très-justifié, et tout simplement parce qu'ils avaient en eux et qu'ils ont mis dans leurs œuvres une étincelle de cette flamme qui fait vivre : *Vivunt commissi calores...*

II.

Louise Labé est dans ce cas privilégié. Elle est restée une des gloires et l'un des orgueils de Lyon : on l'y réimprime de temps en temps avec luxe, en ajoutant ou rajustant chaque fois quelque feuille verte à sa couronne. Quant aux anciennes éditions du temps, par Jean de Tournes, il n'y a plus à y penser : il faut être un Yemeniz ou un d'Aumale pour les disputer et les acquérir à la folle enchère : elles se vendent au poids de l'or. Sa vie, comme il arrive aisément pour ces gloires populaires, s'est mêlée de quelque légende. Ce qui est positif, c'est que *Loyse* Charlin, dite *Labé*, née en 1525, était fille de Pierre Charlin, dit *Labé*, marchand cordier. Elle reçut une éducation soignée et au-dessus de son sexe. Le souffle de la Renaissance avait passé les monts, et Lyon était la première étape où l'on s'arrêtait en venant d'Italie : Louise se ressentit du voisinage. Elle apprit le latin dès l'enfance ; elle savait l'italien et l'espagnol aussi bien que le français, et jouait du luth. A seize ans, elle fit des siennes et prit son essor : « elle quitta la maison paternelle et suivit une compagnie de soldats qui passait par Lyon, allant rejoindre l'armée française que François Ier envoyait en Roussillon, sous le commandement du Dauphin, pour mettre le siége devant Perpignan. Elle s'y fit remarquer par sa vaillance, son adresse à gouverner un destrier et à faire le coup de lance ou d'épée. — « Qui m'eût vue lors, nous dit-elle, m'eût prise pour Bradamante ou pour la haute Marphise, la sœur de Roger. » On l'appelait dans l'armée *le Capitaine Loys*. C'est durant cette expédition qu'elle devint éprise d'un beau gendarme, celui même dont elle a fait l'objet de ses poésies amoureuses. Elle ne se maria que plus tard, et elle épousa un honnête homme du même métier que son père, maître Aymon ou Ennemond Perrin. Il paraît que ce bon mari ne s'inquiéta pas trop du passé avec elle, et qu'il lui laissait même dans le présent et pour l'avenir une honnête liberté. De méchantes langues se sont raillées de lui, et un aimable poëte du temps, ami de Joachim du Bellay, Olivier de Magny, qui vit beaucoup la belle Louise à son passage à Lyon, à son aller en Italie ou à son retour, a fait ces vers à *Sire Aymon :*

> Si je voulais par quelque effort
> Pourchasser la perte ou la mort
> Du Sire Aymon, et j'eusse envie
> Que sa femme lui fût ravie,
> Ou qu'il entrât en quelque ennui,
> Je serais ingrat envers lui;
>
> Car alors que je m'en vais voir
> La beauté qui d'un doux pouvoir
> Le cœur si doucement me brûle,
> Le bon Sire Aymon se recule,
> Trop plus ententif au long tour
> De ses cordes qu'à mon amour.

On voit d'ici le bon cordier à l'ouvrage, et qui se recule, en effet, tout en tressant sa corde. La pièce se prolonge, et de plus en plus désagréablement pour lui. Olivier de Magny, qui a je ne sais quel motif qu'on ne s'explique pas de le narguer, et qui y est peut-être tout simplement poussé par une fatuité ou un libertinage de poëte, signifie très-nettement au bonhomme qu'il connaît mieux sa femme que lui, et qu'il n'est pas le seul ainsi favorisé :

Et toujours, en toute saison,
Puisses-tu voir en ta maison
Maint et maint brave capitaine,
Que sa beauté chez toi amène,
Et toujours, Sire Aymon, y voir
Maint et maint homme de savoir?

Et lorsqu'avec ton tablier (1) gras
Et ta quenouille entre les bras,
Au bruit de ton tour tu t'égaies,
Puisse-elle toujours de mes plaies
Que j'ai pour elle dans le cœur,
Apaiser la douce langueur!

On fit encore d'autres couplets satiriques, et plus compromettants, s'il est possible. Il n'y a donc aucun moyen de se le dissimuler, Louise Labé fit beaucoup parler d'elle; mais, comme la renommée a deux voix, on reste dans un certain embarras pour accorder des médisances si explicites et si formelles avec les éloges de chasteté et de vertu que d'autres lui ont décernés.

On ne s'en tire qu'à demi en disant qu'il y eut dans sa vie deux époques distinctes. Il est certain qu'elle eut une jeunesse fort émancipée et à demi virile, et qu'elle trancha de l'amazone; mais ensuite, et quelles que fussent les chansonnettes et les propos légers, tels que ceux que nous venons de lire, il paraît bien qu'elle vécut à Lyon fort considérée, fort entourée de tout ce qu'il y avait de mieux dans la ville, et de tout ce qui y passait de voyageurs savants et distingués qui se fai-

---

(1) On faisait alors *tablier* de deux syllabes

saient présenter chez elle : car elle avait une maison, un *salon*; on y faisait de la musique, on y lisait des vers, on y causait de sciences et de belles-lettres. Le Recueil qu'on a des diverses pièces à sa louange forme toute une guirlande qui est comme la célèbre guirlande de Julie. N'était le témoignage si particulier d'Olivier de Magny, on pourrait mépriser les propos du dehors et les bruits de la rue sur son compte, et dire qu'elle réservait désormais ses ardeurs pour ses seules poésies. C'est une thèse qui a été fort débattue, et dans laquelle des biographes, tantôt malins, tantôt galants et courtois, ont pris parti pour ou contre. Aujourd'hui la question a fait un pas; on en sait trop long sur elle; sa réputation reste quelque peu endommagée, difficilement réparable, et ce qu'on peut en dire de mieux, c'est qu'elle continue de flotter un peu indécise entre les noms d'Héloïse et de Ninon. Ce n'est pas une trop mauvaise place, littérairement parlant.

Après tout, le poëte chez elle n'y perd pas. Ce n'est pas une Maintenon, grâce à Dieu ! que Louise Labé; il nous suffit de son talent, sa gloire est dans sa flamme; et il n'y a pas lieu ici, comme avec d'autres beautés de nuance pudibonde, de venir briser chevaleresquement ou pédantesquement des lances pour une vertu qu'elle ne mettait pas si haut.

J'ai dit qu'elle savait l'italien; elle faisait même des sonnets italiens, elle possédait cette belle littérature; et je ne serais pas étonné que ce fût de là qu'elle eût tiré le fond et peut-être le développement de ce docte et ingénieux dialogue, *le Débat de Folie et Amour*. Ce n'est toutefois qu'une conjecture que je soumets à tous ceux qui savent ou qui cherchent, et qui pourront découvrir un jour la source de l'imitation. En attendant, et jusqu'à nouvel ordre, l'honneur tout entier de cet ingénieux écrit lui demeure. On n'en peut lire quelques pages sans être vivement frappé, ce me semble, de la fermeté, de la netteté, de la maturité précoce et contenue de cette jeune langue du xvie siècle dans la prose, et de l'antériorité de formation de celle-ci sur les vers. Rabelais est déjà venu.

On connaît le sujet par la fable de La Fontaine, *l'Amour et la Folie,* qui en est comme un simple et agréable sommaire, La Fontaine s'étant évidemment refusé à lutter avec un ouvrage presque accompli; mais même quand il ne fait que passer, l'immortel bonhomme met à tout sa marque, et l'on sait le début ravissant :

> Tout est mystère dans l'Amour,
> Ses flèches, son carquois, son flambeau, son enfance!

Amour a eu maille à partir avec Folie. Il en a reçu une sanglante injure; elle lui a arraché les yeux, et pour tout remède, elle lui a appliqué dessus un bandeau donné par une des Parques et scellé à jamais par le Destin, un bandeau immuable, indissoluble. En même temps elle lui a prêté des ailes qu'il n'avait pas encore. Amour exhale ses plaintes ; il est rencontré par Vénus, qui le cherchait partout. Vénus essaye vainement d'arracher le bandeau; elle est hors d'elle; elle maudit son malheur et celui de son fils. Dans sa colère, elle souhaite quelque pareil méchef à tous ceux qui aimeront. La plainte est portée par-devant Jupiter. Vénus, pour le toucher et l'apitoyer, énumère et rappelle tous les grands moments où elle a dû déjà recourir à son père et où il s'est montré bon pour elle : — quand elle fut blessée par Diomède ; — quand elle voulut sauver Énée ; quand elle perdit Adonis, etc. Elle demande justice et vengeance de l'attentat de Folie. Jupiter ne veut cependant point condamner sans avoir ouï la partie adverse : c'est une bonne habitude dont il ne veut pas se départir. Folie, citée à comparaître, demande qu'un dieu plaide pour elle : elle craindrait, si elle plaidait en personne, les murmures de la cabale des jeunes dieux, toujours portés « du côté d'Amour. » La Folie n'est pas si folle. Elle désigne Mercure pour avocat d'office. Il en coûte à Mercure de faire déplaisir à Vénus ; mais le devoir l'emporte, il obéira. — « Et toi, Vénus, dit Jupiter, lequel des dieux choisiras-tu ? tu es trop mère pour parler convenablement dans ta propre cause. » — Vénus choisit Apollon, « encore que l'on ait semé par le monde, dit-elle, que la maison d'Apollon et la mienne ne s'accordaient guère bien. » Diane, en effet, et les Muses sont les vierges par excellence. Tout cela est ingénieux et délicat. Apollon répond galamment et accepte : la cause est ajournée au lendemain.

Dans un quatrième discours (car le *Débat* est divisé en *discours* ou dialogues), Cupidon vient donner le bonjour à Jupiter avant l'heure de l'audience ; il se dit dans ce préambule de fort jolies choses. « Mais il est temps d'aller au consistoire, dit Jupiter; nous deviserons une autre fois plus à loisir. »

On est au tribunal, l'audience solennelle est ouverte; Apollon commence sa plaidoirie en faveur d'Amour. Son discours est un discours d'avocat, un peu long, éloquent toutefois; je n'en veux citer que deux passages comme exemples d'excellente prose. Apollon, pour faire valoir Amour, s'attache à dépeindre sous les plus laides couleurs celui qui y reste étranger et insensible. Voici ce portrait, cette sortie contre les gens non initiés au bel art d'aimer, misanthropes ou loups-garous, d'une vie sordide, égoïste et farouche; cela sent son Rabelais, et, à l'avance, son Regnier :

« Et qui est celui des hommes, s'écrie-t-il, qui ne prenne plaisir ou d'aimer ou d'être aimé? Je laisse ces misanthropes et taupes cachées sous terre, et ensevelis de leurs bizarries, lesquels auront de par moi tout loisir de n'être point aimés, puisqu'il ne leur chaut d'aimer. S'il m'était licite, je les vous dépeindrais, comme je les vois décrire aux hommes de bon esprit. Et néanmoins il vaut mieux en dire un mot afin de connaître combien est mal plaisante et méprisable la vie de ceux qui se sont exemptés d'Amour. Ils dient que ce sont gens mornes, sans esprit, qui n'ont grâce aucune à parler, une voix rude, un aller pensif, un visage de mauvaise rencontre, un œil baissé; craintifs, avares, impitoyables, ignorants et n'estimant personne : loups-garous. Quand ils entrent en leur maison, ils craignent que quelqu'un les regarde. Incontinent qu'ils sont entrés, barrent leur porte, serrent les fenêtres, mangent salement sans compagnie, la maison mal en ordre; se couchent en chapon, le morceau au bec. Et lors, à beaux gros bonnets gras de deux doigts d'épais, la camisole attachée avec épingles enrouillées jusques au-dessous du nombril, grandes chausses de laine venant à mi-cuisses, un oreiller bien chauffé et sentant sa graisse fondue ; le dormir accompagné de toux... Un lever pesant, s'il n'y a quelque argent à recevoir ; vieilles chausses repetassées ; souliers de paysan ; pourpoint de drap fourré ; long saye mal attaché devant ; la robe qui pend par derrière jusques aux épaules ; plus de fourrures et pelisses ; calottes et larges bonnets couvrant les cheveux mal pignés ; gens plus fades à voir qu'un potage sans sel à humer. Que vous en semble-t-il ? Si tous les hommes étaient de cette sorte, y aurait-il pas peu de plaisir de vivre avec eux ? »

C'est à croire, en vérité, à la verve et à l'acharnement qu'Apollon y met, que Louise Labé l'a soufflé, pensant à ce triste mari, Sire Aymon, que nous avons vu si peu ragoûtant avec son tablier gras. — Et tout en regard aussitôt, Apollon nous dépeint, au contraire, l'homme aimable et qui veut plaire, — qui sait ? quelqu'un de ses favoris à lui-même et des courtisans de Louise, quelque Olivier de Magny peut-être :

« Celui qui ne tâche à complaire à personne, quelque perfection qu'il ait, n'en a non plus de plaisir que celui qui porte une fleur dedans sa manche ; mais celui qui désire plaire, incessamment pense à son fait, mire et remire la chose aimée, suit les vertus qu'il voit lui être agréables, et s'adonne aux complexions contraires à soi-même, comme celui qui porte le bouquet en main, donne certain jugement de quelle fleur vient l'odeur et senteur qui plus lui est agréable. »

En un mot, qui aime, s'applique et s'évertue. Amour est le précepteur de la grâce et du savoir-vivre dans la société. Il fait inventer les modes, la nouveauté et l'élégance dans les costumes; il apprend aux femmes l'art de se bien mettre :

« Et que dirons-nous des femmes, l'habit desquelles et l'ornement de corps dont elles usent est fait pour plaire, si jamais rien fut fait? Est-il possible de mieux parer une tête que les dames font et feront à jamais? avoir cheveux mieux dorés, crêpés, frisés? accoutrement de tête mieux séant, quand elles s'accoutreront à l'espagnole, à la française, à l'allemande, à l'italienne, à la grecque? Quelle diligence mettent-elles au demeurant de la face? Laquelle si elle est belle, elle contregardent tant bien contre les pluies, vents, chaleurs, temps et vieillesse, qu'elles demeurent presque toujours jeunes. Et si elle ne leur est du tout telle qu'elles la pourraient désirer, par honnête soin la se procurent; et l'ayant moyennement agréable, sans plus grande curiosité, seulement avec vertueuse industrie la continuent, selon la mode de chacune nation, contrée et coutume. Et avec tout cela, l'habit propre comme la feuille autour du fruit. »

Est-elle assez galante et poétique, cette manière de dire? — Je ne voulais arriver, en parcourant l'élégant et ingénieux dialogue, qu'à la citation de ces charmants passages qui prouvent, une fois de plus, l'avance marquée qu'eut presque de tout temps la prose française sur la poésie.

En effet, si l'on passe immédiatement à la lecture des poésies de Louise Labé, on est frappé de la distance : pour quelques vers agréables dans le genre de l'épître, et un petit nombre de sonnets passionnés; que de duretés, que de rudesses, comme la contrainte du rhythme se fait sentir ! Il est vrai que quelques beaux vers, même peu nombreux, vivent plus longtemps et volent plus loin que des pages continues de bonne prose.

Voici l'un de ces sonnets brûlants et qui ont fait comparer Louise à Sapho, exprimant les sensations errantes et variables de la passion :

> Je vis, je meurs : je me brûle et me noie :
> J'ai chaud extrême en endurant froidure :
> La vie m'est et trop molle et trop dure :
> J'ai grands ennuis entremêlés de joie.
>
> Tout à un coup je ris et je larmoie,
> Et en plaisir maint grief tourment j'endure :
> Mon bien s'en va et à jamais il dure :
> Tout en un coup je sèche et je verdoie.
>
> Ainsi Amour inconstamment me mène,
> Et quand je pense avoir plus de douleur,
> Sans y penser je me treuve hors de peine :
>
> Puis quand je crois ma joie être certaine,
> Et être au haut de mon désiré heur,
> Il me remet en mon premier malheur.

Ceci rappelle et l'Ode de Sapho assez bien rendue, quoi qu'on en ait dit, par Boileau, et ces vers de Catulle que Fénelon donnait comme un modèle de simplicité passionnée : « *Odi et amo...* J'aime et je hais à la fois, etc... » Mais ce que ce vigoureux sonnet rappelle plus nécessairement encore, c'est le tableau que Louise a tracé ailleurs des mêmes symptômes amoureux, et qui avait sa place tout indiquée dans le plaidoyer de Mercure, quand celui-ci réplique à Apollon en faveur de la Folie et de sa liaison si naturelle avec Amour.

Veut-on cette prose en regard et en pendant de cette poésie ? Elle soutient très-bien la comparaison :

« Et en tous ces actes, disait l'éloquent Mercure, quels traits trouvez-vous que de Folie ? Avoir le cœur séparé de soi-même, être maintenant en paix, ores en guerre, ores en trêves ; couvrir et cacher sa douleur ; changer visage mille fois le jour ; sentir le sang qui lui rougit la face, y montant, puis soudain s'enfuit, la laissant pâle, ainsi que honte, espérance ou peur nous gouvernent ; chercher ce qui nous tourmente, feignant de le fuir, et néanmoins avoir crainte de le trouver ; n'avoir qu'un petit ris entre mille soupirs ; se tromper soi-même ; brûler de loin, geler de près ; un parler interrompu ; un silence venant tout à coup : ne sont-ce tous signes d'un homme aliéné de son bon entendement ? »

C'est charmant, et c'est plus coulant que les vers ; car on ne peut disconvenir que dans ce sonnet si beau, *mon désiré heur* pour *bonheur* ne soit bien dur et heurté. Louise poëte a beau faire, elle se ressent un peu de son maître lyonnais, Maurice Scève, le plus obscur et le plus âpre des doctes rimeurs du temps.

Il en était ainsi d'Étienne de La Boétie, à sa manière, et les sonnets de Louise me remettent directement en mémoire le meilleur de ceux que Montaigne nous a transmis et conservés de son ami, au nombre de vingt-neuf. La Boétie, dans sa première et sa plus verte jeunesse, tout échauffé d'une belle et noble ardeur, et voulant avertir celui qui le lira qu'il n'emprunte à personne, ni à Pétrarque, ni à Properce ni à d'autres, l'expression de ses soupirs, s'écriait de la sorte, avec plus de vigueur et d'âme que d'harmonie :

Toi qui oys mes soupirs, ne me sois rigoureux
Si mes larmes à part toutes miennes je verse,
Si mon amour ne suit en sa douleur diverse
Du Florentin transi les regrets langoureux,

Ni de Catulle aussi, le folâtre amoureux,
Qui le cœur de sa dame en chatouillant lui perce,
Ni le savant amour du migrégeois (1) Properce :
Ils n'aiment pas pour moi, je n'aime pas pour eux.

Qui pourra sur autrui ses douleurs limiter,
Celui pourra d'autrui les plaintes imiter :
Chacun sent son tourment et sait ce qu'il endure,

Chacun parla d'amour ainsi qu'il l'entendit.
Je dis ce que mon cœur, ce que mon mal me dit.
Que celui aime peu, qui aime à la mesure!

J'ai souligné exprès trois vers très-beaux. Ce sonnet de La Boétie est digne d'être mis à côté des deux ou trois sonnets de Louise Labé, pour la dureté des sons et aussi pour la flamme. Mais, bon Dieu? que la prose de La Boétie est elle-même plus coulante que ses meilleurs vers!

Un autre sonnet de Louise Labé, et celui-là vraiment immortel par l'expression comme par le sentiment, est celui qui débute ainsi :

  Oh! si j'étais en ce beau sein ravie, etc.

On le lira mieux dans le volume; c'est comme un groupe de marbre à ne pas détacher et à ne contempler que dans le secret du sanctuaire.

(1) *Mi-grégeois*, c'est-à-dire à demi grec.

Enfin, il y a ce dernier sonnet d'elle, qui est également un vœu de mort, non plus de mort au sein du bonheur, mais de mort plus triste et plus terne, quand il n'y a plus pour le cœur de bonheur possible, plus un seul reste de jeunesse et de flamme :

> Tant que mes yeux pourront larmes épandre,
> A l'heur (1) passé avec toi regretter,
> Et qu'aux sanglots et soupirs résister
> Pourra ma voix, et un peu faire entendre ;
>
> Tant que ma main pourra les cordes tendre
> Du mignard luth pour tes grâces chanter ;
> Tant que l'esprit se voudra contenter
> De ne vouloir rien fors que toi comprendre ;
>
> Je ne souhaite encore point mourir :
> Mais quand mes yeux je sentirai tarir,
> Ma voix cassée et ma main impuissante,
>
> Et mon esprit en ce mortel séjour
> Ne pouvant plus montrer signe d'amante,
> Prierai la mort noircir mon plus clair jour.

Et voilà de ces cris qui font vivre un nom de poëte et qui ont leur écho, sans faillir, de génération en génération, tant qu'il y aura recommencement de printemps et de jeunesse !

Une femme devant qui l'on parlait d'âge fit cette remarque : « Il n'y a qu'un âge pour les femmes, c'est quand elles ne sont plus aimées. » Louise Labé, elle, aurait dit : « Il n'y a qu'un âge fatal pour les femmes,

---

1) *Heur*, c'est-à-dire bonheur.

c'est quand elles n'aiment plus. » Elle était de cette famille de poëtes dont l'un, et qui était hier encore un d'entre nous, l'Enfant du siècle, s'écriait : « Le bonheur! le bonheur! et la mort après, et la mort avec! » Elle, au lieu du *bonheur,* elle disait : « La *passion!* la *passion!* » Mais elle avait de ces mêmes cris, de ces mêmes sanglots. Le même démon familier lui soufflait dans ses nuits d'insomnie : « Tout se flétrit, tout passe, ayons eu, au moins, dans cette fuite rapide, un moment de pleine vie. » Et ce moment, plus heureuse que d'autres, elle l'a consacré dans des vers qui nous sont arrivés tout brûlants après trois siècles, et que répétera l'avenir.

Honneur donc et place à part entre les poëtes du XVIe siècle à *la belle Cordière,* à cette « Nymphe ardente du Rhône, » comme on l'a appelée, dont les vers, paraissant dans le temps du premier lever de la Pléiade, n'en dépendent pas, n'en relèvent pas, et ne connaissent d'autre astre que l'Étoile de Vénus! Elle ne se range dans aucun compartiment d'école, dans aucune classification. Le foyer était au cœur du poëte.

III.

Louise Labé ne passa guère quarante ans; on ne sait pas exactement la date de sa mort, on n'a que celle de son testament (28 avril 1565). Tant qu'elle vécut de sa vraie vie et qu'elle fut elle-même, c'était une aimable païenne de la Renaissance : aux approches de la mort, si l'on en juge par les formes et la teneur dudit testament, elle fut reprise et ressaisie par tous les liens et toutes les nécessités de la coutume. On ne la voit plus qu'entre le prêtre et le notaire. Seulement, on distingue encore, à la nature de ses legs et donations, bien de la bonté ; mais plus rien de l'ancien poëte ne transpire : le voile funèbre s'abaisse et nous le dérobe.

Si elle avait vécu plus longtemps, comment aurait-elle pris cet âge, l'âge *argenté,* qui est déjà celui du déclin ? qu'aurait-elle senti ? aurait-elle continué de gémir et de crier tous ses sanglots comme une Valmore ? Y aurait-il eu un jour, une heure où, regardant au fond de ce cœur trop confiant en sa flamme, elle l'eût trouvé changé, refroidi, presque méconnaissable, et aurait-elle jamais consenti, condescendu par degrés au sentiment doucement attristé qui inspira à de plus humbles et à de plus résignées des vers comme ceux-ci :

> Serait-ce un autre cœur que la Nature donne
> A ceux qu'elle préfère et destine à vieillir ?
> Un cœur calme et glacé que toute ivresse étonne,
> Qui ne saurait aimer et ne veut pas souffrir ?
>
> Ah ! qu'il ressemble peu dans son repos tranquille,
> A ce cœur d'autrefois qui s'agitait si fort !
> Cœur enivré d'amour, impatient, mobile,
> Au-devant des douleurs courant avec transport !
>
> Il ne reste plus rien de cet ancien nous-mêmes ;
> Sans pitié ni remords le Temps nous l'a soustrait.

L'astre des jours éteints, cachant ses rayons blêmes,
Dans l'ombre qui l'attend se plonge et disparaît.

A l'horizon changeant montent d'autres étoiles.
Cependant, cher Passé, quelquefois un instant
La main du Souvenir écarte tes longs voiles,
Et nous pleurons encore en te reconnaissant.

Qui donc a fait ces doux vers? une femme poëte de nos jours, et je les trouve dans un tout petit volume de *Contes et Poésies* imprimés à Nice (1862) et signés du nom d'Ackermann. J'y lis tout à côté de belles et dignes Stances *à Alfred de Musset*, ce frère puîné de Louise Labé; écrites au lendemain même de sa mort, elles sont toutes pénétrées de son immortel sanglot; en voici quelques notes vibrantes :

Parmi nous maint poëte à la bouche inspirée
Avait déjà rouvert une source sacrée;
Oui, d'autres nous avaient de leurs chants abreuvés,
Mais le cri qui saisit le cœur et le remue,
Mais ces accents profonds qui d'une lèvre émue
Vont à l'âme de tous, toi seul les as trouvés.

. . . .

Lorsque le rossignol, dans la saison brûlante
De l'amour et des fleurs, sur la branche tremblante
Se pose pour chanter son mal cher et secret,
Rien n'arrête l'essor de sa plainte infinie,
Et de son gosier frêle un long jet d'harmonie
S'élance et se répand au sein de sa forêt.

La voix mélodieuse enchante au loin l'espace.
Mais soudain tout se tait; le voyageur qui passe

Sous la feuille des bois sent un frisson courir :
De l'oiseau qu'entraînait une ivresse imprudente
L'âme s'est envolée avec la note ardente.
Hélas! chanter ainsi, c'était vouloir mourir.

Ce dernier vers, à lui seul, est toute une vie et toute une âme ; il mériterait d'être inscrit sur la tombe du poëte.

Enfin je signale dans ce même petit volume une pièce déjà citée par M. Émile Deschanel, dans un article du *Journal des Débats,* et qui me semble en effet d'une grande signification morale et d'un sentiment bien profond. Mais cela demande à être expliqué.

Il y a, si je puis dire, deux sortes d'âmes et qui se reconnaîtraient à un caractère distinct, infaillible. Je ne sais s'il y en a qui n'auraient jamais voulu arriver à l'existence et vivre, je ne le crois pas ; mais ce que je sais bien, c'est qu'il y en a qui ne voudraient, à aucun prix, recommencer et revivre; c'est assez pour elles d'une fois. Oui, s'il est des âmes comme j'en connais aussi, avides et sans cesse affamées de vivre et de renaître, il en est d'autres qui, en avançant dans la route, se sentent si lasses qu'elles aimeraient à dormir longtemps et toujours de l'inéveillable sommeil. Non-seulement les malheureux et les accablés qui ont rejeté d'eux-mêmes le fardeau de la vie, mais tant d'autres qui l'ont subi et porté jusqu'à la fin, les poëtes délicats et tendres, les esprits souffrants et douloureux, les timides et les effarouchés qui ont traversé le chemin en tremblant, qui s'y sont blessés, ou ceux même qui, sans trop s'y blesser, sont trop heureux d'avoir effleuré et rasé rochers et précipices, d'avoir éludé le plus fort de l'épreuve, tous ceux-là ne voudraient plus jamais rentrer dans le circuit des chances inconnues et dans le tourbillonnement des êtres. Ils sont comme l'aimable et trop sensitif Charles Lamb, qui le matin, au lieu de s'éveiller et de se lever avec l'alouette, aimait mieux prolonger entre ses rideaux le songe ou le demi-sommeil, et *faire* dès à présent, comme il disait, *alliance avec les Ombres*. Ils sont comme le sensible Virgile qui, dans son Élysée, nous montrant les essaims innombrables des âmes bourdonnantes, avides de se replonger dans le fleuve où l'on puise avec l'oubli du passé le désir et le principe d'une existence nouvelle, s'écriait par la bouche de son héros étonné et compatissant : « *Quæ miseris lucis tam dira cupido !...* Est-il donc possible, ô misérables, que cette cruelle envie vous prenne de revoir la lumière! (1) » C'est à toutes ces âmes-là que Mme Ackermann a pensé ; elle a eu le mérite de les comprendre sans en être sans doute elle-même, et elle leur a prêté une voix suppliante dans la pièce intitulée *les Malheureux*.

Le cadre qu'elle a choisi prête à l'effet ; nous l'eussions aimé peut-être moins emprunté et plus naturel. Quoi qu'il en soit, il est poétique. La trompette finale a sonné : tous les morts se réveillent, mais il y en a

---

(1) Charles Nodier était aussi de ceux qui ont hâte de dormir et frayeur de se réveiller. On peut voir de lui une jolie pièce de vers à ce sujet dans *le Bulletin du Bibliophile* d'avril 1863. J'en ai retenu ce joli vers digne de La Fontaine :

A quoi sert de mourir, si l'on ne se repose?

parmi eux (et ce ne sont pas les coupables) qui s'obstinent à rester sourds au clairon de l'Ange et à ne pas vouloir se lever ; on entend seulement leur voix et leur refus monter en paroles déchirantes jusqu'au trône d Dieu :

> Quoi ! renaître, revoir le ciel et la lumière,
> Ces témoins d'un malheur qui n'est point oublié,
> Eux qui sur nos douleurs et sur notre misère
>   Ont souri sans pitié !
>
> Non, non, plutôt la Nuit, la Nuit sombre, éternelle !
> Fille du vieux Chaos, garde-nous sous ton aile ;
> Et toi, sœur du Sommeil, toi qui nous as bercés,
> Mort, ne nous livre pas ; contre ton sein fidèle
>   Tiens-nous bien embrassés.
>
> Ah ! l'heure où tu parus est à jamais bénie ;
> Sur notre front meurtri que ton baiser fut doux !
> Quand tout nous rejetait, le néant et la vie,
> Tes bras compatissants, ô notre unique amie !
>   Se sont ouverts pour nous.
>
> Nous arrivions à toi, venant d'un long voyage,
> Battus par tous les vents, haletants, harassés ;
> L'Espérance elle-même, au plus fort de l'orage,
>   Nous avait délaissés.
> . . . .
> Près de nous la Jeunesse a passé les mains vides,
> Sans nous avoir fêtés, sans nous avoir souri.
> Les sources de l'amour, sous nos lèvres avides,
> Comme une eau fugitive au printemps ont tari.
> . . . .
> Nous le savons, tu peux donner encor des ailes
> Aux âmes qui ployaient sous un fardeau trop lourd ;

Tu peux, lorsqu'il te plaît, loin des sphères mortelles
Les élever à toi dans la Grâce et l'Amour;

Tu peux parmi les chœurs qui chantent tes louanges
A tes pieds, sous tes yeux nous mettre au premier rang,
Nous faire couronner par la main de tes Anges,
Nous revêtir de gloire en nous transfigurant;

Tu peux nous pénétrer d'une vigueur nouvelle,
Nous rendre le désir que nous avions perdu;
Oui, mais le Souvenir, cette ronce immortelle
Attachée à nos cœurs, l'en arracheras-tu?

Quand de tes Chérubins la phalange sacrée
Nous saluerait élus en ouvrant les saints lieux,
Nous leur crierions bientôt d'une voix éplorée:
Nous élus? nous heureux? mais regardez nos yeux,
Les pleurs y sont encor, pleurs amers, pleurs sans nombre.
Ah! quoi que vous fassiez, ce voile épais et sombre
    Nous obscurcit vos cieux.

Contre leur gré pourquoi ranimer nos poussières?
Que t'en reviendra-t-il? et que t'ont-elles fait?
Tes dons mêmes, après tant d'horribles misères,
    Ne sont plus un bienfait.

Ah! tu frappas trop fort en ta fureur cruelle,
Tu l'entends, tu le vois, la Souffrance a vaincu.
Dans un sommeil sans fin, ô Puissance éternelle!
Laisse-nous oublier que nous avons vécu.

Nous avons cru pouvoir, à la suite d'un article sur Louise Labé, ajouter ces vers émus d'une femme poëte qui lit dans leur texte les Fragments d'Alcée et les vers de Sapho.

Lundi 2 mars 1868.

DUCIS ÉPISTOLAIRE

Je voyais l'autre jour, à l'Odéon, *Macbeth* si bien rendu, si bien exprimé et resserré au vif par notre ami Jules Lacroix, ce mouleur habile et consciencieux du groupe sophocléen, l'*OEdipe roi*; j'admirais, même dans les conditions inégales où elle nous est produite, cette pièce effrayante, effarée, sauvage, pleine d'hallucinations, de secondes vues; où l'on voit naître, grandir et marcher le crime, le remords; où l'horreur d'un bout à l'autre plane à faire dresser les cheveux ; où le cœur humain s'ouvre à tout instant devant nous par des autopsies sanglantes ; sillonnée de mots tragiques immortels; où le poignard, l'éclair, le spectre, sont des moyens d'habitude et devenus vraisemblables; où la faiblesse est forte, où le héros est faible et misérable ; où tout s'enchaîne et s'entraîne, où la destinée se précipite tantôt vers la grandeur, tantôt vers l'abîme ; où l'homme est montré comme le jouet de la fatalité, une paille dans le tourbillon ; où Shakspeare nous dit son dernier mot philosophique par la bouche de son Macbeth s'écriant : « Hors d'ici, éteins-toi, « flambeau rapide ! La vie n'est qu'une ombre qui « marche ; un pauvre comédien qui piaffe et tré- « pigne, son heure durant, sur ses tréteaux, et puis « on n'en entend plus parler ; c'est un conte raconté « par un idiot, plein de bruit et de fracas, qui ne « signifie rien ! » Quelques jours auparavant, j'avais vu au Théâtre-Français *Athalie* : — *Macbeth* et *Athalie*, deux grands vaisseaux désemparés, sans grands acteurs, sans amiral et sans pilote ; mais, des deux, *Macbeth* est encore celui qui se gouverne le mieux tout seul et par l'infernale diablerie qui l'anime, celui qui, dans le désarroi, se souffle le mieux à lui-même le vent à pleines voiles et les tempêtes.

Puis je me suis mis à songer, non sans tristesse, à ce qu'il a fallu d'efforts, de bégayements, pour amener et rendre possible sur notre scène cette reproduction à peu près fidèle ; je repassais dans mon esprit et ces anciens combats et ces discussions si animées, si ferventes, dont rien ne peut rendre l'idée aujourd'hui ; ces études graduelles qui faisaient l'éducation de la jeunesse lettrée, et par où l'on se flattait de marcher bientôt à une pleine et originale conquête ; je me redisais les noms de ces anciens critiques si méritants, si modestes et presque oubliés, de ces précepteurs du public qui, tandis que les brillants Villemain plaidaient de leur côté dans leur chaire, eux, expliquaient dans leurs articles et serraient de près leur auteur, le com-

mentaient pied à pied avec détail ; les Desclozeaux, les
Magnin nous parlant dans le *Globe*, dès 1826 ou 1828,
de ces pièces admirables dont bientôt nous pûmes
juger nous-mêmes sous l'impression du jeu de Kean,
de Macready, de miss Smithson, et nous en parlant
si bien, dans une note si juste, si précise à la fois et
si sentie. Car, avant de nous le faire accepter, il a
fallu pour le Shakspeare comme aujourd'hui pour le
Gœthe, comme pour tout ce qui est grand à l'étranger,
nous couper les morceaux à l'avance, nous donner
petit à petit la becquée ni plus ni moins qu'aux petits
oiseaux ; l'image est vraie à la lettre : comptez un peu
les allées et venues, les reprises et les temps d'arrêt,
les bouchées successives : en prose, La Place, Le Tourneur,
Guizot, Benjamin Laroche, François-Victor Hugo ;
et en vers, Ducis avec Talma, un rêve, une création à
côté ; puis Halévy, une transition, puis les Vigny et les
Wailly et les Deschamps, lutteurs fidèles, et Dumas et
Meurice avec leur acteur Rouvière, qu'il n'en faut pas
séparer, et Jules Lacroix, le dernier de tous, heureux
possesseur. Y sommes-nous enfin ? avons-nous l'estomac
fait ? sommes-nous assez forts et capables de digérer
cette moelle de lion ? Je l'espère. En poétique
comme en politique, peuple brillant, aimable et fragile,
si engoué, si vite dégoûté, j'ai toujours des doutes, et
je ne sais jamais, avec nous, si ce qui est acquis est
acquis. Mais pourtant, en ce qui est de Shakspeare, la
bataille semble bien gagnée en effet ; on vient, on applaudit,
on s'intéresse, on frémit de bon cœur, on ne
se scandalise plus ; la bataille est gagnée, dis-je ; mais

qui nous rendra l'heure brûlante et l'émotion du combat ?

Puis, et toujours de souvenir en souvenir, je me suis mis à ressonger mélancoliquement à Ducis, au *bon Ducis,* comme on l'appelle, qui en son temps avait entamé et remué cette grosse question dramatique à tout hasard et par pur instinct ; qui aima Shakspeare d'élan et de vague sympathie sans trop savoir pourquoi et sans l'avoir jamais connu, et de qui l'on a pu dire bien spirituellement, ici même, « qu'il a fait toute une révolution sans le vouloir, comme cela est arrivé quelquefois à la garde nationale (1). » Le mot est parfait, mais il y a des jours, ne l'oublions pas en parlant de Ducis, où un garde national a son héroïsme aussi et se bat comme un lion. Le brave Ducis a eu de ces journées-là.

Il serait tout à fait fastidieux aujourd'hui de recommencer ce qui a été fait avec tant de supériorité et de goût par M. Villemain, et de rechercher ce qu'il y a de Shakspeare ou plutôt ce qu'il n'y en a pas dans les pièces de Ducis ; il n'a guère emprunté de son original que les titres et une certaine excitation chaleureuse pour se monter l'imagination sur les mêmes sujets ; e il n'a guère fait, à son tour, que fournir des motifs de beaux rôles et de masques tragiques à de grands comédiens comme Brizard, La Rive, Monvel, et en dernier lieu Talma. Lui-même, il l'a reconnu avec naïveté, il

(1) Voir, dans *le Constitutionnel* du lundi 16 février 1863, le feuilleton de M. Nestor Roqueplan.

n'est qu'un shakspearien de hasard et de rencontre; il y va de confiance et à l'aveugle; l'étude directe et la science lui manquent ; il n'a pas la première clef, la plus indispensable, pour s'initier au génie du poëte auquel il semble pourtant s'être voué par culte. C'est un prêtre qui ne sait pas le latin. J'ai sous les yeux trois lettres de lui à Garrick, le grand tragédien, celui qui, vers le milieu du dernier siècle, ressuscita Shakspeare tout entier aux yeux des Anglais étonnés et le remit en plein honneur. Je donnerai ces lettres, non recueillies dans les œuvres de Ducis (1).

« A Paris, ce 14 avril 1769.

« Monsieur, je ne puis vous exprimer toute ma reconnaissance pour les deux présens que vous avez bien voulu me faire. Votre gravure dans *Hamlet* et celle de Shakspeare sont l'une et l'autre sous mes yeux et devant ma table ; c'eût été sans doute leur faire souffrir un divorce trop cruel que de les séparer. Je conçois, Monsieur, que vous avez dû me trouver bien téméraire de mettre sur le Théâtre-Français une pièce telle qu'*Hamlet*. Sans parler des irrégularités sauvages dont elle abonde, le spectre tout avoué qui parle longtemps, les comédiens de campagne et le combat au fleuret, m'ont paru des ressorts absolument inadmissibles sur notre scène. J'ai bien regretté cependant de ne pouvoir y transporter l'ombre terrible qui expose le crime et demande vengeance. *J'ai donc été obligé, en quelque façon, de créer une pièce nouvelle.* J'ai tâché seulement de faire un rôle intéressant d'une reine parricide et de *peindre surtout, dans l'âme pure et mélancolique d'Hamlet, un modèle de tendresse filiale.* Je me

---

(1). Elles se trouvent au tome II de la *Correspondance privée* de David Garrick, publiée à Londres en 1832 (2 vol. in-4°).

*suis regardé, en traitant ce caractère, comme un peintre
religieux qui travaille à un tableau d'autel.* Mais pourquoi, Monsieur, ne sais-je pas votre langue: pourquoi ne
puis-je consulter en vous le plus sûr confident du génie de
Shakspeare! Je n'ai eu qu'un secours, *c'est l'attrait inexplicable qui soumet mon âme à ce poëte extraordinaire.*
Je vous remercie de tout mon cœur du succès que vous me
désirez. On trouve en général que mon ouvrage est simple et
sans incidents; mais mon succès fût-il un triomphe, ce que je
suis bien loin d'espérer, recevez d'avance ma protestation,
Monsieur, que je pose ma couronne sur la base et aux pieds
de la statue de Shakspeare. C'est déjà une récompense de
ma hardiesse que cette occasion de vous écrire. Il ne tient
qu'à vous d'y ajouter encore en me permettant de cultiver
l'honneur de votre correspondance... »

Ainsi Ducis ne savait pas l'anglais, et le progrès en
toute chose est si boiteux, que l'idée ne lui vint jamais
de l'apprendre; mais il sentait de ce côté de Shakspeare un « attrait inexplicable » qui n'est pas la
moindre singularité de cette nature candide. Il adorait
Shakspeare comme les anciens Gaulois adoraient dans
une forêt druidique le dieu qu'il ne leur était pas donné
de voir face à face, et il était vrai de dire de lui :

. . . . *Tantum terroribus addit,*
Quos timeant non nosse deos! . . . . .

L'inconnu ajoutait encore à la terreur religieuse qu'il
éprouvait, rien qu'à sentir courir à son front le souffle
sacré. Ne lui en demandez pas davantage. Et quant à
l'idée qui lui appartient ici en propre, de faire un Hamlet modèle de piété filiale, et de travailler à ce beau

portrait comme un peintre de sainteté ferait « à un tableau d'autel, » c'est bien l'idée la plus contraire à l'original et la plus antishakspearienne qui se puisse concevoir ; c'est un contre-sens à la Greuze. — Voici la seconde lettre à Garrick ; dans chacune, d'ailleurs, il y a quelque mot remarquable :

« A Versailles, le 15 septembre (1772).

« Monsieur, après avoir mis *Hamlet* sur notre théâtre, je viens d'y mettre *Roméo et Juliette*. C'est aujourd'hui ma dix-huitième représentation. Je désire que vous ne soyez pas mécontent de cette nouvelle tragédie, dont je vous prie de vouloir bien accepter l'exemplaire ci-joint. Pourquoi, Monsieur, ne vous ai-je point vu, ne vous ai-je point entendu! *Il manquera toujours à mon âme une énergie dont elle a le soupçon, tant que je n'aurai pas vu Shakspeare vivant et animé sur votre théâtre.* Vous avez bien voulu m'y accorder mes entrées ; je suis bien tenté d'aller les mettre à profit, pour voir une nation respectable dont j'estime le caractère fort et prononcé, et pour causer avec vous, en les prenant sur le fait, des plus hauts mystères de la tragédie.

« Je vous prie, Monsieur, de me continuer les sentimens dont vous m'honorez, et de me croire pour jamais avec la reconnaissance et l'attachement que je vous dois, etc. »

Le bonhomme sent bien ce qui lui manque, et il exprime cette lacune en lui avec tant de franchise, qu'il la couvre au même instant à nos yeux ; et pourtant elle existe et ne sera pas comblée. — Enfin une troisième lettre de lui à Garrick mérite encore d'être donnée, au moins en partie :

« A Paris, le 6 juillet 1774.

« Monsieur, je profite de l'occasion du départ de M. Suit pour vous marquer combien je suis véritablement sensible aux invitations que vous m'avez faites d'aller à Londres, et combien je suis fâché de n'avoir pas encore fait ce voyage, dont le plaisir de vous admirer sera le principal motif. Je porte envie à M. Suit...

« Je viens de terminer une nouvelle tragédie : c'est *Admète et Alceste,* sujet tiré de notre Euripide. Je suis à la veille de la faire lire à la Comédie-Française. Aussitôt qu'elle aura paru, j'aurai l'honneur de vous en envoyer un exemplaire.

« Je suis maintenant occupé de *Macbeth.* Pourquoi ne puis-je causer avec vous une demi-heure, et vous voir dans les morceaux terribles de cette admirable tragédie! *J'ai affaire à une nation qui demande bien des ménagemens quand on veut la conduire par les routes sanglantes de la terreur.* Mon âme s'efforce, en composant, de prendre vos vigoureuses attitudes, et d'entrer dans la profondeur énergique de votre génie. Continuez-moi, je vous prie, les sentimens dont vous m'honorez, et soyez persuadé de la haute estime et de la reconnaissance avec lesquelles j'ai l'honneur, etc. »

On s'explique assez difficilement que, sentant de la sorte ce qui lui manquait sur Shakspeare et ce que la vue de Garrick pouvait lui apprendre, lui rendre immédiatement, il n'ait pas fait cet effort de passer le détroit, et, puisqu'il n'avait pas vu apparemment le grand tragédien dans son ancien voyage à Paris, qu'il ne soit point allé l'admirer une bonne fois sur son théâtre, avant sa retraite, et, comme on dit, prendre langue avec lui. C'était l'*Alpha,* ce semble, et par où il fallait commencer. Mais Ducis était encore moins artiste que père, fils, époux, veuf, ami : toutes ces belles qualités de cœur et de famille lui nuisaient autant qu'elles lui servaient. Sa femme ou ses filles, son ami Thomas à soigner, ses deuils fréquents, que sais-je? l'empêchèrent de faire le voyage qui lui aurait permis d'aller s'éclairer face à face et d'allumer sa torche tragique non plus à la lanterne sourde de Le Tourneur, mais au tonnerre même ; il n'était pas homme à se dire à la manière d'Épaminondas : « J'ai deux filles immortelles, *Juliette* et *Lady Macbeth!* voilà ma postérité. » Trop de vertu, trop de sensibilité en pratique et en action autour de nous, nuirait-il donc au talent et au génie, à ce serviteur et à cet esclave de son art, qui ne doit être ni distrait ni partagé?

On aura remarqué dans ces lettres de Ducis de beaux mots et une large touche; il n'en est aucune des siennes qui n'offre ce caractère : et j'ai souvent pensé que si, par bonheur pour lui, et dans quelque naufrage pareil à celui de l'Antiquité, toutes ses tragédies étaient perdues et que s'il ne restait que ses lettres, on aurait d'éternels regrets; on croirait avoir affaire en lui à un génie complet dont il faudrait déplorer les chefs-d'œuvre. C'est que si Ducis n'avait pas le talent d'un grand tragique, il avait l'âme d'un grand tragique. N'ayant pas reçu de bonne heure toute l'éducation qu'il aurait fallu, s'étant refusé par vertu, par scrupule, par esprit étroit de bourgeoisie, toute celle même qui était à sa portée, l'expérience de Versailles et de la Cour, celle des femmes et des grands seigneurs, et plus tard le spectacle de l'ambition la plus gigantesque dans le sein du plus grand héros moderne, il avait pourtant des débris, des fragments de poëte pathétique et terrible. Ses lettres qui sont la partie durable de son œuvre et qu'on devrait recueillir à part, dans un volume où il n'y aurait pas autre chose, sont semées de paroles d'or. Né à Versailles, dont il est resté le poëte chéri, où il a vécu tant d'années et où il est mort (1), fils d'un père savoisien et patriarcal, de qui il a prétendu tenir toute sa poétique, bien différente, dit-il, de celle des Marmontel et des La Harpe, et d'une mère, bonne femme humble et antique ; d'abord secrétaire de maréchaux et de généraux, il fit la guerre et la vit de près, sans en tirer grand profit pour son observation de poëte : « Ducis a fait la guerre de Sept-« Ans avec nous, dit le prince de Ligne. Il était secré-« taire de M. de Montazet ; je l'aimais beaucoup. Il ne « se doutait pas du talent qu'il avait, ni qu'il remplace-« rait Voltaire à l'Académie. Il avait une belle voix. » Cette belle voix était l'organe d'une belle âme. Il ne s'avisa de tragédie que vers l'âge de trente-six ans, et il marqua vite ; en quoi il l'emportait sur les La Harpe, les Chamfort, les gens d'esprit et de goût sans étincelle. La Harpe le jugeait bien, mais comme il jugeai trop souvent, avec sécheresse et d'un ton rogue ; écou tez plutôt le petit dialogue suivant (1784) :

« Ducis n'entend rien à la combinaison d'un plan. Les siens sont dénués de toute raison, particulièrement celui du *Roi Lear*. L'auteur s'y montre encore plus insensé que son

(1) Voir l'*Histoire des rues de Versailles*, par M. J.-A. Le Roy 2ᵉ édition, 1861.

héros. » — « Cet ouvrage obtient pourtant un grand succès. » — « Ouvrage détestable! » — « Il y a, ce me semble, de bien belles scènes. » — « Eh! Monsieur, qui vous dit le contraire? Sans doute il y a de belles scènes dans le *Roi Lear*, dans *Hamlet*, dans *Roméo et Juliette*, dans *Œdipe chez Admète*, et même dans ce *Macbeth* qui vient de tomber ; mais de belles scènes ne constituent pas seules un bel ouvrage. Si M. Ducis faisait une pièce comme il fait une scène, il serait notre premier tragique (1). »

Et dans ses moments de plus grande franchise La Harpe ajoutait encore : « C'est bien heureux que cet homme n'ait pas le sens commun, il nous écraserait tous. »

Je voudrais insister sur les beautés de ces lettres de Ducis, dont la collection ferait un trésor moral et poétique ; on y joindrait les lettres de Thomas fort belles, fort douces et bien moins tendues de ton qu'on ne le suppose. C'est dans une de ces lettres de Thomas que je lis à propos de la mort d'un de leurs amis communs, Saurin : « Il ne sera pas aisément remplacé avec tout « ce qu'il avait. Une qualité, surtout rare aujourd'hui, « c'est *une certaine tempérance de raison qui connaît les* « *bornes et les limites de tout.* On est porté aujourd'hui « à précipiter tous les mouvements ; lui, savait s'arrêter « et arrêter les autres. » Ce Saurin, dont on n'a gardé qu'un bien faible souvenir, s'il avait cette faculté-là, nous manque bien aujourd'hui.

Autrefois, quand on prenait un livre ancien ou nouveau, on voulait être ému, touché, intéressé ; mainte-

---

(1) *Souvenirs d'un Sexagénaire*, par Arnault, tome I, page 122.

nant on veut être *empoigné,* c'est le mot. Nous nous contenterons, cette fois, d'être touchés et charmés en parcourant les lettres de Ducis.

II.

Les premières sont adressées à Sedaine, un homme de génie dans son genre, inégal, mais qui trouve du neuf à chaque pas, et qui s'était formé seul. Ducis, avec qui il avait quelque parenté de talent et d'origine, a dit dans un portrait qu'il a donné de lui : « Il aimait « passionnément Molière, Montaigne et Shakspeare; il « y trouvait ce fonds immense de naturel, de raison, « de force, de grâce, de variété, de profondeur et de « naïveté qui caractérise ces grands hommes; aussi, « était-il né avec un sens exquis et une âme excel- « lente : c'était tout naturellement qu'il voyait juste, « comme c'était tout bonnement qu'il était bon. »

On est sous Louis XVI, aux premières et belles années, sous un jeune roi plein de mœurs et de bon sens. Turgot est au pouvoir, la vertu respire; « les gens de bien, cette graine timide qui n'ose se montrer, peuvent maintenant sortir de terre, prendre racine et porter des fruits. » Toute cette école vertueuse et cordiale, les Sedaine, les Thomas, les Ducis, les de Belloy, se croient presque sur leur terrain à Versailles : on les voit d'ici se réjouir et se féliciter.

Ducis est sur le point de lire son *Œdipe* aux comédiens (février 1775) et il n'attend pour cela que le

Carême : « Me voilà toujours ici, en attendant que la
« cendre du saint mercredi qui s'approche fasse tom-
« ber toute cette fureur de fêtes et de danses qui tour-
« nent les têtes : on ne pourrait pas entendre mon *Œdipe*
« avec des oreilles pleines du bruit des orchestres et du
« tumulte des bals. » Cependant, déjà revenu de la
Grèce à ses dieux du Nord et à Shakspeare, il a choisi
Macbeth pour sujet de pièce nouvelle :

« Tout le monde me gronde ici, mon cher ami, écrit-il de
Versailles à Deleyre, à cause du genre terrible que j'ai
adopté. On me reproche déjà le choix du sujet de *Macbeth*
comme une chose atroce. « *Monsieur Ducis, me dit-on, sus-
pendez quelque temps ces tableaux épouvantables; vous
les reprendrez quand vous voudrez : mais donnez-nous
une pièce tendre, dans le goût d'*Inès*, de *Zaïre*, une pièce
qui fasse couler doucement nos larmes, qui vous concilie
enfin les femmes, cette belle moitié de votre auditoire qui
entraîne toujours l'autre.* »

« Qu'en dites-vous? me laisserai-je aller à ce conseil ? Mais
il faut un sujet qui me tente, qui porte bien aux développements d'un cœur amoureux, au flux et reflux de cette passion
douce et terrible. Ce genre de tableau demande les pinceaux
de Racine, et que je suis loin de ce grand écrivain ! Il faudrait, pour me soutenir, de l'extraordinaire dans les situations. »

Et continuant sa pensée, il explique à son ami pourquoi, entre autres choses, il ne saurait réussir à ces
nuances de sentiment, à cette finesse et à ce délié de
la passion où excelle Racine; il a l'instinct, sans bien
s'en rendre compte, d'un genre opposé à celui de Racine et qui procède autrement que par analyse, qui

marche et se développe à l'aide de situations visibles, frappantes, extraordinaires :

« Il me semble, dit-il ingénûment, que je ne manquerais ni de chaleur ni de vérité ; mais il y a, dans cette passion, une certaine délicatesse fine qui m'échappe, peut-être parce qu'il m'a toujours été impossible de tromper une femme, et que toutes ces ruses d'amour ne me sont pas seulement venues dans l'idée. Je n'ai su qu'aimer et me donner sans réserve. »

Et comme son ami lui avait écrit qu'il s'était mis à relire l'*Ariane* de Thomas Corneille, « cette pauvre Ariane abandonnée par un ingrat, » Ducis achève à ce propos, de caractériser la passion chez Racine :

« Personne sans doute n'approche de cette pureté élégante et soutenue de Racine ; mais il y a dans ce rôle admirable d'Ariane, où toute la passion de l'amour est rassemblée, un fonds de tendresse, d'abandon d'âme, d'ivresse et de désespoir, qu'on ne trouve point dans Racine, parce que Racine n'est pas très-naïf, et qu'*il est très-possible, je crois, d'être plus tendre encore que lui.* »

L'ami à qui il écrivait de la sorte mérite d'être connu. Deleyre, ami de Jean-Jacques Rousseau, qui l'estimait plus qu'il ne l'a témoigné dans ses *Confessions,* et qui ne cessa de le recevoir jusqu'à la fin de sa vie, Deleyre dont le nom ne se rencontre qu'incidemment dans les mémoires des contemporains, était un de ces hommes secondaires du XVIIIe siècle, qui offrent bien de l'intérêt à qui les observe de près. C'est un de ces hommes comme il y en a eu de tout temps, qui n'ont pas assez de force pour être auteurs, mais qui valent mieux que la plupart des auteurs. Il avait été engagé parmi les Jésuites dans sa jeunesse et avait eu sa période de tendresse et de rêverie religieuse : il ne s'en guérit jamais entièrement. Non qu'il eût conservé aucune croyance : on nous assure même qu'il était le plus dénué des hommes à cet égard; mais il en avait gardé comme le vague besoin, et il en sentait le vide. Après une vie assez errante à l'étranger où il fut attaché d'abord à l'ambassade de Vienne, puis à l'éducation du duc de Parme, revenu à Paris et très-mêlé aux Encyclopédistes, il portait dans cette société si tranchée d'opinion et si mordante d'accent une âme timide, craintive, rongée de scrupules. Qui ne l'eût connu que par l'Analyse qu'il avait donnée de la philosophie de Bacon, n'aurait jamais soupçonné ces mystères de souffrances. Pour bien le définir, je dirai que s'il y avait au xviiie siècle les femmes de Jean-Jacques, tant celles de la noblesse que de la bourgeoisie, — les Boufflers, les d'Houdetot, les d'Épinay, les La Tour-Franqueville, plus tard Mme Roland, — qui étaient plus ou moins d'après la *Julie* ou la *Sophie* de l'*Émile,* il y eut aussi les hommes à la suite de Rousseau, les âmes tendres, timides, malades, atteintes déjà de ce que nous avons depuis appelé la mélancolie de René et d'Oberman. Deleyre était une de ces âmes-là, une âme sensible, inquiète, dépaysée, déclassée, tirée du cloître où elle n'avait pu rester, et souffrant dans la société d'où il lui tardait toujours de s'enfuir, une de ces organisations ébranlées comme il ne s'en trouve pas sous cette forme au xviie siècle, et comme il devait s'en rencontrer beaucoup au commencement du nôtre; il allait avoir son expression, mais imparfaite et insuffisante encore, dans les *Rêveries d'un Promeneur solitaire* ou dans les *Confessions.* C'était un athée vertueux, un M. de Wolmar, mais qui n'avait pas tout à fait la force de l'être et qui se dévorait lui-même. Il unissait en lui bien des contrastes : il guerroyait à mort, en zélateur ardent, contre la superstition et tout ce qu'elle engendre : *Tantum Relligio potuit suadere maloruum!* et il était l'auteur de la célèbre romance sentimentale : *Je l'ai planté, je l'ai vu naître,* dont Rousseau a fait la musique.

Toute la branche des lettres de Ducis qui s'adresse à lui est d'un charme douloureux et délicat, et je ne sais pas, dans les figures de second plan qui passent et repassent devant nous sans qu'on les remarque d'abord, de physionomie plus attrayante à la longue que celle de ce futur membre de la Convention et de l'Institut naissant, et à qui l'on dut même l'idée des fameuses Écoles normales.

Car le nom de Deleyre figure, à coté de celui de Lakanal, au bas de l'Arrêté qui institue ces Écoles, un moment si utiles. L'ancien disciple de Bacon se retrouve avec toute son initiative dans la pensée et dans les considérants de cet acte mémorable qui honore sa vieillesse et sa fin de carrière. Mais auparavant, que de soucis et de tristesses sans nom, que d'anxiétés sans cause apparente, dans lesquelles il nous est donné tardivement de pénétrer!

L'un de ces roseaux pensants et gémissants dont

Pascal est le roi, dont Rousseau n'est que le premier révolté et le rebelle ; pauvre Deleyre, qui avait besoin de soutien et de support, de confiance et de foi, et peut-être d'autel, la croyance au progrès humain et à l'indéfinie perfectibilité, la religion de Diderot et de Condorcet put-elle jamais toute seule lui suffire ? On a le droit de se le demander quand on a vu de près les tourments et les défaillances de ce futur instituteur du genre humain.

Ducis qui, en ces années de crise, s'est fait son conseiller, son directeur ami, et qui est plus fait que personne pour comprendre cette espèce d'inquiétude indéfinissable, lui prescrit les remèdes qu'il estime les plus salutaires pour le corps et pour l'âme ; nous assistons à toute une cure morale :

« Versailles, 25 Juillet 1775.

« Votre tristesse opiniâtre m'afflige, mon ami. Il y a des momens où mon amitié pour vous serait tentée de devenir despotique, au risque de vous affliger. Ce n'est que malgré vous qu'on pourra vous guérir. Votre imagination a le malheureux secret de tout empoisonner. Songez qu'il n'y a jamais eu de temps en France où le trône ait été entouré de plus d'honnêtes gens : voilà d'abord un bon oreiller pour votre tête. Après cela, pensez à votre santé ; comprenez bien ce mot de *santé*. C'est un bien qui appartient à votre femme, à vos enfants, à moi, à tous ceux qui vous aiment. Vous êtes encore à temps ; peut-être avant peu n'y serez-vous plus. Moi, qui vous observe, j'ai pitié de votre pauvre corps que votre âme dévore. Mon Dieu ! que vous êtes cruel à vous-même ! C'est le seul mal au monde que vous aurez fait ; mais il peut avoir des suites funestes. Répondez-moi de votre corps, et je vous réponds de tout le reste.

« J'ai prié instamment M. Le Roy, capitaine des chasses, chez qui nous faisons des petits soupers fort agréables, de vous découvrir dans nos bois un bien-fonds ; de le choisir solide, parce que vous êtes père de famille ; dans le plus épais de nos forêts, parce que vous êtes un incurable mélancolique, et surtout très-voisin de Versailles, parce que vous êtes mon ami et mon malade. Il est bien convenu que nous ne verrons ni statues, ni bronze, ni marbre ; je bouche tous les jets d'eau de notre parc ; je me voue, pour vous plaire, aux arbres sauvages, aux fontaines rustiques : *placeant ante omnia sylvæ!* mais je veux que vous viviez, et que mon amitié rafraîchisse votre âme.

« J'irai très-souvent vous voir, et vous montrer mes vers tragiques, encore tout rouges et sortant de la forge ; enfin j'irai jouir de votre nouvelle existence. »

Ce M. Le Roy, lieutenant des chasses du parc de Versailles, observateur philosophe des mœurs des animaux sur lesquels il a écrit des Lettres que tous nos psychologistes devraient avoir lues (1), s'était donc chargé de trouver l'ermitage où s'abriterait Deleyre avec sa famille, et il en avait découvert un à souhait. Ducis le lui annonçait en termes souriants : « Eh bien ! mon mé-
« lancolique ami, le brave M. Le Roy vous a déterré
« un antre de sanglier que vous pourrez habiter. C'est
« la vraie retraite d'un sauvage ; vous pourrez aller
« cacher là vos vertus, comme un malfaiteur y cache-
« rait ses crimes. » C'était près de la source de la rivière des Gobelins, dans le voisinage de larges étangs, au bord d'un vallon tortueux « qui se plonge dans un

---

(1) On vient d'en donner une édition nouvelle : *Lettres sur les animaux* par Georges Le Roy, précédées d'une Introduction par le docteur Robinet (1862).

site lugubre pour s'ouvrir ensuite sous un horizon assez étendu et très-agréable. » Cela s'appelait du joli nom de *Dame-Marie-les-Lis*. Les deux filles de Deleyre allaient y fleurir au bord et au murmure du ruisseau « comme deux beaux lis du désert. »

Deleyre s'y installe pour quelques années. Ducis ne l'y laissait point trop seul; après une visite de quelques jours, il l'emmenait ou à Versailles ou d'autres fois à Paris; ils y allaient voir ensemble Rousseau, encore logé rue Plâtrière, et qui, « malgré ses plaintes contre le genre humain, ne laissait pas de montrer une assez bonne gaieté (1). » Ducis craignait pour son ami songeur le trop de solitude et le manque de distractions; il aurait voulu lui en procurer d'un ordre élevé pour chasser les vapeurs : « Vous n'êtes pas encore obstrué, « mais vous n'avez que trop de dispositions à le deve- « nir : *Annibal ad portas*. C'est à l'amitié à s'emparer « de vous. Je serai le barbare qui vous ferai vivre mal- « gré vous. » Après un de ces petits voyages où il l'avait eu près de lui, il écrit à Mme Deleyre pour lui rendre compte de la santé morale qui les intéresse. Deleyre n'a contre lui que son organisation trop nerveuse, trop

---

(1) Voici pourtant un fait de plus qui témoigne de la préoccupation et de l'idée fixe de Rousseau, même dans ses meilleurs jours. Ducis l'était allé voir un matin rue Plâtrière. Après une heure de conversation, il le quittait vers midi; la table était mise. Rousseau, le reconduisant et prenant congé de lui sur le palier, lui dit: « Nous venons de passer ensemble des moments bien agréables; il serait tout naturel que je vous retinsse à dîner; mais, si vous étiez malade ce soir, on dirait que je vous ai empoisonné. » — Ducis avait raconté l'anecdote à M. Droz qui se plaisait à la aconter à son tour.

susceptible ; il ne lui faut d'autres remèdes que « de la dissipation, des soins, de la vigilance pour les choses essentielles, et un entier abandon, une insouciance vraiment sage dans les détails :

« C'est mon fort de le prêcher en vers et en prose. Dites-lui bien que ma grande sagesse est un profond mépris pour ce qu'on appelle la sagesse humaine ; que je n'en fais aucun cas ; que je ne l'ai jamais estimée, et que je me suis aperçu que, les trois quarts du temps, ce n'est qu'une vanité triste et tourmentante. Dites-lui que j'aime mieux le voir ranger ses tonneaux que ses livres, et végéter comme un peuplier des bords de son ruisseau que pâlir sur son *Juvénal* ou son *Tacite*. Qu'il soit heureux, voilà le point! »

Mais combien il a plaisir à apprendre que son ami a des jours de calme et qui ressemblent presque à du bonheur! il l'en félicite et l'y encourage en philosophe tout à fait pratique, et en ne lui demandant que peu, rien que ce qu'il est possible d'obtenir :

« Conservez-vous dans ces bonnes dispositions. Il y a un certain travail qu'on peut faire sur soi-même. Ces triomphes obscurs et journaliers sont plus méritoires que les grandes vertus, où l'on est soutenu par l'importance de la victoire et l'étendue même du sacrifice ; ces triomphes, mon ami, sont dignes de vous. »

De loin, il cherche à le distraire en lui donnant des nouvelles du théâtre, des succès ou des chutes, — de l'arrivée de Voltaire, fêté, couronné, visité, qui vient de se rompre un petit vaisseau dans la poitrine et qui va succomber à son triomphe :

« Bon Dieu! comme je fuirais la capitale, si j'avais la centième partie de la gloire de M. de Voltaire, avec ses quatre-vingt-quatre ans! comme je me tiendrais sur mon pré, auprès de mon ruisseau, car j'aurais un ruisseau alors! Cette soif insatiable de gloire au bord du tombeau, cette inquiétude fiévreuse, cette complexion voltairienne, je ne comprends rien de tout cela. »

En revanche il apprend avec plaisir que son ami s'est livré, comme un bon paysan, aux travaux de la fenaison, et qu'en fatiguant le corps il a forcé au repos son âme trop active. Il l'interroge cependant sur Rousseau qui vient de se retirer à Ermenonville et que Deleyre fait dessein d'aller visiter :

« Est-il vrai, comme on me l'assure, qu'il ait pleuré la mort de Voltaire, et qu'à la nouvelle du refus de sépulture, il ait eu un saignement de nez de colère et d'indignation? Dites-moi ce qu'il y a de vrai... »

Mais voilà Ducis, cet homme bon, naïf, tout cœur et tout âme, talent chaud et simple, lui qui n'a jamais parlé de sa vie à M. de Voltaire, et qui n'a été ni loué ni connu personnellement de lui, le voilà qui est choisi, sans brigue, pour remplacer Voltaire à l'Académie. La voix du public le désigne et le nomme. Il y a de ces justices imprévues que le monde parfois se plaît à faire. C'est en effet, bien réellement, une forme nouvelle de tragédie qui succède à l'autre, et bien qu'éphémère elle-même, elle était digne d'être saluée et intronisée à son jour. Mais cet honneur qui vient le saisir ne l'enivre pas; il le sait et il le dira à merveille dans la première phrase, restée célèbre, de son discours de réception : « Il est des grands hommes à qui l'on succède et que personne ne remplace! » Ce maudit discours pourtant lui aura coûté bien des soins; il faut écarter tout ce qui est scabreux, tout ce qui peut être matière à reproche, maintenir les bienséances, et ne laisser arriver que le respect :

« Mon discours touche à sa fin, écrit-il à Deleyre (janvier 1779), mais vous ne sauriez croire, mon ami, combien ce travail me déplaît et me fatigue. C'est un sot usage que d'avoir à louer par fondation. Cela ne sert de rien à celui qui n'est plus, et c'est un rude embarras pour son successeur. A quoi bon dire que M. de Voltaire est un très-grand écrivain? on le sait de reste. »

Le nom et l'amitié de Thomas viennent sans cesse se mêler dans la pensée de Ducis à ces soins affectueux pour Deleyre. Thomas, plus jeune de quelques années, est plus malade de corps que ce dernier, mais il a l'esprit tranquille, bien que souvent découragé; lui, il ne se plaint pas : « Il semble que les âmes douces habitent dans des corps douloureux, où elles supportent leur détention sans murmure et sans emportement. » Ducis prévoit le malheur prochain de le perdre : « Nous ne vivons qu'une minute ; et, dans cette minute,
« que de secondes pour la douleur! Cela est horrible :
« tout le bonheur dont l'homme est susceptible n'est
« que dans la consolation. » Ailleurs il dira d'un mot plus court et définitif : « Notre bonheur n'est qu'un
« malheur plus ou moins consolé. »

Avant d'aller mourir dans le Midi, Thomas est installé

à Auteuil. Deleyre vient y passer quelques jours entiers avec Ducis et s'en trouve bien ; une lettre qu'il a écrite au retour respire un certain calme, une certaine paix de l'esprit qui prouve que le bonheur n'est pas chose tout à fait étrangère à sa nature ; Ducis lui répond :

« Vous voilà bien, mon cher Deleyre, conservez-vous dans cet état. M. Thomas et moi nous sommes charmés que notre société vous ait été douce et agréable. Il y a des façons d'être qui sont plus puissantes que les discours ; on les gagne, on les respire. Le cœur jouit, la tête se repose ; on ne définit plus, on goûte. »

Ce mot nous rappelle involontairement celui de La Bruyère sur l'amitié :

« Être avec les gens qu'on aime, cela suffit : rêver, leur parler, ne leur parler point, penser à eux, penser à des choses plus indifférentes, mais auprès d'eux, tout est égal. »

L'un et l'autre mot sont aussi beaux que du La Fontaine. Et en général, toutes ces lettres de Ducis sont la poésie même de la vie intérieure, du foyer ou de la charmille.

Lundi 9 mars 1863.

DUCIS ÉPISTOLAIRE

(SUITE.)

Quelques questions qui me sont adressées de divers côtés sur ce correspondant et ce malade de Ducis, Deleyre, m'engagent à y revenir un peu et à entrer dans quelques détails plus précis sur une figure des plus intéressantes et l'une de celles qui aident le mieux à comprendre ce monde de Rousseau et des philosophes, sur un personnage qui est lui-même un type parmi les secondaires.

I.

Ce tendre et mélancolique Deleyre, que nous surprenons par la Correspondance de Ducis en pleine crise de sauvagerie et d'hypocondrie vers l'âge de cinquante ans, n'y était pas arrivé d'un coup et sans avoir traversé bien des épreuves.

Aucun grand homme, aucun grand esprit ou talent,

si singulier ou original qu'il semble, n'est seul de son espèce. Jean-Jacques Rousseau n'était pas le seul, au XVIIIe siècle, de cette forme d'humeur, de sensibilité et de alent. Deleyre, né en 1726 et de quatorze ans plus jeune que lui, le suivait d'assez près en tout ; il n'était pas seuement le plus passionné de ses disciples, c'était en quelque sorte *un Rousseau en second,* un Rousseau affaibli, non affadi, nullement copiste, bien naturel, bien sincère, — j'allais dire, plus sincère quelquefois que l'autre. — Je repasse sur les traits de ressemblance.

Il avait été dévot dans sa jeunesse, dévot au point d'entrer à quinze ans dans la Société des Jésuites. A vingt-deux ans, il s'était complétement affranchi des croyances; mais le principe d'exaltation était dans sa famille, et l'un de ses jeunes frères, entré également chez les Jésuites, et juste au moment de leur suppression en France, avait l'imagination si frappée qu'il n'avait cru trouver de salut et d'abri qu'en s'allant jeter de là à La Trappe. Deleyre, dans le feu de la jeunesse, émancipé et venu à Paris, s'était concilié aussitôt des protecteurs et des amis par ses qualités aimables ; Montesquieu, Duclos, Diderot, le duc de Nivernais, lui portèrent intérêt, lui firent ou lui voulurent du bien. Il connut Rousseau avant ses éclats d'humeur et quand le grand écrivain, dans l'enfantement de la *Nouvelle Héloïse,* n'était encore que l'hôte un peu farouche, l'*ours* de Mme d'Épinay, et habitant l'Ermitage. Pour lui, enthousiaste, affectueux, actif, il était un intermédiaire continuel entre Diderot et lui; il se vantait d'être leur écolier à tous deux, et il tenait en effet de cette double filiation. Aussi, quand il vit les brouilles et les petites altercations commencer entre eux, il se jeta à la traverse, il les supplia à mains jointes de ne pas rompre par de misérables zizanies la bonne intelligence *qui faisait une partie de leur force :*

« Qui aimerez-vous, Messieurs, quand votre amitié réciproque aura cessé? Vous (c'est à Rousseau qu'il parlait), vous achèverez de haïr tous les hommes, et lui (Diderot), finira de les aimer. Me fais-je entendre? vous deviendrez (pardon, je vous prie), un misanthrope consommé, et votre ami ne sera plus philanthrope. Vous m'avez donné de si nobles idées de la vérité et de la vertu! Serai-je donc encore trompé, moi qui le fus jusqu'au moment où je vous ai connu tous deux? Ne faites pas cette plaie à mon cœur, ou plutôt aux vôtres; car vous seriez les premiers blessés, et vous le seriez sans remède. Si l'estime que j'ai conçue pour vous, ô mes divins amis, pouvait être une illusion, faites qu'elle soit éternelle. »

C'est en ces termes que Deleyre écrivait à Jean-Jacques déjà méfiant et soupçonneux. Il va même trop loin dans les lettres de ce temps que j'ai sous les yeux (1); il joue, il plaisante imprudemment avec le bizarre ermite comme avec un caractère bien fait et qui entendrait la raillerie; il s'égaye beaucoup trop aux

(1) J'ai là jusqu'à cinquante lettres de Deleyre à Jean-Jacques, copiées à la bibliothèque de Neufchâtel par les soins de M. Ravenel, qu'il faut toujours consulter dès qu'il s'agit du xviiie siècle. La Correspondance imprimée de Jean-Jacques n'en renferme que cinq de lui à Deleyre. La différence des chiffres exprime assez bien la proportion de leurs sentiments mutuels : le disciple donnait dix fois plus au maître que le maître au disciple. — Il faut dire aussi que beaucoup de lettres de Rousseau se sont perdues.

dépens de son humeur belliqueuse, à propos du fusil que Rousseau tenait toujours chargé contre les voleurs et qu'il s'amusait parfois à tirer sur les loirs. Rousseau, revenant plus tard sur cette époque de sa vie et ressassant ses souvenirs, croyait voir à travers ces légèretés de Deleyre les trames et les noirceurs de Diderot. Mais quand il fallut choisir plus tard entre Diderot et Jean-Jacques, Deleyre n'hésita pas, et pour lui Rousseau eut raison, les Encyclopédistes eurent tort.

Toutefois, il avait commencé par être un des ouvriers les plus zélés de l'*Encyclopédie* ; il y avait fait l'article *Fanatisme,* dont il lui resta toujours une note brûlante et comme une marque au front : cet article lui barra bien des chemins. Il y gagna d'avoir contre lui la haine *religionnelle,* comme il l'appelait, la plus forte de toutes et la plus acharnée ; elle le poursuivra dorénavant dans toutes ses carrières. A un moment décisif, près de devenir époux et père de famille, il se vit même obligé de signer une espèce de rétractation, afin de ne pas se fermer tout avenir, à lui et aux siens. Que de scrupules, quelle humiliation secrète il en eut! et combien il dut s'accuser tout bas de pusillanimité et de faiblesse!

Rousseau, tout en le méconnaissant bien souvent, en le brusquant en mainte occasion et en le maltraitant même, l'aimait assez; il sentait au fond qu'il avait affaire à un adorateur fidèle, à quelqu'un qui comprenait tout de lui, qui lui passait tout et qui était selon sa nature. « Cher Deleyre, lui disait-il, sans être votre ami, j'ai de l'amitié pour vous. » Et moyennant cette distinction à demi bourrue, à demi obligeante, il lui donnait parfois de bons conseils; un jour, par exemple, que Deleyre s'était refait journaliste et polémiste à l'étranger :

« Cher Deleyre, lui écrivait Rousseau, défiez-vous de votre esprit satirique; surtout apprenez à respecter la religion : l'humanité seule exige ce respect. Les grands, les riches, les heureux du siècle seraient charmés qu'il n'y eût point de Dieu; mais l'attente d'une autre vie console de celle-ci le peuple et le misérable. Quelle cruauté de leur ôter encore cet espoir ! »

A ces conseils mêlés de reproches, Deleyre ne restait pas sans réponse; il avait été croyant, il ne l'était plus; il ne s'estimait pas, disait-il, moins vertueux aujourd'hui qu'alors. Il priait à sa manière : « D'autres invoquent les dieux avant le sommeil; pour moi je bénis mes amis. » — Il avait pourtant des jours et des heures où il exprimait le regret de ne plus sentir en lui aucune aspiration vers l'avenir, aucun recours à la récompense du juste; il eût désiré plus de malheurs encore qu'il ne lui en était échu, s'il avait dû y puiser et y ressaisir une espérance d'immortalité :

« Vous, écrivait-il à Rousseau, vous attendez une récompense qui vous serait bien due et dont je vous envie l'espoir délicieux au prix des persécutions qui le peuvent mériter. D'où vient que cette espérance n'entre plus dans mon cœur? Ah! tombent sur moi tous les fléaux de la nature et de la fortune pour me rendre un remède si doux! Hélas! et le bien et le mal, tout conspire à m'en ôter l'idée. Plus je vis et je réfléchis, moins je me sens ce que je voudrais être, destiné pour un meilleur avenir. La dégradation sensible et continuelle de mon être ne m'en imprime que le néant, le cœur s'élance vers l'immortalité, la raison me repousse vers la poussière. Priez ce Dieu qui doit entendre vos vœux, s'il en écoute sur la terre, de me rendre plus semblable à vous qui êtes son image par l'intelligence et la volonté. Vous ne souhaitez que le bonheur des hommes, et vous leur en montrez la voie par vos écrits. Qu'a-t-il besoin d'anges pour révéler et pour inspirer ce qu'il voit et ce qu'il veut, cet Être inconnu que j'adore de cœur et que j'aime avec vous? »

L'homme qui s'écrie ainsi dans le secret de son cœur et dans l'effusion de son amertume n'est pas un impie. Mais on voit quel rôle immense tenait et remplissait Rousseau à ses yeux, un rôle de révélateur et d'initiateur. Il le définissait (exagération et illusion, tant que vous voudrez!) le plus honnête homme et le plus vertueux qu'il connût, « l'homme *le plus près de sa conscience.* » L'expression, du reste, est admirable.

Aux heures de gaieté légère (car il en avait) Deleyre écrivait parfois des choses charmantes et délicates, dont Rousseau faisait son profit. C'est ainsi qu'au temps où se composait la *Nouvelle Héloïse,* lui parlant du prochain mariage d'une jeune fille, il la montrait dans sa pudeur, se désolant à l'approche d'un époux : « C'est, disait-il, une eau pure qui commence à se troubler au premier souffle du vent. » Et il ajoutait, comme pour le piquer au jeu : « Dites de belles choses là-dessus. » Rousseau, en effet, répondant à l'appel, s'emparait de cette pensée et de cette image virginale, et l'employait dans la *Nouvelle Héloïse* à l'occasion du mariage de Claire (deuxième partie, lettre XV) : « Et, en

vérité, elle est si belle, disait-il, que j'aurais cru la
gâter en y changeant autre chose que quelques termes. »
Il aurait même mieux fait de n'y pas changer un seul
mot.

Une autre fois, dans le même temps du séjour de
Rousseau à l'Ermitage, Deleyre au retour de quelque
absence et de quelque poursuite de fortune, écrivait à
celui dont l'amitié était sa première ambition :

« Rappelez-moi, cher citoyen, dans votre retraite, sur vos
bancs de gazon, au pied du grand escalier à six marches, qui
s'élève devant votre porte. Oh! la jolie porte, faite comme
celle de votre cœur pour de vrais amis, et où l'on ne peut
entrer deux à la fois! quand y serai-je admis pour n'en plus
sortir!... »

Il y a bien longtemps que je n'ai visité l'Ermitage,
et je ne sais s'il existe encore; mais il revit tout entier
en ces six lignes comme un petit temple rustique et
classique.

Exalté pour les femmes, mais en toute délicatesse et
pureté, Deleyre, à un moment, devint passionnément
amoureux et se maria; il dut dès lors compter avec la
société, avec ces mêmes préjugés dont il avait horreur,
et subir des chaînes. Il se résigna, non sans ressentir
des blessures profondes. Il avait quelque appui à Versailles, aux Affaires étrangères : on l'attacha d'abord
comme secrétaire particulier à l'ambassadeur de France
à Vienne. Là, l'auteur de ces romances sentimentales,
dont l'une a dû à Rousseau une si délicieuse mélodie,
put faire connaissance avec l'abbé Métastase et causer

musique avec lui; mais cette agréable rencontre, et celle aussi du bibliothécaire de l'empereur, le philosophe Jameray-Duval, qui lui marquait confiance et amitié, ne lui rendirent pas l'habitude d'une Cour plus facile ; il y resta peu et changea bientôt d'emploi. Ce changement ne lui profita guère, car il ne fit que passer d'une Cour dans une autre, dans celle de Parme où Condillac se l'adjoignit comme un de ses auxiliaires et collaborateurs pour l'éducation du prince qui lui était confié. Deleyre y demeura des années, attaché par la nécessité, par ses devoirs envers sa jeune famille, et il y subit de bien douloureuses contraintes. Les lettres qu'on a de lui à Jean-Jacques pendant ce temps, et qui vont jusqu'à la fin de 1766, rendraient témoignage de ses continuelles souffrances. La haine monacale qu'il avait encourue dès son arrivée et qui avait aussitôt senti en lui une proie et une victime, les dénonciations dont il s'était vu l'objet, et qui pouvaient recommencer toujours, ne lui permettaient pas de penser à se fixer dans ce pays d'inquisition : il cherchait en idée un asile ailleurs pour un avenir plus ou moins prochain, et il n'en trouvait nulle part un à son gré. Dans son mélange de rêverie et d'épreuve, de réalité et de chimère, il songeait par moments à la Corse dont Rousseau était censé faire la Constitution et qui semblait sur le point de se régénérer :

« En un mot, cher ami, je cherche un pays où je n'entende point le peuple se plaindre du gouvernement, où l'on puisse parler avec plaisir et des lois et de leur exécution, où l'étranger n'ait rien à craindre des citoyens, ni ceux-ci de leurs régisseurs. En connaissez-vous quelqu'un de cette espèce? »

Il demandait cela à Rousseau et sans rire, sans plaisanter, je vous assure. Ce pays idéal, il l'eût placé chez les Sauvages plutôt que de s'en passer. Il croyait à l'île de Tinian ou à Salente, en attendant Boston et Philadelphie. Il s'écriait d'un accent déchirant :

« Si je pouvais trouver à vivre loin d'une Cour, dans un pays de liberté, je m'y traînerais à quatre pattes, mes enfants sur le dos. »

A d'autres jours, à des moments moins irrités et moins amers, mais non moins tristes, il disait en paroles d'un découragement profond :

« Combien je donnerais des années qui me sont encore destinées pour en passer une ou deux avec vous, au moins à portée de vous voir quelquefois! Mais nos jours se consument en désirs, parmi lesquels les plus honnêtes ne sont pas les moins infructueux. Ni le méchant ni l'homme de bien ne trouvent de satisfaction sur la terre. Tout nous échappe, et la possession de ce qu'on souhaite, et le goût de ce qu'on possède. Chaque jouissance est une perte, ou pour le corps ou pour l'âme ; et notre existence s'écoule dans une succession de sentiments inquiets qui se détruisent et nous emportent dans leur néant. »

Rousseau, certes, ne sent pas plus et ne dit pas mieux. — Et ceci encore :

« L'estime des hommes ne me touche point, depuis que je vois comme on la surprend. L'expérience me fait tous les jours retirer dans moi-même pour y rendre mon existence plus substantielle en la resserrant. Je ne cherche à connaître ni la nature trop vaste pour ma courte durée et ma faible vue, ni les hommes trop remuants et trop impénétrables pour un être qui ne tend qu'au repos. Si je lis et si j'étudie, c'est afin de me dispenser du commerce pénible de la société. En fréquentant le monde, j'aurais la douleur de sentir empirer mes idées sur le genre humain, et n'ayant pas la force de devenir méchant ni le courage d'être meilleur, je serais comme les damnés que l'impuissance du mal et le désespoir du bien tourmentent également. »

On ne saurait mieux décrire sa misère, ni mieux analyser son propre martyre.

Cette dernière consolation d'un commerce de lettres avec Rousseau, avec l'homme par lequel il tenait le plus à la vie et dont les écrits faisaient partie de son âme, il ne l'eut point jusqu'à la fin de son séjour à Parme. Il avait d'ailleurs reconquis complétement son estime, et à force de patience, de soumission et de chaleur de cœur, il l'avait désarmé et vaincu. Il était parvenu à réaliser le vœu qu'il exprimait avec tant de modestie : « Je tâcherai d'établir ma réputation dans votre amitié. » Avec quel transport il lui envoyait, tant qu'il le put et qu'il sut où l'atteindre, des paroles d'admiration sympathique et de tendresse : « Vous, que mon cœur poursuit dans tous les pays du monde, vous qui me tenez lieu des anges gardiens et du démon de Socrate!... goûtez le bonheur d'influer au loin sur les âmes par l'expansion de la vôtre! » Et confondant un moment ses douleurs avec celles du maître, mêlant ses larmes aux siennes à l'occasion de la mort de M. de Luxembourg : « Soyons hommes et point philosophes, lui disait-il, malheureux même s'il le faut, pour être plus humains ! » Je le demande, se peut-il de plus belle, de plus délicate manière de sentir !

Deleyre était de ceux qui aiment mieux pâtir que jouir et prospérer; il craignait toujours de faire tort aux autres, et de peur d'être heureux aux dépens du grand nombre, il se rangeait volontiers de lui-même du côté des misérables : il avait retourné le proverbe comme trop dur et trop égoïste : « Je trouve le proverbe bien cruel, disait-il, et *j'aime encore mieux faire pitié qu'envie*, moi. » Nature vraiment pitoyable et tendre, il a la piété sans la religion !

La vie errante de Rousseau, après son retour d'Angleterre, rompit entre eux toute correspondance. Deleyre, qui resta encore quelques années à Parme, y vécut, à sa manière, dans le supplice de Rousseau; il l'imitait, sans y songer, par un secret accord douloureux, jusque dans cette variété d'une même mélancolie. Si l'on pouvait douter de la nature et de la profondeur croissante de son mal, la première page de son testament, écrit pendant qu'il était encore en Italie (1772), en serait une preuve trop révélatrice. Je donnerai ce préambule; mais qu'on veuille bien distinguer et dégager la vérité de l'accent, sous ce qui nous semble aujourd'hui un peu déclamatoire et qui appartient au langage du siècle; il n'est pas mal, d'ailleurs, de voir le sentiment des malheurs publics se mêler si intimement aux infortunes personnelles du rêveur; les générations qui souffraient ainsi, et dont les âmes se soulevaient avec de tels gémissements sous toutes les sortes d'oppressions, méritaient de vivre assez pour assister et coopérer à la délivrance de 89. Écoutons Deleyre et sa confession en vue de la mort :

« La France où je suis né est tombée de la corruption des mœurs sous le joug du despotisme. La nation est trop aveugle ou trop lâche pour vouloir et pouvoir en sortir. Le gouvernement devient odieux et finira par la tyrannie. Au sentiment des maux publics se joint dans mon âme une raison puissante de désirer la fin de mes peines secrètes. Tout ce que j'ai vu dans mon siècle serait capable de me faire mépriser les hommes, si je ne craignais de rejeter sur eux les torts de mon caractère, qui sont ceux de ma nature. Enfin, que ce soit ma faute ou celle d'autrui, je ne puis plus supporter mon existence. J'ai pourtant chéri la vertu ; je ne crois pas avoir fait de mal à personne, pas même à mes ennemis ; j'ai toujours cherché les gens de bien et fui les méchants. Ce penchant, joint à la reconnaissance, est le nœud de toutes mes liaisons et de toutes mes relations avec le peu de personnes que j'ai fréquentées. Je n'aime point à trouver dans autrui la cause de mes dégoûts pour la vie. Si j'espérais encore y être utile, je la regretterais ; mais de quelque côté que je m'envisage, tout m'invite à désirer la mort. Comme je ne sais si j'aurai la patience de l'attendre ou le courage de la hâter, j'explique ici mes volontés dernières. »

Des idées de suicide, on le voit, n'avaient cessé de traverser ou d'obséder son esprit (1).

Tel était au vrai, dans son for intérieur, l'homme de

(1) Voir la *Notice sur la vie et les ouvrages de Deleyre*, par Joachim Le Breton, secrétaire de la seconde classe de l'Institut, dans le recueil des *Mémoires* de cette seconde classe, tome II, page 9 ; et dans la *Décade philosophique* du 30 mars 1797, page 44, une courte note nécrologique assez curieuse. — Il faut tout dire, et un moraliste de ma connaissance, qui aime à marquer le plus qu'il

bien, de sensibilité et de tourment que Ducis, à quelques années de là, retrouva en France avec sa famille, toujours inquiet et toujours alarmé, la même âme en peine, et qu'il entreprit de guérir et de consoler. Il n'arriva à le bien connaître que peu à peu et par degrés. Moi-même je n'avais fait qu'esquisser sa physionomie dans l'article précédent. Enhardi par les questions qui m'ont été faites, et muni de toutes pièces, j'ai tâché aujourd'hui de mieux graver les traits et de fixer dans la mémoire de tous l'idée de ce *second de Rousseau,* de ce disciple unique et parfaitement naturel, dont les rapports de ressemblance avec le maître avaient déjà frappé quelques-uns des contemporains.

II.

Nous revenons à Ducis et à sa médecine morale, pleine de cordialité et d'indulgence. Thomas, cet autre lui-même, était en tiers dans la cure, et Deleyre lui a plus tard payé la dette de la reconnaissance en écrivant sa *Vie* avec une emphase sincère et un pathétique où le cœur déborde.

Ducis, tout en consolant son étrange malade et en lui insinuant les remèdes les plus appropriés, se peint à nous avec sa chaleur d'imagination, avec ses goûts modérés et parfois ses désirs plus grands que son dessein.

peut les contradictions de la nature morale, me souffle à l'oreille ce dernier mot : « Allons, convenez-en, ce *tendre* et *mélancolique* Deleyre était athée en toute sécurité de conscience, et à la Convention, dans le jugement de Louis XVI, il vota la mort sans biaiser et sans sourciller. » L'aveu qui me coûtait le plus à faire est sorti.

Il a des commencements de plainte aussi. Il a beau se contenter des dons du sort et de la médiocrité du sage, il y a des moments où il sent le besoin pourtant d'un peu plus de fortune pour la variété et pour le renouvellement de la vie ; il a conscience de ce qui lui manque, tant pour l'entière satisfaction du cœur et de l'esprit que pour les excitations légitimes du talent :

« Il nous faudrait à tous deux (à Thomas et à lui), mais surtout à moi, dit-il, un peu plus de fortune : cela me mettrait à même de couper, par quelques parties agréables, la monotonie d'une existence qui n'a point assez de mouvement pour un homme né penseur, que la vue des mêmes visages et du même horizon ramène trop facilement sur son état et sur la misère des choses humaines. »

Puis il se repent presque aussitôt d'avoir trop demandé, et faisant allusion à quelque image mélancolique que lui suggérait une lettre de Deleyre (malheureusement nous ne possédons aucune de celles qui sont adressées à Ducis) :

« Hélas ! mon cher ami, s'écriait-il, vous avez bien raison : sur ce grand fleuve de la vie, parmi tant de barques qui le descendent rapidement pour ne le remonter jamais, c'est encore un bonheur que d'avoir trouvé dans son batelet quelques bonnes âmes qui mêlent leurs provisions avec les vôtres et mettent leur cœur en commun avec vous. On entend le bruit de la vague qui nous dit que nous passons, et l'on jette un regard sur la scène variée du rivage qui s'enfuit. »

Ces charmants passages de Ducis m'en rappellent de tout pareils dans les lettres de Béranger : même philosophie riante et résignée, mêmes images poétiques à la fois et naturelles ; mais, chez Ducis le tragique, il s'y mêle bientôt des tons plus sombres et qui montent. Il continue ainsi :

« Ce mot de vos paysans, en montrant les ruines d'un village que la fièvre a détruit : *La mort y a passé*, ce mot m'a fait frémir. Mais, en y songeant, le monde entier n'est-il pas comme ce village ? En vérité, il ne faut qu'une cabane dans un séjour d'apparition où nous ne sommes que des Ombres occupées à en voir passer d'autres, et où les mots d'établissement, de projets, de gloire, de grandeurs, ne peuvent exciter que la pitié. »

Et tout à coup, une autre fois, à propos de la mort ou de la maladie de quelques membres de l'Académie, Condillac, Watelet, M. de Beauvau :

« Mon ami, je regarde nos quarante fauteuils comme quarante tombes qui se pressent les unes contre les autres. »

Mais ceci tourne à l'imagination funèbre et devient trop effrayant. C'est Shakspeare en personne entré à l'Académie.

Il explique lui-même, au reste, ses contradictions intérieures, les éléments divers et contraires qui s'agitent, qui se heurtent en lui, et desquels se compose son essence ; et voulant rassurer son ami, il se dépeint et se développe soudainement à nos yeux dans un magnifique portrait :

« (5 février 1784). Je me retrouve et me reconnais, mon cher ami, dans une bonne partie de ce que vous me dites sur les crises et les maladies de votre imagination. Il ne faut pas que cela vous effraye.

« *Nous portons, nous autres, des volcans dans notre âme; nous sommes lions ou colombes.* Nous avons besoin d'indulgence ; mais les priviléges de ces complexions fortes en rachètent tous les défauts.

« J'en sens l'influence dans mes ouvrages : une émotion puissante me transporte sur les hauteurs de mon sujet. J'aime à traverser des abîmes, à franchir des précipices, à découvrir des lieux où le pied de l'homme n'ait point imprimé sa trace. C'est sous l'inspiration de la nature que je me plais à prendre la plume. Tout ce que je vois, tout ce que je décompose avec mon esprit, n'est plus animé pour moi.

« Je ne sais à quel degré de talent je pourrais m'élever dans mes ouvrages ; mais *si la nature m'a donné une façon particulière de la voir et de la sentir, je tâcherai de la manifester franchement,* sans autre poétique que celle de la nature, *avec une douceur d'enfant et une violence de tourbillon.*

« Je sens qu'au fond je suis indisciplinable... Je ne peux ni sentir sur parole, ni écrire d'après autrui... »

Poëte, il n'aspire qu'à manifester la nature dans ses ouvrages en vers, et il ne s'aperçoit pas qu'il ne la manifestera jamais plus pleinement, avec plus de couleur et de chaleur, qu'à ce moment même où il en forme le dessein et où il en parle ainsi. Ducis, sans doute, n'a que des parties de poëtes ; mais celui qui s'en explique comme il vient de le faire a, certes, de grandes parties.

Tel qu'il apparaît jusque dans son incomplet, et tout mal servi qu'il était par l'instrument insuffisant de la langue poétique d'alors, par cette versification solennelle qui, dans le noble, excluait les trois quarts des mots, presque toutes les particularités de la vie et tous les accidents de l'existence réelle, ce poëte en Ducis éclatait assez pour se donner à tout instant la joie de l'air libre et de la grande carrière, tandis que le pauvre Deleyre avec son expression hésitante, ses nuances exquises, suivies d'empêchement et de mutisme, n'était qu'un malade, un romantique venu avant l'heure et cherchant sa langue.

Ducis, lui, ne cherchait pas. Ses lettres sont semées de ces jolis paysages si gais, si français, des environs de Marly ou de Versailles, et qu'il nous rend d'un pinceau familier et vrai :

« J'espère, mon cher Deleyre, que vous avez encore présent à la pensée tout ce que nous nous sommes dit dans notre longue promenade aux environs de Marly. Vous avez pu remarquer, comme moi, combien l'aspect des beautés simples de la nature ramenait facilement la paix dans votre pauvre âme. Rappelez-vous donc, dans votre solitude, toutes les stations de notre délicieuse promenade. Vous n'avez sûrement pas oublié nos châtaigniers sauvages, nos petits fonds riants et frais entourés de bois et cachés à tous les regards citadins ; notre l'Étang-la-Ville, si bien fait pour une fête de campagne ; notre La Celle, notre Bougival, avec son clocher qui paraît une borne, et tous ces environs qui sont pleins de variété, de charme et d'abondance : voilà les images qui doivent vous suivre. »

Puis la réflexion morale toujours :

« Mon Dieu ! mon ami, que la nature est belle à étudier, quand c'est un chemin pour arriver à son Auteur ! Il a mis l'ordre partout ; pourquoi laissons-nous le désordre pénétrer dans notre âme ?... »

Et cette visite encore à un curé, camarade de collége, cette tournée près de la Ferté-Milon, et qui doit le ramener sous le toit champêtre de son ami Deleyre :

« Je vous écrirai de mon presbytère pour vous annoncer le jour de mon départ, et je croirai en arrivant à Dame-Marie me trouver chez un autre curé ; car tout père de famille est pasteur. »

J'ai lu quelquefois, dans les lettres et mémoires des poëtes anglais venus depuis soixante ou quatre-vingts ans, de ces promenades de campagne, de ces visites heureuses et saines à des cottages qui ont abrité, ne fût-ce qu'un jour, la joie innocente et le bonheur. Nous avons moins sujet de leur envier ces grâces domestiques, puisque nous avons les lettres de Ducis.

Deleyre lui-même, toujours agité de je ne sais quel trouble inconnu, dévoré, comme par émulation, du mal de Rousseau, ne nous rappelle pas moins, tout incrédule qu'il est, l'état du pieux et tendre William Cowper; il s'accuse sans cesse et se croit rejeté du bonheur. Il s'en juge indigne. Les idées sinistres se lisent encore parfois à son front et y gravent un signe de menace. Ducis n'a pas assez de paroles bonnes et charmantes pour le rassurer et le garantir contre les faiblesses de sa raison :

« Pensez que Thomas et moi, nous vous plaignons et vous aimons, et qu'en ne vous interdisant pas le bonheur, vous ranimerez le cœur flétri de votre digne épouse. Elle perdra la cruelle habitude de la terreur; ses enfants, à votre vue, ne courront plus vers elle comme des colombes effrayées, et vos larmes ne couleront plus en silence pour expier les torts de votre complexion. »

L'ayant, un jour, emmené chez lui à Marly, il l'observe et l'étudie sans en avoir l'air et sans lui porter ombrage; il essaye de lui insinuer sous toutes les formes l'apaisement et la douceur, et plus content il fait part à Mme Deleyre du résultat obtenu :

« Si j'en juge bien par les apparences, il me semble que son âme est plus tranquille. L'absence des objets qu'il voit avec trop d'inquiétude, la nouveauté des lieux, l'air, les promenades champêtres, les conversations douces, tout cela contribue à éclaircir son front, à mettre dans son esprit une certaine modération, qui est peut-être toute notre sagesse humaine...

« C'est une chose étrange que nous nous forgions à grands frais une sagesse laborieuse qui nous accable, tandis que la véritable est à nos côtés et se rit de nous. Nous la méconnaissons parce qu'elle est celle de la nature et que le chef-d'œuvre de la raison, comme du génie, n'est que de voir ce qui est sous nos yeux. »

On croirait entendre un Montaigne chrétien.

Mais un grand malheur vient atteindre Ducis; il est frappé par le côté le plus sensible, il perd une de ses filles, et sous le coup qui l'accable, il écrit à Deleyre une de ces lettres abreuvées d'amertume, où le cœur déborde, et plus faite peut-être que toutes les consolations précédentes pour le guérir par le spectacle de ce que c'est qu'une vraie et réelle douleur :

« 14 mai 1783

« Il faut, mon ami, que je me prive pour le moment du plaisir de vous voir et de confondre mes larmes avec les vôtres, car vos entrailles ne manqueraient pas de s'émouvoir à la vue d'un père et d'un ami malheureux. Mon enfant est encore dans mon cœur, et elle y sera toujours. J'ai lutté avec quelque courage contre l'adversité, mais je n'ai point de force contre les douleurs de la nature.

« O ma fille! hélas! je le sais, elle était mortelle, je le suis aussi, et voilà ce qui adoucit ma peine; car je la rejoindrai, cette chère enfant, et au fond de cette même terre où elle m'a précédé si jeune, et qui attend ma vénérable mère, à laquelle je suis peut-être condamné à survivre.

« Que j'ai été, que je suis, que je serai malheureux! J'ignore où la Providence me conduit par ce chemin de larmes; mais pourquoi a-t-elle semé sur ma vie, de distance à distance, de ces grandes désolations qui en font sentir au doigt toute la misère? et dans quelles époques! comme tout cela est arrangé! il y a du dessein dans cette conduite. Ah! puissé-je bien l'entendre!

« Vous m'avez dit souvent dans nos promenades solitaires : « *Que ne suis-je encore dans ce jardin d'une maison de Jésuites, dans cette retraite pieuse et champêtre, à genoux, au pied du vieux sycomore, où j'adressais à Dieu les élans d'une première ferveur et d'un vif amour!* » Mon cher ami, ce n'est que là qu'on peut trouver quelque consolation, quand on a perdu sa fille. Pour mieux dire, ce ne sont pas des consolations qu'on y trouve, mais on s'y fortifie dans la certitude de la rejoindre; car on ne veut point être consolé.

« Adieu, mon ami, il faut vivre au jour le jour, et ne compter sur rien : il n'y a de sûr que la douleur. »

Une telle lettre redouble encore de valeur après tout ce que nous savons, et adressée comme elle l'est à un homme sensible, honnête, tourmenté, qui a eu la foi, et à qui il n'est resté pas même un dernier débris de croyance; à un disciple de Diderot ou de Lucrèce et qui, dans le jardin, au pied du sycomore, avait eu autrefois, lui aussi, des soupirs à la saint Augustin. Sans qu'un seul mot y vise à la conversion, n'est-ce pas la prédication la plus éloquente? — Mais n'ai-je pas eu raison de dire que Ducis a trop de sensibilité d'homme et de père pour un artiste? Il ne peut se détacher de son fruit et, comme il le dit énergiquement, « de ce qu'il a fait naître; » il y adhère; peu s'en faut qu'il n'y meure collé dans un suprême embrassement. Le grand artiste, le grand tragique, au contraire, l'homme « au front de marbre et aux mains en feu, » dominera même les douleurs; s'il doit les ressentir pour son compte, il est fait encore plus pour les couler dans son génie, pour les rendre ensuite, transposées et transformées, aux yeux de tous, et les étaler avec des attitudes apitoyantes ou terribles. Un anneau d'or pur est de trop dans une chaîne d'airain : il est cause qu'elle se lâche ou qu'elle se brise.

Lundi 16 mars 1863

DUCIS ÉPISTOLAIRE

(SUITE ET FIN.)

1.

Je ne voudrais pas qu'on se méprît sur ma pensée, ni qu'on crût le moins du monde que j'exclus l'artiste des vraies, sincères et profondes affections de la vie; tellement que ce qu'il gagne du côté de la tendresse, il le perd du côté de l'art, et que, pour arrondir le domaine de l'un, il faille nécessairement circonscrire l'autre. Dieu me garde de faire ainsi la part au cœur! Un jour qu'un lecteur s'étonnait devant un célèbre auteur de romans et de drames, que ceux qui répandent des choses si touchantes dans leurs écrits parussent s'ovent en mettre si peu dans leur vie : « Qu'y a-t-il d'étonnant à cela? reprit le spirituel auteur; nous donnons tout au public, il ne nous reste plus rien pour nous-même. » Ce n'est là qu'un mot d'homme d'esprit. L'artiste qui aime, qui chérit, qui croit, qui hait, qui repousse et qui abhorre, qui s'engage de tout son être dans ce qu'il sent et ce qu'il exprime, porte en lui des sources plus abondantes et dont la saveur pénètre. Il n'en est pas moins vrai que, pour occuper les premiers rangs dans l'ordre de l'art, la condition est un certain équilibre et une ordonnance entre les éléments humains, une volonté supérieure qui en dispose, tout en les déchaînant, une élévation qui, au sommet, triomphe des orages eux-mêmes et se rit des déchirements au sein d'une sereine clarté. L'art aussi est un monde, et l'artiste souverain a du dieu.

Ducis, on l'a déjà vu par ses navrantes confidences, était trop à la merci des sentiments naturels. Ce sont de belles âmes que celles-là, d'un fonds primitif et riche; mais elles offrent trop de prise à la douleur et aux impressions ineffaçables qui creusent. La faculté inventive et créatrice, qui appartient à l'imagination proprement dite, en est atteinte. Le philosophe, le moraliste, le sage, le chrétien y peuvent profiter : le poëte qui, par ses conceptions puissantes, fait rivalité au monde et dont le secret est de le réfléchir dans un miroir magique immense, se sent déconcerté, découragé; il s'arrête de désespoir à mi-chemin, s'il y a trouvé son calvaire.

Ducis trouva le sien en ces années par les morts et les pertes réitérées de ses filles, de son ami Thomas, de sa mère : il en sortit le grand vieillard religieux, biblique, l'anachorète que nous allons voir, à la voix sonnante, au verbe enflammé; mais le tragique ne donna plus que de rares et derniers fruits à l'extrémité du rameau.

Dans une admirable lettre datée de Chambéry, où il raconte à Deleyre sa visite à la Grande-Chartreuse, il revient sur ses pertes cruelles, et il en parle avec des paroles de Job dans l'abondance de sa douleur :

« J'ai semé, mon cher ami; qu'ai-je recueilli? Nous vivons dans un temps, et nos enfants dans un autre. Ils montent le chemin de la vie, et nous le descendons. Nous les suivons de l'œil pendant quelque temps, sur cette mer où nous les avons embarqués dans le meilleur vaisseau possible : ce vaisseau disparaît à nos yeux, et nous les accompagnons de nos vœux, du fond de nos tristes retraites qu'ils oublient aisément.

« Quand je songe que, dans l'âge voisin de la vieillesse et de ses infirmités, me voilà seul sur la terre, comme un célibataire débauché ou un homme personnel qui n'a vu que lui dans la nature; que le sein sur lequel je m'appuie doucement, pour y chercher la consolation, est le sein d'une bonne mère de soixante-quinze ans; que les objets qui devaient vivre avec moi et auprès de moi m'ont précédé si jeunes dans le tombeau; quand je parcours tout cet espace qu'on appelle la vie, et que j'embrasse d'un coup d'œil cette longue chaîne de besoins, de désirs, de craintes, de peines, d'erreurs, de passions, de troubles et de misères de toute sorte, je rends grâces à Dieu de n'avoir plus à sortir du port où il m'a conduit; je le remercie de la tendre mère qu'il me laisse, et des amis qu'il m'a donnés, et surtout de pouvoir descendre dans mon cœur, sans le trouver méchant et corrompu. Ah! mon cher ami, reposons toujours notre tête fatiguée sur ce chevet d'une bonne conscience; si nous l'arrosons de quelques larmes, ces larmes du moins n'auront rien d'amer. »

Un des mérites de Ducis est d'avoir devancé sur bien des points l'école qui a suivi, et, en même temps que des paroles antiques, d'avoir eu des accents précurseurs. La description de la Grande-Chartreuse, telle que nous la lisons dans cette lettre datée de 1785, est d'avance une page du *Génie du Christianisme,* l'une des plus simples et des plus belles :

« Le monde n'a pas d'idée de cette paix, c'est une autre terre, une autre nature. On la sent, on ne la définit pas, cette paix qui vous gagne. J'ai vu le rire et l'ingénuité de l'enfance sur les lèvres du vieillard, la gravité et le recueillement de l'âme dans les traits de la jeunesse. »

Ducis, pour certains accents religieux, grandioses et doux, est un parent de Chateaubriand, de même qu'il est un de nos pères et de nos aïeux en rêverie.

Assez éloigné encore du terme de soixante ans, il aspirait de toutes ses forces à la vie de campagne, à la retraite, à une fin de carrière qui, après tant d'ennuis et de tribulations, fût « du moins tranquille et innocente. » Il avait amassé beaucoup de fatigue et se sentait à bout de la vie active :

« Resté veuf de bonne heure, chargé de regrets, de douleurs, de dettes, d'embarras, de devoirs, sans bonheur et sans fortune, j'ai usé une partie de ma force à résister. Je me suis quelquefois comparé à un grand vaisseau construit pour de longs voyages et penché tristement sur le côté, enseveli dans la vase et périssant par son immobilité. J'ai voulu me remettre à flot, et je suis retombé. Je m'en console : le voyage de ma douloureuse vie est bien avancé. »

La mort de sa mère fut un dernier coup et l'étonna comme s'il n'était pas dans l'ordre naturel que les fils survécussent à leur mère. Son âme chrétienne s'épanchait devant Deleyre avec un mélange et une plénitude de douceur et d'amertune dans les larmes :

« Je l'ai embrassée pour la dernière fois à cinq heures et demie du soir, le 30 du mois dernier (juillet 1787), sans qu'elle ait pu me voir ni m'entendre. Elle a rendu à Dieu son âme pure et chrétienne, après soixante-dix ans d'une vie exemplaire. Vous savez, mon cher ami, combien elle m'aimait. Elle a été ma mère dans mon enfance et presque dans ma vieillesse. Elle m'a toujours porté dans son cœur, comme elle m'a porté dans son sein.

« Grâce à Dieu, mon cher ami, j'ai presque fini ma carrière, qui n'a été qu'une suite d'embarras et de douleurs. J'ai appris de ma mère la grande leçon de l'homme et du chrétien, à souffrir. Si je sens une longue épine se tourner dans mon cœur avec tous ses piquants, je me tairai, et j'espère que mes douleurs secrètes me seront comptées dans un monde où tout est justice et vérité. Mon cher ami, j'ai mis ma confiance dans le Dieu de ma mère; je lui demande de me la conserver à jamais, cette confiance, et de mourir comme elle sous la bénédiction céleste. Je n'aimerai jamais personne sans lui souhaiter du fond de mon cœur une mort aussi douce et aussi sainte (1). »

---

(1) Le texte de cette lettre, publiée d'abord dans la *Ruche d'Aquitaine,* tome IV, page 391 (Bordeaux, 1819), n'est pas tout à fait le même que dans l'édition des *OEuvres posthumes* de Ducis (1826). Il est évident, au simple coup d'œil, que les lettres de Ducis n'ont pas échappé au sort commun des publications épistolaires, d'être corrigées et un peu arrangées en vue du mieux. L'éditeur académique a supprimé la *longue épine* avec *tous ses piquants,* il a trouvé la phrase plus coulante sans cela.

II.

La Révolution vint déranger ses plans de retraite profonde et retarder l'heure désirée. Il dut se remettre au travail pour compenser les pertes de sa fortune privée. Quant à la ruine universelle, il la ressentit avec grandeur, non pas en partisan de tel ou tel régime, mais en homme des anciens jours, ouvert cependant à tous les souffles généreux et prêt à lever les bras au Ciel pour le triomphe de toutes les grandes causes. On lui avait offert, après 89, la mairie de Versailles ; il refusa, et dans ces premiers temps d'excès, déjà trop manifestes, qui pourtant ne dépassaient pas encore toutes les bornes, il se remit à la tragédie. « J'ai « besoin, disait-il, de porter sur ce point mille mou- « vements d'indignation qu'excitent en moi les pas- « sions cruelles que je vois se montrer de tous côtés « avec impudence. » Après le 10 août, le ministre de l'Intérieur, Paré, voulut faire de lui le conservateur de la Bibliothèque nationale : il refusa, au nom de ce Corneille même, dont il avait embrassé la carrière, et avec qui il avait surtout de commun, disait-il, « une impropriété absolue pour tout ce qui demande les soins de la plus simple administration. »

Il n'était point hostile à la Révolution en elle-même : elle l'avait séduit et enlevé plus qu'on ne l'a dit, par ce qu'elle avait de magnanime. Que ceux qui depuis ont voulu faire un Ducis tout royaliste, et qui ont très-probablement étriqué ou écourté sa correspondance dans ce sens-là, s'en accommodent comme ils le pourront; il écrivait à son ami Hérault de Séchelles, commissaire de la Convention dans le département du Mont-Blanc, à la date du 15 mars 1793 :

« ... Que les Alpes ont dû plaire à ton âme républicaine et haute comme elles! C'est dans les rochers de la Tarantaise que mon père a reçu le jour, c'est au milieu des montagnes et sous l'abri du Mont-Blanc que reposent les cendres de mes ancêtres... Quel piédestal pour la liberté que ce Mont-Blanc! Comme votre âme et celle de Thomas, votre maître et notre ami, ont été ravies à la vue de ce grand spectacle! Je l'avoue, je donnerais vingt mondes en plaine pour douze lieues en rochers et en montagnes. C'est avec ce sentiment fort et doux tout ensemble, c'est avec cet amour du torrent que j'ai laissé échapper de mon cœur mes sombres et incultes ouvrages : voilà la Melpomène des Allobroges, la poétique des antres et de la liberté. »

La littérature révolutionnaire n'a pas à citer de plus orgueilleux accents et d'une emphase mieux caractérisée : c'est comme un écho de la Marseillaise dans les Alpes.

La terreur et le règne sanglant de Robespierre lui arrachèrent bientôt d'autres cris non moins dignes de son cœur et de sa muse :

« Que me parles-tu, Vallier, écrivait-il à un ami, de m'occuper à faire des tragédies? La tragédie court les rues. Si je mets le pied hors de chez moi, j'ai du sang jusqu'à la cheville. J'ai beau secouer en rentrant la poussière de mes souliers, je me dis comme Macbeth : *Ce sang ne s'effacera pas.* Adieu donc la tragédie! J'ai vu trop d'Atrées en sabots pour oser jamais en mettre sur la scène. C'est un rude drame que celui où le peuple joue le tyran. Mon ami, ce drame-là ne peut se dénouer qu'aux Enfers. Crois-moi, Vallier, je donnerais la moitié de ce qui me reste à vivre pour passer l'autre dans quelque coin du monde où la liberté ne fût point une furie sanglante. »

La vérité sur le républicanisme de Ducis doit se trouver entre son cri d'enthousiasme à Hérault de Séchelles et ce cri d'indignation à Vallier.

La Terreur passée, Ducis eut comme la société un réveil, un rafraîchissement, et l'un des premiers il en donna le signal au théâtre. *Abufar ou la Famille arabe* réussit fort, après quelque petite hésitation, et fut l'une des émotions littéraires du printemps de 1795 : au sortir de la tyrannie de Robespierre, on se plaisait à ces images de pasteurs et de chameaux du désert, à ces peintures patriarcales embellies. La décoration par les frères De Gotti était déjà un succès, et on l'applaudissait tout d'abord, au lever du rideau. Monvel dans le vieil *Abufar*, Talma dans le jeune et brûlant *Farhan*, Mlle des Garcins dans le rôle de la mélancolique *Saléma*, enlevaient les cœurs. Ducis avait trouvé là aussi, entre le voyage de Volney et l'expédition d'Égypte, après Bernardin de Saint-Pierre et avant Chateaubriand, un ton, une couleur intermédiaire, et qui répondait à bien des aspirations vagues.

Malgré ce succès et cette heureuse rentrée en scène, Ducis a toujours l'œil à la retraite; il cherche s'il ne découvrira pas quelque antre sauvage où, loin des peines actuelles et des malheurs qui ne sont pas finis, il puisse se retirer « avec La Fontaine et Shakspeare. »

Il y joindra aussi Sophocle; car il méditait de retoucher son *OEdipe chez Admète* et d'en faire simplement *OEdipe à Colone :*

« C'est avec ces grands modèles qu'il est doux et bon de s'occuper de la tragédie, si pourtant on a assez de courage ou de farine, dans le temps où nous sommes, pour s'occuper de gloire et d'immortalité. »

Le peintre De Gotti, l'un de ceux qui avaient fait la décoration d'*Abufar*, avait été chargé de décorer la salle de l'Opéra, et il y voulait inscrire le nom de Ducis avec ceux de quelques auteurs vivants. Ducis s'y opposa par une lettre d'une fermeté sage :

« Je vous prie instamment, Citoyen, de ne point mettre mon nom sur votre encadrement; je vous en prie au nom de votre grand talent et de la modestie qui en est inséparable. Que les noms de nos grands maîtres y soient, à la bonne heure! mais nous, auteurs vivants, n'irritons pas l'envie qui est aussi vivante. Laissons faire au temps, quand nous n'y serons plus. C'est lui qui met tout à sa place, c'est lui qui inscrit les noms sur les tables d'airain. Il a son Panthéon, et lui seul décrète nos passagères immortalités. »

III.

La Correspondance avec Talma commence en ces années, et elle nous offre de touchantes et mâles beautés qui valent bien, à mon sens, celles des tragédies elles-mêmes. Talma, qui avait si bien joué *Farhan*, jouait *Polynice* dans *OEdipe à Colone*, un peu moins bien d'abord, ce semble; mais Ducis, s'approchant de lui après la première représentation et lui écartant de la main les cheveux qui lui couvraient le front, lui avait dit : « Courage! je vois bien des crimes la-dessous. » Depuis lors, Talma appelait Ducis son *parrain,* et celui-ci l'avait baptisé son *filleul* : « La tragédie, lui disait-il, a soufflé sur votre berceau. Vous avez l'accent du remords et de l'amour, du crime et de la vertu. » Talma avait fort à gagner, et surtout à lutter encore. Ducis lui donne de beaux et judicieux conseils. Il ne se considérait plus, disait-il, tant que les chaleurs de la veine tragique circuleraient dans ses veines, que comme destiné à lui faire des rôles et à contribuer au développement de ses talents. Il le soutenait contre les critiques, contre les rivalités auxquelles Talma était on ne saurait plus sensible :

Soyez donc bien tranquille, mon cher Farhan; travaillez et soyez *vous.* La gloire des autres, vous la verrez non-seulement sans peine, mais avec plaisir; elle se fera le garant de la vôtre. Les succès de vos rivaux seront pour vous des leçons. C'est par la comparaison, par la méditation, par l'esprit de suite, que nos idées se multiplient, se rectifient, et que toutes nos forces s'agrandissent. Donnez une base solide à votre bonheur par votre raison et par votre conduite; et, croyez-moi, votre bonheur profitera à votre beau et original talent que personne ne vous contestera. »

Quelle juste leçon donnée à ceux qui cultivent l'art du comédien, et qui sont trop tentés d'oublier que cet art brillant, loin d'être l'ami des mœurs déréglées et de ne jamais mieux s'inspirer que dans le désordre a besoin, comme tous les arts où il s'agit avant tout d'exceller, d'une juste économie de la vie et de beaucoup de conduite !

Un esprit partagé rarement s'y consomme,
Et les emplois de feu demandent tout un homme,

a dit Molière.

Ducis avait trouvé son Garrick dans Talma ; celui-ci fit revivre *Macbeth, Othello,* puis *Hamlet* refait à son intention. Il rendait au vieux Ducis de l'ivresse de ses jeunes ans et lui remontait la verve. Toutes les lettres à Talma respirent un enthousiasme presque continu :

« Ma tête est un peu échauffée ; je vais la laisser reposer quelques jours, puis je la remettrai sur ma nouvelle tragédie, où je vous ai, pendant mon travail, dans l'âme, dans l'oreille, dans les yeux. » (Avril 1798.)

« Bonjour, mon cher ami, mon *Othello,* mon *Farhan,* mon *Macbeth,* mon *Polynice,* mon... mon... laissez-moi faire. »

« Je suis en veine de travail ; l'automne jaunit nos forêts, les vents mélancoliques vont souffler ; cette saison est ma muse, comme vous êtes mon admirable acteur et mon bon ami. » (Octobre 1803.)

Il refait pour lui le dénoûment de son *Hamlet* et le refera bien des fois :

« Mon cher Talma, j'ai revu la dernière scène de mon cinquième acte d'*Hamlet,* et surtout le moment de terreur qui la termine. Il faut que cette scène produise l'effet le plus terrible. Il faut que le morceau de fureur soit irréprochable pour le style, et qu'il soit dans la manière du Dante pour les images et pour la couleur. Je vous envoie donc ma seconde édition vingt-quatre heures après la première. Je trouve commode de ne pas quitter ma chambre, d'où je vois mes bois mélancoliques et où je travaille avec vous et pour vous...

« Songez que c'est à Talma à travailler avec son poëte, et que tout est solidaire entre nous... (1).

« Il y a dans ma manière de sentir et dans votre talent des choses que nous ferons bien de nous communiquer. Allons aux grands effets : songeons aux Grecs, à l'effet de leurs Furies, aux cris, aux gémissements véritables dont les Lekain et les Talma d'Athènes faisaient retentir leurs immenses théâtres et transir leurs spectateurs. Songeons aux grandes impressions de la terreur et de la pitié. » (Octobre 1803.)

(1) La lettre suivante, dont je dois communication à l'obligeance de M. Dubois (d'Amiens), prouve à quel point Talma n'était pas un conseiller pur et simple dans cette sorte de collaboration avec Ducis, en dehors même de son talent à la représentation. Il s'agit toujours du cinquième acte d'*Hamlet* : « Mon cher parrain, j'ai été fort malade depuis que je ne vous ai vu et hors d'état de remettre votre cinquième acte au net. Dès que j'ai été un peu mieux, je m'en suis occupé, et je vous l'envoie. Je crois que la défense de Claudius sera bien, quand vous l'aurez ornée de votre chaleur et de votre belle poésie. Mais je suis d'avis que vous en conserviez le mouvement, la même série dans les idées et l'accumulation des traits contre Hamlet dans la dernière partie de sa défense. Songez, mon cher parrain, que j'ai mis tout ce qu'il était nécessaire de dire et de faire pour que l'acte marchât bien. Que vous seriez aimable si vous vouliez m'envoyer votre *Macbeth* tel que vous l'avez fait autrefois, enfin tout ce que vous avez écrit pour cet ouvrage ! cela occuperait bien agréablement les moments que je suis forcé de rester au coin de mon feu. Nous verrions à rajuster cela pour le mieux. Adieu, mon cher parrain, donnez-moi de vos nouvelles et envoyez-moi *Macbeth*. Vous savez comme je vous aime.   TALMA. »

Il revient sans cesse à ses denoûments de pièces, en vue du puissant interprète qu'il a dans la main et qui peut pousser plus avant la bataille, la charge à fond de train sur le spectateur, et décider la victoire :

« Je brûle de voir l'effet de ce nouveau cinquième acte. Je suis tout prêt à vous en donner un dans mon *Abufar*. Voyez, rêvez, consultez Lemercier. De la raison, de l'enchaînement, oui ; mais de l'émotion, mais de la tragédie...

« Ma gloire, si gloire il y a, sera d'avoir été votre poëte... » (Avril 1804.)

Et parlant de lui à Lemercier même, qu'il appelle un audacieux et « un brave sur les champs de bataille de Melpomène, » — un de ces braves en effet presque toujours blessés et malheureux, mais revenant toujours à la charge :

« Quel talent, s'écriait-il, que celui de notre *Othello!* quelle combinaison singulière et rare! une existence douce, aimable, à ses foyers ; une grâce simple dans les manières, quelquefois une espèce d'enfance qui joue sérieusement : et tout à coup ensuite sur la scène une existence immense, extraordinaire, terrible, avec une figure grecque et pure et les fureurs d'un lion réveillé. Je sens les nerfs d'Hercule sous les formes d'Antinoüs. C'est lui, c'est notre ami commun Talma, qui me fait encore songer au cothurne tragique. Adieu, Melpomène, adieu, ma muse, si mon filleul, si notre Talma n'est plus. »

On sent dans cette âme aimante et admirative les bouillons de verve qui montent et débordent.

Et enfin, après d'insatiables retouches et remaniements de cet éternel cinquième acte d'*Hamlet*, et lui-

même la tête encore toute fumante d'une dernière
refonte :

« Je lui écris (à Talma) que mon nouveau cinquième
acte, refait à ma guise, à ma cuisine, est terminé, et que je
ne le conçois et ne le concevrai jamais que de cette manière.
Après le quatrième acte, où domine la scène de l'urne, c'est
de tous les autres celui dont je suis le plus content, et je crois
savoir pourquoi. Si j'ai désiré quelque chose vivement (ce
qui ne m'arrive plus guère), c'est qu'il lance ce nouvel acte
dans le public qui l'idolâtre, comme un tison infernal, tout
fumant et tout brûlant, et qu'il ne laisse dans l'esprit des
spectateurs, à la fin de la pièce, que la coupe, l'urne, le
spectre, Shakspeare, le Dante et Talma. Ceci est un trait
d'audace, un coup de parti : *Audaces fortuna juvat*. Puisque,
lui et moi, nous sommes deux convulsionnaires, nous n'avons
plus qu'à jeter nos bonnets par-dessus les moulins. »

Tout cela, on en conviendra, est ardent, enflammé,
piquant même et spirituel, et tous ces mots qu'il jette
chemin faisant dans ses lettres, à propos de ses tragédies, sont aujourd'hui plus beaux pour nous que les
tragédies mêmes, quoiqu'il y ait dans celles-ci et de
belles scènes et d'admirables mouvements.

IV.

Nous avons pourtant à tenir compte de certains
refus célèbres de Ducis en ces années de verte vieillesse ; nous n'éluderons pas le sujet, et nous en parle-
rons avec une entière liberté. Le général Bonaparte
appréciait Ducis et avait du goût pour lui ; il l'aimait

pour son instinct nouveau, pour ses éclairs de génie et ses élans hors de la routine, pour sa simplicité biblique dans *Abufar*. Ducis était sur le chemin de la tragédie, telle qu'il l'eût souhaitée et qu'il l'appelait de ses vœux en la demandant partout autour de lui aux poëtes de son temps; mais la tragédie ne se commande point. Au retour de la première campagne d'Italie, à une représentation extraordinaire où l'on donnait *Macbeth* (avril 1798), le général y alla avec Mme Bonaparte, emmenant Ducis et Arnault :

« Il croyait en arrivant, nous dit ce dernier, pendant le brouhaha qui précède les spectacles extraordinaires, échapper à l'attention publique. Pas du tout. Mme Bonaparte entre; on la reconnaît, on l'applaudit. Les applaudissements redoublèrent dès qu'on l'aperçut lui-même à la porte de la loge; mais ils devinrent plus vifs que jamais, quand, contraignant le bonhomme Ducis à prendre place sur le devant, il se tint modestement derrière ce patriarche de la littérature de l'époque, quoiqu'il y eût place aussi là pour lui. »

Lorsque le général prépara l'expédition d'Égypte, Ducis fut l'un des premiers auxquels il pensa pour l'emmener avec son Institut de voyage et de conquête; il voulait un poëte au milieu de ses savants. Mais Arnault, que le général avait chargé de la négociation et qui échoua, nous fait remarquer que Ducis, « hardi par la pensée, n'était rien moins qu'aventureux dans les actions. » Nous le savons de reste. N'eût-il pas été si vieux, il aurait encore reculé à l'idée d'une expédition lointaine inconnue. Celui qui, jeune, ne put prendre sur lui d'aller jusqu'à Londres pour voir face a face Shakspeare-Garrick, devait se refuser également à aller vérifier le désert d'*Abufar* en compagnie de Bonaparte. Toute part faite à l'indépendance, il y a aussi en cela quelque incuriosité et de la paresse, une limite et une barre à l'horizon.

Bonaparte consul continua sa bienveillance à Ducis, et c'est ici que le poëte se dérobe aux récompenses et aux honneurs dans des termes qui ont été justement célébrés. Prenons-les en eux-mêmes, à la source, et non chez ceux qui s'en sont fait une arme de guerre; laissons au refus son vrai caractère primitif, qui est moins d'opposition que de nature et de tempérament, et qui respire la plus saine énergie morale.

Voici la plus grande partie de la lettre que Ducis adressait sur ce sujet à Bernardin de Saint-Pierre, lequel venait de perdre sa première femme :

« Versailles, le 1ᵉʳ nivôse an VIII
(21 décembre 1799).

« Cette lettre est pour vous seul, mon cher ami. Je commence par vous plaindre, par mêler ma douleur avec la vôtre sur la haute perte que vous venez de faire. Hélas! c'est au même âge que j'ai aussi perdu ma tendre femme, ma première, la mère de mes enfants, âme pure et sensible que je regretterai jusqu'au dernier soupir. Puissiez-vous, mon cher ami, être plus heureux que moi et ne pas voir encore s'éteindre et mourir sous vos yeux paternels les deux enfants qui vous restent!... Tel a été mon sort, après avoir élevé et marié les miens. J'ai bien pu dire : *Anima mea defecit in gemitibus*. Il ne me reste plus, mon cher ami, que quelques années peu heureuses qui attendent les infirmités d'une vieillesse plus avancée. Avant que j'en aie vu s'écouler quatre, je serai septuagénaire : ce mot ne me fait pas peur, mais il me console. On m'a dit que vous veniez d'être nommé membre du Sénat conservateur dans notre nouvelle Constitution. J'en suis bien aise pour ma patrie; et, si cela vous convient, recevez-en mon compliment très-sincère. Quant à moi, j'ai bien pris mon parti; ma résolution est inébranlable : si on me fait l'honneur de songer à moi, ma lettre de remercîment est déjà prête; je n'aurai plus qu'à la signer. Je pourrais dire comme Corneille, en reconnaissant la distance infinie qui me sépare de lui comme poëte :

> Mon génie au théâtre a voulu m'attacher;
> Il en a fait mon fort, je dois m'y retrancher.
> Partout ailleurs je rampe, et ne suis plus moi-même.

Il m'est impossible de m'occuper d'affaires : elles me répugnent; j'en ai l'horreur. Le mot de *devoirs* me fait frémir. Si j'étais chargé de grandes et hautes fonctions, je ne dormirais pas. Mon âme se trouble aisément; ma sensibilité est pour moi un supplice. Mes principes religieux me rendraient plus propre à une solitude des déserts de la Thébaïde qu'à toute autre condition. J'aime, comme vous, à voir la nature avec goût, avec amour, avec un œil pur et sensible; et cet œil, qui est ma lumière et mon trésor, je le sens s'éteindre et m'échapper lorsque je mets le pied dans le monde. Si j'étais le maître de choisir, en me supposant ambitieux, je ne voudrais ni du sceptre des rois ni des faisceaux consulaires. Je suis catholique, poëte, républicain et solitaire : voilà les éléments qui me composent et qui ne peuvent s'arranger avec les hommes en société et avec les places. Je vous donne ma parole d'honneur, mon cher ami, que j'aimerais mieux mourir tout doucement à Versailles, dans le lit de ma mère, pour être déposé ensuite auprès d'elle, que d'accepter la place de sénateur. Je n'aurai qu'une physionomie, celle d'un bonhomme et d'un auteur tragique qui n'était pas propre à autre chose. En restant constamment comme je suis et ce que je suis, je conserve tout ce qui m'est acquis par l'âge :

en me mettant en vue, je me mettrais en prise. Les serpents lettrés se joindraient aux serpents politiques; les calomnies pleuvraient sur mes cheveux blancs. Enfin, il y a dans mon âme naturellement douce quelque chose d'indompté qui brise avec fureur et à leur seule idée les chaînes misérables de nos institutions humaines. Je ne vis plus, j'assiste à la vie... »

En parlant de la sorte, Ducis était fidèle à sa nature, à sa complexion, à ses vœux constants de retraite, et à tous ses refus précédents d'entrer à aucun degré dans la vie publique.

On discuta beaucoup sur cette démarche de Ducis, et l'on en glosa. Bernardin de Saint-Pierre, qui avait été son premier confident, écrivit trois semaines après à Arnault, chef alors de l'Instruction publique, une lettre que M. Gérusez a publiée, et dans laquelle, en justifiant son ami et en restituant à son refus son vrai caractère, en s'autorisant pour cela de la précédente lettre, « à la fois, disait-il, touchante et sublime, » il témoignait qu'il ne partageait point tout à fait ses idées, qu'il eût accepté au contraire la dignité refusée par Ducis, et il se rabattait pour lui-même à quelque demande un peu humble de pension. La différence du ton et du diapason des âmes n'est que trop sensible. Mais comme l'on est trop porté à écraser quelqu'un toutes les fois qu'on en admire un autre, il est juste de remarquer que s'il n'y a rien d'héroïque dans la lettre de Bernardin de Saint-Pierre, cette lettre n'a rien non plus que d'honnête et de très-permis au point de vue domestique, bien que sur un ton plaignard peu élevé

Il faut tenir compte des différences entre les deux amis : Bernardin de Saint-Pierre cassé, caduc et chargé de famille ; Ducis vert, plein de gaieté et de vivacité, ayant tout le feu d'un jeune homme de vingt ans, et affranchi par ses pertes mêmes de tous les soucis d'avenir. Et ces différences qui en motivaient d'autres aussi dans la conduite, Ducis était le premier à les reconnaître, et il les exprimait admirablement à sa manière, quand il disait peu après, parlant au même ami qui venait de se remarier :

« Vous connaissez mon caractère. Je suis assis sur le tombeau de ma première femme et de mes enfants : vous en avez deux en bas âge, un au berceau, une jeune épouse que vous ne pouvez trop aimer. Vous avez à pourvoir et à prévoir. »

Le refus de Ducis l'engagea cependant un peu plus qu'il n'avait peut-être songé d'abord. Les uns le blâmaient, les autres l'exaltaient, et il se trouva insensiblement porté par certains entours, et par la pente même de ses sentiments une fois émus, à une irritation croissante, à une aversion même qui allait grossissant et qu'il ne dissimulait pas dans l'intimité, envers l'homme éclatant qui ne lui avait témoigné qu'affection et estime. C'est ainsi, pour n'en citer qu'un exemple, qu'il écrivait à Andrieux, au commencement de l'année 1806, — une date qui n'était pas trop ignoble toutefois et trop déshonorante :

« Si, chemin faisant, dans vos lectures, dans vos souvenirs, par le bénéfice des occasions, vous pouviez m'indiquer un sujet de poëme neuf, intéressant, pathétique, aimable, pastoral, patriarcal, sans héros, — je ne les aime point du tout, — vous me feriez, mon cher ami, un très-grand plaisir. Il faut que ma tête et que mon cœur soient en mouvement, mais de cette unique manière; je ne veux plus me jouer à la vérité (1). »

C'était pour un poëte tragique par trop abjurer les grandeurs de l'histoire.

Il est une transition curieuse à observer dans les sentiments de Ducis. On l'a vu tout à l'heure motiver son refus en disant : *Je suis républicain :* il restera tel encore par ses mœurs, ses habitudes, sa simplicité, tel aussi par un certain accent d'indépendance et de civisme quand il écrira à Andrieux, à Lemercier; mais avec d'autres, et peu à peu, il tournera ou retournera insensiblement au royaliste; cela est surtout sensible dans ses lettres à MM. de Rochefort, Odogharty de La Tour, etc.; il blanchira peu à peu, il se bourbonisera, jusqu'à ce qu'en 1814 et en 1816 il ait pris la teinte marquée que lui voulaient ses amis d'alors, et qui est surtout sensible dans les portraits posthumes qu'ils ont faits de lui. C'est ainsi qu'il finit par être tout à fait *campenonisé.*

Mais ce n'est point une doctrine suivie et un trop exact raisonnement qu'on doit chercher dans la familiarité du vieux poëte : ce sont des sentiments, un souffle moral élevé, des éclats d'imagination antique et jeune à la fois, de grandes paroles; et elles ne font faute jusqu'à la fin sous sa plume et sur ses lèvres;

(1) Voir au tome II, page 87, de *Mes Voyages aux environs de Paris,* par Delort.

elles abondent de plus en plus avec les années, comme les flocons de neige dont parle Homère et auxquels il compare les paroles tombantes de Nestor.

Il lit Homère, il lit la Bible; il associe les plus grands des cultes; il en a pour toutes les heures et pour toutes les dispositions d'esprit, et chaque fois il parle de chaque chose dans un langage égal à ses sources :

« Quand je suis dans l'état de force, je sens mon pouls qui bat héroïquement dans l'*Iliade* : malade, il bat sagement dans l'*Odyssée*; cette lecture me charme. Cet immense Homère a travaillé naïvement et admirablement pour les deux sexes, pour tous les genres d'éloquence et de poésie, pour toutes les conditions, pour les hommes forts et pour nous autres pauvres malades. Ces grands génies sont des bienfaits de la Providence; ils luisent pour l'univers. »

Sa lettre à M. Odogharty de La Tour, du 7 novembre 1806, souvent citée, est tout bonnement sublime. Cet ami l'avait averti un peu trop charitablement, ce semble, de méchants propos qu'il vaut mieux laisser ignorer à ceux qui vivent solitaires :

« Vous avez bien raison, il m'est fort indifférent que les hommes du jour me fassent passer pour un imbécile. C'est me rendre mon rôle facile à jouer, si j'étais homme à en jouer un. Je ne ferai aucuns frais ni pour soutenir ni pour détruire cette belle réputation; je trouve cela trop commode pour y rien changer.

« Que voulez-vous, mon ami? Il n'y a point de fruit qui n'ait son ver, point de fleur qui n'ait sa chenille, point de plaisir qui n'ait sa douleur : notre bonheur n'est qu'un malheur plus ou moins consolé.

« Ma fierté naturelle est assez satisfaite de quelques *non* bien fermes que j'ai prononcés dans ma vie. Mais j'entends qu'on se plaint, qu'on gémit, qu'on m'accuse. On me voudrait autre que je ne suis. Qu'on s'en prenne au potier qui a façonné ainsi mon argile!

« Soyez assuré, mon ami, que je n'ai nul souci sur l'avenir. Je ne dois rien à personne; j'ai du bois pour une moitié de mon hiver, un quartaut de vin dans ma cave, et dans mon tiroir de quoi aller pendant deux mois. Mon petit dîner, qui est mon seul repas, est assuré pour quelque temps comme vous voyez; et je le prendrai, autant que je le pourrai, chez moi et à la même heure.

« Mon revenu, tout chétif qu'il est, suffit à peu près aux dépenses d'un homme pour qui les besoins de convention n'existent pas. Ne concevez donc aucune inquiétude, et dites-vous qu'il me faut bien peu de chose, et pour bien peu de temps.

« Mais le chapitre des accidents, des maladies? A cela je réponds que Celui qui nourrit les oiseaux saura bien aussi venir à mon aide. »

Il refuse tout désormais, il échappe à tous les honneurs qui voudraient lui pleuvoir sur la tête; il ne veut pas plus du prix décennal que de tout le reste, bien décidé, dit-il, à n'être rien, à ne recevoir rien, à ne s'embarrasser de rien, que d'achever paisiblement sa carrière « dans la douce indépendance de son âme et dans le plaisir de commercer jusqu'à la fin avec les chastes Muses. » Un tel sentiment pleinement embrassé et franchement pratiqué est certes des plus beaux; mais qu'on n'aille pas dire avec M. de Sèze, son successeur à l'Académie, que Ducis par ses refus reitérés s'exposait « à des périls de tout genre. » M. de Sèze qui s'y connaissait pourtant, en fait de périls, exagère ici fort gratuitement et par esprit de parti.

V.

Pendant toutes les années qui suivent, Ducis ne pense plus qu'à cacher sa vie : *Qui bene latuit, bene vixit,* c'est sa devise ; il la traduit et la retraduit sur tous les tons. Ou encore : *Tædet vivere* ; il a ce rassasiement suprême de la vie qui fait dire tant de grandes choses morales aux âmes trop pleines, forcées d'assister à un spectacle dont elles ne veulent plus. Je recueille au hasard et pêle-mêle quelques-uns de ces mots-là :

« Ah ! l'oubli ! l'oubli ! quel chevet pour un voyageur fatigué. »

« Oui, mon ami, j'ai épousé le désert, comme le doge de Venise épousait la mer Adriatique. J'ai jeté mon anneau dans les forêts. »

« Je ne puis vous dire combien je me trouve heureux depuis que j'ai secoué le monde. Je suis devenu avare : mon trésor est la solitude ; je couche dessus avec un bâton ferré, dont je donnerais un grand coup à quiconque voudrait m'en arracher. »

« La solitude est plus que jamais pour mon âme ce que les cheveux de Samson étaient pour sa force corporelle. »

Mais cette solitude n'est pas tout à fait aussi farouche qu'elle en a l'air ; et avec toutes ces austères résolutions, si un ami arrive, il est du plus loin le bienvenu :

« Il y a des voix humaines que j'aime à entendre résonner dans ma Thébaïde. Elles produisent sur moi l'effet de cet idiome grec, dont les sons charmaient le malheureux Philoctète dans son désert. »

Son âme, son imagination étaient montées dans le tous-les-jours à un très-haut ton ; ses lettres, sa conversation étaient d'un pittoresque inépuisable : il y versait son âme en images continuelles ; il poétisait tout à coup :

« L'air de ce globe n'est pas bon ; ce soleil-ci n'est pas le véritable, je m'attends à mieux. »

Quelquefois un peu de singularité, un geste grandiose qui faisait sourire, quand lui-même il était en robe de chambre et en bonnet de coton :

« J'habite dans la lune, je crache sur la terre. »
« Je rêve en ermite et en pauvre ermite, mes pieds appuyés sur mes vieux chenets du temps du roi Dagobert et du bon évêque saint Éloi. »

Puis à côté de ces airs antiques, le plus souvent des nuances toutes fraîches et charmantes. Après une promenade en Sologne :

« J'ai fait une lieue ce matin dans des plaines de bruyères, et quelquefois entre des buissons qui sont couverts de fleurs, et qui chantent. »

S'il fait une épître (et il en fit en ce temps-là de délicieuses pour la cordialité), et si la veine découle aisément :

« Je travaille innocemment et avec plaisir comme un bûcheron qui chante dans ses bois en faisant ses fagots. »

« Il y a dans mon clavecin poétique des jeux de flûte et de tonnerre; comment cela va-t-il ensemble? Je n'en sais trop rien, mais cela est ainsi. »

La verve, au contraire, sommeille-t-elle à de certains jours :

« Ma Muse dort comme une marmotte de mon pays, et son sommeil ne me déplaît pas trop. Je me laisse aller à la nature, qui apparemment le veut ainsi. Comme il vous plaira, ma verve; ce qu'il y a de sûr, c'est que je ne ferai rien sans vous. »

Son cabinet de travail, au troisième, ressemblait à un vaste grenier; il s'y trouvait bien à quatre-vingts ans comme à vingt. Il y volait dans l'air d'heureux hémistiches, qu'il attrapait, disait-il, comme des mouches :

« J'ai encore dans la tête des formes, des couleurs, des idées poétiques, originales, bizarres, flottantes, qui sont comme les rats de mon grenier, et les grains qui nous nourrissent. »

« J'ai beaucoup d'idées assez singulières qui me roulent dans la tête et qui ne laissent pas que d'occuper encore mon cœur et mon imagination... Qu'on m'ôte la liberté et la joie de mon cœur, et l'on a coupé sur ma tête le cheveu fatal, et je suis un pauvre homme qui se meurt. »

Ainsi parlait à toute heure ce beau vieillard reverdissant. Encore aujourd'hui il n'y a qu'à se baisser et à prendre à poignée dans ses lettres.

Ducis, pour grandir, n'a nul besoin d'être comparé. Que si pourtant l'on voulait un contraste et dans l'ordre tragique également, on n'aurait qu'à se ressouvenir du vieux Crébillon, celui qui, avant Ducis, avait le plus osé en terreur sur notre scène, à se le représenter comme il était, dans sa rue des Douze-Portes au Marais, un rude vieillard aussi, gai, conteur, mais cynique; la pipe à la bouche; avec son entourage de femmes, de chats et de chiens; colossal de taille, à mine de lion, mené par le nez comme un enfant; de la race toute crue des vieux et naïfs Gaulois, et rappelant les mœurs de Mathurin Regnier! Avec Ducis, l'enfant des montagnes, tout a changé : nous sommes dans un air pur, nous avons monté bien des degrés en honneur et en dignité morale comme en poésie.

Ne laissons pas, au bout de quelques années, pâlir et s'effacer les nobles mémoires. J'ai toujours un regret, je l'avoue, quand je vois qu'une belle et bonne chose littéraire toute facile et même déjà faite ne s'achève pas, qu'une gerbe reste éparse faute d'un lien. Les lettres de Ducis sont un peu partout; ses Œuvres n'en contiennent qu'une faible partie; la branche de correspondance avec Bernardin de Saint-Pierre est dans les Œuvres de ce dernier. D'autres lettres fort belles, et quelques-unes capitales, sont dispersées dans des Catalogues d'autographes, dans des Mémoires de sociétés de province. Quelques amateurs curieux et pieux savent tout cela et se sont fait pour eux-mêmes des recueils à peu près complets d'un Ducis épistolaire. M. Rathery, par exemple, serait le Monmerqué tout trouvé d'une semblable collection. Mais se fera-t-elle jamais pour le public avec tous les soins et tous les accessoires qu'elle mérite? Nos idées nouvelles sur la propriété littéraire, idées avares, illibérales et d'une mesquinerie jalouse, voudront-elles s'y prêter? Un libraire se rencontrera-t-il pour donner corps à cette bonne pensée, plus honorable qu'intéressée assurément? Il y aurait pourtant des fidèles qui, avertis par le coup de cloche, ne manqueraient pas d'accourir à la fête de ce Paul Ermite, de ce saint Jérôme de la poésie. Ducis, le bon et le grandiose, a gardé plus d'amis qu'on ne croit en bien des coins et dans bien des cœurs.

J'ai reçu, il y a quelques années, par les soins d'un lecteur bienveillant, des extraits d'un Journal personnel, écrit en 1800 et 1801 par un jeune homme, alors élève de l'École polytechnique, et qui, plus tard, devint professeur et secrétaire de la Faculté des sciences de Caen, M. Amand Mary-Vallée (né en 1781, mort en 1810).

Ce jeune homme, pour lors âgé de dix-neuf à vingt ans, prenait note de ses promenades, de ses visites, de ses impressions. Ayant connu Ducis et Bernardin de Saint-Pierre qui tous deux, à cette époque, étaient logés au Louvre, il nous donne quelques détails tout simples et naïfs sur leurs habitudes, leur conversation, leur physionomie. J'en citerai quelques passages :

« (10 thermidor an VIII, 29 juillet 1800). Je me suis rendu à midi au jardin des Tuileries, dans l'allée de M. de Saint-Pierre où je l'ai trouvé avec M. Robin et Mme Pauline... Je les ai accompagnés tous jusqu'à une barrière située entre celle du bord de l'eau et celle de Chaillot. Ils ont continué leur route vers le bois de Boulogne, et moi je suis revenu à Paris pour dîner avec mes frères, cousins, etc... Après dîner, j'ai été rejoindre ces messieurs à Saint-Cloud. Il commençait à faire nuit quand je suis arrivé...

« Nous sommes revenus à pied par le bois de Boulogne. Nous nous sommes assis sur la pelouse au clair de la lune vis-à-vis la mare d'Auteuil, et nous avons eu sur le ciel une conversation extrêmement intéressante. J'ai souvent marché seul dans la route à côté de M. de Saint-Pierre, j'ai admiré avec lui la lune qui près de l'horizon nous envoyait une lumière rougeâtre à cause des vapeurs qui l'entouraient, et dont le reflet dans la Seine semblait une pyramide de feu élargie vers la base, et rétrécie vers le sommet... M. de Saint-Pierre nous exprimait durant la promenade son regret de n'avoir pas vingt ans de moins pour exécuter le voyage des Alpes avec nous... »

« (10 pluviôse an IX, 30 janvier 1801). Nous nous rendîmes chez M. de Saint-Pierre sur les quatre heures et demie. Nous trouvâmes là M. Hue, peintre de marines, avec sa femme, et un M. Grandjean, chef de division à l'Intérieur, accompagné de son fils... Il y avait en outre une dame que je ne connais pas. Mme de Saint-Pierre (1), sans être jolie, a une figure qui plaît par l'expression de douceur et de bonté qui y est répandue, et surtout par un regard très-gracieux. Elle est toute jeune et a beaucoup de fraîcheur. Elle est très-bien faite et a la taille très-svelte. Une seule chose qui lui manque est peut-être la vivacité. Elle paraît aimer les enfants de M. de Saint-Pierre (2). Elle est très-attentive à tout ce qui peut faire plaisir à son mari, et semble toujours chercher à lire dans ses yeux ce qu'elle doit faire...

« M. de Saint-Pierre nous a accueillis de la manière la plus honnête et la plus affectueuse. Il nous a embrassés tous trois en entrant... Le dîner a été silencieux ou bien la conversation roulait sur des objets peu intéressants. Après dîner on s'est isolé, et on s'est groupé pour causer... Nous nous disposions à nous retirer quand M. Ducis, qui n'avait pas pu venir dîner, est arrivé... Il n'apercevait d'abord que moi, et il s'avançait vers moi pour m'embrasser, mais reconnaissant successivement M. Robin et M. Jouy, il s'est arrêté tout étonné. Il a hésité quelques instants ; enfin il m'a embrassé d'abord et a embrassé ensuite M. Robin et M. Jouy. C'était la première fois que je le voyais depuis mon retour des Alpes. Il m'a fait compliment sur notre voyage, et m'a témoigné beaucoup d'amitié. Il a paru très-content de nous voir. Il était, comme à son ordinaire, plein de gaieté et de vivacité. Il a tout le feu d'un jeune homme de vingt ans, et, à le voir, on ne lui en donnerait pas plus de cinquante, quoiqu'il en ait au moins soixante et dix. Il est beaucoup moins cassé que M. de Saint-Pierre qui est plus jeune que lui ; il y a peu d'hommes aussi aimables, et dont la conversation soit aussi intéressante que la sienne. Quand il parle, sa figure s'anime, et il peint par son geste tout ce que lui représente son imagination... Il est toujours animé de l'enthousiasme qui caractérise les vrais poëtes, et la sensibilité la plus vive et la plus aimable règne dans tout ce qu'il dit. Il nous a annoncé

---

(1) La seconde femme de Bernardin de Saint-Pierre.
(2) Les enfants du premier lit.

qu'on répétait la pièce qu'il nous avait lue à Essonne, et qu'on la jouerait avant un mois. Il nous a dépeint de la manière la plus énergique et la plus gaie tous les embarras que cela lui causait, et les inquiétudes qu'il ne pouvait s'empêcher d'avoir. Il peignait le public comme un cerbère à cent têtes toujours prêt à mordre et à se réjouir du malheur des autres... Il nous parla de Corneille avec un enthousiasme vivement senti... Il s'étendit beaucoup, particulièrement, sur la tragédie d'*Héraclius* dont l'intrigue, si vaste et si compliquée en apparence, se réduit cependant à un seul point et présente à la fois un chef-d'œuvre d'étendue et de simplicité. Il la comparait à une charpente extrêmement hardie et élevée, qui ne repose que sur un seul appui, mais avec la plus grande solidité.

« (4 floréal an IX, 24 avril 1801)... Je suis allé avec mon frère Vallée et ma sœur Désirée au théâtre de la République où l'on donnait la première représentation de *Fœdor et Wladamir* de Ducis... La salle était aussi remplie qu'elle pouvait l'être. La représentation a été très-tumultueuse ; cependant on est parvenu à achever la pièce, mais ce n'a pas été sans peine. J'ai cru apercevoir M. Ducis dans les coulisses...

« (Deux jours après, 26 avril). M. Jouy est venu déjeuner à la maison... Nous sommes allés à peu près à midi chez M. Ducis. Nous avons trouvé dans le salon Mme Ducis avec une autre vieille dame... Nous avons causé quelque temps avec Mme Ducis, et M. Jouy me laissait faire presque tous les frais de la conversation. Elle nous a introduits ensuite dans la chambre de M. Ducis qui était dans son lit sur son séant... Il était retenu par un rhume assez violent ; il y avait au-dessus de son lit un crucifix.. Il nous a beaucoup parlé de sa pièce, et toujours avec le plus grand calme et la plus grande sérénité. Il paraissait moins indigné et moins affecté de la cabale indécente qui avait failli empêcher de représenter sa pièce jusqu'à la fin, qu'il n'était touché des témoignages d'intérêt et d'attachement que lui avaient donnés les autres auteurs tragiques, Chénier, Legouvé, Lemercier, Arnault. Ils s'étaient rassemblés la veille chez Chénier qui leur avait donné à déjeuner et à dîner, et là ils avaient passé quatorze heures de suite à travailler tous ensemble pour réduire la pièce en trois actes, ce qu'ils avaient fait en supprimant plusieurs morceaux, en faisant quelques coupures, et ce qui ne les avait pas obligés de refaire plus de dix ou douze vers. On devait donner la deuxième représentation le jour même. M. Ducis nous a offert des billets...

« (Quelques jours après, 4 mai). Nous sommes sortis aussitôt après déjeuner. Nous avons monté d'abord chez M. de Saint-Pierre. Nous l'avons trouvé écrivant dans son cabinet. Il a quitté son ouvrage en nous apercevant... Après être sortis de chez lui, nous nous sommes présentés tout de suite chez M. Ducis. On nous a d'abord conduits à Mme Ducis, qui nous a reçus avec beaucoup d'honnêteté, et nous a introduits dans son salon. Elle a été avertir son mari qui est arrivé en bonnet de coton. Il a paru très-content de nous voir, et nous a embrassés tous deux avec cordialité. La conversation s'est engagée avec chaleur, et s'est soutenue sur le même ton sans tarir ni se refroidir pendant toute notre visite. M. Ducis ne paraissait nullement affecté de la chute de sa pièce. On voyait sur sa figure et dans ses discours le plus grand calme. Il disait qu'il avait encore l'esprit vindicatif, et qu'il préparait un bon tour à ses envieux ; c'était une autre pièce qui vaudrait mieux que sa dernière... A la fin de notre visite, le frère de M. Ducis qui est juge au tribunal et qui demeure avec lui est arrivé. Il est facile de juger à l'accueil qu'il lui a fait que la plus parfaite amitié règne entre les deux frères... Je crois qu'il n'y a point d'homme que j'aimerais autant que M. Ducis, à cause de son activité et de sa vivacité sur lesquelles les glaces de l'âge n'ont rien fait, à cause de sa loyauté, de sa droiture, de sa franchise, de sa sensibilité. Lorsqu'il cause avec vous, on voit qu'il vous ouvre toute son âme : aussi n'y a-t-il pas de conversation aussi nourrissante que la sienne...

« (25 floréal an IX, 15 mai 1801). Après dîner, je sortis avec mon papa et mes deux frères ; mais je les quittai près du pont tournant. Je vis M. de Saint-Pierre seul dans son allée (aux Tuileries) ; mais il ne m'aperçut pas et je ne lui adressai pas la parole. Je rentrai à la maison aussitôt...

(27 floréal an IX, 17 mai 1801). Après dîner, je sortis avec M. Jouy... Nous trouvâmes M. Ducis assis au coin de sa cheminée, en bonnet de coton, dans un costume tout à fait semblable à celui dans lequel on a gravé Richard Steele. M. de Saint-Pierre était à l'autre coin du foyer et paraissait lire un papier. Au moment où nous sommes entrés, ces deux vieillards, qui avaient l'air de deux patriarches, nous ont parfaitement bien reçus... »

Lundi 23 mars 1863.

LE PÈRE LACORDAIRE [1]

QUATRE MOMENTS RELIGIEUX AU XIX° SIÈCLE

Je n'élude pas systématiquement tous les grands sujets qui passent. Le bruit qui s'est fait dernièrement autour du nom de M. Lacordaire, et, mieux que le bruit, le talent qui s'est déployé en son honneur, ont réveillé mes propres souvenirs. Je connus l'abbé Lacordaire à l'époque de ses premiers débuts et pendant tout le cours de sa liaison avec l'abbé de Lamennais, et je continuai de le voir encore dans les années qui suivirent, jusqu'à ce que son dernier habit fût venu mettre une sorte de barrière entre les profanes purement respectueux et lui. Je reviendrai bientôt sur ce moment de

(1) *Lettres du Révérend Père Lacordaire à des jeunes gens*, recueillies et publiées par M. l'abbé Henri Perreyve, chanoine honoraire d'Orléans, etc. (Un vol. in-18, 1863, chez Douniol, rue de Tournon, 29.)

1831 à 1837 qui fut une des phases mémorables de l'opinion religieuse en France dans notre XIXᵉ siècle. S'il n'était question que d'éloquence et d'éclat de talent, que d'âme et de cœur, il serait facile de tomber d'accord sur les mérites du brillant dominicain qu'on a perdu ; mais avec lui il s'agit de bien plus désormais. Je viens de lire ses Lettres posthumes, publiées par un de ses amis et disciples, l'abbé Perreyve, qui semble lui avoir emprunté quelque chose de sa parole et de son glaive : il faut voir avec quelle fermeté, avec quelle certitude le panégyriste enflammé lui décerne son titre de saint, lui assigne son rang et son rôle d'apôtre, et le propose pour modèle aux jeunes générations catholiques de l'avenir. La critique littéraire, avec ses respects et ses réserves, s'arrête étonnée devant de tels élans enthousiastes ; elle y regarde à deux fois avant de les contrarier. On hésite, quand on marche seul, comme il convient à un esprit indépendant, et qu'on n'a pour soi que le groupe si disséminé des gens sensés, qui ne se connaissent pas entre eux, à venir admirer trop faiblement le chef d'une milice blanche éblouissante et de toute une nombreuse famille spirituelle, l'idole de toute une jeunesse si électrisée. Et pourtant il faut bien dire un mot de ce que nous pensons ; c'est le propre et, si l'on veut, le faible de l'esprit critique, quand il a quelque chose (ne fût-ce qu'un petit mot) à dire, de ne pouvoir le garder ni sur le cœur ni sur la langue : il faut absolument que le grain de sel sorte, si grain de sel il y a.

Je crois en effet, comme on l'a dit, que le Père Lacordaire ne sera tout entier connu, et avec toutes ses qualités, que par ses lettres. Je distingue entre celles qu'on a déjà imprimées de lui. Les trois *Lettres à un jeune homme sur la Vie chrétienne,* données de son vivant et par lui-même (1), ne diffèrent pas notablement d'une conférence en trois points. La théorie de l'union et de la confusion de la raison et de la foi, qui n'est autre qu'une paraphrase des premiers versets de saint Jean, ne peut paraître claire qu'à ceux qui sont déjà persuadés à l'avance et illuminés. Je ne conseillerais à aucun lecteur, non déjà converti et initié, de commencer par là de lier connaissance avec le brillant écrivain. C'est toute une suite d'assertions contestables, d'affirmations sublimes qui ne soutiendraient pas plus l'épreuve du raisonnement que le contrôle des faits et de l'histoire, et qui relèvent uniquement de la révélation pure. L'inintelligible s'y donne pour la lumière même. Il s'y rencontre pourtant, est-il besoin de le dire? des pages de talent, et du plus élevé. Dans la première lettre, une page d'imagination et de tendresse sur le culte de Jésus-Christ, et qui ressemble tout à fait à un couplet d'une églogue mystique; dans la seconde, deux pages sur *les Martyrs* de Chateaubriand, qui illustreraient le plus beau cours de littérature. Les voulez-vous? J'aime ces extraits qui font voyager les pensées d'un auteur là où elles n'iraient jamais autrement, et qui sèment jusque dans les camps opposés le respect, parfois même un

---

(1) Librairie de Mme Poussielgue-Rusand, rue Saint-Sulpice, 23 (1858).

peu d'affection pour ceux que l'on combat ; cela civilise les guerres :

« Il y a peu d'années, disait le Père Lacordaire, s'adressant à son jeune ami qu'il désigne sous le nom symbolique d'Emmanuel, *les Martyrs* de M. de Chateaubriand me tombèrent sous la main ; je ne les avais pas lus depuis ma première jeunesse. Il me prit fantaisie d'éprouver l'impression que j'en ressentirais, et si l'âge aurait affaibli en moi les échos de cette poésie qui m'avait autrefois transporté. A peine eus-je ouvert le livre et laissé mon cœur à sa merci, que les larmes me vinrent aux yeux avec une abondance qui ne m'était pas ordinaire, et, rappelant mes souvenirs sous le charme de cette émotion, je compris que je n'étais plus le même homme et que, loin d'avoir perdu de ma tendresse littéraire, elle avait gagné en profondeur et en vivacité. Ce n'était pas seulement l'âge qui l'avait mûrie ; un nouvel élément l'avait transfigurée : j'étais chrétien. *Les Martyrs*, qui n'avaient parlé qu'à mon imagination et à mon goût de jeune homme, leur parlaient encore sans doute, mais ils trouvaient dans ma foi un second abîme ouvert à côté de l'autre, et c'était le mélange de deux mondes, le divin et l'humain, qui, tombant à la fois dans mon âme, l'avait saisie sous l'étreinte d'une double éloquence, celle de l'homme et celle de Dieu (1). Aucun écrivain, avant M. de Chateaubriand, n'avait eu cet art au même degré. Saint Jérôme, le plus passionné des Pères, avait bien retenu de l'Antiquité profane et

---

(1) Il y aurait bien ici quelque chose à dire pour le style et pour le rapport des images ou des expressions entre elles : un *mélange de deux mondes*, qui, *tombant dans une âme*, la *saisit* sous une double *étreinte*... Ce n'est pas très-régulier ni d'une analogie bien suivie. C'est du style d'orateur pittoresque, jeté tout cru sur le papier. Oh ! Bossuet, aussi grand écrivain qu'orateur, ne fait jamais cela. Lacordaire, on le voit bien, même dans les morceaux les plus soignés et où il est le plus classique, n'est pas impunément du siècle de Michelet.

des ardeurs de sa jeunesse un accent qui retentissait dans son style ; mais, pénétré de Jésus-Christ jusqu'à la moelle des os, le saint diminuait en lui les restes du poëte et du voyageur. Il se frappait la poitrine au souvenir de l'ancien Jérôme, et ce qui s'en entendait encore n'était plus que le cri du lion, affaibli par l'immensité du désert. En M. de Chateaubriand l'homme avait survécu. Comme le solitaire de Bethléem, il avait assisté aux révolutions des empires; il avait vu tomber Versailles et persécuter le Christianisme; comme lui, victime d'une mélancolie native que les événements du monde avaient nourrie, il avait cherché dans de lointains exils le remède de ses douloureuses contemplations ; la foi lui était venue de ses larmes, et, purifiant tout à coup son génie jusque-là sans règle, elle lui avait inspiré, sur les ruines de l'Église et de la monarchie, les premières pages qui eussent consolé le sang des martyrs et les tombes de Saint-Denis. Mais, si chrétien qu'il fût, l'homme était demeuré ; il se remuait tout vivant dans la magie de son style, et jamais le Christianisme n'avait eu pour prophète une âme où le monde eût tant d'éclat et Jésus-Christ tant de grandeur. Jusque dans ses traits M. de Chateaubriand portait cet illustre combat de sa destinée contre elle-même : il y avait dans sa tête la majesté pensive de la foi, les rayons de la gloire et ceux de la solitude, mais non pas toute la paix du chrétien qui depuis longtemps s'est assis au Calvaire en face de la Croix. Dieu nous l'avait donné aux confins de deux siècles, l'un corrompu par l'infidélité, l'autre qui devait essayer de se reprendre aux choses divines, et sa muse avait reçu le même jour, pour mieux nous charmer, la langue d'Orphée et celle de David. »

Certes, on ne saurait mieux ni plus magnifiquement parler de Chateaubriand, et dans une langue même qui le rappelle et qui rivalise avec lui. C'est de l'excellente, de l'éloquente rhétorique à l'usage de l'école de

Sorèze ; mais j'ajouterai qu'on sent à chaque ligne que ce n'est que de la rhétorique. C'est un *morceau*.

Les nouvelles Lettres, publiées par l'abbé Perreyve, ont un tout autre caractère que ces trois Lettres ou discours à Emmanuel. Ce sont de vraies lettres ; elles en portent le cachet : elles sont vives et courtes pour la plupart, on y sent l'homme pressé qui n'a qu'une demi-heure à lui et qui en profite. Le style y gagne ; il est court-vêtu en quelque sorte, *sermo succinctus* ; il s'y voit je ne sais quel air cavalier et beaucoup de désinvolture. Moi qui lis cela avec intérêt, qui, bien que de ceux qu'on appelle sceptiques, me tiens pour parfaitement sûr et certain de ce qu'il y a de faux et d'imaginaire dans le point de départ et dans certaines suppositions premières de celui qui écrit ; qui n'en cherche pas moins avec plaisir les preuves de talent, d'élévation, ou les saillies d'esprit, j'en trouve une, de ces saillies, et qui me paraît des plus agréables, dans une lettre à laquelle l'éditeur, qui s'y connaît et qui s'entend à étiqueter les matières, a donné ce titre piquant :

Un religieux à cheval. — « Tôt ou tard on ne jouit que les âmes. »

Le commencement de la lettre se rapporte à des affaires de l'Ordre, au choix que venait de faire le Chapitre provincial d'un successeur du Père Lacordaire et à d'autres points particuliers ; mais voici le côté aimable, et qui me rappelle, je ne sais trop comment, de jolies lettres de Pline le Jeune :

« ..... Quant à vous, mon bien cher, qui montez à cheval

dans la forêt de Compiègne avec l'habit religieux et qui le trouvez tout simple, je n'ai rien à vous dire. Certainement un prêtre peut monter à cheval pour l'exercice de son ministère ; il y a des pays de montagnes où c'est la seule manière de voyager, et des évêques même ne se font pas scrupule de parcourir ainsi les parties abruptes de leur diocèse ; mais monter à cheval pour son plaisir, comme les fils de famille riches, qui vont passer la soirée au bois de Boulogne, je vous avoue que la chose me semble hardie dans un religieux. Le cheval donne de l'orgueil ; il est une habitude de luxe ; croyez-vous que Jésus-Christ soit bien aise de vous voir à cheval, lui qui est entré à Jérusalem sur un âne ? Ce n'est pas précisément qu'un ecclésiastique ne puisse se tenir convenablement sur un cheval ; mais porteriez-vous un habit écarlate avec des franges d'or, supposé que ce fût encore la mode en France ? votre cœur serait-il insensible à la pensée que vous êtes vêtu comme les riches et les grands de ce monde ? Quand M. de Rancé se convertit à Dieu, il vendit ses chevaux, ses voitures, quitta les habits magnifiques qu'il avait coutume de porter, et il enveloppa de deuil un corps qu'il avait longtemps consacré au péché. N'est-ce pas là le mouvement de l'âme recueillie et pénitente ? Croyez-vous qu'un jeune incrédule qui vous verrait à cheval serait tenté, le soir, de se mettre à genoux devant vous et de vous découvrir les misères de son cœur ? Non, je ne le pense pas. Un homme à cheval est trop haut pour qu'on se mette à genoux devant lui. Il faut s'abaisser pour qu'on puisse obtenir des abaissements. Il est raconté dans la vie d'un de nos Bienheureux qu'un jour il parcourait une ville à cheval avec ses amis : Dieu, qui le voulait avoir, le jeta par terre dans la boue, et ce fut l'occasion de son salut et de sa sainteté.

« Je suis de votre avis sur les montagnes, la mer et les forêts, ce sont les trois grandes choses de la nature, et qui ont bien des analogies, surtout la mer et les forêts. Je les aime comme vous ; mais, à mesure qu'on vieillit, la nature descend et les âmes montent ; et l'on sent la beauté de ce mot de Vauvenargues : « *Tôt ou tard on ne jouit que des âmes* (1). » C'est pourquoi on peut toujours aimer et être aimé. La vieillesse, qui flétrit le corps, rajeunit l'âme, quand elle n'est pas corrompue et oublieuse d'elle-même, et le moment de la mort est celui de la floraison de notre esprit.

« Ce qui est certain, c'est que si je vous avais trouvé dans la forêt de Compiègne sur votre cheval, je vous aurais bien donné une douzaine de coups de cravache, en ma qualité de votre père et de votre ami ; ceci ne m'empêche pas de vous embrasser bien tendrement. »

On n'est pas plus aimable et plus cavalier en ne voulant pas l'être. J'y reviens : cette lettre si spirituelle et si bien troussée me rappelle, par je ne sais quelle réverbération, le joli billet de Pline écrivant à Tacite qu'il a pris trois sangliers dans une forêt, étant assis ses tablettes à la main. Un chasseur qui a des tablettes, un religieux qui porte cravache, cela fait pendant.

J'aurais peur de scandaliser toutefois en louant trop longtemps de cette sorte, et je ferai à d'autres lettres quelques objections sérieuses. La grande prétention et l'ambition, on le sait, du Père Lacordaire est de réconcilier pleinement le Christianisme, le Catholicisme, avec le siècle, de ne le retrancher d'aucun des actes, d'aucun des emplois légitimes de la vie et de l'esprit, de lui faire prendre pied partout pour y porter avec lui la consécration et le rajeunissement : aussi nie-t-il formellement que le dogme soit ni puisse être en rien

---

(1) Se rappeler aussi, dans la Lettre de Chateaubriand à M. de Fontanes sur la Campagne romaine, le beau passage : *Aujourd'hui je m'aperçois que je suis beaucoup moins sensible à ces charmes de la nature*, etc. C'est tout à fait dans le même sentiment.

opposé à la raison ; loin de là, il s'empare de la raison même au nom du dogme, pour la restaurer et la sanctifier. Écartons les querelles de mots et les confusions : pour qui lit ces lettres, comme pour qui a assisté aux conférences du Père, il est clair que la raison est subordonnée ; qu'elle a tort, selon lui, dès qu'elle n'est pas entièrement d'accord avec ce que l'auteur ou l'orateur déclare être la foi, et qui n'est, philosophiquement parlant, qu'un premier parti pris sur toutes les grandes solutions. Cela le mène à dire, par exemple, à un jeune homme qui lui parlait de l'Allemagne, où il avait voyagé :

« Parmi les hommes que vous me nommez comme les gloires récentes de l'Allemagne, il en est au moins deux, Kant et Gœthe, qui ont été de mauvais génies. J'avoue que de grands coupables par l'esprit peuvent avoir des noms glorieux ; mais cette gloire est d'un ordre que les cœurs chrétiens ne reconnaissent pas. Je voudrais que vous fussiez habitué de bonne heure à mépriser les renommées les plus hautes quand elles ont été le fruit d'une action perverse, et à n'estimer jamais que le bien et le vrai dans l'homme qui écrit comme dans l'homme qui agit. Écrire, c'est agir. Écrire l'erreur avec opiniâtreté, c'est commettre un crime, digne des plus honteux châtiments, et dont le succès ne fait qu'accroître la grandeur ! Jésus-Christ a changé le monde par l'Évangile ; quiconque n'écrit pas dans le sens de l'Évangile est l'ennemi de Dieu et des hommes, bien plus que la créature faible qui succombe à ses passions. La faiblesse qui pèche est digne de compassion : l'orgueil qui attaque la vérité n'inspire aucun sentiment doux. »

Le fils de saint Dominique se révèle ici avec une

étrange menace de sévérité et de dureté qui, heureusement, s'est trompée de siècle. Et encore, dans la même lettre, après une sorte d'anathème lancé à Vico :

« Je vous supplie, mon cher ami, de ne pas vous laisser séduire aux écrits modernes. Presque tous sont infectés d'orgueil, de sensualisme, de doutes, de prophéties qui n'ont d'autre valeur que l'audace des poëtes qui se le permettent. Étudiez beaucoup les Anciens. Les Païens eux-mêmes, tels que Platon, Plutarque, Cicéron et beaucoup d'autres, sont mille fois préférables à la plupart de nos écrivains modernes : c'étaient des gens religieux, pénétrés de respect pour la *tradition*... Depuis trois ou quatre siècles, la littérature est dans un état de rébellion contre la vérité. »

Ainsi voilà trois siècles littéraires rayés d'autorité, et, ce qui est plaisant, rayés au nom de la tradition même. Mais ici je ne souris plus, et je dis avec toute l'énergie et la conviction d'un sentiment qui a aussi sa certitude :

De telles assertions, mises en pratique, et appliquées dans l'éducation, seraient la mort des bonnes et saines études et du véritable esprit qui doit y présider, — de l'esprit proprement moderne. Non qu'il n'y ait eu des Anciens qui aient eu eux-mêmes cette méthode d'examen et d'analyse, la seule vraie, la seule capable de mener à bien l'esprit humain dans la voie du progrès et des connaissances positives; excellent Plutarque, ce ne furent jamais toi ni tes pareils, avec ces traditions de bonhomie crédule qu'on vient nous vanter un peu tard et qui auraient éternisé le Paganisme! ce fut le grand Aristote d'abord, Démocrite avant lui et bien d'autres sans doute ; mais tout cela disparut et s'abîma avec l'ancien monde, s'égara avant sa fin même, ne se légua nullement au nouveau, et il fallut tout recommencer. L'humanité pendant des siècles fit naufrage, et elle eut besoin d'efforts inouïs avant de se remettre à flot. Il y a trois ou quatre siècles précisément et pas plus, que ce recommencement de marche et de progrès s'est fait avec suite par la Renaissance. Honneur à elle et à tous ces braves et nets esprits que les dogmes scolastico-religieux et la lettre des textes n'ont point arrêtés dans l'examen de la nature, dans l'inspection du ciel, dans la découverte de ses lois! honneur à tous ceux que les préjugés d'hier n'ont pas arrêtés davantage et n'arrêtent pas chaque jour dans l'interprétation des fouilles terrestres profondes, dans la perscrutation intime et atomistique de la vie, ou dans l'exploration ascendante et le déchiffrement graduel des vieux âges ! Toujours, à l'origine, la foi qui ne doute de rien, la tradition qui se plaît aux habitudes, la routine encroûtée et tenace, se sont opposées à la recherche, et ont lancé d'abord injure et anathème à ceux qui la tentaient : toujours, la découverte une fois démontrée et accomplie, la foi, la tradition vaincues ont dû s'en accommoder, et, reculant un peu, elles ont réparé tant bien que mal leurs lignes rompues, déclarant, toute réflexion faite, que les derniers résultats ne changeaient rien en définitive aux antiques croyances et que, bien au contraire, celles-ci s'en trouvaient confirmées et raffermies. Grand bien leur fasse! et félicitons-les de faire preuve, grâce à une tolérance forcée, d'un si bon et d'un si heureux caractère! Mais ce n'est point sans sophisme et sans des subtilités de plus d'un genre que ces toiles si souvent rompues et déchirées réussissent, en apparence et pour quelque temps, à se réparer et à se reformer. En général, le Père Lacordaire répugne aux sophismes déduits à froid et aux artifices d'argumentation compassée; mais, lui, il a à son service le dédain, non moins commode, l'interdiction hautaine et tranchante, l'épée de feu du chérubin sur laquelle il est écrit : *On ne passe pas là!* Il érige volontiers l'absence de toute critique en précepte et en dogme; il dira par exemple à un jeune homme qui, selon lui, lit trop, et qui s'adresse à des auteurs de tout bord et de toute opinion, comme il sied à un estomac viril et à tout esprit émancipé :

« Je n'ai pas grand plaisir à vous voir lire des livres tels que ceux dont vous me parlez. Vous n'êtes plus sans un enfant; mais, à tout âge, le poison est toujours dangereux. Qu'avez-vous à lire dans Voltaire après ses chefs-d'œuvre dramatiques? sont-ce ses *Contes,* son *Dictionnaire philosophique,* son *Essai sur les Mœurs des Nations,* et cette multitude de pamphlets sans nom lancés à tout propos contre l'Évangile et l'Église? Vingt pages suffisent pour en apprécier le mérite littéraire et la pauvreté morale et philosophique. J'avais dix-sept à dix-huit ans quand je lisais cette suite de débauches d'esprit, et jamais depuis je n'ai eu la tentation d'en ouvrir un seul volume; non par crainte, il est vrai, qu'ils me fissent du mal, mais par le sentiment profond de leur indignité. A part le besoin des recherches dans un but utile, il ne faut lire ici-bas que les chefs-d'œuvre des grands noms; nous n'avons pas de temps pour le reste. A plus forte raison, ne devons-nous pas en avoir pour ces écrits qui sont comme le cloaque de l'intelligence humaine, et qui, malgré leurs fleurs, ne recouvrent qu'une effroyable corruption. De même qu'un honnête homme évite l'entretien des femmes perdues de mœurs et des hommes déshonorés, de même un chrétien doit-il éviter la lecture des ouvrages qui n'ont fait que du mal au genre humain. Rousseau est meilleur que Voltaire; il a le sentiment de ce qui est beau et généreux et ne méprise pas son lecteur. Mais son charme, utile quelquefois à des jeunes gens qui ne respectent rien, ne l'est que bien peu à une âme qui possède la connaissance et l'amour de Jésus-Christ. Il est rapporté dans la Vie de saint Jérôme qu'il fut battu de verges par un Ange, qui lui reprochait, en le frappant, de lire avec plus d'ardeur Cicéron que l'Évangile : combien plus vos lectures mériteraient-elles ce châtiment, si Dieu nous témoignait toujours, dès cette vie, ce qu'il pense de nos actions? »

C'est piquant, c'est dominicain, mais ce n'est pas philosophique; ce n'est pas même raisonnable. Oh! que Voltaire, avec tous ses défauts qu'il se passait trop librement, est utile, au contraire, quand on n'y abonde pas et qu'on sait y joindre à propos les correctifs! Et qu'ils sont utiles, en général, ces écrivains d'un bon sens prompt, vif, naturel, les Le Sage, les La Fontaine, les Cervantes, les Montaigne! qu'ils sont essentiels, — aussi essentiels même que le commerce des femmes, — pour nous faire hommes tout à fait, pour nous rompre et nous désapprêter l'esprit et nous le *déniaiser*, pour nous guérir de la gourme originelle, pour nous ramener de temps en temps à la terre quand nous sommes tentés de perdre pied, pour nous avertir avec un léger croc-en-jambe et nous empêcher de faire l'ange quand l'envie par hasard nous en prend. « *Je vais au fait, c'est ma devise,* » disait Voltaire, et il disait vrai. Ne tromper personne, à commencer par soi-même, ne s'en faire accroire ni à soi ni aux autres; n'être ni dupe ni charlatan à aucun degré; ne jamais aller prendre et montrer des vessies pour des lanternes (je parle à la Rabelais), ou des phrases brillantes pour des idées, ou de pures idées pour des faits; mettre en tout la parfaite bonne foi avant la foi : c'est aussi là un programme très-sain et un bon régime salubre pour l'esprit. Il est vrai que ce n'est pas un beau thème à l'éloquence : cela se débite en chambre, non en chaire; à quelques-uns et à demi-voix, non à une foule assemblée.

Les beaux thèmes! les thèmes à effet et à variations brillantes! c'est ce qu'il y a de plus fatal à la vérité; et qu'il est difficile de n'y pas céder et succomber quand on y est porté par le courant même de sa nature d'artiste et par toutes les voiles du talent, quand il y a comme une harmonie préétablie entre les sujets qui nous tentent et nos cordes secrètes! Le père Lacordaire m'en est un grand exemple. Tradition ou légende, tout lui est bon, pourvu que le tour d'imagination qui lui est cher y trouve son compte; il n'admet à aucun degré la critique historique, appliquée aux choses sacrées : elle l'incommode. Elle n'existe pas pour lui. Par exemple, il vous dit sans rire et a l'air de croire, durant tout un livre *ad hoc,* que Marie-Magdeleine est venue mourir en Provence, à la Sainte-Baume (1). Il n'hésite pas, il ne

(1) Cette légende n'est admissible à aucun degré. « D'abord Marie de Magdala n'a rien de commun avec Marie de Béthanie, sœur de Marthe et de Lazare. Et de plus, la venue de l'une de ces Maries

daigne pas discuter, il n'en fait ni une ni deux, il tranche; et je suis sûr que s'il avait entendu élever un doute à ce sujet il aurait été homme à répondre avec l'éclair dans les yeux que, vraie ou fausse en réalité, la tradition n'en était pas moins vraie, et dans un sens supérieur au réel : il y a de ces tours de force de l'éloquence. Je n'entends rien à ces magies-là, ou plutôt j'appelle cela des *magies* et de belles impostures, comme elles le sont en effet. Qu'elle est donc loin de nous et à jamais disparue cette école française sévère, cette Église gallicane prudente qui se défendait le plus possible de traiter la religion comme une mythologie!

Mais je me hâte d'ajouter, en ce qui est des *Lettres* présentes que, sauf cette veine d'enthousiasme, d'inspiration *quand même*, de chevalerie monastique à outrance, qu'il est impossible d'en retrancher ou d'en abstraire, et qui en fait la perpétuelle singularité, il y a quantité de vues morales, fines, délicates, exprimées à ravir, et bien des conseils appropriés, — les conditions toujours étant admises et le cadre accordé; *positis ponendis*, comme on disait dans l'École. En un ou deux cas, les vues mêmes sont vraies indépendamment du cadre et du lieu. On peut voir notamment la lettre très-belle, très-juste, sur l'éducation domestique d'un

---

en Provence ne repose que sur des rapprochements puérils, faits à une fort basse époque. » Voilà le dernier mot de la critique impartiale. Mais le peintre, le poëte, le légendaire, l'auteur de *mystères* se soucient bien de la critique! le Père Lacordaire pas davantage. Il faut voir son livre intitulé *Sainte Marie-Madeleine* (deuxième édition, 1860). Je ne crains pas de dire que c'est un livre prodigieux au point de vue du bon sens.

petit monsieur gâté dans sa famille, « une sorte de petite momie enfermée dans un vase de soie et qui finit par se croire un petit dieu » (pages 125-128); cette lettre, qui est de la fin de 1850, présageait les talents que le Père Lacordaire ne se savait pas encore pour l'éducation de la jeunesse et qu'il a développés dans la dernière partie de sa carrière. N'ayant jamais eu aucune diversion d'humaine tendresse, tout avait tourné chez lui à l'ambition spirituelle, mais aussi une certaine tendresse, également spirituelle, qui se manifestait dans la familiarité avec ceux qu'il appelait ses enfants, tant ceux de son Ordre que les élèves venus du dehors et qu'il tenait dans sa main. Il était tendre au sein de son ambition, comme l'aigle pour ses petits. Il y avait des parfums dans son âme, et la plupart de ses lettres de *direction* en sont imprégnées.

Ce coup d'œil, à propos d'une dernière production du Père Lacordaire, m'a mené plus loin que je ne prévoyais : ce ne devait être d'abord, dans ma pensée, qu'une entrée en matière et une transition pour passer à un sujet plus général. Le XIXe siècle est évidemment un siècle où les questions religieuses ont repris une grande importance, sinon la prédominance même : il a débuté par une renaissance religieuse; arrivé aujourd'hui bien au delà de son milieu, il voit ces mêmes questions grossir chaque jour et se généraliser. Sans entrer dans aucune controverse proprement dite et en m'en tenant à la description morale, je voudrais rappeler et signaler en quelques traits exacts et ressem blants la physionomie des moments principaux qui se sont dessinés dans cet ordre de faits depuis 1800 : ces moments, selon moi, sont au **nombre de quatre** et diffèrent notablement entre eux.

Lundi 30 mars 1863.

LE PÈRE LACORDAIRE

LES QUATRE MOMENTS RELIGIEUX AU XIXᵉ SIÈCLE

SUITE ET FIN.

Les principaux moments religieux en France, depuis plus de soixante ans, se dessinent avec une grande netteté.

1° Il y a le moment du Consulat, la restauration du culte, faisant partie de celle de la société; moment immortel de réconciliation et de réunion, à la fois de réjouissance sociale et de vive consolation individuelle, mais qui recélait en lui ses dangers que l'avenir fit éclore.

2° Il y eut le moment de 1821 à 1828, le plus opposé au précédent, celui de la plus grande défaveur religieuse et de l'impopularité poussée jusqu'à l'odieux, par suite des abus et des excès dont la seconde Restauration fut témoin lors du triomphe de ce qu'on a appelé la *Congrégation*.

3º Il y eut, en 1831, et dans les années qui suivirent, un mouvement de bonne volonté et de rapprochement de la part des croyants d'un certain ordre et de plusieurs jeunes esprits respectueux, mouvement qui n'eut lieu d'abord que dans une sphère assez restreinte, dont M. de Lamennais fut quelque temps le centre, mais qui se prolongea même après ses écarts et sa défection.

4º Enfin, il se fit peu à peu et sur bien des points une réorganisation active, étendue, à l'aide de beaucoup de moyens simultanés, associations, fondations, etc., une remise sur le pied de guerre du parti religieux. Ce mouvement, favorisé bien plus que contrarié dans sa marche par les événements de 1848, ne s'opéra point en un jour et ne se poursuivit point sans plusieurs des inconvénients et des abus qui ont toujours marqué pour le parti l'heure de sa prospérité et de son quasi-triomphe. C'est de là qu'est sorti le parti *clérical* actuel, nommé d'un nom dont il se glorifie lui-même et qu'il me répugnerait sans cela d'employer. — Je parcourrai ces quatre moments si distincts, et je tâcherai de les caractériser avec toute l'impartialité dont je suis capable.

I.

Le premier moment, celui qui date de la renaissance de la société française avec le Consulat, ne mérite qu'éloge, et si on se reporte aux espérances du point de départ, la comparaison avec certains des résultats obtenus est bien faite pour donner aux esprits sérieux et animés de nobles pensées sociales d'éternels regrets.

De même que ceux qui voulaient la délivrance et la liberté en 89, eurent un moment d'ineffable joie et d'espérance trop tôt déçue, trop tôt souillée par des excès, et qu'ils virent le plus cher de leurs vœux se tourner en mécompte, de même bien des esprits sages, modérés, tolérants ou même religieux de sentiment et d'intention, ouverts à la haute pensée de la civilisation renaissante, qui se réjouirent de la réconciliation de la religion et de la société en 1801, et qui y poussèrent ou y applaudirent, eurent bientôt à revenir de cette satisfaction première, et quelques-uns, s'ils vécurent assez, purent douter s'ils n'avaient pas erré.

Il n'y avait point cependant à se repentir. La société française en 1800 (et le génie civilisateur du Consul l'avait compris aussitôt) était religieuse, dans le sens du moins d'une réparation à accorder à des ministres persécutés, à des convictions proscrites, à des souvenirs respectables, redevenus plus sacrés par le malheur. Le Clergé d'alors avait eu ses souffrances et ses sacrifices méritoires : il avait expié ses vices et ses mollesses d'avant 89. Ces prélats du grand monde, nourris dans le luxe, et qui participaient à toutes les licences de leur âge, avaient supporté avec douceur, avec dignité, les extrémités les plus affreuses et les plus lamentables. Ces abbés brillants et légers, qui oubliaient d'être prêtres avant 89, s'en étaient ressouvenus tout d'un coup dès qu'il avait fallu confesser la foi ou l'honneur de leur engagement dans les prisons, dans les pontons qui les déportaient; semblables à ces gentilshommes qui savent combattre et mourir pour leur opinion dès qu'il y a péril. Et que d'ecclésiastiques méritants, obscurs, avaient révélé leurs vertus modestes dans ces nouvelles catacombes! L'un d'eux, l'abbé Émery, offrait dans sa personne, à ce commencement du siècle, comme le type de ces vénérables survivants : l'abbé Émery, celui qu'on a pu appeler le « suppléant des évêques, » l'oracle du Clergé et sa boussole dans l'orage, le modérateur pendant les tempêtes, le centre caché où venaient aboutir les consultations, la lampe dans l'ombre où venaient s'éclairer toutes les consciences chrétiennes. Rome, sans doute, sous le gouvernement de Pie VI, n'avait guère profité, et elle était déjà, par les abus et les vices incurables, ce qu'on l'a vue et sue depuis; mais la question religieuse, alors, était et restait surtout une question française. Pie VII, de douce et bénigne figure, ne compromettait point la cause romaine en paraissant au milieu de nous; Rome eût gagné à n'être que lui seul, et ce mot du Pontife à un jeune homme qui, dans une rue de Paris, se dérobait par la fuite à sa bénédiction, est le mot de la situation même: « Jeune homme, la bénédiction d'un vieillard ne fait jamais de mal. » C'était l'impression la plus générale de la France à ce moment; on était dans une période de sentiment, de pitié et de justice, en même temps qu'à une ère recommençante de grande politique, et la politique véritable consistait précisément à respecter et à reconnaître toutes ces dispositions publiques, à se donner faveur et force en y satisfaisant.

Que si l'on avait à discuter la politique en elle-même et les moyens qu'elle employa, il y aurait à se demander s'il n'y avait pas une autre voie, pour arriver à ces mêmes fins, que le Concordat, tel qu'il fut conclu en 1801. Un homme de beaucoup d'esprit, dont les idées valaient mieux que les faits et gestes, et qui eut l'honneur de recevoir, depuis, les confidences de Napoléon sur ces matières ecclésiastiques, l'abbé de Pradt, a traité ce sujet dans un livre fort remarquable et digne d'être relu (1). L'historien du Consulat et de l'Empire a tracé lui-même un tableau qui est dans toutes les mémoires. Il y aurait impertinence à venir s'interposer ici. Ce qu'il m'appartient de noter, c'est l'heureux esprit de sagesse qui présida à toute cette première partie de l'œuvre qui consistait à réunir et à fondre, à effacer les divisions entre l'un et l'autre Clergé, celui qui rentrait et reparaissait tout orthodoxe et pur, et celui qui, pour avoir été docile et constitutionnel, avait maintenant à se faire pardonner d'avoir obéi aux lois. Chacun s'y mit

---

(1) *Les Quatre Concordats* (1818), tome II, pages 66 et suivantes.

avec modération et prudence, sous l'égide du héros modérateur, et le Pontife tout le premier, et le Clergé constitutionnel lui-même, heureux en grande partie de se sentir réconcilié avec son chef. Ce fut un beau moment dont rien ne saurait effacer l'éclat dans cette première splendeur de l'inauguration du siècle :

« Ils ne sont pas encore assez loin pour être oubliés, s'écriait en 1818 un des témoins émus, ces jours alors si nouveaux et si sereins, si inattendus et si consolants, dans lesquels, après tant d'années d'interruption et d'outrages, on vit le culte catholique ramené en pompe dans le même temple où il avait reçu les plus graves insultes, — ramené par la main d'un jeune guerrier qui semblait jusque-là aussi étranger aux choses religieuses qu'il était familiarisé avec la victoire. On se souvient encore des acclamations qui accompagnèrent la promulgation de cet acte éminent en sociabilité autant que hardi de la part de celui qui osa le tenter : acclamations qui, interprètes sincères de l'opinion publique, étouffèrent les cris des mécontents et les fureurs concentrées que le rétablissement de la religion fit naître dans quelques cœurs. »

La suite, on le sait trop, répondit mal à de si heureux débuts, et sans même que les événements politiques survenus peu après en Italie eussent besoin d'y mêler leur complication, il y avait dans la seule situation intérieure bien des germes de difficultés futures. Était-il possible en 1801, comme l'abbé de Pradt l'expose, comme Napoléon lui-même semble depuis l'avoir reconnu, d'adopter un autre mode que celui du Concordat, une manière moins solennelle, moins éclatante, mais plus neuve, plus hardie dans sa simplicité, ren-

trant moins dans les anciennes ornières, constituant
« une liberté protectrice et non directrice », et qui aurait suffi à donner pleine satisfaction alors à la religion
et à la majeure partie de la société, sans être grosse des
périls et des conflits qui succédèrent? Je ne me permets
que de poser de telles questions. Le fait est que, le
contrat une fois dressé et signé dans les termes de
1801, il en devait sortir, à cause du rapprochement et
de l'enchevêtrement des deux puissances, une lutte
sourde et tôt ou tard déclarée. J'ai voulu lire récemment, pour mieux m'éclairer, la *Vie* de M. Émery (1),
de ce prêtre si vénéré et si sage, de ce second fondateur de Saint-Sulpice, et j'y ai vu à quel point, malgré
toute sa tolérance personnelle et ses ménagements envers les hommes, il était arrêté sur les principes, penchant sans contre-poids du côté de Rome, et combien ce
qu'on appelait autrefois *gallicanisme* était absent ou
infiniment peu représenté dès l'origine dans cette reconstitution du Clergé de France. L'auteur du Concordat
allait donc rencontrer, même chez les plus modérés, des
obstacles et des résistances invincibles; et si les plus
sages et les meilleurs étaient ainsi, que serait-ce des
autres? La lutte notamment entre l'Université et les
établissements d'éducation ecclésiastique était flagrante
dès la fin de l'Empire, et M. Liautard, cet homme d'activité et d'intrigue dont l'action tendait à s'étendre fort
au delà de son collége, se vantait d'être un antagoniste
déclaré, un ennemi. Ce nom de M. Liautard nous mène-

---

(1) *Vie de M. Émery*, par l'abbé J.-E.-A. Gosselin (2 vol. in-8,
Jouby, 5, rue des Grands-Augustins, 1861).

rait par une transition presque naturelle à la seconde époque religieuse, à l'invasion assez longtemps retardée et au triomphe absolu du parti en politique, vers l'année 1821.

Mais, auparavant, constatons bien un fait qui est à l'honneur du xixe siècle, et que le même homme d'esprit déjà cité (l'abbé de Pradt), et qui avait plus de lumières que de gravité et d'autorité, proclamait en 1818, à la veille même du règne de la Congrégation, quand il disait en y insistant : « Jamais la France ne fut plus religieuse qu'à l'époque actuelle (1). » Ou du moins, si c'était beaucoup dire, on pouvait se rabattre à ceci : la France n'était nullement impie et irréligieuse ; elle était indifférente ou plutôt sympathique et favorablement disposée, toutes les fois que des excès ne venaient pas l'irriter, et c'est en cela qu'elle se séparait nettement de la France du xviiie siècle.

Elle s'en séparait, sans avoir d'ailleurs l'intention de la maudire, car il n'y a que le fanatisme qui maudit : la France du xixe siècle, dans ce qu'elle avait d'inspiration directe et naturelle, et si on ne la faisait pas dévier, entendait bien profiter du xviiie siècle, en hériter sous bénéfice d'inventaire, lui laissant, à sa charge, les impiétés grossières, les énormités et les témérités antisociales, déjà senties et jugées sur la fin par ses hommes d'esprit les plus éclairés. C'est ainsi que Rivarol, blâmant les forfanteries de l'impiété dans la jeunesse,

---

(1) Voir, à ce sujet, au tome III des *Quatre Concordats*, une vingtaine de pages des plus spirituelles et des plus justes (p. 197-215).

disait : « L'impiété est la plus grande des indiscrétions. » Mais ce n'était pas seulement en ce sens trop fin et malin que la France du xix⁰ siècle entendait blâmer les licences de ses pères; elle les réprouvait en elles-mêmes comme fausses et funestes, et contraires au bon régime des sociétés humaines; elle comptait bien, d'ailleurs, emprunter au xviii⁰ siècle tout ce qui était progrès, résultat utile, lui prendre ses méthodes, mais pour les perfectionner ou les rectifier, à la lumière des grands événements historiques qui avaient éclairé son berceau : elle entendait le continuer en le corrigeant, en se garantissant avec soin surtout de ses conclusions tranchantes et précipitées. Mais quand cette France ainsi disposée, sans hostilité et sans haine, et mieux que tolérante, se trouve en présence d'un accès de fanatisme recrudescent et menaçant comme en 1815, ou d'une hypocrisie, d'une tartuferie étouffante et organisée comme en 1827, que fait-elle, que devient-elle? quel sentiment principal et profond parvient-on à réveiller en elle, sentiment qui semble inhérent à sa nature tant qu'elle sera France? à quoi la pousse-t-on, en un mot, dans un sens qu'elle n'a pas cherché ni désiré? et à qui la faute?

II.

La Congrégation, qui a eu le triste honneur de donner son nom à cette sorte de maladie honteuse et de lèpre qui menaça de couvrir la France de 1821 à 1828, était, à l'origine, une simple association de piété et de bonnes œuvres : dès les premiers temps de la seconde Restauration, l'intrigue s'en empara pour la faire agir dans le sens d'une certaine politique, et, en y prêtant grande attention, on commence à trouver trace de son influence, à saisir le mouvement de ses sapes, encore très-sourdes, dans la Chambre de 1815. Elle cheminait à couvert et petit à petit; mais ce ne fut qu'après la chute du parti modéré et à l'avénement du ministère Villèle que l'affiliation monarchico-religieuse se mit hardiment à l'œuvre, ouvrit la tranchée et marcha de toutes parts à l'assaut du pouvoir qui lui livrait la place. La Congrégation proprement dite fut-elle le principal foyer de cette sorte de complot, ou d'autres associations et coteries voisines et collatérales ont-elles été des agents plus actifs encore dans cette entreprise funeste? Peu importe ici la part qui revient à chaque groupe complice : tout cela se confondait pour le dehors dans un même esprit et une collaboration commune. Ce sont les effets qui se révèlent, et ils tendaient à empoisonner la nation.

Non, ce ne fut pas, comme l'ont dit et répété depuis des écrivains de parti, un pur fantôme et un épouvantail; ce fut une réalité. Lisez les Mémoires de ceux qui s'en vantent. Les fragments cités dans la Vie de M. Liautard comme un de ses titres de vertu et de gloire sont assez significatifs (1). La première action à exercer fut sur l'esprit de Louis XVIII, lorsque, séparé de M. De-

---

(1) *Mémoires de M. l'abbé Liautard ou Fragments inédits, politiques et religieux, traitant de l'autel et du trône*, etc.; recueillis et mis en ordre par M. l'abbé A. Denys (2 vol. in-8, 1844).

cazes, on voulut le rattacher à la politique de son frère. Tous les moyens paraissaient bons en vue de la fin. Les habiles profitèrent du zèle des niais ; ils ne négligèrent pas, tout dévots qu'ils étaient, le moyen éternel et le plus sûr, celui de la femme : une Ève pour le bon motif. Il s'en trouva une qui se chargea, à l'aide de ce que Bossuet appelle *des moyens agréables,* c'est-à-dire par son charme et ses artifices, « d'attaquer auprès de Louis XVIII les influences dangereuses, compromettantes pour le salut du trône, pour sa personne et pour le pays ; de détruire ces influences, et en même temps de les remplacer ; de faire accepter au roi les hommes qui auraient gagné la confiance de *Monsieur ;* enfin, de réconcilier les deux frères. » La personne choisie pour l'exécution de ce pieux dessein, et qui s'y prêta de toute son âme, y employait de longues séances chaque mercredi. La veille de ce jour-là, le roi, en congédiant son Conseil encore composé de MM. de Richelieu, Pasquier, etc., disait d'un air fin : « Demain, Messieurs, je m'amuse. » Cela voulait dire : « Demain il n'y pas de Conseil. » Le roi donc s'amusait ce mercredi en chambre close, et la politique n'en faisait pas moins son chemin, grâce à l'Esther et à la Maintenon du parti dévot. On ne se figure pas, dit le biographe naïf du bon M. Liautard qui était jusqu'au cou dans toute cette manigance, ou plutôt on se figure sans peine « combien il fallut de soins et de minutieuses attentions pour dépouiller le roi de ses propres idées, pour refaire en quelque sorte son cerveau, sa mémoire, son cœur, toutes ses facultés, toutes ses affections. » Ce qu'il y a de plus certain, c'est que Louis XVIII, ainsi travaillé, faiblit à vue d'œil et baissa. Le triomphe du parti était complet, même avant l'avénement de Charles X.

Que vit-on alors partout, et quelle fut la physionomie morale de la France dans les régions officielles? Que ceux qui en furent témoins disent si j'exagère : dans l'Université, la suppression des hautes écoles, le silence des hautes chaires, l'expulsion complète, méthodique, non-seulement de tous les maîtres jeunes, ardents, enthousiastes, mais même des modérés et des prudents; s'ils refusaient de donner des gages au parti dirigeant; et ces gages étaient des actes indignes d'hommes sincères qui se respectent; c'étaient des affectations publiques de sentiments et de convictions qu'on n'avait pas, c'était un patelinage de monarchisme et de dévotion : tous ceux qui résistaient aux insinuations qui leur étaient faites furent éliminés. Quelques-uns, non dénués de mérite, mais faibles et qui cédèrent, y brisèrent leur nerf, leur ressort d'énergie et d'honneur; ils ne l'ont jamais retrouvé depuis.

L'épuration, dans chaque administration, était à l'ordre du jour : pour conserver sa place, même dans les bureaux de la Police, il fallait donner les mêmes gages que dans l'Université; il fallait produire des attestations de devoirs pieux accomplis, être vu le dimanche en certains lieux; et les jours de fête donc! Et il n'y avait pas moyen de s'y soustraire; on avait pour chefs de division ou de bureau des marguilliers.

« On ne veut aujourd'hui que des hypocrites, écrivait en mai 1826 un royaliste non suspect; les soldats sont envoyés *par ordre* faire leur jubilé. N'est-ce pas une absurdité, si ce n'est que cela (1) ? » Partout on exigeait enseigne et montre de ce dont on faisait en effet métier et marchandise.

Théodore Leclercq, dans de charmants Proverbes où il produit ces tartufes d'une nouvelle sorte, n'a rien exagéré. Nous aussi, nous avons nos souvenirs; avec les années ils peuvent sortir sans inconvénient. Un médecin célèbre et bienveillant donnait en ce temps-là des déjeuners du dimanche : il était médecin du roi et, au sortir de ces déjeuners, il allait, tout plein d'anecdotes et muni des propos du jour, les raconter à son royal malade que cela amusait d'autant plus que les propos étaient plus gais et plus salés. Sa visite du dimanche ne l'embarrassait jamais; il n'était à court que dans la semaine. Mais la Congrégation triomphe; elle est au pinacle : la scène change aussitôt, et d'un déjeuner à l'autre, — un vrai changement à vue. Au lieu de convives tout profanes, de personnes un peu vives et même légères, d'actrices peut-être, on eut des abbés, des avocats généraux bien pensants, des vaudevillistes devenus censeurs, et plus le petit mot pour rire. — M. de Montmorency meurt vers ce temps-là; il était de l'administration des hospices; on célébrait pour lui un service dans chaque hôpital : « Ne manquez pas d'y aller, disait le même médecin aux élèves à qui il portait intérêt, cela fera bien. » Il n'y eut qu'un seul élève, de ceux qu'on appelle *câlins*, qui y assista.

(1) Voir au tome IX, page 229, des *Mémoires* de M. de La Rochefoucauld, duc de Doudeauville.

L'esprit d'hypocrisie, — qu'on l'imputât à la Congrégation occulte, à la fameuse Société, alors interdite légalement, au *parti-prêtre* en général, — s'était infiltré partout, dominait tout. Il n'y avait aucun moyen de distinguer entre telle ou telle influence : c'était comme un petit souffle bénin et empesté qui s'étendait et gagnait de proche en proche. Le Gouvernement, là même où il ne prenait pas l'initiative, était envahi, débordé et obligé de céder. Et comment aurait-il paru, aux yeux de l'opinion, se séparer le moins du monde de ces inspirateurs funestes, lorsque lui-même, par des projets insensés tels que celui de la loi du sacrilége, venait porter un défi aux lumières et à l'humanité de l'époque ?

Aussi l'impopularité du Clergé vers 1827 était-elle au comble ; ce siècle qui, à son aurore, avait applaudi et tressailli de joie à la restauration du culte, en était revenu à la haine du prêtre ; l'insulte s'attachait à l'habit (1). Toutes les fois qu'il y aura dépravation ou exa-

---

(1) Voir pages 237, 300, tome IX, de ces mêmes *Mémoires du duc de Doudeauville* (l'ancien vicomte Sosthènes de La Rochefoucauld). Cette partie des Mémoires d'un témoin fort peu considérable sans doute, mais dont les *amis* eurent grande influence, n'est pas sans quelque intérêt pour l'histoire du temps. — En vérité, on rougit pour son pays de penser quelle a pu être à un moment, et à l'aide d'une active amie (Mme du Cayla), l'influence politique d'un sot panaché et d'un niais comme ce vicomte Sosthènes ; on hésiterait à parler ainsi d'un galant homme, si lui-même il n'avait pris à tâche de se dresser son monument et comme sa pyramide ridiculement solennelle, dans ses futiles et interminables *Mémoires*. C'est à croire que la Nature, après avoir produit l'auteur des *Maximes*, c'est-à-dire le moins dupe des hommes, s'est fait un malin plaisir de lui opposer le plus parfait contraste dans un de ses rejetons, et qu'elle a voulu prendre sa revanche dans la même famille.

gération (comme on le voudra) de l'esprit ecclésiastique dans un certain sens, dans le sens le plus antipathique au brave et malin esprit français, un résultat analogue se produira. Voltaire n'est jamais si loin de nous; on y retourne. Que dis-je, Voltaire? on a eu, depuis le siècle de saint Louis, toute une série de types populaires et toujours renaissants, une suite de *Renards*, de *Patelins*, de *Macettes*, de *Tartufes*, de *Baziles*, pour flétrir les pratiques et moyens des congréganistes du jour. L'hypocrisie de 1827 a produit, par revanche, ses types à son tour, et qui sont encore debout. Et je ne parle plus de Théodore Leclercq avec sa griffe féminine, de ses *M. Milis*, de ses *Père Joseph*; je ne parle pas même de Béranger avec ses *Missionnaires* et ses *Hommes noirs,* déjà un peu effacés; mais lorsque plus tard un romancier célèbre, à l'imagination robuste, a jeté dans la circulation le type odieux de *Rodin* qui, toutes les fois qu'on le lui représente encore, émeut le peuple bien autrement que *Tartufe* parce que c'est un type plus réellement contemporain, il ne fit que s'inspirer des animosités et des rancunes de sa jeunesse.

III.

Je ne voulais que décrire une réaction fatale avec les contre-coups inévitables et les représailles qu'elle souleva; passons à un autre moment meilleur. Cette haine si provoquée, qui avait puissamment contribué et coopéré à la ruine de la Restauration, lui survécut quelque temps, et on en vit trop la preuve dans des journées

de désordre et de pillage qui en rappelaient d'autres de
la pire époque : on avait rebroussé par delà 1800. Cependant des esprits courageux dans le Clergé, et M. de
Lamennais en tête (rien ne saurait lui retirer l'honneur
de cette initiative), ne désespérèrent pas de la situation
si mauvaise qui leur était faite, qu'ils s'étaient faite
eux-mêmes, et comme ils n'avaient point trempé du
moins dans les ruses et les tortuosités du précédent
régime, ils crurent qu'ils pouvaient affronter la lutte au
grand jour sous un régime nouveau (1831). Ils ne se
trompèrent pas. Ils excitèrent d'abord étonnement bien
plus que répulsion; et la répulsion leur vint plutôt et
surtout du côté du Clergé. Ailleurs ils éveillèrent de la
curiosité, et rencontrèrent sympathie même, chez quelques esprits libéraux et indépendants, qui n'avaient
pas renoncé à la pensée religieuse première, retrouvée
par le siècle en son berceau. Un groupe de jeunes écrivains catholiques distingués, de doctrinaires du parti,
qui, à l'envi du *Globe,* s'étaient essayés dans *le Correspondant* sur la fin de la Restauration, se joignirent, sans
s'y confondre, avec le groupe des amis de M. de Lamennais : à côté du vigoureux et sombre Breton, du doux,
aimable et savant abbé Gerbet, du brillant et valeureux
Lacordaire, du jeune comte leur ami (1), alors dans
toute la fraîcheur acérée de son talent, on eut Edmond
de Cazalès, riche esprit, cœur plus riche encore; Louis
de Carné, esprit sage, écrivain consciencieux, s'instruisant toujours, désireux d'acquérir et de combiner tout

---

1. M. de Montalembert.

ce qui est bien, se nuisant par là peut-être à la longue ; on eut un Franz de Champagny, jouteur sincère, peintre studieux, sévère pour les Césars comme un élève de Tacite qui eût été chrétien ; plusieurs Kergorlay, au nom jadis hostile, mais tous d'une autre génération plus adoucie, tous réconciliés entièrement ou en partie avec le siècle. Je n'oublierai pas non plus Wilson, cet homme de bien, si uni, si modeste, si indulgent pour ceux qu'il avait une fois rencontrés et vus venir sur un terrain de confiance et d'honnêteté. Du côté libéral et philosophique, c'étaient, à plus ou moins de distance, mais se rapprochant ou tendant à se rapprocher, les Ampère, les Tocqueville, les Corcelles et d'autres qui n'ont cessé d'avoir respect et regret pour la nuance de fusion et de louable entente qui caractérisa ce trop rapide moment.

Que voulait-on ? des choses impossibles sans doute, et d'ailleurs fort diverses. Les uns, les croyants et les militants, espéraient arracher de Rome des réponses précises, des oracles encore inouïs, dans le sens de l'avenir : ils voyaient déjà devant eux une carrière originale et neuve, ouverte en plein soleil au développement catholique de leurs talents. D'autres, simples assistants et hommes de désir, se plaisaient à voir le catholicisme s'essayer à des interprétations compatibles peut-être avec les progrès de la science et avec ceux de l'humanité ; ils prenaient goût à de hauts entretiens qui rappelaient ceux des philosophes ou des chrétiens alexandrins. La poésie aussi, la rêverie de l'âme et de l'imagination, y trouvait son compte. L'assemblage de tels esprits, dans ces conditions variables et diverses, ne pouvait être que passagère; on devait, chacun marchant en avant, s'éloigner peu à peu et se séparer. Qu'elle n'en soit pas moins chère cependant, pour ne plus exister que dans le souvenir, cette union d'un jour, cette sympathie toute désintéressée des intelligences, et qu'aucun de ceux qui y ont pris part ne devrait oublier! Lamartine disait hier dans un Entretien, à propos de Victor Hugo, quelque chose de charmant sur ce que c'est qu'être *contemporains.* C'est, redirai-je d'après lui à mon tour, c'est être ou avoir été amis, avoir eu, à une certaine heure de jeunesse, des sentiments vifs et purs en commun; avoir eu volontiers mêmes vues à l'horizon, mêmes perspectives et mêmes vœux, par le seul fait de cohabitation morale dans un même navire; ou, dans des navires différents, avoir fait route quelque temps de conserve sous les mêmes astres, avoir jeté l'ancre un moment côte à côte dans de belles eaux; s'être connus et goûtés dans des saisons meilleures; sentir, même en s'éloignant, qu'on est, malgré tout, de la même escadre, qu'on flotte ensemble, qu'on est à bord d'une même expédition, qui s'appelle pompeusement le siècle, qui comprend environ un quart de siècle et qui, pour la plupart, n'ira guère au delà. Tout cela se retrouve ou devrait se retrouver en nous, vers la fin de la vie, avec un rafraîchissement et un ravivement de souvenirs mêlés d'une secrète tendresse. Que ce soit dans une allée des jardins de Juilly au temps de M. de Salinis, ou au coin d'un maigre foyer dans une grande chambre à peine meublée de la rue de Vaugirard, ou sous les ombrages mélancoliques et mornes de La Chesnaie, à l'époque où s'y cachait l'humble Maurice de Guérin, inaperçu alors, devenu aujourd'hui le génie poétique du lieu ; ou encore, à quelque dîner discret du mercredi à l'Abbaye-aux-Bois, sous une présidence gracieuse ; il y a de ces rencontres qui semblent toutes simples et faciles au moment même, et qui n'ont pu avoir lieu que bien peu de fois ; qui le lendemain, et l'instant passé, ne recommenceront jamais plus. Tous ont changé depuis et ont dû changer : l'un irrité et emporté, dans sa fièvre d'impatience, a passé d'un bond à la démocratie extrême ; l'autre, tout vertueux, sans ambition et sans colère, est arrivé par une douce pente aux honneurs mérités de l'épiscopat, vérifiant ainsi en sa personne le mot du Maître : « Heureux les doux parce qu'ils posséderont la terre ! » Celui-ci, dégageant tout d'un coup son talent de parole comme une épée qu'on sort du fourreau, a saisi toutes les occasions éclatantes, les a rehaussées même par une affectation de singularité, et n'a pas craint de pousser à bout son antithèse absolue et provocatrice, de poser hautement sa contradiction à la fois monacale et libérale, mettant désormais quasi sur la même ligne (nouveauté étrange !) le royaume du Christ et telle forme de régime politique ici-bas. Les luttes et les guerres parlementaires, vaste théâtre d'éloquence, ont de plus en plus occupé et passionné celui-là. Parmi les esprits à demi philosophiques qui se rattachaient comme curieux au groupe passager, tel s'est rallié de bonne foi avec scrupule et s'est rangé étroitement à l'orthodoxie. D'autres, voyageurs libres, sont restés sur la lisière : je les vois, encore les mêmes, qui vont et viennent, passent et repassent comme autrefois. D'autres enfin, qui n'ont rien *trahi* parce qu'ils n'avaient rien promis, parce que leurs paroles n'excédaient pas leur pensée et que les réserves y étaient toujours présentes, et qui ne prétendirent guère jamais voir dans ces combinaisons réputées divines que les plus belles des espérances humaines, ont passé graduellement à l'observation, à la science, n'espérant plus que de là, tout bien considéré, la réalisation, bien lente et bien incomplète toujours, de ce qui doit affranchir notre espèce de ses lourds et derniers servages.

Mais que chez tous du moins, chez ceux qui survivent, toutes les fois que la pensée se reporte en arrière, il y ait quelque chose qui arrête sur le penchant de l'entière rupture et qui tempère les luttes présentes. S'il faut qu'il y ait une mêlée, choisissons d'autres noms pour les frapper; car, tous ceux-là, ils ont été vraiment contemporains au sens de Lamartine : ils se doivent quelque chose entre eux. Aussi il a fallu, en ce qui est du célèbre dominicain, qu'on le tirât de son cadre, qu'on l'amenât, bon gré, mal gré, dans l'arène académique (c'est trop souvent une arène aujourd'hui), pour que je me permisse de mêler quelques restrictions de forme et de fond aux hommages que je me suis plu toujours à rendre à ses talents (1).

---

(1) On trouvera à la fin du volume, dans l'*Appendice*, quelques détails plus particuliers sur mes anciens rapports avec l'abbé Lacordaire.

IV.

Nous arrivons à une période moins idéale et moins heureuse; je n'en exagérerai pas à plaisir les laideurs ni les dangers. Le mouvement de Lamennais, même en échouant, avait donné l'impulsion. Quelque chose du même esprit de rénovation soufflait un peu partout dans le jeune Clergé averti : il fit en ces années de grands efforts et des progrès dans des directions différentes et sur des lignes parallèles. Des renaissances d'Ordres religieux savants produisirent des travailleurs, un peu novices d'abord et aventureux, bientôt expérimentés et capables. Bénédictins de Solesmes, nouveaux Oratoriens, Jésuites fidèles à leur passé s'évertuèrent avec émulation. De petits séminaires dirigés avec zèle et habileté formèrent de nombreux élèves. La Sorbonne, de son côté, n'était pas muette, ni la Sorbonne théologique, ni celle des lettres. En même temps le journalisme catholique, qui était un embarras souvent, mais aussi une arme et un porte-respect, s'annonçait avec audace. Ce ne fut pourtant qu'après 1848 et dans la réaction qui suivit que toutes les forces du parti se déployèrent, imposantes et déjà formidables. On s'était aperçu que l'Église faisait partie du rempart, et chacun alors s'empressait de mettre la main au rempart pour le réparer et le fortifier. La liberté d'enseignement tant réclamée fut conquise; cette liberté s'ajoutant à la protection et au privilége acquis d'une religion d'État, s'appuyant à un point fixe inattaquable, devint un levier puissant dont les effets sont encore à calculer. La concurrence parut surtout inégale, lorsque l'instruction publique officielle, aux mains des hommes les plus habiles du parti (1), reçut la même impulsion religieuse. Il y eut un moment où l'on put croire que l'Université allait repasser encore une fois sous les fourches caudines, Paris s'en aperçut peu ; mais ce qui se vit alors dans quelques provinces n'est pas encore oublié : le corps universitaire souffrit et fut découragé dans la personne de plus d'un de ses jeunes membres. Qui n'agréait pas à Mgr l'évêque était brisé, évincé. On revint de cette première méprise ; l'Université regagna peu à peu son rang, ses droits, son autonomie que de zélés et loyaux ministres (2) lui maintiennent et s'efforcent chaque jour d'accroître et d'affermir. La lutte est rude et difficile. Certains corps religieux ont eu, de tout temps, l'art d'élever et de captiver les jeunes esprits : ils ne négligent rien pour cela, ni les méthodes nouvelles, ni les études variées, ni même l'agrément et les grâces : tout est bon pour prendre les enfants du siècle. On rend aux familles des jeunes gens aussi bien élevés en apparence et mieux conservés il ne s'y laisse à désirer qu'un certain souffle mâle que l'éducation publique développe et qui manque trop souvent à cette jeunesse fleurie. Mais que dis-je en l'appelant fleurie ? elle se montre depuis quelque temps bien épineuse, bien querelleuse : elle a passé de la défense à l'attaque. Si ce sont là des vaincus, comme on le pré-

---

(1) M. de Falloux.
(2) M. Rouland.

tend, peste! ils n'en ont pas l'air. Des questions politiques étrangères, toujours pendantes, sont venues aigrir, envenimer les conflits. Il semble par moments que l'inspiration d'une moitié des Français ne soit plus en France et qu'elle vienne d'au delà des monts. Des hommes sages dans le Clergé le sentent comme nous et osent à peine le dire bien bas : ils auraient hâte de voir se rétablir un peu de distance entre Rome et ce qui n'est pas exclusivement romain. Mais voilà que les progrès mêmes du siècle et ses facilités matérielles nuisent à cette indépendance si désirable sur quelques points, et qui avait toujours existé dans l'ancienne Église de France. C'était autrefois une affaire de consulter Rome et d'en recevoir réponse, cela demandait du temps : ce n'est plus qu'un jeu aujourd'hui. Rome est plus proche de nous que ne l'était autrefois Avignon. Avec cette célérité de communication, on n'a plus le temps, quand on est catholique, de ne pas être immédiatement romain.

Quoi qu'il en soit des complications passagères ou des causes durables, il s'est créé et il se crée tous les jours, sous nos yeux, un danger. Le parti dit *clérical* en est un, avec son organisation, ses nombreux moyens de propagande, sa presse si bien servie, son mot d'ordre si vite accepté et répété par tous ses organes, son injure facile, aisément calomnieuse, avec la difficulté où l'on est de l'atteindre dans le vif, en respectant, comme il convient, le religieux en lui et en n'attaquant que le *clérical*. Ce qui éclate aux yeux, c'est qu'il a déjà réveillé bien des haines; il a produit de ces violents effets de répulsion que les excès de ce genre ont suscités de tout temps en France; il vient de provoquer au théâtre un type vengeur et populaire qui s'est répété et représenté sur toutes les scènes des villes de province, et jusque dans des granges où la comédie ne s'était pas jouée depuis des années (1). C'est là un signe non équivoque. La guerre est donc engagée. Pour moi, j'avoue que mes prévisions, quand je regarde de ce côté de l'avenir, sont bien souvent tristes et sombres. D'une part, je vois chaque année des milliers de jeunes gens qui sortent d'entre des mains ecclésiastiques, élevés avec soin et pourvus d'instruction sans doute, munis d'instruments précieux pour leur carrière, mais dénués aussi, je le crains, du sentiment fondamental de patrie et de nationalité, étrangers à toutes les notions et traditions qui faisaient depuis 89 ou même auparavant la force et la vigueur de nos pères, habitués par leurs maîtres à l'indifférence pour tout régime qui n'est pas le leur et dans leur sens; car ce parti a une maxime commode, invariable : il adopte tout ce qui le sert et tant qu'on le sert, pas au delà. Vous vous ralentissez pour lui un jour : il vous a déjà quitté et lâché tout le premier. — D'autre part, je vois le courant du milieu, ce flot d'élèves sortant chaque année des écoles de l'Université, avec des idées toutes contraires, bien qu'eux-mêmes très-divers entre eux : idées politiques très-brouillées, très-mélangées, connaissances littéraires (si l'on excepte une élite) trop incomplètes au point de

---

(1) La comédie d'Émile Augier, *le Fils de Giboyer*.

vue de l'Antiquité et trop peu consistantes, malgré tous les efforts et l'excellence des maîtres. Puissent ces études littéraires se rasseoir solidement et se fortifier, sous une impulsion tutélaire, et aussi (autre vœu non moins essentiel et nullement contradictoire) les études scientifiques, cette clef de la nature, gagner chaque jour, se répandre en plus de mains et se propager! — Enfin, troisième courant, je vois d'autres élèves moins lettrés, tout pratiques et positifs, dressés au bon sens et aux applications utiles, sortir des écoles du commerce et de l'industrie pour vaquer à toutes les professions usuelles du siècle. Que deviendront, on peut se le demander, ces trois courants si dissemblables d'esprit, en se rencontrant dans la société future, dans celle de demain? Se confondront-ils, se tempéreront-ils? ne courent-ils pas risque de s'entre-choquer plutôt et de se heurter? Il me semble que de fortes luttes se préparent. Je sais que les esprits généreux aiment à avoir à faire et à lutter; il se forme aujourd'hui, dans la libre et studieuse jeunesse, bien des intelligences. Eh bien, la besogne ne leur manquera pas. C'est à elles à se préparer et à s'aguerrir, à se concerter même s'il est possible, pour être à la hauteur de leur tâche.

APPENDICE

(Voir page 95. — Article sur *Salammbô*.)

Je donnerai ici, comme je l'ai promis, la lettre détaillée que M. Gustave Flaubert m'a adressée à l'occasion de mes articles sur son livre. Je me contenterai de faire remarquer que, pendant les trois semaines dans l'intervalle desquelles parurent ces articles, je le rencontrai plus d'une fois à dîner ou en soirée chez des amis ; nos rapports d'amitié et de cordialité n'en souffrirent en rien, et il me dit seulement qu'il m'écrirait une longue lettre pour sa justification, lorsque j'en aurais fini de mes objections et de mes critiques. C'est cette lettre qu'on va lire :

« Décembre 1862.

« Mon cher maître,

« Votre troisième article sur *Salammbô* m'a *radouci* (je n'ai jamais été bien furieux). Mes amis les plus intimes se sont un peu irrités des deux autres ; mais, moi, à qui vous avez dit franchement ce que vous pensez de mon gros livre, je vous sais gré d'avoir mis tant de clémence dans votre critique. Donc, encore une fois, et bien sincèrement, je vous remercie des marques d'affection que vous me donnez, et, passant par-dessus les politesses, je commence mon *Apologie*.

« Êtes-vous bien sûr, d'abord, — dans votre jugement général, — de n'avoir pas obéi un peu trop à votre impression nerveuse ? L'objet de mon livre, tout ce monde barbare oriental molochiste vous déplaît *en soi !* Vous commencez par douter de la réalité de ma reproduction, puis vous me dites : « Après tout, elle peut être vraie ; » et comme conclusion :

« Tant pis si elle est vraie! » A chaque minute vous vous étonnez, et vous m'en voulez d'être étonné. Je n'y peux rien, cependant! Fallait-il embellir, atténuer, fausser, *franciser*? Mais vous me reprochez vous-même d'avoir fait un poëme, d'avoir été classique dans le mauvais sens du mot, et vous me battez avec *les Martyrs!*

« Or, le système de Chateaubriand me semble diamétralement opposé au mien. Il partait d'un point de vue tout idéal; il rêvait des martyrs *typiques*. Moi, j'ai voulu fixer un mirage en appliquant à l'Antiquité les procédés du roman moderne, et j'ai tâché d'être simple. Riez tant qu'il vous plaira! Oui, je dis *simple,* et non pas sobre. Rien de plus compliqué qu'un Barbare. Mais j'arrive à vos articles, et je me défends, — je vous combats pied à pied.

« Dès le début, je vous arrête à propos du *Périple* d'Hannon, admiré par Montesquieu, et que je n'admire point. A qui peut-on faire croire aujourd'hui que ce soit là un document *original?* C'est évidemment traduit, raccourci, échenillé et arrangé par un Grec. Jamais un Oriental, quel qu'il soit, n'a écrit de ce style. J'en prends à témoin l'inscription d'Eschmounazar si emphatique et redondante! Des gens qui se font appeler fils de Dieu, œil de Dieu (voyez les inscriptions d'Hamaker) ne sont pas simples comme vous l'entendez! — Et puis vous m'accorderez que les Grecs ne comprenaient rien au monde barbare. S'ils y avaient compris quelque chose, ils n'eussent pas été des Grecs. L'Orient répugnait à l'hellénisme. Quels travestissements n'ont-ils pas fait subir à tout ce qui leur a passé par les mains, d'étranger! — J'en dirai autant de Polybe. C'est pour moi une autorité incontestable, quant aux faits; mais tout ce qu'il n'a pas vu (ou ce qu'il a omis intentionnellement, car lui aussi, il avait un cadre et une école), je peux bien aller le chercher partout ailleurs. Le *Périple* d'Hannon n'est donc pas « un monument « carthaginois, » bien loin « d'être le seul » comme vous le dites. Un vrai monument carthaginois c'est l'inscription de Marseille écrite en vrai punique. Il est simple, celui-là, je l'avoue, car c'est un tarif, et encore l'est-il moins que ce fameux *Périple* où perce un petit coin de merveilleux à travers le grec, — ne fût-ce que ces peaux de gorilles prises pour des peaux humaines et qui étaient appendues dans le temple de Moloch (traduisez Saturne), et dont je vous ai épargné la description. — Et d'une! remerciez-moi. Je vous dirai même entre nous que le *Périple* d'Hannon m'est complétement odieux pour l'avoir lu et relu avec les quatre dissertations de Bougainville (dans les *Mémoires* de l'Académie des Inscriptions), sans compter mainte thèse de doctorat, — le *Périple* d'Hannon étant un sujet de thèse.

« Quant à mon héroïne, je ne la défends pas. Elle ressemble selon vous à « une Elvire sentimentale, » à Velléda, à Mme Bovary. Mais non! Velléda est active, intelligente, européenne. Mme Bovary est agitée par des passions multiples : Salammbô au contraire demeure clouée par l'idée fixe. C'est une maniaque, une espèce de sainte Thérèse. N'importe! Je ne suis pas sûr de sa réalité! car ni moi, ni vous, ni personne, aucun ancien et aucun moderne, ne peut connaître la femme orientale, par la raison qu'il est impossible de la fréquenter.

« Vous m'accusez de manquer de logique et vous me demandez : « *Pourquoi les Carthaginois ont-ils massacré les* « *Baléares?* » La raison en est bien simple : ils haïssent les Mercenaires; ceux-là leur tombent sous la main; ils sont les plus forts et ils les tuent. Mais « la nouvelle, dites-vous, « pouvait arriver d'un moment à l'autre au camp. » Par quel moyen? — Et qui donc l'eût apportée? Les Carthaginois mais dans quel but? — Des barbares? mais il n'en restait plus dans la ville! — Des étrangers? des indifférents? — mais j'ai eu soin de montrer que les communications n'existaient pas entre Carthage et l'armée!

« Pour ce qui est d'Hannon (*le lait de chienne,* soit dit en passant, n'est point une *plaisanterie,* mais il était et est *encore* un remède contre la lèpre : voyez le *Dictionnaire des sciences médicales,* article *Lèpre;* mauvais article d'aileurs et dont j'ai rectifié les données d'après mes propres observations faites à Damas et en Nubie), — Hannon, dis-je, s'échappe, parce que les Mercenaires le laissent volontairement s'échapper. Ils ne sont pas encore *déchaînés* contre lui. L'indignation leur vient ensuite avec la réflexion ; car il leur faut beaucoup de temps avant de comprendre toute la perfidie des Anciens (voyez le commencement de mon chapitre IV). Mâtho *rôde comme un fou* autour de Carthage. Fou est le mot juste. L'amour tel que le concevaient les anciens n'était-il pas une folie, une malédiction, une maladie envoyée par les dieux? Polybe serait bien *étonné*, dites-vous, de voir ainsi son Mâtho. Je ne le crois pas, et M. de Voltaire n'eût point partagé cet étonnement. Rappelez-vous ce qu'il dit de la violence des passions en Afrique, dans *Candide*, récit de la vieille : « C'est du feu, du vitriol, etc. »

« A propos de l'aqueduc : « *Ici on est dans l'invraisemblance jusqu'au cou.* » Oui, cher maître, vous avez raison et plus même que vous ne croyez, — mais pas comme vous le croyez. Je vous dirai plus loin ce que je pense de cet épisode, amené non pour décrire l'aqueduc, lequel m'a donné beaucoup de mal, mais pour faire entrer convenablement dans Carthage mes deux héros. C'est d'ailleurs le ressouvenir d'une anecdote, rapportée dans Polyen (*Ruses de guerre*), l'histoire de Théodore, l'ami de Cléon, lors de la prise de Sestos par les gens d'Abydos.

« *On regrette un lexique.* Voilà un reproche que je trouve souverainement injuste. J'aurais pu assommer le lecteur avec des mots techniques. Loin de là ! j'ai pris soin de traduire tout en français. Je n'ai pas employé un seul mot spécial sans le faire suivre de son explication immédiatement. J'en excepte les noms de monnaie, de mesure et de mois que le sens de la phrase indique. Mais quand vous rencontrez dans une page *kreutzer, yard, piastre* ou *penny*, cela vous empêche-t-il de la comprendre? Qu'auriez-vous dit si j'avais appelé Moloch *Melek*, Hannibal *Han-Baal*, Carthage *Karthadhadtha*, et si, au lieu de dire que les esclaves au moulin portaient des muselières, j'avais écrit des *pausicapes!* Quant aux noms de parfums et de pierreries, j'ai bien été obligé de prendre les noms qui sont dans Théophraste, Pline et Athénée. Pour les plantes, j'ai employé les noms latins, les *mots reçus*, au lieu des mots arabes ou phéniciens. Ainsi j'ai dit *Lawsonia* au lieu de *Henneh*, et même j'ai eu la complaisance d'écrire *Lausonia* par un *u*, ce qui est une faute, et de ne pas ajouter *inermis*, qui eût été plus précis. De même pour *Rôkh'eul* que j'écris *antimoine*, en vous épargnant *sulfure*, ingrat! Mais je ne peux pas, par respect pour le lecteur français, écrire Hannibal et Hamilcar sans *h*, puisqu'il y a un esprit rude sur l'*a*, et m'en tenir à Rollin! un peu de douceur!

« Quant au *temple de Tanit*, je suis sûr de l'avoir reconstruit tel qu'il était, avec le traité de la Déesse de Syrie, avec les médailles du duc de Luynes, avec ce qu'on sait du temple de Jérusalem, avec un passage de saint Jérôme, cité par Selden (*de Diis Syriis*), avec le plan du temple de Gozzo qui est bien carthaginois, et mieux que tout cela, avec les ruines du temple de Thugga que j'ai vu moi-même, de mes yeux, et dont aucun voyageur ni antiquaire, que je sache, n'a parlé (1). N'importe, direz-vous, c'est drôle! Soit. — Quant à la description en elle-même, au point de vue littéraire, je la trouve, moi, très-compréhensible, et le drame n'en est pas embarrassé, car Spendius et Mâtho restent au premier plan; on ne les perd pas de vue. Il n'y a point dans mon livre une description isolée, gratuite; toutes *servent* à mes personnages et ont une influence lointaine ou immédiate sur l'action.

« Je n'accepte pas non plus le mot de *chinoiserie* appliqué à la chambre de Salammbô, malgré l'épithète d'*exquise* qui e relève (comme *dévorants* fait à *chiens* dans le fameux songe), parce que je n'ai pas mis là un seul détail qui ne

---

(1) M. Flaubert, à qui je fais relire ce passage de sa lettre, reconnaît qu'il n'a pas été le premier ni le seul, comme il l'avait cru d'abord, à parler du temple de Thugga.

soit dans la Bible ou que l'on ne rencontre encore en Orient. Vous me répétez que la Bible n'est pas un guide pour Carthage (ce qui est un point à discuter); mais les Hébreux étaient plus près des Carthaginois que des Chinois, convenez-en! D'ailleurs il y a des choses de climat qui sont éternelles. Pour ce mobilier et les costumes, je vous renvoie aux textes réunis dans la 21ᵉ dissertation de l'abbé Mignot (*Mémoires* de l'Académie des Inscriptions, tome XL ou XLI, je ne sais plus).

« Quant à ce goût « d'opéra, de pompe et d'emphase, » pourquoi donc voulez-vous que les choses n'aient pas été ainsi, puisqu'elles sont telles maintenant! Les cérémonies des visites, les prosternations, les invocations, les encensements et tout le reste, n'ont pas été inventés par Mahomet, je suppose.

« Il en est de même d'Hannibal. Pourquoi trouvez-vous que j'ai fait son enfance *fabuleuse?* est-ce parce qu'il tue un aigle? beau miracle dans un pays où les aigles abondent! Si la scène eût été placée dans les Gaules, j'aurais mis un hibou, un loup ou un renard. Mais, Français que vous êtes, vous êtes habitué, *malgré vous,* à considérer l'aigle comme un oiseau noble, et plutôt comme un symbole que comme un être animé. Ils existent cependant.

« Vous me demandez où j'ai pris une *pareille idée au Conseil de Carthage?* Mais dans tous les milieux analogues par les temps de révolution, depuis la Convention jusqu'au Parlement d'Amérique, où naguère encore on échangerait des coups de canne et des coups de revolver, lesquelles cannes et lesquels revolvers étaient apportés (comme mes poignards) dans la manche des paletots. Et même mes Carthaginois sont plus décents que les Américains, puisque le public n'était pas là. Vous me citez, en opposition, une grosse autorité, celle d'Aristote. Mais Aristote, antérieur à mon époque de plus de quatre-vingts ans, n'est ici d'aucun poids. D'ailleurs il se trompe grossièrement, le Stagyrique, quand il affirme qu'*on n'a jamais vu à Carthage d'émeute ni de tyran.* Voulez-vous des dates? en voici : il y avait eu la conspiration de Carthalon, 530 avant Jésus-Christ; les empiétements des Magon, 460; la conspiration d'Hannon, 337; la conspiration de Bomilcar, 307 Mais je dépasse Aristote! — A un autre.

« Vous me reprochez les *escarboucles formées par l'urine des lynx*. C'est du Théophraste, *Traité des Pierreries* : tant pis pour lui! J'allais oublier Spendius. Eh bien, non, cher maître, son stratagème n'est ni *bizarre* ni *étrange*. C'est presque un poncif. Il m'a été fourni par Élien (*Histoire des Animaux*) et par Polyen (*Stratagèmes*). Cela était même si connu depuis le siége de Mégare par Antipater (ou Antigone), que l'on nourrissait exprès des porcs avec les éléphants pour que les grosses bêtes ne fussent pas effrayées par les petites. C'était, en un mot, une farce usuelle, et probablement fort usée au temps de Spendius. Je n'ai pas été obligé de remonter jusqu'à Samson; car j'ai repoussé autant que possible tout détail appartenant à des époques légendaires.

« J'arrive aux richesses d'Hamilcar. Cette description, quoi que vous disiez, est au second plan. Hamilcar la domine, et je la crois très-motivée. La colère du suffète va en augmentant à mesure qu'il aperçoit les déprédations commises dans sa maison. Loin d'être *à tout moment hors de lui*, il n'éclate qu'à la fin, quand il se heurte à une injure personnelle. *Qu'il ne gagne pas à cette visite*, cela m'est bien égal, n'étant point chargé de faire son panégyrique; mais je ne pense pas l'avoir *taillé en charge aux dépens du reste du caractère*. L'homme qui tue plus loin les Mercenaires de la façon que j'ai montrée (ce qui est un joli trait de son fils Hannibal, en Italie), est bien le même qui fait falsifier ses marchandises et fouetter à outrance ses esclaves.

« Vous me chicanez sur les *onze mille trois cent quatre-vingt-seize hommes* de son armée en me demandant *d'où le savez-vous* (ce nombre)? *qui vous l'a dit?* Mais vous venez de le voir vous-même, puisque j'ai dit le nombre d'hommes qu'il y avait dans les différents corps de l'armée punique.

C'est le total de l'addition tout bonnement et non un chiffre jeté au hasard pour produire un effet de précision.

« Il n'y a ni *vice malicieux* ni *bagatelle* dans mon serpent. Ce chapitre est une espèce de précaution oratoire pour atténuer celui de la tente qui n'a choqué personne et qui, sans le serpent, eût fait pousser des cris. J'ai mieux aimé un effet impudique (si impudeur il y a) avec un serpent qu'avec un homme. Salammbô, avant de quitter sa maison, s'enlace au génie de sa famille, à la religion même de sa patrie en son symbole le plus antique. Voilà tout. Que cela soit *messéant dans une* ILIADE *ou une* PHARSALE, c'est possible, mais je n'ai pas eu la prétention de faire l'*Iliade* ni la *Pharsale*.

« Ce n'est pas ma faute non plus si les orages sont fréquents dans la Tuniserie à la fin de l'été. Chateaubriand n'a pas plus inventé les orages que les couchers de soleil, et les uns et les autres, il me semble, appartiennent à tout le monde. Notez d'ailleurs que l'âme de cette histoire est Moloch, le Feu, la Foudre. Ici le Dieu lui-même, sous une de ses formes, agit; il dompte Salammbô. Le tonnerre était donc bien à sa place : c'est la voix de Moloch resté en dehors. Vous avouerez de plus que je vous ai épargné la *description classique de l'orage*. Et puis mon pauvre orage ne tient pas en tout *trois* lignes, et à des endroits différents! L'incendie qui suit m'a été inspiré par un épisode de l'histoire de Massinissa, par un autre de l'histoire d'Agathocle et par un passage d'Hirtius, — tous les trois dans des circonstances analogues. Je ne sors pas du milieu, du pays même de mon action, comme vous voyez.

« A propos des parfums de Salammbô, vous m'attribuez plus d'imagination que je n'en ai. Sentez donc, humez dans la Bible Judith et Esther. On les pénétrait, on les empoisonnait de parfums, littéralement. C'est ce que j'ai eu soin de dire au commencement, dès qu'il a été question de la maladie de Salammbô.

« Pourquoi ne voulez-vous pas non plus que *la disparition du Zaïmph* ait été pour *quelque chose* dans la perte de la bataille, puisque l'armée des Mercenaires contenait des gens qui croyaient au Zaïmph! J'indique les causes principales (trois mouvements militaires) de cette perte; puis j'ajoute celle-là comme cause secondaire et dernière.

« Dire que j'ai *inventé des supplices* aux funérailles des Barbares n'est pas exact. Hendreich (*Carthago, seu Carth. respublica,* 1664) a réuni des textes pour prouver que les Carthaginois avaient coutume de mutiler les cadavres de leurs ennemis, et vous vous étonnez que des barbares qui sont vaincus, désespérés, enragés, ne leur rendent pas la pareille, n'en fassent pas autant une fois et cette fois-là seulement? Faut-il vous rappeler Mme de Lamballe, les *Mobiles* en 48, et ce qui se passe actuellement aux États-Unis? J'ai été sobre et très-doux, au contraire.

« Et puisque nous sommes en train de nous dire nos vérités, franchement je vous avouerai, cher maître, que *la pointe d'imagination sadique* m'a un peu blessé. Toutes vos paroles sont graves. Or un tel mot de vous, lorsqu'il est imprimé, devient presque une flétrissure. Oubliez-vous que je me suis assis sur les bancs de la Correctionnelle comme prévenu d'outrage aux mœurs, et que les imbéciles et les méchants se font des armes de tout? Ne soyez donc pas étonné si un de ces jours vous lisez dans quelque petit journal diffamateur, comme il en existe, quelque chose d'analogue à ceci : « M. G. Flaubert est un disciple de De Sade. Son ami, « son parrain, un maître en fait de critique l'a dit lui-même « assez clairement, bien qu'avec cette finesse et cette bonho- « mie railleuse qui, etc. » Qu'aurais-je à répondre, — et à faire?

« Je m'incline devant ce qui suit. Vous avez raison, cher maître, j'ai donné le coup de pouce, j'ai forcé l'histoire, et comme vous le dites très-bien, *j'ai voulu faire un siége.* Mais dans un sujet militaire, où est le mal? — Et puis je ne l'ai pas complétement inventé, ce siége, je l'ai seulement un peu chargé. Là est toute ma faute.

« Mais pour *le passage de Montesquieu* relatif aux immolations d'enfants, je m'insurge. Cette horreur ne fait pas dans mon esprit un *doute*. (Songez donc que les sacrifices humains n'étaient pas complétement abolis EN GRÈCE à la bataille de Leuctres! 370 avant Jésus-Christ.) Malgré la condition imposée par Gélon (480), dans la guerre contre Agathocle (309), on brûla, selon Diodore, 200 enfants, et quant aux époques postérieures, je m'en rapporte à Silius Italicus, à Eusèbe, et surtout à saint Augustin, lequel affirme que la chose se passait encore quelquefois de son temps.

« Vous regrettez que je n'aie point introduit parmi les Grecs un philosophe, un raisonneur chargé de nous faire un cours de morale ou commettant de bonnes actions, un monsieur enfin *sentant comme nous*. Allons donc! était-ce possible? Aratus que vous rappelez est précisément celui d'après lequel j'ai rêvé Spendius; c'était un homme d'escalades et de ruses qui tuait très-bien la nuit les sentinelles et qui avait des éblouissements au grand jour. Je me suis refusé un contraste, c'est vrai; mais un contraste facile, un contraste *voulu* et faux.

« J'ai fini l'analyse et j'arrive à votre jugement. Vous avez peut-être raison dans vos considérations sur le roman historique appliqué à l'antiquité, et il se peut très-bien que j'aie échoué. Cependant, d'après toutes les vraisemblances et mes impressions, à moi, je crois avoir fait quelque chose qui ressemble à Carthage. Mais là n'est pas la question. Je me moque de l'archéologie! Si la couleur n'est pas une, si les détails détonnent, si les mœurs ne dérivent pas de la religion et les faits des passions, si les caractères ne sont pas suivis, si les costumes ne sont pas appropriés aux usages et les architectures au climat, s'il n'y a pas, en un mot, harmonie, je suis dans le faux. Sinon, non. Tout se tient.

« Mais le milieu vous agace! Je le sais, ou plutôt je le sens. Au lieu de rester à votre point de vue personnel, votre point de vue de lettré, de moderne, de Parisien, pourquoi n'êtes-vous pas venu de mon côté? *L'âme humaine n'est point partout la même,* bien qu'en dise M. Levallois (1). La moindre vue sur le monde est là pour prouver le contraire. Je crois même avoir été moins dur pour l'humanité dans *Salammbô* que dans *Madame Bovary*. La curiosité, l'amour qui m'a poussé vers des religions et des peuples disparus, a quelque chose de moral en soi et de sympathique, il me semble..

« Quant au style, j'ai moins sacrifié dans ce livre-là que dans l'autre à la rondeur de la phrase et à la période. Les métaphores y sont rares et les épithètes positives. Si je mets *bleues* après *pierres,* c'est que *bleues* est le mot juste, croyez-moi, et soyez également persuadé que l'on distingue très-bien la couleur des pierres à la clarté des étoiles. Interrogez là-dessus tous les voyageurs en Orient, ou allez-y voir.

« Et puisque vous me blâmez pour certains mots, *enorme* entre autres, que je ne défends pas (bien qu'un silence excessif fasse l'effet du vacarme), moi aussi je vous reprocherai quelques expressions.

« Je n'ai pas compris la citation de Désaugiers, ni quel était son but. J'ai froncé les sourcils à *bibelots* carthaginois, — *diable de manteau,* — *ragoût* et *pimenté* pour Salammbô qui *batifole avec le serpent,* — et devant le *beau drôle de Lybien* qui n'est ni beau ni drôle, — et à l'imagination *libertine* de Schahabarim.

« Une dernière question, ô maître, une question inconvenante : pourquoi trouvez-vous Schahabarim presque comique et vos bonshommes de Port-Royal si sérieux ? Pour moi M. Singlin est funèbre à côté de mes éléphants. Je regarde des Barbares tatoués comme étant moins antihumains, moins spéciaux, moins cocasses, moins rares que des gens vivant en commun et qui s'appellent jusqu'à la mort *Monsieur !* — Et c'est précisément parce qu'ils sont très-loin de moi que j'admire votre talent à me les faire comprendre. — Car j'y

(1) Dans un de ses articles de *l'Opinion nationale* sur *Salammbô.*

crois, à Port-Royal, et je souhaite encore moins y vivre qu'à Carthage. Cela aussi était exclusif, hors nature, forcé, tout d'un morceau, et cependant vrai. Pourquoi ne voulez-vous pas que deux vrais existent, deux excès contraires, deux monstruosités différentes ?

Je vais finir. — Un peu de patience ! — Êtes-vous curieux de connaître la faute *énorme* (*énorme* est ici à sa place) que je trouve dans mon livre. La voici :

« 1° Le piédestal est trop grand pour la statue. Or, comme on ne pèche jamais par *le trop*, mais par *le pas assez,* il aurait fallu cent pages de plus relatives à Salammbô seulement.

« 2° Quelques transitions manquent. Elles existaient; je les ai retranchées ou trop raccourcies, dans la peur d'être ennuyeux.

« 3° Dans le chapitre IV, tout ce qui se rapporte à Giscon est *de même tonalité* que la deuxième partie du chapitre II (Hannon). C'est la même situation, et il n'y a point progression d'effet.

« 4° Tout ce qui s'étend depuis la bataille du Macar jusqu'au serpent, et tout le chapitre XII jusqu'au dénombrement des Barbares, s'enfonce, disparaît dans le souvenir. Ce sont des endroits de second plan ternes, transitoires, que je ne pouvais malheureusement éviter et qui alourdissent le livre, malgré les efforts de prestesse que j'ai pu faire. Ce sont ceux-là qui m'ont le plus coûté, que j'aime le moins et dont je me uis le plus reconnaissant.

« 5° L'aqueduc.

« Aveu ! mon opinion *secrète* est qu'il n'y avait point d'aqueduc à Carthage, malgré les ruines actuelles de l'aqueduc. Aussi ai-je eu soin de prévenir d'avance toutes les objections par une phrase hypocrite à l'adresse des archéologues. J'ai mis les pieds dans le plat lourdement en rappelant que c'était une invention romaine, alors nouvelle, et que l'aqueduc d'à présent a été refait sur l'ancien. Le souvenir de Bélisaire coupant l'aqueduc romain de Carthage m'a poursuivi, et puis c'était une belle entrée pour Spendius et Mâtho. N'importe! mon aqueduc est une lâcheté! *Confiteor.*

« 6° Autre et dernière coquinerie : Hannon.

« Par amour de la clarté, j'ai faussé l'histoire quant à sa mort. Il fut bien, il est vrai, crucifié par les Mercenaires, mais en Sardaigne. Le général crucifié à Tunis en face de Spendius s'appelait Hannibal. Mais quelle confusion cela eût fait pour le lecteur!

« Tel est, cher maître, ce qu'il y a, selon moi, de pire dans mon livre. Je ne vous dis pas ce que j'y trouve de bon. Mais soyez sûr que je n'ai point fait une Carthage fantastique. Les documents sur Carthage existent, et ils ne sont pas tous dans Movers. Il faut aller les chercher un peu loin. Ainsi Ammien Marcellin m'a fourni la forme *exacte* d'une porte, le poëme de Corippus (la *Johannide*), beaucoup de détails sur les peuplades africaines, etc., etc.

« Et puis mon exemple sera peu suivi. Où donc alors est le danger? Les Leconte de Lisle et les Baudelaire sont moins à craindre que les ... et les ... dans ce doux pays de France où le superficiel est une qualité, et où le banal, le facile et le niais sont toujours applaudis, adoptés, adorés. On ne risque de corrompre personne quand on aspire à la grandeur. Ai-je mon pardon?

« Je termine en vous disant encore une fois merci, mon cher maître. En me donnant des égratignures, vous m'avez très-tendrement serré les mains, et bien que vous m'ayez quelque peu ri au nez, vous ne m'en avez pas moins fait trois grands saluts, trois grands articles très-détaillés, très-considérables et qui ont dû vous être plus pénibles qu'à moi. C'est de cela surtout que je vous suis reconnaissant. Les conseils de la fin ne seront pas perdus, et vous n'aurez eu affaire ni à un sot ni à un ingrat.

« Tout à vous,

« Gustave FLAUBERT. »

J'ai répondu à cette lettre par le billet suivant :

« Ce 25 décembre 1862.

« Mon cher ami,

« J'attendais avec impatience cette lettre promise. Je l'ai lue hier soir, et je la relis ce matin. Je ne regrette plus d'avoir fait ces articles, puisque je vous ai amené à *sortir* ainsi toutes vos raisons. Ce soleil d'Afrique a eu cela de singulier que toutes nos humeurs à tous, même nos humeurs secrètes, ont fait éruption. *Salammbô,* indépendamment de la dame, est dès à présent le nom d'une bataille, de plusieurs batailles. Je compte faire ceci : mes articles restant ce qu'ils sont, en les réimprimant je mettrai, à la fin du volume, ce que vous appelez votre *Apologie,* et sans plus de réplique de ma part. J'avais tout dit; vous répondez : les lecteurs attentifs jugeront. Ce que j'apprécie surtout, et ce que chacun sentira, c'est cette élévation d'esprit et de caractère qui vous a fait supporter tout naturellement mes contradictions et qui oblige envers vous à plus d'estime. M. Lebrun (de l'Académie), un homme juste, me disait l'autre jour à propos de vous : « Après tout, il sort de là un plus gros monsieur qu'aupa-« ravant. » Ce sera l'impression générale et définitive... »

(Voir page 428. — Article sur le *Père Lacordaire.*)

Je donnerai ici une lettre qui résume exactement mes rapports avec l'abbé Lacordaire. J'ai dans mes papiers et je publierai peut-être un jour une lettre qu'il m'a adressée à l'occasion de l'article que je fis sur lui dans *le Constitutionnel* le 31 décembre 1849. Un passage de ce même article m'a depuis attiré une question d'un de ses disciples et amis, et a occasionné une réponse. Voici les deux pièces :

« Sainte-Baume, 20 janvier 1863, par Saint-Zacharie (Var).

« Monsieur,

« Voulez-vous permettre à un inconnu de vous demander un service ? — Disciple et ami du Père Lacordaire, je m'occupe en ce moment d'une notice biographique sur lui, principalement au point de vue intime et religieux.

« Dans l'article publié par vous, monsieur, dans le tome I des *Causeries du Lundi* sur le Père Lacordaire orateur, je lis ce qui suit à propos de la paix dont il jouit à Saint-Sulpice : — « Je pourrais citer de lui là-dessus des pages char-
« mantes, poétiques, écrites pour un ami et placées dans un
« livre où l'on ne s'aviserait guère de les démêler. »

« Ce sont ces pages, monsieur, que j'aimerais à connaître et vous m'obligeriez beaucoup de m'indiquer le livre où elles se trouvent.

« Permettez-moi, monsieur, de saisir cette occasion pour vous dire avec quel plaisir j'ai lu ces pages que vous avez consacrées au Père Lacordaire. Vous n'avez pas seulement jugé son talent avec cette sûreté de coup d'œil et d'analyse d'un maître, vous avez aussi apprécié son caractère avec une justice et une bienveillance qu'il n'a pas toujours rencontrée dans les écrivains de son camp.

« Veuillez agréer, etc.

« F. Bernard Chocarne,

« des Frères Prêcheurs. »

Je me suis empressé de répondre :

« Ce 25 janvier 1863.

« Monsieur et Révérend Père,

« J'ai en effet beaucoup connu le Père Lacordaire, surtout alors qu'il n'était qu'abbé et dès 1830 ou 1831. Il était tel que je l'ai décrit et représenté dans ce Portrait, modeste, éloquent dès qu'il parlait, et d'une ferveur qui se trahissait dans ses moindres paroles. Il était des plus liés alors avec M. de Lamennais et l'on ne songeait point encore à l'en distinguer par aucune nuance. Lorsque je fis le roman de *Volupté*, qui, au vrai, n'est pas précisément un roman et où j'ai mis le plus que j'ai pu de mon observation et même de mon expérience, j'avais eu cependant à inventer une con-

clusion, et je voulais qu'elle parût aussi vraie et aussi réelle
que le reste. Ayant à conduire mon personnage au séminaire,
je m'adressai à l'abbé Lacordaire pour qu'il voulût bien me
donner des renseignements. Il m'offrit de me conduire lui-
même au séminaire d'Issy; et en effet, un mercredi d'été, il
vint me prendre, chez ma mère rue Montparnasse, en compagnie de son frère (actuellement professeur à l'université de
Liége), et nous nous acheminâmes à travers la plaine de
Montrouge jusqu'à Issy. C'était jour de congé et nous pûmes
tout visiter. Le lendemain je me disposais à noter tout ce
que j'avais vu de remarquable et à profiter des observations
de mon guide, lorsque je reçus de lui une longue lettre par
laquelle il allait au-devant et au delà de mon désir et ache-
vait de compléter mes instructions de la veille. C'était un
compte rendu exact et minutieux de tous les exercices du
séminaire, et ce compte rendu était relevé de traits d'imagination comme sa plume en faisait jaillir inévitablement devant elle. Je n'eus donc, pour ce chapitre de *Volupté* qui
commence par ces mots : « *Quand on entre au séminaire,* etc., » qu'à reprendre les paroles mêmes de l'abbé
Lacordaire et à les faire entrer dans le tissu de mon récit,
en y changeant ou en y adaptant çà et là quelques particularités et en opérant les soudures. L'abbé Lacordaire m'avait
recommandé alors la discrétion sur ce genre de communication ; lorsque le livre fut terminé, publié, et qu'il en eut
fait la lecture, il trouva qu'au total les convenances morales
et même ecclésiastiques (puisque le récit est censé fait par
la bouche d'un prêtre) avaient été suffisamment observées.

« J'ai continué de voir l'abbé Lacordaire pendant toutes
ces années qui précédèrent son adoption d'un état religieux
régulier. Je me rappelle que lorsqu'il revint de Rome avec
l'abbé de Lamennais, étant allé leur faire visite dans la maison de la rue de Vaugirard où ils étaient logés, je vis d'abord,
dans une chambre du rez-de-chaussée, M. de Lamennais qui
s'exprimait sur ce qui s'était passé à Rome et sur le pape
avec un laisser-aller qui m'étonna, puisqu'il venait de se

soumettre ostensiblement; il parlait du pape comme d'un de ces hommes qui sont destinés à amener les grands remèdes désespérés. Au contraire, lorsque j'allai voir l'abbé Lacordaire qui était dans une chambre au premier étage, je fus frappé du contraste; celui-ci ne parlait qu'avec une extrême réserve et soumission des mécomptes qu'ils avaient éprouvés, et il employa notamment cette comparaison du grain « qui, même en le supposant de bonne nature, a be-« soin d'être retardé dans sa germination et de dormir tout « un hiver sous terre : » c'est ainsi qu'il expliquait et justifiait, même en admettant une part de vérité dans les doctrines de *l'Avenir,* la sévérité et la résistance du Saint-Siége. J'en conclus qu'il n'y avait pas grand accord entre le rez-de-chaussée et le premier étage, et je fus moins surpris lorsque, quelque temps après, je sus le divorce qui s'était opéré à La Chesnaie.

« Maintenant je dois vous dire, Monsieur, avec la même franchise que, dans les derniers temps, je me suis trouvé en désaccord et même en opposition avec le Père Lacordaire, lorsqu'il se présenta pour l'Académie. Je le lui dis, à lui parlant, et avec une certaine vivacité, lorsqu'il me fit l'honneur de sa visite. J'avais vu préparer cette élection et je savais de quelle coalition elle était le fruit. Lui-même pouvait l'ignorer; je crois savoir qu'il résista longtemps et qu'il fallut bien des instances et des obsessions pour le décider à une démarche qui, selon moi, le mettait dans une sorte de contradiction avec son habit, et qui ne l'a pas grandi en définitive. Un moine sincère, ardent, fier et humble à la fois, est, à mon sens, quelque chose de plus qu'un académicien à demi politique. Mais, Monsieur et Révérend Père, je m'aperçois que j'outrepasse la mesure et que j'en dis plus que vous ne m'avez fait l'honneur de m'en demander. Veuillez m'excuser et agréer, je vous prie, l'expression de ma respectueuse considération,

« Sainte-Beuve.

« P. S. On a dit et imprimé que lorsque l'abbé Lacordaire

prêcha les premières fois dans la chapelle du collége Stanislas, quelques amis et hommes de lettres qui l'entendirent n'augurèrent pas beaucoup d'abord de son éloquence, et l'on m'a nommé comme étant de ces premiers auditeurs. C'est inexact en ce qui me concerne, et je n'ai entendu l'abbé Lacordaire en chaire qu'assez longtemps après et quand son éloquence ne faisait question pour personne. »

LETTRE A M. WILLIAM REYMOND

Sur le caractère de l'École romantique française.

M. William Reymond, ancien bibliothécaire de l'Académie de Lausanne, ayant publié à Berlin en 1864, sous le titre de *Corneille, Shakspeare et Gœthe,* une Étude sur l'influence anglo-germanique en France au xixe siècle, voulut bien me demander de lui écrire une Lettre qu'il pût joindre à son livre en manière de Préface. Je lui répondis :

« Mon cher Monsieur,

« Vous me demandez de vous adresser quelques considérations à l'occasion du livre que vous imprimez en ce moment et que vous m'avez permis de lire à l'avance. Le temps me manque pour développer ce qu'on appelle des considérations, et je ne pourrai que vous exprimer en bien peu de mots mon approbation pour votre consciencieux travail et y joindre quelques remarques de détail sur deux ou trois points.

« J'estime qu'il est très-utile de faire ce que vous avez entrepris, c'est-à-dire de chercher à mesurer et à évaluer avec précision les effets de l'influence germanique sur notre rénovation littéraire et poétique du xixe siècle. Il était bon que cette rénovation littéraire fût considérée non plus de chez nous et du centre, mais du dehors et d'au delà du Rhin, et qu'elle fût regardée et jugée par quelqu'un qui nous connût bien sans être des nôtres, qui fût de langue et de culture françaises, sans être de la nation même. La Suisse française, Genève et notre chère Lausanne m'ont toujours paru de parfaits belvédères pour nous bien observer et pour nous étudier dans nos vrais rapports avec l'Allemagne. Pour nous, mon cher Monsieur, vous avez un avantage de plus, vous êtes venu habiter parmi nous; vous avez été de Paris; vous êtes aujourd'hui de Berlin : demain, je l'espère bien, vous nous reviendrez et vous serez de Paris.

« Cela n'empêche pas qu'en vous lisant et en me reportant à mes souvenirs, je ne me sois fait quelques objections çà et là sur la mesure exacte selon laquelle vous jugez certains hommes. Ces différences légères de jugement s'expliquent au reste très-bien : vous voyez la plupart de nos littérateurs et poëtes dans leur ensemble et dans une sorte de raccourci ; nous, nous les avons vus à l'œuvre au jour le jour et dans leur développement continu.

« Pour ne prendre qu'un nom célèbre, je suis bien persuadé que, si un heureux hasard vous avait procuré avec M. Villemain une rencontre et une conversation comme celles que vous avez eues avec M. Cousin, vous auriez singulièrement modifié l'idée qu'on doit se former, pour être juste, d'un critique aussi éloquent qui a su et entrevu tant de choses, qui nous a ouvert ou entr'ouvert tant d'horizons.

« J'ai beaucoup connu et fréquenté, dans les premières années de leur éclosion féconde, les talents et les génies de l'école dite romantique, et je puis dire que j'ai vécu familièrement avec la plupart. Ce que je puis vous attester, c'est que les imitations de littérature étrangère, et particulièrement de l'Allemagne, étaient moins voisines de leur pensée qu'on ne le supposerait à distance. Ces talents étaient éclos et inspirés d'eux-mêmes et sortaient bien en droite ligne du mouvement français inauguré par Chateaubriand. Mme de Staël, avec sa veine particulière de romantisme, n'était pour eux que très-accessoire. Je parle en ce moment de Lamartine, Victor

Hugo, Alfred de Vigny, etc. Aucun des grands poëtes romantiques français ne savait l'allemand ; et parmi ceux qui les approchaient, je ne vois que Henri Blaze, très-jeune alors, mais déjà curieux et au fait, et aussi Gérard de Nerval, qui de bonne heure se multipliait et était comme le commis voyageur littéraire de Paris à Munich. Gœthe était pour nous un demi-dieu honoré et deviné plutôt que bien connu. On n'allait pas chez lui, à Weymar, avec David d'Angers, pour s'inspirer, mais pour lui rendre hommage. Victor Hugo, par moments si Espagnol de génie, lisait beaucoup moins d'auteurs espagnols que l'on ne croirait ; il avait dans sa bibliothèque très-peu nombreuse (si tant est qu'il eût une bibliothèque) le *Romancero*, traduit par son frère Abel Hugo. Il avait surtout dans l'imagination ses graves et hauts souvenirs d'enfance qui lui ont imprimé, comme on l'a dit heureusement, un premier pli si grandiose, et qui ont fait de lui « un grand d'Espagne de première classe en poésie (1). »

« Lamartine, parfaitement étranger à l'Allemagne, savait l'Italie et comprenait ses harmonieux poëtes, le Tasse, Pétrarque. Il y a du Tasse, du chantre mélodieux d'Armide, dans le premier Lamartine. Quant à Byron lui-même, bien qu'il lui adressât des Épîtres, Lamartine ne s'en inquiétait que d'assez loin et pour le deviner, pour le réfuter bien vaguement plutôt que pour l'étudier et pour le lire. Il lisait Byron, soyez-en sûr, bien moins dans le texte anglais que dans ses propres sentiments à lui et dans son âme.

« En un mot, les vrais poëtes de cette époque et de ces origines romantiques françaises sentaient et chantaient d'après eux-mêmes, bien plus qu'ils ne songeaient à imiter ou à étudier. Et c'est pour cela qu'ils ont mérité à leur tour d'être imités. Ils avaient la source de l'originalité bien supérieure à toutes les préoccupations et les acquisitions d'école. Sans doute, un peu plus tard et quand on en vint au théâtre, il y eut un effort direct d'importation de Shakspeare. Alfred de

---

1. Expression de M. Paul de Saint-Victor.

Vigny et Émile Deschamps s'y appliquèrent. Mais encore, dans leur pensée, cette importation de Shakspeare ne venait là que comme machine de guerre et pour battre en brèche la muraille classique. Une fois la brèche faite, c'était avec des œuvres originales que l'on comptait bien entrer et se loger au cœur de la place. Alfred de Vigny, une fois la glace rompue, fit *Chatterton*. Et quant à Victor Hugo, il dédaigna toujours l'imitation. Il était trop plein de soi et de ses sujets pour l'admettre.

« Même lorsqu'on imitait, il y avait une certaine ignorance première, une demi-science qui prêtait à l'imagination et lui laissait de sa latitude. Lorsque Mérimée publia sa *Clara Gazul*, il ne connaissait l'Espagne que par les livres, et il ne la visita que plusieurs années après. Il lui est arrivé de dire, je crois, que s'il l'avait connue dès lors il n'aurait pas fait son premier ouvrage. Eh bien, tout le monde et lui-même y auraient perdu.

« Ce n'est qu'un peu plus tard et à un second temps que la critique est née véritablement ou s'est introduite au sein de ce groupe des poëtes romantiques. Je suis peut-être celui qui y ai le plus contribué ; mais je dois vous dire que Lamartine, Victor Hugo, de Vigny, sans me désapprouver et tout en me regardant faire avec indulgence, ne sont jamais beaucoup entrés dans toutes les considérations de rapports, de filiations et de ressemblances, que je m'efforçais d'établir autour d'eux.

« Moi-même, s'il m'est permis de me citer comme poëte, tout en professant et même en affichant l'imitation des poëtes anglais et des lakistes, je vous étonnerais si je vous disais combien je les ai devinés comme parents et frères aînés, bien plutôt que je ne les ai connus d'abord et étudiés de près. C'était pour moi comme une conversation que j'aurais suivie en me promenant dans un jardin, de l'autre côté de la haie ou de la charmille : il ne m'en arrivait que quelques mots qui me suffisaient et qui, dans leur incomplet, prêtaient d'autant mieux au rêve.

« Charles Nodier, mon prédécesseur et qui a tant parlé *Werther* et Allemagne, l'arrangeait encore plus à sa fantaisie et ne la voyait qu'à travers la brume ou l'arc-en-ciel : il ne savait pas l'allemand.

« Alfred de Musset, le plus jeune d'entre tous, que je n'ai point nommé jusqu'ici et à dessein, mériterait un article à part. Il y aurait pour lui une exception à faire : son imagination, à l'origine, s'imprégnait sensiblement de ses lectures ; le poëme ou le roman qu'il avait feuilleté la veille n'était pas du tout étranger à la chanson ou au caprice du lendemain. Il a visiblement songé à imiter Byron, il lui a pris de son ton, de son air et de l'allure de ses stances ; il s'est souvenu tantôt d'Ossian, tantôt de Léopardi et de bien d'autres ; mais certainement aussi il s'en est encore plus inspiré que souvenu ; l'écho d'une pensée étrangère, en traversant cette âme et cet esprit de poëte si français, si parisien, devenait à l'instant une voix de plus, une voix toute différente, ayant son timbre à soi et son accent. L'imitation, chez lui, est enlevée d'une aile si légère que bientôt elle disparaît, et on ne la distingue plus. Le motif saisi au vol se transformait aussitôt. Il causait avec Henri Heine à la rencontre bien plus qu'il ne le lisait. Il savait l'italien et l'anglais, c'était tout ; pas un mot d'allemand.

« Tout ceci, cher Monsieur, est pour maintenir, au milieu des imitations apparentes et des influences plus ou moins directes que vous démêlez très-bien, l'originalité bien native pourtant de nos anciens amis, la veine naturelle et propre à cette famille romantique française qui a et gardera sa physionomie entre toutes les autres écoles.

« Laissez-moi maintenant vous féliciter de tant d'observations fines et justes que je rencontre dans vos pages et vous remercier du flatteur témoignage de confiance que vous sollicitez de moi.

« Paris, ce 2 novembre 1863.

« SAINTE-BEUVE. »

MES SECRÉTAIRES

J'ai, depuis des années, une dette morale à payer et je ne veux pas tarder plus longtemps à le faire. La presse de nos jours, qui s'occupe de tant de choses, la chronique en particulier, qui ne craint pas de descendre jusqu'aux plus petites, a parlé quelquefois de *mes* secrétaires et des services qu'ils me rendaient. Je suis loin de nier les services, mais j'ai souri en entendant parler de *mes* secrétaires, comme si j'en avais à la fois plusieurs. Dans la modeste condition où je vis, c'était déjà un grand luxe que d'en avoir un, et je n'y ai été amené d'assez bonne heure que par une faiblesse de vue et comme une tendresse d'organes qui se lassait aisément et m'obligeait à user d'autrui. Il y a plus de vingt-cinq ans déjà que, considérant que les soirées sont longues, que la plus grande difficulté pour l'homme qui vit seul est de savoir passer ses soirées, je me suis dit qu'il n'y avait pas de manière plus douce et plus sûre pour cela que l'habitude et la compagnie d'un bon livre. Mais comme mes yeux se refusaient à toute lecture de longue haleine, surtout à ces dernières heures de la journée, j'ai dû songer à me procurer de bons lecteurs, et j'en ai trouvé. Entre ceux dont j'ai gardé un souvenir reconnaissant, je dois mettre au premier rang M. Dourdain, homme modeste, instruit, ancien barbiste, ancien secrétaire du vieux et respectable comte de Ségur, et qui, placé à la recommandation de son fils, le général Philippe de Ségur, dans les bureaux du ministère de l'intérieur, a toujours et obstinément refusé tout avancement. Être sous-chef et avoir la chance de devenir chef de bureau un jour, eût semblé à cet homme scrupuleux, délicat et timide, une usurpation plus grande et plus terrible que celle qui a fait passer à des héros le Rubicon. Toutes les prières et les instances de ses amis ne purent

jamais le déterminer à franchir le degré de commis principal
Quand il se trouva avoir pour ministres d'anciens barbistes
comme lui, d'anciens camarades qui le tutoyaient ou qui du
moins le traitaient familièrement, M. Delangle, par exemple,
il fallait le voir plein de honte et d'effroi pour cette intimité
forcée, quand il les rencontrait par hasard et qu'il courait
risque d'être surpris en leur présence. « On va me prendre
pour un intrigant, » disait-il ; et il s'enfuyait au plus vite. La
seule chose qu'il demandait à ceux qui lui portaient intérêt,
c'était qu'on ne s'occupât jamais de lui. Il n'y avait pas moyen
de l'obliger. Il était cependant resté l'ami intime et familier
de son ancien camarade, M. d'Esparbès de Lussan, mort récemment conseiller à la Cour de cassation, et il n'était pas
moins intimement lié avec Adolphe Nourrit, l'artiste au cœur
sympathique et chaud, un autre enfant de Sainte-Barbe.
Dourdain n'avait qu'un faible, et un faible bien innocent :
c'était de jouer, même quand il fut barbon, les jeunes-premiers
dans les théâtres de société bourgeoise où l'on montait les
pièces de Scribe ; il savait par cœur tout ce répertoire, et
prenait son rôle très au sérieux, ayant gardé la jeunesse du
cœur. J'ai fait de ce bon et charmant homme un portrait un
peu arrangé, mais véridique et fidèle au fond, dans la première des *Pensées d'Août*; c'est lui qui est *Doudun*, et dont
j'ai raconté l'histoire ; dont j'ai surtout retracé la touchante
piété filiale. Il n'était guère pour moi qu'un lecteur ; sa modestie lui interdisait presque toute remarque à l'occasion de
ce qu'il lisait. Je lui ai dû pourtant de précieux et intimes
détails pour l'étude que j'eus à faire du comte de Ségur.
M. Charles-Aristide Dourdain est mort le 1er mai 1862.

Un autre lecteur ami, que j'ai eu vers le même temps, s'appelait Oger ; c'est lui encore dont je me suis permis d'esquisser le portrait dans cette même première pièce des *Pensées d'Août*. J'ai marqué son caractère sous le nom d'*Aubignié, le poëte ;* j'ai touché quelque chose de son histoire, que
j'avais devinée plutôt que sue. Il était grand ami de la nature
et des courses pédestres ; il s'était, je crois, pris d'amour,

dans l'une de ses courses, pour la fille de quelque garde forestier, et cette liaison, qui avait eu des suites, avait déplu à sa famille bourgeoise, laquelle était restée implacable et l'avait depuis lors renié. J'essayai vainement de le réconcilier avec son père. Il était long, maigre, élancé, fugitif, mélancolique; il s'éclipsait parfois et retournait dans les bois, à ses amours. Il lisait souvent pour moi, il faisait des extraits, des copies; et un jour qu'il m'avait communiqué un peu de son humeur promeneuse, je lui dus d'entreprendre et d'accomplir avec lui *à pied* le pèlerinage de Port-Royal des Champs. Je l'ai perdu de vue après quelques années, et, parti un matin comme pour une absence passagère, il ne m'est plus revenu.

J'arrive à des noms connus du public. Un de mes derniers lecteurs, avant Février 1848, fut mon ami le poëte Lacaussade, que je forçai bien souvent, en lui imposant la lecture à haute voix de gros livres, à entrer dans de durs sujets qui devaient l'ennuyer un peu, mais dont, à la longue, son esprit progressif a profité. Il y a gagné, sans cesser d'être le poëte distingué et élevé que l'on connaît, de devenir un littérateur proprement dit, un critique expert en bien des matières, et non confiné à celles de poésie. Lorsqu'à mon retour de Liége je commençai ma campagne littéraire des *Lundis* en octobre 1849, ce fut M. Lacaussade qui me servit d'abord d'aide de camp actif, dévoué et des plus utiles. Toutes les fois, en effet, que j'avais à parler de poésie, soit des poëtes modernes, soit de ceux de l'Angleterre que M. Lacaussade connaît si bien, on conçoit de quel avantage m'étaient ses indications, ses remarques d'homme du métier, et quelle précision je pouvais donner à mes propres jugements en les sentant appuyés du sien. Toutes les traductions d'anglais que j'ai insérées dans mes articles ont passé sous ses yeux et aussi sous les yeux de notre ami commun M. William Hughes. M. Lacaussade, après quelques intervalles de congé (car je ne laissais pas de le fatiguer souvent et de le mettre sur les dents, comme on dit), me revint plus d'une fois comme auxiliaire.

Pendant ces intervalles et ces absences, j'avais, pour le remplacer, un de nos jeunes et aimables amis, poëte également, M. Octave Lacroix, qui finit par lui succéder auprès de moi comme secrétaire.

Ici je dois tout d'abord à M. Lacroix une réparation, et je la lui ferai aussi complète que possible. Mal informé, j'ai laissé échapper une note sur son compte (au tome V d'une réimpression des *Causeries du Lundi*); mieux instruit, je retire aujourd'hui et j'efface entièrement cette note, dont j'ai reconnu la sévérité injuste. M. Octave Lacroix, élève du collége de Juilly, très-jeune, vif, gai, spirituel, alerte, et que j'aimais à considérer, avant de l'avoir pour secrétaire, comme mon filleul littéraire et poétique, M. Lacroix, déjà auteur pour son compte de jolies chansons d'*Avril,* et amoureux du Théâtre-Français où il a obtenu un succès de printemps, me fut d'une utilité des plus réelles et des plus agréables pendant au moins trois années. Plein de citations et d'à-propos sur certains sujets, ses remarques les plus profitables m'arrivaient presque toujours dans une saillie heureuse. Né dans la zone méridionale de la France, il savait d'instinct les langues et les poésies du Midi. Il savait à merveille la littérature moderne la plus contemporaine; ses impressions légères me rajeunissaient, et lorsque, ayant à peindre la marquise de Pompadour, nous allions ensemble regarder au Musée le beau pastel de Latour que je voulais décrire, il me suggérait de ces traits fins et gracieux qu'une fraîche imagination trouve d'elle-même en face de l'élégance et de la beauté.

Après lui, j'eus presque immédiatement pour secrétaire un homme très-jeune alors et dont le nom aujourd'hui bien connu est, à lui seul, un éloge. M. Jules Levallois resta près de moi pendant trois années aussi environ; c'est à peu près le laps de temps qu'ont pu, généralement, me consacrer de jeunes et brillants esprits, bientôt emancipés par degrés et qui avaient ensuite leur propre carrière à faire. M. Jules Levallois, destiné à être un critique qui pense par lui-même et qui a son originalité, dut, on le conçoit, dans un commerce

assidu et quotidien, contribuer à aiguiser beaucoup de mes
jugements, m'en suggérer même qui étaient de lui et qui
portaient avec eux leur expression. Vers la fin, je sentais
qu'il m'était difficile de ne pas lui dérober des pensées faites
pour se produire d'elles-mêmes et en son nom Il me fut surtout d'une très-grande utilité pour l'achèvement de mon ouvrage sur Port-Royal; il s'était mis au fait de cette curieuse
histoire, et avait pénétré dans l'intimité des personnages
presque aussi avant que moi : dans le dépouillement des correspondances manuscrites, il était le premier à me signaler
des particularités piquantes, mais voilées, qui seraient restées inaperçues pour tout autre.

Après l'avoir perdu, je retrouvai un utile et solide secours
dans la collaboration de M. Pons, ancien professeur de rhétorique, professeur d'histoire, et qui maintenant est placé à
ce titre au lycée de Digne, sa patrie. Cet homme jeune encore, mais mûr, très-instruit, judicieux, me permit de marcher d'un pas plus ferme et plus assuré dans mes excursions
historiques, dans cet ordre de considérations sérieuses que
j'affectionne de plus en plus, à mesure que j'avance dans la
vie. M. Pons a publié à la librairie Garnier un *Dictionnaire
de la Langue française,* fort bien digéré et digne d'estime.

Il ne me reste plus qu'à parler, en le remerciant, de mon
secrétaire actuel, M. Jules Troubat, de Montpellier, qui est
si près de moi en ce moment que la modestie m'empêche
presque de le louer comme il conviendrait et en toute liberté.
Plein de feu, d'ardeur, d'une âme affectueuse et amicale,
unissant à un fonds d'instruction solide les goûts les plus
divers, ceux de l'art, de la curiosité et de la réalité, il semble
ne vouloir faire usage de toutes ces facultés que pour en
mieux servir ses amis; il se transforme et se confond, pour
ainsi dire, en eux; et ce sont eux les premiers qui, de leur
côté, sont obligés de lui rappeler qu'il y a aussi une propriété
intellectuelle qu'il faut savoir s'assurer à temps par quelque
travail personnel : il est naturellement si libéral et prodigue
de lui-même envers les autres, qu'on peut sans inconvénient

lui conseiller de commencer un peu à songer à lui, de penser à se réserver une part qui lui soit propre, et, en concentrant ses études sur un point, de se faire la place qu'il mérite d'obtenir un jour. J'espère toutefois et nonobstant ce conseil, le garder encore longtemps.

27 mars 1865.

FIN DU TOME QUATRIÈME.

TABLE DES MATIÈRES

	Pages.
La Femme au XVIII° siècle, par MM. E. et J. de *Goncourt*.	1
Salammbô, par M. Gustave *Flaubert*. — I	31
II	52
III	73
Daphnis et Chloé	96
Les Frères LE NAIN, par M. *Champfleury*	116
Études de politique et de philosophie religieuse, par M. Ad. *Guéroult*	140
La comtesse de BOUFFLERS — I	163
II	187
III	211
Histoire de la Restauration, par M. L. de *Viel-Castel* — I	237
II	261
Œuvres de Louise LABÉ	289
Ducis épistolaire — I	318
II	341
III	362
Le Père LACORDAIRE. — Quatre monuments religieux au XIX° siècle. — I	392
II	409
Appendice — I. Sur *Salammbô*	435
II. Sur le Père Lacordaire	418
III. Lettre à M. William Reymond	452
IV. Mes secrétaires	457

BOURLOTON. — Imprimeries réunies, B.

www.ingramcontent.com/pod-product-compliance
Lightning Source LLC
Chambersburg PA
CBHW070529230426
43665CB00014B/1628